HEINZ-JOACHIM FISCHER

Toskana

Prestel

© Prestel-Verlag München 1986
3., durchgesehene Auflage 1990
Passavia Druckerei GmbH Passau
ISBN 3-7913-0759-2

Inhalt

Vor-Weg: Einleitung

DIE TOSKANA [Faltkarte am Buchende]

Schönheit und Wirklichkeit	15
Erste Wegweiser	23
Geschichte	32
Nachbemerkung zu den Etruskern	39
Galerie berühmter Toskaner	44

FLORENZ [Pläne 94 und nach 248]

Der schönste Blick auf Florenz	75
Vorschläge für die Besichtigung	80
›Steckbrief‹	81
Kulturelle Bedeutung	84
Geschichte von Florenz	86
Im Schatten des Domes	95
Der Dombau	96
Die Kuppel	97
Der Campanile	100
Die Fassade	101
Rundgang um den Dom	102
Der Innenraum	103
Das Baptisterium	107
Erzbischof und Erzbrüder	113
Dom-Museum	113
Zwischen Dom und Signoria	117
Westlicher Rundgang	119
Östlicher Rundgang	170
Die Signoria	175
Piazza della Signoria	176
Loggia dei Lanzi	180
Palazzo Vecchio	181
Santa Croce	186
Die Grabmäler	188
Die Kunstwerke	191
Pazzi-Kapelle	192
Das Museum	193

Zwischen S. Maria Novella und S. Marco	194
Piazza S. Maria Novella	195
Santa Maria Novella	198
Das Florentiner Konzil	200
Die Kapellen	203
Das Abendmahl des Perugino und des Castagno	206
San Marco	207
Piazza della SS. Annunziata	210
Santissima Annunziata	213
Die Medici	217
Aufstieg einer Bürgerfamilie	217
Cosimo der Ältere	220
Lorenzo der Prächtige	223
Palazzo Medici	225
San Lorenzo	229
Die Fürstenkapelle, Neue Sakristei	231, 232
Die späteren Medici	234
Am Arno und jenseits des Flusses	238
Flußspaziergang	238
Santa Maria del Carmine	241
Santo Spirito	242
Stadttore und Aufstieg	245
San Miniato al Monte	246
Museen und Gemäldegalerien	250
Akademie	251
Museo Archeologico dell'Etruria	252
Bargello	253
Uffizien [Plan 249]	255
Palazzo Pitti – Galleria Pitti [Plan 262]	261, 262
Boboli-Garten	265
Sieben kleinere Museen	266
Umgebung von Florenz [Karte 270]	269
Die Medici-Villen	270
Impruneta	272
Settignano	273
Fiesole [Plan 276]	274
Prato [Stadtplan 282]	279
Provinz Florenz	285
Chianti	285
Landstädte	286

SIENA [Stadtplan 294]

Geschichte	291
Piazza del Campo	293
Palazzo Pubblico	295
Brunnen und Paläste	298
Der Dom	303
Das Baptisterium	306
Museo dell'Opera	307
Sienas Kirchen	309
Archäologisches Museum und Pinakothek	311
Ausflüge in die nähere Umgebung	353
Provinz Siena	354
Asciano	355
Buenconvento	356
San Quírico d'Orcia	357
Pienza	358
Montepulciano	361
Madonna di San Biagio	363
Chianciano Terme	365
Chiusi	365
Montalcino	366
Sant'Antimo	368
Monte Amiata	369
Abbazia di San Salvatore	369
Colle di Val d'Elsa	370
San Gimignano	370

PISA [Stadtplan 384/85]

Platz der Wunder	379
Der Schiefe Turm	379
Der Dom	380
Das Baptisterium	383
Camposanto	386
Erster Stadtrundgang	387
Zweiter Stadtrundgang	390
Nationalmuseum	391
Ausflüge	392
Provinz Pisa	394
San Miniato al Tedesco	394
Volterra [Stadtplan 396/97]	395

LUCCA [Stadtplan 406/07]

Geschichte	403
Stadtwanderung	405
Museen	417
Spaziergang auf den Wällen	417
Provinz Lucca	419
Landstädte	419
Küstenstädte	421

AREZZO [Stadtplan 426]

Geschichte	423
Piazza Grande	425
Pieve di Santa Maria	428
Petrarca	429
Dom San Donato	430
Weitere Kirchen und Paläste	431
San Francesco	433
Provinz Arezzo	436
Castiglion Fiorentino	436
Cortona	437
San Sepolcro	440
Caprese	441
Poppi	441
Bibbiena	442
San Giovanni Valdarno	443

PISTOIA [Stadtplan 446]

Geschichte	444
Piazza del Duomo	445
Palazzo del Comune	446
Dom	447
Stadtrundgang	449
Provinz Pistoia	453
Montecatini Terme	453
Pescia	454
Die Villen	454

MASSA-CARRARA

Carrara	455
Das Geheimnis des Marmors	457

LIVORNO

Der Hafen der Toskana	463
Castagneto Carducci – Populonia	465
Piombino	466
Die Inselwelt der Toskana	467
Elba	470
Toskanischer Archipel	475

GROSSETO

Die Stadt Grosseto	476
Etruskerstädte	478
Massa Marittima	479
Die Maremmen	482
Am Tyrrhenischen Meer	483

VON ROM IN DIE TOSKANA

Etruskerland	487
Pitigliano	489
Sovana – Saturnia	491
Die unbekannten Landkirchen	493

KLÖSTER IN DER TOSKANA

Monte Oliveto Maggiore	500
Vallombrosa	503
Santa Maria di Gricigliano	504
Galluzzo	510
Camaldoli	511
San Galgano	514
La Verna	516
Eisenbahnfahrt	521
Essen und Trinken	528
Antiquitäten	534

Orts- und Namenregister   536
Farbtafeln I-X   nach 48, 280, 368, 464
Einfarbige Tafeln 1-74   nach 120, 312
Florenzplan   nach 248
Toskanakarte   am Buchende

» VOR-WEG «

»Es gibt nichts Langweiligeres auf dieser Erde als die Lektüre einer italienischen Reisebeschreibung – außer etwa das Schreiben derselben – und nur dadurch kann der Verfasser sie einigermaßen erträglich machen, daß er von Italien selbst so wenig als möglich darin redet. Trotzdem, daß ich diesen Kunstgriff vollauf anwende, kann ich dir, lieber Leser, in den nächsten Kapiteln nicht viel Unterhaltung versprechen. Wenn du dich bei dem ennuyanten Zeug, das darin vorkommen wird, langweilst, so tröste dich mit mir, der all dieses Zeug sogar schreiben mußte. Ich rate dir, überschlage dann und wann einige Seiten, dann kömmst du mit dem Buche schneller zu Ende – ach, ich wollt', ich könnt' es ebenso machen!«

Wer da so kecke Ratschläge gibt, ist der deutsche Dichter Heinrich Heine, über dessen Spottlust man sich amüsieren, der einen aber oft auch trösten kann. Heine schrieb im Spätherbst des Jahres 1829 das Reisebild ›Die Bäder von Lucca‹, als er sich längere Zeit in der Toskana aufhielt. Dieses Reisebild ist »eine Mischung von Naturschilderung, Witz, Poesie und Beobachtung«, wie Heine selbst bemerkte; er führte darin eine heftige Polemik mit einem anderen deutschen Dichter, der ebenfalls Italien liebte, August Graf Platen, und bevölkerte die ›Bäder von Lucca‹ zudem noch durch sein berühmtes Paar, den Marchese di Gumpelino und dessen Diener Hirsch-Hyazinth, was eine Heine-toskanische Version des spanischen Paares Don Quijote und Sancho Pansa darstellt.

Auf solche Zutaten, Requisiten und Komparsen für die Toskana muß ich verzichten, da ich nun eben kein Heine bin und außerdem der geneigte Leser nicht nur im trauten deutschen Kämmerlein witzig-ironisch, geistreich-spöttisch unterhalten werden will, sondern auch ganz andere Wünsche hat. Der Leser von heute setzt sich in Flugzeug, Eisenbahn, Auto oder Bus und will wohl nicht, daß in einem Reiseführer »von Italien selbst so wenig als möglich« die Rede ist, sondern so viel wie möglich von dem, was er an Ort und Stelle dann sehen und beobachten kann. Aber darin liegt – ich gestehe es offen – ein Dilemma. Mit Vergnügen würde ich den Reisenden an die Hand nehmen, ihn durch die Uffizien von Florenz führen, ihn bei den einzelnen Gemälden nicht nur mit Titel, Maler und Jahreszahl versorgen, sondern ihm auch liebend gern ein Geschichtchen zur Unterhaltung erzählen, wie ein Künstler hier seinem Konkurrenten einen Streich gespielt hat, wie dort ein Maler von seiner Frau wegen der Monatsmiete fürs Atelier angespornt wurde, wie Michelangelo hier einen Fehler beging und Raffael dort eine wenig haltbare Farbe gemischt hat. Es wäre doch viel vergnüglicher, in dieser Kirche oder jenem Palazzo statt trockener Namen und Daten eine geistreiche Unterhaltung mit einem Professor aus heimischen Landen oder einem ›echten‹ Toskaner zu bieten, an jenem Brunnen Stories von englischen Ladies plätschern, an dieser Brücke den Geschlechterstrom von irgendwelchen Königen fließen zu lassen, die, ehrlich gesagt, mit der Toskana wenig zu tun haben. So möge also der Leser nicht verdrießlich sein oder sich gelangweilt abwenden, wenn ihm Namen und Daten gar zu dürr erscheinen. Sie sind nur ein Angebot an seinen Wissensdurst, ohne zu fordern, daß dieser immer vorhanden sein muß. Sie sollen ihm nur als Hilfe und Hinführung dienen, die auch einmal wegfallen können – da darf man dann durchaus Heines Rat befolgen und ein paar Absätze überschlagen –, wenn der Betrachter eines Palazzo oder einer Landkirche, eines Gemäldes oder einer Statue an dem, was er sieht, Genüge findet.

Wir wollen und können es freilich nicht so mit der Toskana halten wie Goethe, der sich während seiner italienischen Reise mit ein paar Stunden und in seiner ›Italienischen Reise‹ mit wenigen Zeilen über dieses Land zufriedengibt. Und über die Stadt Florenz? Hören wir: »Die Stadt hatte ich eiligst durchlaufen, den Dom, das Baptisterium. Hier tut sich wieder eine ganz neue, mir unbekannte Welt auf, an der ich nicht verweilen will. Der Garten Boboli liegt köstlich. Ich eilte so schnell heraus als hinein.« – Kürzer kann man es nicht schaffen. Immerhin fand Goethe wenigstens ein paar lobende Worte:

»Der Stadt sieht man den Volksreichtum an, der sie erbaut hat; man erkennt, daß sie sich einer Folge von glücklichen Regierungen erfreute. Überhaupt fällt es auf, was in [der] Toskana gleich die öffentlichen Werke, Wege, Brücken für ein schönes grandioses Ansehen haben. Es ist hier alles zugleich tüchtig und reinlich, Gebrauch und Nutzen mit Anmut sind beabsichtigt, überall läßt sich eine belebende Sorgfalt bemerken.«

Wer über die Toskana angenehm unterhalten werden will, findet in der Literatur bedeutende Namen. Der französische Schriftsteller Stendhal, die Engländer Charles Dickens und D. H. Lawrence, die Amerikaner Mark Twain und Mary McCarthy, der Schweizer Max Frisch und zahlreiche Deutsche haben bereits so schöne Schilderungen über Toskanisches gegeben, daß ich meinen literarischen Ehrgeiz getrost im Zaum halten kann. An Geschriebenem über die Toskana mangelt es nicht. Das gilt ebenso für geschichtliche und kunstgeschichtliche Darstellungen. Die Verdienste aller Kunsthistoriker und Geschichtswissenschaftler aufzuzählen – darunter befinden sich viele Deutsche – würde wiederum eine eigene stattliche Bibliographie fordern.

So könnte man mit Recht die Frage stellen, warum überhaupt ein neuer Reiseführer über die Toskana verfaßt werden mußte. Der Hauptgrund für mich ist, daß es mir Spaß machte und dieses Vergnügen mit dem Wunsch des Verlags zusammentraf. Nachdem wir, meine Frau und ich, die Toskana kennengelernt hatten, immer tiefer in sie eingedrungen waren, Land und Leute immer besser verstanden hatten, stellte sich eines Tages der Wunsch ein, dies anderen mitzuteilen, andere die Toskana so erleben zu lassen, wie sie uns vertraut geworden war. Das bedeutete, daß ich vor allem die verschiedenen Facetten der Toskana zum Leuchten bringen wollte, die Kunst ebenso wie die Geschichte, die Gegenwart ebenso wie die Vergangenheit, die Politik wie die Wirtschaft, die Folklore ebenso wie den Kampf ums tägliche Brot, die leichte Erholung in der Toskana und das interessierte Bemühen um die Kultur des Landes. Das erklärt auch, warum ich dankbar auf die verdienstvollen Reisebeschreibungen, wissenschaftlichen Forschungsergebnisse, kunstgeschichtlichen Darstellungen und freundlichen Erzählungen Älterer zurückgriff. Ihre Beiträge ermöglichten und erleichterten mir, mein toskanisches Mosaik zusammenzusetzen.

Der andere, ebenso gewichtige Grund für einen neuen Reiseführer ›Toskana‹ scheint mir in den gänzlich anderen Gewohnheiten des Reisenden von heute zu liegen. Heine wandte sich mit seinen Reisebildern vor allem an jene, »die zu Hause liegen«, wie es der deutsche Romantiker Joseph von Eichendorff mit großer Sehnsucht nach der weiten Welt und nicht ohne Spott einmal ausdrückte. Bis in unsere Zeit hinein wollten Autoren häufig von ihren Reisen erzählen. In den achtziger Jahren hingegen bevorzugt der Tourist – also jener, der in fremden Landen auf der Suche ist nach Kunst und Kultur, nach Neuem und Schönem, nach Erholung und Abwechslung, nach Sammlung und Zerstreuung, nach Ungewohntem und Einmaligem – doch vor allem »nach-erlebbare« Begegnungen, »nach-vollziehbare« Kunstbetrachtungen, »nachdenkbare« Erkenntnisse. Die modernen Verkehrsmittel – Flugzeug, Eisenbahn, Bus und vor allem das Auto – lassen den Touristen allgegenwärtig werden; in der kleinsten Dorfkirche, in dem verstecktesten Weiler, im verborgensten Winkel taucht er auf. Ihm beim Suchen und Finden in der Toskana zu helfen, ist die Absicht dieses Reise-Führers, nicht mehr, nicht weniger.

Ich widme dieses Buch meiner Frau. Mit ihr zusammen entdeckte ich die Toskana, gemeinsam lernten wir ihre Menschen und ihre Kultur, Kunst und Geschichte kennen. Ohne sie, ohne ihre Aufmerksamkeit und ohne ihren Rat wäre dieses Buch nicht begonnen und nicht vollendet worden.

DIE TOSKANA

Schönheit und Wirklichkeit

Irgendwann haben wir aufgehört zu zählen, wie oft wir durch die Toskana gefahren sind, jene 173 Kilometer mit dem Auto auf der Autostrada del Sole, der ›Sonnenstraße‹, zwischen den Kilometern 245 und 418, oder mit der Eisenbahn von dem langen Apennin-Tunnel im Norden zwischen Bologna und Florenz bis nach Chiusi im Süden, aber vor allem, wie oft wir zwischendurch ausgestiegen und geblieben sind. Meist länger als wir uns vorgenommen hatten, weil uns Neues fesselte oder Bekanntes wieder in Bann schlug. Wer von Rom nach Norden will oder von Norden nach Rom, muß unweigerlich durch die Toskana, und was liegt da näher, als anzuhalten. Geschah es vielleicht aus Überdruß, daß wir eines Abends – es war in einer Runde mit deutschen Freunden – Lust zur Widerrede hatten? Sie rühmten in überschäumender Begeisterung die Schönheit der Landschaft, die Hügel und Täler, Weinberge und Flußläufe, Zypressen, Pinien und Olivenbäume, die Kirchen und Paläste in den Städten. Einer pries »das ursprüngliche Leben in der Toskana, die einfache Pasta, das ›jungfräuliche‹ Olivenöl, den ›Vino genuino‹, den reinen, unverfälschten Wein, diese phänomenale Kulturlandschaft; einfach großartig, was man in jedem kleinen Dorf noch an Schätzen findet; überwältigend, was die früher geleistet haben«. Da mußten wir einfach entgegenhalten: »Sie übertreiben. Ein Toskaner würde sich schämen. Sie werden nie einen aus Siena oder Lucca treffen, der über seine Heimat in Schwärmerei verfiele.

Beginnt ein anderer damit, die Schönheit der Natur, die Kunstwerke zwischen Carrara und Orbetello, Arezzo und Livorno zu verherrlichen, schaut der Toskaner verlegen drein und findet sicher ein knurriges Wort, etwa, seine Landsleute hätten sich in der Vergangenheit so verausgabt, daß heute von ihnen nichts Vernünftiges mehr zu erwarten sei. Vergangenheit oder Gegenwart – ein Toskaner ist stets bereit, für eine spöttische Bemerkung alle lebenden und toten Stammesgenossen herzugeben. Die Toskana der Fremden hat wenig mit der wirklichen zu tun.«

So sprach ich und dachte dabei an den letzten Besuch in Florenz. In der Zeitung hatte gestanden, man habe in der Stadt für zwei Tage eine Schule schließen müssen, weil Kinder im Keller des Gebäudes Ratten gesehen hätten. Mein Florentiner Freund spottete, die Stadtverwaltung könne sich doch nicht um Ratten in den Schulen kümmern. Sie hätte genug mit sich selbst zu tun; immer wieder seien Angehörige des Rathauses, des ehrwürdigen Palazzo Vecchio, in Affären und Skandale verwickelt. Dann müsse eine Administration zurücktreten und die Amtsgeschäfte einer neuen Koalition überlassen. »Natürlich geht es immer um Bereicherung im Amt, das alte Laster italienischer Politiker, das auch in der Toskana nicht unbekannt ist«, sagte Dino, der Nachfahre Niccolò Machiavellis, mit einer abschätzigen Handbewegung, »in der Politik geht es immer darum.«

Ich erinnerte mich an den letzten Spaziergang zwischen dem Dom und dem Ponte Vecchio, den Einkaufsbummel in der Via Calimala, einer der Hauptgeschäftsstraßen von Florenz. Ein Bettler hatte sich dort seinen Platz genau vor dem Delikatessengeschäft ausgesucht. Die Passanten, die nach der Betrachtung von eleganten Schuhen, Lederwaren und Modellkleidern den Feinkostladen betreten wollten, mußten an ihm vorbei. In der Auslage standen mehrere Flaschen des wohl kostbarsten Rotweins der Toskana, des Brunello di Montalcino, schön nach Jahrgängen geordnet, je älter, desto besser. Für den Preis einer einzigen Flasche wäre der Bettler eine ganze Woche lang satt geworden. Wenige Schritte weiter auf der Piazza della Repubblica warb die »Radikale Partei« um

Unterschriften für die Verdoppelung der Mindestrenten. Der Bettler schaute teilnahmslos drein; er wußte nichts von einer Unterschrift.

Daran dachte ich, innerlich die Lobpreisungen auf die Toskana teilend, und versuchte, auch von der widrigen Wirklichkeit dieser Region zu sprechen, von den Hafenarbeitern in Livorno, die vor kurzem mit Streiks gegen niedrige Löhne protestiert hatten, von den Frauen in den Textilwerken von Prato, die fürchten, entlassen zu werden, von den Lastwagenfahrern in den Marmorbrüchen von Carrara, denen auf den halsbrecherischen steilen Serpentinen die tonnenschweren Felsbrocken todbringend im Nacken sitzen, von den Metallarbeitern in den Hochöfen und Stahlschmieden von Piombino, der Stadt am Tyrrhenischen Meer gegenüber der Insel Elba, der das Blei (Piombo) den Namen gegeben hat und die häufig von bleierner Luft überwölbt wird, von den Bäuerinnen um Pisa, die mühsam Weinreben an Betonpfähle binden, von den Hirten bei Grosseto, von dem trockenen Leben in den Behördenstuben in Florenz, kurz von dem Alltag der Toskana.

In der Runde derer, die zunächst nichts anderes im Sinn hatten, als in der Toskana angenehme Ferien zu verbringen und sich an den Kunstwerken und der Schönheit der Natur sattzusehen, kam Interesse an Daten und Fakten von heute auf. So fuhr ich fort: 3,5 Millionen Toskaner können nicht allein von der Vergangenheit leben, davon, daß ihnen der liebe Gott ein ansehnliches Land geschenkt hat, daß ihre Vorfahren viele den Sinnen wohlgefällige Kunstwerke geschaffen haben. Gewiß, die Touristen kommen deswegen, weil Florenz eben Florenz und Siena, San Gimignano, Pisa, Lucca und Pistoia, Arezzo und Prato einzigartig auf der Welt sind. Aber davon kann nicht eine ganze Region ihren Lebensunterhalt bestreiten; selbst wenn man alles hinzunimmt, was Besucher so verbrauchen und kaufen: von den Florentiner Lederwaren und den Kunstbacksteinen von Impruneta bis zur Keramik in San Gimignano, von den Goldkettchen auf dem Ponte Vecchio bis zu den Antiquitäten in Arezzo. In der toskanischen Regionalregierung in Florenz schätzt man, daß etwa 45000 Arbeitsplätze (1984) im Tourismusgewerbe bestehen, bei etwa

1,3 Millionen Arbeitnehmern insgesamt. Der Statistik zuliebe sei hinzugefügt, daß 1983 von den sechs Millionen Übernachtungen jede vierte auf einen Deutschen, Schweizer oder Österreicher entfiel.

Der Tourist muß sich nicht um Politik und Wirtschaft kümmern, nicht um Handel und Gewerbe, um die Mängel im Gesundheitswesen, die Grundstücks- und Wohnraumspekulationen in den dicht bebauten und nie zerstörten Zentren der Städte, die Skandale auf dem Immobilienmarkt, die Landflucht, die Emigration nach Norden und die schwierige Rückkehr von dort, die immer wieder aufflackernden Streiks in der Industrie, die dadurch nicht produktiver wird. Vielleicht beschäftigt ihn der überbordende Verkehr in den Städten; Florenz etwa muß fast das ganze Jahr hindurch mit rund sechshundert Touristenbussen täglich rechnen. Doch für den sorgfältigen Besucher der Toskana seien gleich am Anfang drei Absätze über die politischen und wirtschaftlichen Verhältnisse eingeschoben – nach Heines Rat kann man sie auch überschlagen –, damit man über einen Rahmen verfügt, in den sich persönliche Erlebnisse und allgemeine Ereignisse einordnen lassen.

*

Die Toskaner wählen in der Mehrheit italienisch-kommunistisch, den Partito Comunista Italiano (PCI). In der Ära des Faschismus von 1921-1943/45 sind sie ebenso mehrheitlich für Mussolini eingetreten, gerade am Anfang der faschistischen Epoche, als sie noch nicht unter Zwang votierten. Darüber haben Historiker, Soziologen und Politologen viel spekuliert, haben auch eine Nähe zwischen dem autoritären Faschismus und dem kollektivistischen Sozialismus angenommen. Ich meine, daß den Toskanern ein untrüglicher Sinn für das rechte Maß seit Jahrhunderten innewohnt; nichts soll übertrieben werden, vor allem nicht das Streben nach Macht und Geld. Sie begeistern sich keineswegs für eine Gleichmacherei, die »Gleichschaltung« aller unter der Herrschaft einer Partei – da wußten sie sich den Faschisten ebenso zu entziehen, wie sie auf der Hut wären vor Anfechtungen des Partito Comunista, denen die Kommunisten in der Toskana jedoch nicht erliegen. Aber sie haben viel übrig für einen Ausgleich sozialer Unterschiede, den das Programm der kommunistischen Partei ebenso verspricht wie ihn einst der Faschismus garantierte; unter dem Duce waren mit Ausnahme weniger alle gleich vor der Nation. Kleine, fleißige Unternehmer sind bei den Toskanern gern gesehen, doch auch der Arbeiter in der Fabrik und der Angestellte im Büro sollen ihr gutes Auskommen haben. »Der Unterschied besteht am besten nur darin«, erklärte mir ein Aretiner – die Bewohner der Stadt Arezzo sind für ihre treffend-kurze, ironische Sprache bekannt, »daß der Unternehmer abgehetzt in einem Mercedes fahren darf, während sein Arbeiter gemütlich in einem Fiat herumtuckern kann.«

So entfallen bei den Wahlen regelmäßig um die fünfzig Prozent, mal etwas weniger, mal etwas mehr, auf den Partito Comunista Italiano. Die Christlich-Demokratische Partei schwankt um die dreißig Prozent, auch sie mit Abweichungen nach oben und nach unten. Deshalb leiten Kommunisten zusammen mit Sozialisten fast überall die Verwaltungsgeschäfte. Nur Provinz und Stadt Lucca bilden eine auffällige Ausnahme unter den neun Provinzen und den großen Städten der Toskana. In Lucca führen die Christlichen Demokraten seit Kriegsende mit fünfzig Prozent gegenüber den Kommunisten mit zwanzig Prozent. Bei einem Besuch in Lucca zeigte sich der damals 38 Jahre alte christlich-demokratische Bürgermeister stolz darauf. Zur Erklärung dieser »weißen Insel« inmitten eines »roten Meeres« und ebenso zur Deutung des »roten Meeres mit einer weißen Insel« ging der Sindaco, der erste Bürger Luccas, bis ins 13. Jahrhundert zurück, zu den Ghibellinen und Guelfen, den Kaiser- und den Papsttreuen, bis er ganz nüchtern darauf hinwies, daß Lucca eine der reichsten italienischen Städte sei, mit der höchsten Motorisierung Italiens; »Wohlstand und eine gute christlich-demokratische Verwaltung geben sich hier die Hand«, sagte er zufrieden. In der übrigen Toskana, meinten andere in Lucca ironisch, werde nur »gut verwaltet«. Immerhin, eine gute Verwaltung ist viel wert. Und die Toskaner scheinen mit ihren kommunistisch-sozialistischen Ortsoberen in den anderen acht Provinzen, in Massa-Carrara, Pistoia, Florenz, Livorno, Pisa, Arezzo und Grosseto und in den 286 anderen Kommunen ganz zufrieden zu sein. Die Democrazia Cristiana verspricht sich daher nicht allzuviel von der Toskana.

Das wirtschaftliche Einkommen liegt pro Kopf knapp über dem italienischen Durchschnitt, so wie die Region auch geographisch etwa in der Mitte Italiens liegt. 3,5 Millionen Toskaner leben auf insgesamt 22 992 Quadratkilometern. Das Land ist demnach so groß wie Hessen; es besteht zu einem Viertel aus Bergen, zu zwei Dritteln aus Hügeln und kaum zu einem Zehntel aus ebenem Land; dazu kommen noch ein paar Inseln. Zwischen dem Apennin und dem Meer gibt es mehr Sterbende als Neugeborene. Die Toskaner werden immer weniger, was sie aber offenbar nicht sehr bekümmert. Die Lebenserwartung, die Körpergröße der Rekruten, Todesursachen, Einrichtungen des Gesundheitswesens, Ausgaben für Renten und Sozialversicherungen, Schulwesen, Zeugnisse und Universitätsdiplome – und was das italienische Zentralinstitut für Statistik sonst noch zu vermelden hat –, alles liegt ziemlich genau in der Mitte zwischen den Nord- und Südwerten Italiens. Nichts sticht heraus – mit einer Ausnahme. Die Toskana hat die meisten staatlichen Museen und Gemäldegalerien und mit Abstand die meisten Besucher, auch vor der Region Latium mit Rom.

*

Was es nach allem ›Durchschnittlichen‹ dennoch Besonderes mit dieser Region Italiens auf sich hat, führt mit Macht in die Vergangenheit zurück. Bedarf es langer Reden, um sich daran zu erinnern, daß auf diesem Boden zwei Kulturen wuchsen, die Europa geprägt haben? Den Etruskern in den Jahrhunderten vor Christus schreiben manche Historiker eine ebenso gewichtige Bedeutung für das Geschick des Abendlandes zu wie den Griechen. Kultur, Religion, Politik und Technik der Etrusker hätten lange Zeit weit über den Leistungen der alten Römer gestanden, doch militärisch seien die Etrusker dem kriegerischen Volk vom Tiber unterlegen gewesen. Dann hätten die Römer alles darangesetzt, die Überlegenheit der Etrusker vergessen zu machen. Um so kostbarer sind die etruskischen Spuren in Volterra und Vetulonia, Saturnia und Populonia, Chiusi und Ansedonia, Cortona, Arezzo und anderen Städten.

So versteckt die Schätze der Etrusker im Boden und in den Museen der Toskana ruhen, so bekannt sind die Werke der zweiten Hochkultur, die als Humanismus und Renaissance hier entstand. Selten ist die Historie eines einzelnen Landes mit der Kulturgeschichte Europas so eng verflochten wie die der Toskana im 14. und 15. Jahrhundert. War es der Wettstreit der Gemeinden und Städte, waren es die Gegensätze zwischen Guelfen und Ghibellinen, die neuen Möglichkeiten des Handwerks und der Industrie, von Handel und Verkehr, daß plötzlich ein neuer Geist wehte, ein Geist der freien und kühnen Selbstbehauptung, der rastlosen Aktivität und auch des Kampfes, einer frischen Vitalität, einer bis dahin unbekannten Lust am Menschsein und an der Welt? Da schuf der Florentiner Dante Alighieri mit der ›Göttlichen Komödie‹, mit der Beschreibung von Fegefeuer und Paradies, eine neue Volkssprache, das Italienische, zwei Jahrhunderte bevor in Deutschland Martin Luther mit der Übersetzung der Bibel ein ähnliches religiös-weltliches Werk begann. Da warf die Florentiner Bankiers- und spätere Herrscherfamilie der Medici ihre finanziellen Netze über ganz Europa, die fast mehr Kulturgüter für den Norden mitbrachten als sie Beute aufnahmen. Da fingen Handwerker, Steinmetzen, Maler und Baumeister an, ihre herkömmlichen ›Produkte‹ anspruchsvoller und selbstbewußter zu bearbeiten und – wurden zu Künstlern, wie sie die Welt vorher und nachher nie in so verschwenderischem Reichtum auf so engem Raum, in so kurzer Zeit hervorgebracht hat: Nicola und Giovanni Pisano in Pisa; dann die aus Florenz: Giotto, Orcagna, Simone Martini, im 14. Jahrhundert. Einige Jahrzehnte später fließt der Strom noch reicher, überschwemmt alles in Europa: die Baumeister Brunelleschi (Domkuppel in Florenz), Michelozzo und Sangallo, die Bildhauer Donatello und Lorenzo Ghiberti, die Maler Masaccio, Paolo Uccello, Fra Angelico, Ghirlandaio, Botticelli und andere. Was war es nur, daß Francesco Petrarca aus Arezzo (geboren 1304), Giovanni Boccaccio (Sohn eines Florentiner Kaufmanns, geboren 1313 in Paris), daß die Piccolomini aus Siena, Niccolò Machiavelli aus Florenz, ein Pico della Mirandola, die heilige Katharina von Siena, der Mönch Girolamo Savonarola plötzlich auf eine Weise dachten, schrieben und handelten, die ein neues Zeitalter in der Geschichte der Menschheit beginnen ließ? Was war es, daß aus toskanischem Boden die Menschheitsgenies Michelangelo (geboren 1475 in Caprese) und Leonardo (geboren 1452 in Vinci) entsprossen? Was war es, daß dieselbe Erde alle gebar?

Die Erde, die uns – gestehen wir es trotz unseres anfänglichen Widerspruches ein – stets verzückte: Als wir nach der eintönigen Po-Ebene und dem unwirtlichen Apennin in die

Hügelwelt bei Prato eintauchten und uns an Zypressen und Pinien, den ausgewaschenen Brauntönen der Bauernhäuser und den verwachsenen Weinreben nicht sattsehen konnten; als wir nach einer unruhigen Nacht auf See mit dem Segelboot an den Inseln von Montecristo und Pianosa vorbeiglitten und auf die hoch aufgetürmte Inselfestung Elba zuliefen; als wir im Flugzeug zur Landung auf den Flugplatz von Pisa ansetzten, der nach dem berühmten Sohn der Stadt ›Galileo Galilei‹ benannt ist, und unter uns die perlende Küste und in der Ferne die funkelnden Marmorbrüche von Carrara sahen; als wir im Oktober durch das Gebiet des Chianti-Weines fuhren und die Hügel in den rot-gelben Farben des Herbstlaubes flammten, als wir von der Toskana nicht loskamen; immer wieder erschien es uns wie vielen Besuchern der Toskana ungerecht, daß der Schöpfer hier so verschwenderisch mit seinen Gaben waltete und mit anderen Teilen der Erde so karg umgegangen war. Es schien uns unbegreiflich, daß die Bewohner dieses bevorzugten Landes der Schönheit des von der Natur Geschenkten noch den Glanz des durch eigene Mühe Hervorgebrachten hinzusetzten, dem Blühen der Toskana noch die Blüte der Städte hinzufügten und so ihrem Hauptort zum schönsten aller Stadtnamen verhalfen: Florenz, »die Blühende«.

Gewöhnlich sind die Toskaner wortkarg und versagen sich, ihre Kunstwerke zu rühmen. Wenn wir davon berichten, so tritt immer der übermächtige Eindruck der ersten Begegnungen in den Vordergrund: Als wir das erste Mal auf der Piazzale Michelangelo hoch über Florenz standen, vor uns die Ausrufezeichen der Stadt, die Türme, und alle gekrönt von der Domkuppel des Brunelleschi; wie es uns dann drängte, die Werke unten in der Stadt aus der Nähe zu betrachten und wir offenen Mundes zu ihnen aufschauten, der Gefahr nicht achtend, die von zentimeternahe vorbeifahrenden Autobussen drohte. Die Erschütterung meldet sich wieder, die wir angesichts der ›Pietà‹ des Michelangelo im Dom empfanden oder vor seinen ›Sklaven‹ in der Accademia, den steingewordenen Dramen des Menschen, der sich nicht befreien kann. Das Staunen kehrt zurück, das wir empfanden, als wir uns in Pisa dem ›himmlischen Dreigestirn‹ von Baptisterium, Dom und Campanile näherten. Die Faszination meldet sich wieder, die von den Säulengalerien der Kirchen von Lucca, der Figur des Erzengels Michael auf der Spitze von San Michele ausging; die Ehrfurcht, die das Mittelalterliche von Arezzo hervorrief; wir stiegen in San Gimignano die Stufen des Domes hinunter und sahen gegenüber zwei Türme aufragen, die in den Proportionen und ihrer architektonischen Kühnheit plötzlich den Vergleich mit den beiden himmelstürmenden Blöcken des World Trade Centers in New York aufdrängten, die einen im 14., die anderen im 20. Jahrhundert errichtet; wir warteten vor dem Dom von Prato unter der Kanzel des Michelozzo und gedachten der respektgebietenden Heiligen der Toskana und meinten plötzlich, Donatellos fröhliche Marmorputten auf der Kanzelbrüstung tanzen zu sehen. Oder die überraschenden Entdeckungen: eine Benediktiner-Abtei, die Einsiedelei von Kamaldulenser-Mönchen, die Villa eines Fürsten in den Bergen nördlich von Florenz.

Ich muß aufhören, damit die Aufzählung nicht die Ursprünglichkeit des ersten Erlebnisses überdeckt und sich nicht Neid meldet auf jene, die durch ein Geschenk des Himmels Söhne dieser toskanischen Erde und dieser Künstler sind, jene, die an der Rückseite der Uffizien ihren Ruder-Club haben, das Boot sorgfältig in die Wasser des Arno heben und dann ruhig unter dem Ponte Vecchio Fahrt aufnehmen, während oben in der Stadt die Besucher aus dem Staunen nicht herauskommen.

Erste Wegweiser

Jeder sollte die Toskana auf seine Weise sich vertraut machen. Denn die zur Verfügung stehende Zeit, das Verkehrsmittel, die Jahreszeit, Gesundheit oder sportliche Interessen, günstige und sympathische Hotels oder Pensionen bestimmen oft stärker die Reiseziele und Zwischenstationen als eine abstrakte Rangordnung der Sehenswürdigkeiten. Für manche ist die Toskana Durchfahrtsland nach und von Rom, nach und von Mittel- und Süditalien. Andere wollen sich zunächst mit Florenz zufriedengeben oder diese Stadt am Anfang bewußt aussparen. Die einen sind fasziniert von den in aller Welt bekannten Fotografien des Schiefen Turmes in Pisa, der ›Wolkenkratzer‹ von San Gimignano, des Palio in

Siena und ziehen aus, diese Bilder in der Wirklichkeit zu erleben. Die anderen gehen gründlich und systematisch daran, die Toskana kennenzulernen, was angesichts der vielen Kunstwerke, der vielen Orte, die zum Bleiben einladen, nicht leicht fällt.

Um die Orientierung zu erleichtern, bin ich in diesem Reiseführer der Einteilung gefolgt, welche die Geschichte in der Toskana hervorgebracht hat und die von der gegenwärtigen politischen Verwaltung bestätigt wird, der Gliederung in Provinzen. Das Etrurien der Etrusker, die Tuscia der Römer, die Toskana des Mittelalters und der Neuzeit ist vor allem durch die Städte geprägt. Die wichtigsten davon sind die Hauptorte der jetzigen neun toskanischen Provinzen in der Republik Italien und haben ihnen ihren Namen gegeben. Es sind:

Massa-Carrara	2156 qkm	und	205 441 Einwohner
Lucca	1773 qkm		388 624 Einwohner
Pistoia	965 qkm		267 138 Einwohner
Firenze	3880 qkm		1 211 483 Einwohner
Livorno	1213 qkm		346 395 Einwohner
Pisa	2448 qkm		388 644 Einwohner
Arezzo	3232 qkm		313 882 Einwohner
Siena	3821 qkm		257 266 Einwohner
Grosseto	4504 qkm		223 811 Einwohner
Insgesamt:	22 992 qkm		3 602 684 Einwohner

(Stand nach der Volkszählung von 1981)

Die politische Gliederung in neun Provinzen ist also nicht willkürlich, sondern entspricht alten Traditionen und Bindungen, und ebensowenig ist es unsere Einteilung. Dem Autofahrer wird dies um so mehr einleuchten, als auf den Straßen nicht nur immer die Provinzgrenzen angegeben sind, sondern er vor allem an den polizeilichen Zeichen der Fahrzeuge ablesen kann, in welcher Provinz er sich gerade befindet. Auf den Nummernschildern steht

MS für Massa-Carrara,
LU für Lucca,
PT für Pistoia,
FI für Florenz,
LI für Livorno,
PI für Pisa,
AR für Arezzo,
SI für Siena und
GR für Grosseto.

In diesen Rahmen der Provinzen haben wir die Beschreibung der einzelnen Orte gestellt.

Will man sich nach diesen Provinzen ausrichten, so kann man dabei leicht die drei Küstenprovinzen, also von Nord nach Süd Massa-Carrara, Livorno und Grosseto, die toskanische ›West-Ost-Schiene‹ Pisa, Lucca, Pistoia und Florenz, und die beiden Provinzen im Landesinneren, Siena und Arezzo, unterscheiden.

Eine Schlangen-Fahrt durch die Toskana könnte folgende Hauptorte berühren. Anfahrt über die Autobahn Parma–La Spezia, dann Carrara, Viareggio, Lucca, Pistoia, Prato, Florenz, San Miniato, Pisa, Livorno (Elba), Volterra, San Gimignano (Chianti-Gebiet), Siena, Pienza, Montepulciano, Chiusi, Cortona, Arezzo (vielleicht wieder nach Florenz) und über die Autostrada del Sole (Bologna) zurück.

In den einzelnen Kapiteln über die Provinzen sind nach der Beschreibung des Provinzhauptortes jeweils Routenvorschläge angeführt, die sich stets mit denen der Nachbarprovinzen kombinieren lassen. So dürfte es nicht schwerfallen, seine eigene, ganz persönliche Reiseroute in der Toskana festzulegen, nachdem man – vielleicht mit Hilfe des Einleitungs-Absatzes im Kapitel »Siena« (»Was kommt nach Florenz?«) – seine Prioritäten aufgestellt hat.

Hierzu ein Wort über die Öffnungszeiten von Museen und Kirchen. Es wäre schön, wenn sie immer geöffnet wären. Irgendwie erwartet das der Reisende, der Hunderte von Kilometern zurückgelegt hat und ungern am Ziel vor einer verschlossenen Tür stehen will. Wenn wir einmal die leider nicht so ganz seltenen Streiks des Museums-Personals beiseite lassen – sie streiken selten aus »Jux und Tollerei«, sondern oft aus der Not, ihre schwierige wirtschaftliche Situation verbessern zu müssen –, so können folgende Regeln gelten: Die staatlichen Museen sind im allgemeinen von 9 oder 10 Uhr bis 13 oder 14 Uhr, dann wieder von 14 oder 15 Uhr bis 17 oder 18 Uhr, selten bis 19 Uhr, in Ausnahmefällen auch durchgehend geöffnet. Im »Winter«, von Oktober bis einschließlich April, sind die Besuchszeiten meist kürzer, dann aber oft durchgehend. Am Sonntagnachmittag, am Montag, manchmal auch am Freitag und an den staatlich anerkannten (oder auch nur kirchlichen) Feiertagen (1. Januar, 25. April, Ostermontag, 1. Mai, Christi Himmelfahrt, Fronleichnam, 15. August, 1. November, 8., 25. und 26. Dezember) bleiben die Museen geschlossen. An einer Reihe anderer Tage sind die nicht-staatlichen Museen ganztägig geschlossen, während die staatlichen Museen nur vormittags geöffnet sind. Personal- und Geldmangel sowie Renovierungsarbeiten führen neben den Streiks oft zu unvorhergesehenen

Schließungen. Die größeren Kirchen sind meist bis 12 Uhr mittags und von 16 oder 17 Uhr bis zur Dämmerung geöffnet, einige Hauptkirchen auch den ganzen Tag. Während des Gottesdienstes, vor allem am Sonntag, sollte man eine Kirche nur mit größter Diskretion betrachten. Im Sommer ist es ratsam, bei einem Kirchenbesuch ein wenig auf angemessene Kleidung zu achten. Wenn man sich da etwas mehr bedeckt, erfreut das nicht nur fromme Italiener, sondern hilft auch, in kühlen Kirchen Erkältungen zu vermeiden.

Wenn Sie den Eindruck haben, sich nun gar nicht mehr mit den Öffnungszeiten auszukennen, kann ich das gut verstehen. Als kleiner Trost mag Ihnen dienen, daß auch ich trotz aller Vorbereitung und Erkundigungen schon vor verschlossenen Museums- und Kirchentüren stand, als großer Trost, daß man meist etwas anderes Schönes zur Besichtigung findet. Empfehlenswert ist sicher, an Ort und Stelle den Hotelportier oder die Pensionswirtin zu befragen; denn auf gedruckte Öffnungszeiten ist nicht immer Verlaß.

*

Politisch und geographisch gehört die Toskana zur Mitte Italiens. Sie nimmt den nordwestlichen Teil Mittelitaliens ein, wird im Westen vom Tyrrhenischen Meer begrenzt und von den Regionen Liguria (Ligurien, im Nordwesten), Emilia-Romagna (im Norden), Marche (Marken, im Osten), Umbria (Umbrien, im Südosten) und Lazio (Latium, im Süden) umgeben. Neben dem Meer bildet der Kamm des Apennin-Gebirges im Norden und Nordosten eine natürliche Grenze. Nach Süden geht die Toskana in die Hügellandschaft Umbriens und Latiums über.

Die Toskana besteht nur zu einem Zehntel aus Ebenen, vornehmlich am Meer, zu mehr als zwei Zehnteln aus Gebirge und zu zwei Dritteln aus Hügelland, so daß die sanften, sich weit dahinziehenden, mit Zypressen und Pinien, Weinbergen, Olivenhainen und Weizenfeldern bestandenen Hügel das Charakteristische der Toskana darstellen. Schon bei der ersten Fahrt durch die Toskana fallen die verschiedenen Landschaften auf: die steile, bis über zweitausend Meter ansteigende, rauhe, teils baumlose, teils aufgeforstete Apenninkette von Nordwesten nach Südosten mit den Apuanischen Alpen bei Carrara – bekannt wegen ihrer Marmorbrüche – und ihren Ausläufern bei Lucca, Montecatini, Pistoia, Prato und Florenz bis nach Arezzo, die Küstenzonen, bestimmt von langen Sandstränden, Pinienwäldern und Buschwerk mit der Versilia im Norden bei Viareggio und den Maremmen im Südwesten, die Flußtäler, vor allem die des 220 Kilometer langen Arno und seiner Nebenflüsse, und Talbecken zwischen Höhenzügen (Valdichiana), vor allem jedoch die ausgedehnten Hügelketten, deren berühmteste das Chianti-Gebiet östlich von Siena ist. Der toskanischen Küste sind mehrere Inseln vorgelagert, der Toskanische Archipel, dessen größte Insel Elba ist; die Halbinsel des Monte Argentario bei Orbetello im Süden ist wegen ihrer Schönheit ein Erholungszentrum geworden.

Den verschiedenen Landschaften der Toskana wird unsere besondere Aufmerksamkeit – neben den Kunstwerken, versteht sich – gelten. Mit jedem Landstrich hat es seine besondere geschichtliche, kulturelle und kulturhistorische Bewandtnis. Es muß da nicht so schlimm zugehen, wie der italienische, in Florenz geborene Dichter Dante Alighieri in seiner Göttlichen Komödie die toskanischen Landschaften der Valdichiana und der Maremmen mit einem Ort der Hölle vergleicht: »Da trafen unerhörte Jammerlaute wie spitze, mitleidscharfe Pfeile mich, daß ich mit Händen mir die Ohren deckte. Wenn alle Krankheit aus den Siechenhäusern von Chianatal, Maremma und Sardinien, von Juli bis September aufgehäuft, gestopft in einem einzigen Graben läge, so glich's dem Weh von hier; und ein Gestank kam hoch von Fäulnis und von Eiterbeulen.« So wollen wir es natürlich nicht erleben. Dafür besteht freilich auch keine Gefahr. Denn ›Valdichiana‹, das Tal des Chiana- oder Chiani-Flusses, etwa 70 Kilometer lang zwischen Arezzo im Norden und Chiusi im Süden, war in der Vergangenheit ein Ort gefährlicher Kankheiten. Um das Tal, das im Osten und Westen von Hügeln und Bergen eingesäumt wird, bewohnbar und fruchtbar zu machen, bedurfte es zu allen Zeiten umfangreicher Entwässerungsanlagen. Darüber bestanden zwischen dem Kirchenstaat des Papstes und dem Großherzogtum Toskana begreifliche Interessengegensätze. Jeder wollte so viel Wasser wie möglich haben. So steht der Chiani-Fluß heute durch den Canale Maestro im Norden mit dem Arno, im Süden mit dem Tiber in Verbindung, außerdem mit verschiedenen Seen, so dem Trasimenischen See, dem von Montepulciano und dem Lago di Chiusi. Das komplizierte Wassersystem, dessen Richtungen im Lauf der Jahrhunderte verändert wurden, unterliegt ständiger Kontrolle, damit der Wasserstand zur Vermeidung von Überschwemmungen reguliert werden kann. Oberhalb des Tales, auf den Hügeln, entwickelten sich nach der Sanierung viele bedeutende Städte, in denen wir wertvolle Kunstwerke finden.

So hat jede Landschaft der Toskana ihre eigene Geschichte. Das werden wir an Ort und Stelle im rauhen Apennin ebenso bestätigt finden wie in den steilen Apuanischen Alpen, in den Bergen der Garfagnana (nördlich von Lucca) wie in denen des Mugello (nördlich von Florenz) oder denen des Casentino (nördlich von Arezzo), in den eigenartigen Hügeln der Crete wie den weitgleitenden des Chianti-Gebiets oder den metallhaltigen Colline Metallifere (nördlich von Massa Marittima), dem einsamen Bergmassiv des Monte Amiata im Südosten von Siena und dem meergebadeten Vorgebirge des Monte Argentario vor Orbetello; den Flußtälern von Arno (Valdarno) und Chiana (Valdichiana), der Küste von Marina di Carrara im Norden bis Ansedonia im Süden und den Inseln, dem Arcipelago Toscano.

Die Toskana ist durch ein mildes Klima ausgezeichnet, das der Landschaft ebenso wie dem Touristen zugute kommt. Man kann im Winter auf einigen Bergen Ski fahren. Im Sommer steigt das Thermometer in Florenz oder an der Küste auch über 40 Grad; da kann das Besichtigen anstrengend sein und verlockender, am Strand zu liegen. Im Frühling und im Herbst reist es sich in der Toskana am angenehmsten, mit einem Regenschirm für alle Fälle in der Tasche. Im Juni und Oktober kann man schon oder noch als Mitteleuropäer im Meer baden. Da die Toskana lange Küsten und viele Inseln hat, besteht die Qual in der Auswahl des bevorzugten Ortes für den Badeurlaub – mit »Kunst-Ausflügen«. Die Küsten von Grosseto im Süden (Riviera di Grosseto), die etruskische Riviera zwischen Punta Ala und Livorno, die Marina von Pisa und Tirrenia werden durch lange, breite Sandstrände und zum Teil auch durch ausgedehnte, Schatten spendende Pinienwälder bestimmt; die Versilia von Viareggio bis Forte dei Marmi und die Apuanische Riviera mit Cinquale Lido, Marina di Massa und Marina di Carrara sind von flachen, feinen Stränden mit entwickelten touristischen Einrichtungen geprägt. Die 147 Kilometer lange Küste der Insel Elba mit sanften Buchten und zerklüfteten, felsigen Abschnitten hat es in letzter Zeit immer mehr deutschsprachigen Touristen angetan.

*

Wegen ihrer Fruchtbarkeit ist die Toskana seit alten Zeiten im Hügelland und in den Ebenen – mit Ausnahme der von der Malaria verseuchten Gebiete – gleichmäßig und ausreichend besiedelt. Nach der Blüte im Mittelalter sank die Bevölkerungszahl in den Städten und auf dem Land – auch auf Grund der verheerenden Pest von 1348 und anderer furchtbarer Seuchen –, um erst im 19. Jahrhundert wieder stetig anzuwachsen. Da immer ein reger Austausch zwischen der Stadt und dem umliegenden Land herrschte, sind die Unterschiede zwischen städtischer und ländlicher Bevölkerung wenig spürbar.

98 Prozent der Toskaner bekennen sich zur römisch-katholischen Kirche. Florenz, Lucca, Pisa und Siena sind Sitz eines katholischen Erzbischofs; dem Florentiner Bistumsleiter steht traditionsgemäß der Kardinalsrang zu. Die vier Erzdiözesen stehen insgesamt neunzehn Bistümern voran.

Mit dem Flughafen »Galileo Galilei« bei Pisa (85 Kilometer von Florenz entfernt) verfügt »unsere« Region über gute Verbindungen zu anderen italienischen und europäischen Städten. Weitere Flughäfen, so bei Florenz oder bei Grosseto, dienen vornehmlich privaten und militärischen Zwecken. Florenz und Pisa sind wichtige Knotenpunkte für den Eisenbahnverkehr in Mittelitalien. Alle toskanischen Städte sind untereinander durch Busse verbunden. Neben den beiden Haupteisenbahnlinien an der Küste und von Florenz nach Süden und Norden bieten Nebenstrecken oft langsame, doch sehr vergnügliche und entdeckungsreiche Ausflugsmöglichkeiten. Die Toskana wird von Norden nach Süden von der Autostrada del Sole durchzogen. Weitere Autobahnen verbinden Florenz mit Siena und mit dem Tyrrhenischen Meer zur Autobahn Livorno–Genua. Eine Autobahn, die entlang der Küste Livorno mit Rom verbindet, ist seit langem geplant. Das Straßennetz in der Toskana ist gut, an einigen Stellen sehr gut ausgebaut; die Straßen sind nicht immer eben-glatt, bieten jedoch im allgemeinen keine besonderen Schwierigkeiten.

Seit dem Mittelalter ist die Toskana eine der fruchtbarsten Kulturlandschaften des Abendlandes. Die Städte ziehen deshalb nicht nur allgemein interessierte Touristen an, sondern in besonderem Maß auch Künstler und Wissenschaftler. Universitäten und wissenschaftliche Forschungsinstitute, Theater und Orchester, Opernhäuser und Bibliotheken zeugen noch heute von der Lebendigkeit des toskanischen Geistes. Seitdem Galileo Galilei, einer der Väter der modernen Wissenschaften, an der Universität von Pisa lehrte, ist diese eine der angesehensten wissenschaftlichen Forschungsstätten Europas. Mehrere Universitäten in Florenz und weitere Bildungsstätten in den acht anderen Provinzen bieten neben den öffentlichen Bibliotheken vielfältige Möglichkeiten zum Studium. Fast alle toskanischen Städte erlauben mit ihren Bauwerken, Kirchen, Palästen und Museen einzigartige geschichtliche und kunsthistorische Forschungen. Zahlreiche italienische und ausländische Akademien und Institute kümmern sich um die Pflege von Wissenschaft und Kultur.

Bei einem Aufenthalt in der Toskana sollte der Besucher nicht versäumen, sich nach Konzert- und – wenn Sprachkenntnisse vorhanden – Theaterveranstaltungen zu erkundigen. Die großen ständigen Theater bieten klassisches Repertoire. Doch auch kleine Wanderbühnen überraschen durch gefällige Vorstellungen. Oft können auch Konzertaufführungen in kleineren Städten hohen Ansprüchen genügen. Zuweilen ist jedoch ein Kammerkonzert in einem Kloster, einer alten Kirche oder einem würdigen Palast noch eindrucksvoller. Plakate künden stets die Veranstaltungen an.

Zu Wohlstand kamen die fleißigen und genauen Toskaner seit dem ausgehenden Mittelalter durch Landwirtschaft, Handwerk und Handel. In der Toskana suchte man stets die landwirtschaftlichen Produkte von Ackerbau und Viehzucht, Weinanbau und Ölbaumkulturen, Gemüse- und Obstplantagen und die des Fischfangs zu verbessern, unter anderem durch die erste Agrarschule Europas. Webereien, Färbereien, Schneidereien und Seidenbearbeitung wurden zu industrieller Fertigung weitergeführt. Das hochentwickelte Handwerk (Keramik, Porzellan, Holzverarbeitung, Stickereien, Lederbearbeitung, Korbwaren, Schiffsbau) hat seine künstlerischen Traditionen bewahrt. Chemische und pharmazeutische Fabriken, feinmechanische Betriebe, Antiquitätenhandel, Druckereien und Verlage stellen in diesem Bereich die meisten Arbeitsplätze.

Daneben werden in der Toskana zahlreiche Bodenschätze abgebaut und verarbeitet, so in Carrara Marmor, Quecksilber am Monte Amiata, Eisenerze auf der Insel Elba und in Piombino.

Von größter Bedeutung für die Wirtschaft der Toskana ist der Fremdenverkehr. Der Besucherstrom reißt das ganze Jahr über nicht ab und erfaßt nicht nur die berühmtesten Städte wie Florenz, Pisa und Siena, sondern auch die kleinen Zentren. Daneben spielt der Handel eine dominierende Rolle, wobei Florenz daran den Löwenanteil hält. Die Modemessen von Florenz (Alta Moda) sind weltberühmt, seine Pelz- und Antiquitätenmessen Anziehungspunkt in- und ausländischer Besucher, die einen Aufenthalt in Florenz gern zum Anlaß einer Reise durch die Toskana nehmen. Die Verwaltungen in den Provinzhauptstädten tragen zur Wichtigkeit des Dienstleistungsgewerbes für die Wirtschaft der Toskana bei.

*

ERSTE WEGWEISER

Es fällt nicht ganz leicht, den ›National‹-Charakter der Toskaner zu bestimmen – vielleicht auch deshalb, weil es zu viele verschiedene persönliche Charaktere gibt. Vor Vorurteilen wollen wir uns hüten. Sonst könnte es uns so gehen wie dem begeisterten Dante-Kenner, der die Sienesen mied, weil der große Dichter geschrieben hatte: »Gäb' es wohl je ein windigeres Volk als das von Siena? Nicht einmal die Franzosen sind so eitel« (Inferno 29. Gesang). Vor allem wollen wir die Toskaner selbst kennenlernen und erleben, was auch schon bei geringen Sprachkenntnissen mit einem freundlichen Wort, einer sympathischen Geste möglich ist. Vielleicht können wir uns auf den italienischen Schriftsteller Curzio Malaparte verlassen, den Sohn eines Deutschen und einer Italienerin, der 1898 in Florenz geboren wurde und 1957 in Rom starb. Er ließ einen Toskaner sagen: »Wir sind aufrührerisch, zynisch und spöttisch. Wir behalten einen kühlen Kopf, auch wenn unser Blut kocht. Wir sprechen aus, was andere nicht hören wollen. Wir bereuen unsere guten Taten nicht und schämen uns auch nicht der schlechten.« Etwas ausführlicher spricht Andreas Grote über die »seltsame Rasse des Toskaners und besonders des Florentiners«: »Wir können damit rechnen, daß sich der Charakter des Florentiners in jahrhundertelanger Geschichte nicht wesentlich gewandelt hat. Seinen Verhaltensweisen, welche uns noch heute entgegentreten, der hart an das Arrogante grenzende Stolz, die freundliche Verschlossenheit gegenüber dem Fremden, mit der sich leises Mißtrauen und mitleidige Geduld paaren, die Grausamkeit, all diesen Zügen werden wir von Anbeginn in der Geschichte dieser Stadt und ihrer Menschen begegnen. Zunächst zu bemerken, daß der Toskaner und besonders der Florentiner von heute beinahe unglaublich wirkender ›Provinzialität‹ ist. Wir wollen damit zum Ausdruck bringen, daß er noch heute von einem hohen Stolz auf seine Stadt erfüllt ist, die er (mit gewissem Recht) für den Mittelpunkt der Welt, und wenn ihm dies glaubwürdig bestritten wird, jedenfalls von Italien hält.« Wir wissen also Bescheid.

Geschichte der Toskana

In der Geschichte der Weltpolitik spielt die Toskana nur eine bescheidene Rolle. Es ist zunächst schon schwer genug, eines fest umrissenen toskanischen Gebildes überhaupt habhaft zu werden: *Die Etrusker,* die als erste in erfaßbarer Zeit dieses Land bewohnt und mit deutlich sichtbaren Spuren geprägt haben, besiedelten ein Gebiet, das über die Grenzen der heutigen Toskana weit hinausgeht. Über die genaue Herkunft dieses Volkes sind sich die Wissenschaftler noch immer nicht einig. Wir müssen also den Etruskern und der ersten Kultur auf toskanischem Boden das Geheimnis des Ursprungs lassen; am ehesten ist er wohl im griechischen Kulturraum zu vermuten. Uns ist vor allem wichtig, daß die Etrusker wohl wegen der gleichmäßigen Schönheit und der bedeutenden Fruchtbarkeit des Landes um die Jahrtausendwende vor Christus nach Mittelitalien ziehen, daß von ihrem römischem Namen »Tusci« sich »Tuscia«, das mittelalterliche Tuszien, und die spätere Bezeichnung Toskana herleiten, von ihrem griechischen Namen »Tyrsenoi« oder »Tyrrhenoi« der des Tyrrhenischen Meeres im Westen der Apennin-Halbinsel. Wenn das etruskische Siedlungsgebiet auch Teile der heutigen Regionen Latium, Umbrien, Emilia-Romagna, Venetien und sogar Ligurien einschloß, so stimmt doch das Kernland mit den Stadtstaaten Volaterrae (Volterra), Faesulae (Fiesole), Arretium (Arezzo), Cortona, Clusium (Chiusi), Vetulonia, Rusellae (Roselle), Volci, Volsinii und Populonia mit der heutigen Toskana weitgehend überein. Die Etrusker bringen in den Jahrhunderten vor Christus griechische Kulturgüter in den mittelitalienischen Raum. Ihre Leistungen in Landwirtschaft und Industrie, beim Trockenlegen der sumpfigen Maremmen und der Entwässerung der Flußebenen, beim Abbau der Bodenschätze und der Verarbeitung der Metalle, ihr technisches Können und handwerkliches Geschick, ihre Unternehmungen im Handel und die weitreichenden Kenntnisse auf wissenschaftlichen Gebieten lassen uns staunen. Die etruskische Ordnung des sozialen, politischen und kulturellen Lebens ist die erste zivilisatorische Ordnung der Toskana; sie steht lange über jener der Res publica, dem Gemeinwesen der Römer. Doch es fällt auf, daß es die Etrusker nie zu einem Gesamtstaat bringen. Nur ein Kultbund von zwölf Städten im Kernland Etruriens, sechs davon in der heutigen Toskana, schafft eine lockere Verbindung. Diese Scheu vor einer Zentralisierung, die Abneigung, sich einer einzigen Macht unterzuordnen, finden wir auch noch später in der Geschichte der Toskana, die deshalb in erster Linie eine Geschichte der einzelnen Städte ist. Da die Etrusker das weise Wort, Einigkeit macht stark, geringschätzen, unterliegen sie schließlich – nach Versuchen, sich zu wehren oder zu verbünden – den Römern, dem kriegerischeren und disziplinierteren Volk vom Tiber. Weil die Römer nach ihrem Sieg nicht nur die Städte der Etrusker zerstören, sondern auch alle Zeugnisse einer überlegenen Kultur auslöschen, sind uns die Spuren dieses Volkes in der Toskana um so wertvoller. (Für den am Etruskischen besonders interessierten Leser folgen am Ende dieses Kapitels weitere Ausführungen.)

Die Römer sind damals gute Administratoren. Sie wissen, wie man besiegte Völker klug behandelt und erobertes Land seiner Herrschaft dauerhaft eingliedert. Sie bauen in »unserem« Land bald Straßen, ab 241 v. Chr. die Via Aurelia am Meer von Rom nach Norden, ab 225 v. Chr. die Via Clodia von Veji bei Rom über Tuscania und Saturnia zur Via Aurelia, ab 220 v. Chr. die Via Cassia von Rom nach Fiesole, ab 187 v. Chr. die Via Flaminia von Rom nach Arezzo und über den Apennin in die Emilia. Den Veteranen der Legionen wird Land zugeteilt, so entstehen Kolonien in dem ›toskanischen‹ Teil des sich immer weiter dehnenden Imperium Romanum. Zu jener Zeit klagen Berichte darüber, daß die Malaria an der Küste eine Plage für Mensch und Vieh sei, daß sich der Anbau von Korn wegen der Konkurrenz des ägyptischen Getreides nicht recht lohne und auch der Abbau von Mineralien durch billige Importe leide. Unter Kaiser Augustus wird Etrurien die VII. Verwaltungsregion Italiens. Drei Jahrhunderte später setzt Kaiser Diokletian (284-305) der mit Umbrien vereinigten Provinz Tuscia als Verwaltungschef einen Corrector vor, der seine Amtsresidenz in Florentia aufschlägt und damit für den künftigen Wettbewerb der toskanischen Städte offenbar eine Vorentscheidung trifft. Diokletian ist es auch, unter dessen Herrschaft Christen in diesem Land verfolgt werden; dadurch sind uns die ersten Zeugnisse einer christlichen Missionierung und kirchlichen Organisation überliefert.

Wie für ganz Italien bedeutet die Völkerwanderung auch für Tuscia politischen und wirtschaftlichen Niedergang. Alemannen, Ostgoten, Byzantiner und Langobarden suchen die Region heim, bis die *Franken* Tuscia nicht mehr als Feindesland betrachten, sondern als Herrschaftsgebiet, das nicht Ausbeutung, sondern – als unter Karl dem Großen neu eingerichtete *Markgrafschaft* – eine ordentliche Regierung verdient. So mehrt sich der Wohlstand, der Handel dehnt sich aus, die Wirtschaft wächst, der Bildungsstand der Bevölkerung steigt.

Einen Höhepunkt erlebt Tuscia unter der Markgräfin Mathilde (1046-1115). Zu jener Zeit sind die Gemeinden des Landes schon von einem Gegensatz erfaßt, der jahrhundertelang ihr Leben bestimmt, dem Antagonismus zwischen dem deutschen Kaiser und dem römischen Papst. Es ist schwer auszumachen, ob die Auseinandersetzungen zwischen den papsttreuen Guelfen und den ghibellinischen Anhängern des Kaisers einer theoretischen Grundentscheidung für den weltlichen gegen den geistlichen Oberherrn entspringen, ob ein »Für« den Kaiser automatisch ein »Gegen« den Papst nach sich zieht oder das Votum für den Papst sogleich gegen den Kaiser einnimmt. Die widerstreitenden Interessen innerhalb einer Stadt nehmen an der Parteinahme für Guelfen oder Ghibellinen ihren Ausgang, haben dann im Grund mit Kaiser und Papst wenig zu tun, kehren jedoch merkwürdigerweise immer wieder zu dem jahrhundertelang lodernden Antagonismus zwischen weltlicher und geistlicher Macht, zwischen Imperium und Sacerdotium zurück. Meinungsverschiedenheiten unter den Bürgern, der Zwist der Familien, die Auseinandersetzungen um die Macht innerhalb der Mauern und die Rivalitäten der Städte untereinander werden im Zeichen und in den Farben von Ghibellini und Guelfi ausgetragen. Die Erhebung der norditalienischen Städte gegen den deutschen König, die Kämpfe zwischen dem Kaiser und dem römischen Papst berühren auch Tuscia, um so mehr, da es geographisch zwischen den beiden Mächten liegt. Die Tendenzen gegen den Kaiser verschärfen sich unter der Markgräfin Mathilde auch deshalb, weil zu ihrer Zeit Papst Gregor VII. (1073-1085), der Mönch Hildebrand, im Jahr 1077 den deutschen Kaiser Heinrich IV. (1056-1106) in Canossa, einem Schloß der Mathilde in der Emilia am nördlichen Abhang des Apennins, wortwörtlich auf die Knie zwingt. Der Tod der Markgräfin 1115 beschert dem Papst den Besitz der Mathildischen Güter; die Städte Florenz, Pisa, Lucca und Siena hingegen erlangen eine politische Selbständigkeit, in der sich demokratische Einrichtungen entwickeln.

Denn jetzt beansprucht ein neuer Stand, *die Bürger,* in der Politik ein Wort mitzureden. Bisher bestimmten die alteingesessenen Familien der Adligen, die Bischöfe mit ihren immer weiter greifenden Ansprüchen, die Äbte der großen Klöster mit kontinuierlich wachsenden Rechten, die Feudalherren auf dem Land mit ihren Untertanen, die Geschicke von Land und Leuten. Dagegen wenden sich die Bürger, jene, die mit ihrer eigenen Hände und ihres eigenen Verstandes Arbeit Wohlstand und Einfluß erwerben, die Meister der Zünfte, tüchtige Handwerker und begabte Händler, die oft die Märkte eines ganzen Gebietes beherrschen, gebildete, gelehrte und weltgewandte Männer. Sie setzen politische und militärische Ämter fest und bestimmen dafür Kontroll-Institutionen (Consoli, Buonomini, Parlament, Räte, Podestà, Capitano, Priori, Confalonieri oder Signoria). Was im einzelnen in Florenz und Pisa, Siena oder Lucca geschieht, werden wir in der Geschichte dieser Städte kennenlernen. Allen gemeinsam ist jedoch das Bemühen, die Kräfteverhältnisse innerhalb des Gemeinwesens so auszubalancieren, daß niemand zu absoluter Macht gelangen und sich in ihr behaupten könne. Wir werden freilich auch sehen, wie das Experimentieren mit demokratischen Verfassungen oft genug im Wettbewerb mit anderen Städten in Konflikt gerät mit militärischen Zwängen. Die Notwendigkeit militärischer Stärke bedrängt die Republiken mit ihren demokratischen Einrichtungen. Sicher ist, daß durch das neue Selbstbewußtsein der Bürger künstlerische Talente entbunden werden, wie die Welt sie auf so engem Raum in so kurzer Zeit auf allen Gebieten der Kunst und der Kultur kaum vorher erlebt hat – als einziger Vergleich wird oft das Athen der Antike zur Zeit des Perikles angeführt – noch nachher oft erfahren wird, es sei denn, wenige Jahrzehnte später im Florenz der Medici. Vom 11. bis zum Ende des 14. Jahrhunderts, vom Mittelalter bis zum Anbrechen der Renaissance erfüllen Dichter, Architekten, Bildhauer und Maler die Toskana mit Kunstwerken ohnegleichen.

Wir werden beim Besuch der einzelnen Städte dieses jahrhundertelange Ausbalancieren der Macht zwischen den verschiedenen Gruppen noch eingehend betrachten. Das politische Spiel zwischen den Adligen und den Großkaufleuten, den Bankiers und den Feudalherren, den Bischöfen und Äbten, dem besitzenden Bürgertum, dem ›Popolo grasso‹, das seine Stellung sichern will, und dem mittellosen Volk, dem ›Popolo minuto‹, das Veränderungen nie abhold ist, zwischen den Ghibellinen, deren Schutzherr weit und deren Reichsidee bald überholt ist, und den Guelfen, die opportunistischer und ›moderner‹ handeln, wird uns immer wieder beschäftigen. Man darf nur sehr vorsichtig unsere heutigen politischen Begriffe wie konservativ und progressiv, Produktionsmittel und Feudalbesitz, Produktionskräfte und Proletariat, in die damaligen Auseinandersetzungen tragen. Aber die Unterschiede der Interessen, die nicht allein, doch zu einem guten Teil in wirtschaftlichen Verhältnissen begründet sind, Erfolg oder Scheitern beim Ausgleich sozialer Spannungen haben die Geschichte der Städte entscheidend bestimmt. Uns wird auffallen, mit welch wachem Sinn die Bürger der Städte den Gebrauch der Macht kontrollieren, wie sie etwa den Podestà, den ›Regierungschef‹, am Ende seiner Amtszeit überprüfen und ihm bei Mißbrauch seiner Befugnisse auch harte Strafen auferlegen. Die Kontrolle der Macht, ein demokratisches Fundament, üben sie so lange aus, bis sie es nicht mehr tun können, weil ihre Stadt militärisch unterlegen ist und sie die Selbständigkeit an eine fremde Oberhoheit verloren haben, oder bis sie ihre Rechte nicht mehr wahrnehmen wollen, aus Einsicht in die Vorteile einer lang währenden guten Regierung oder aus Erschöpfung, mit dem Wunsch, wie in Florenz einem ›Vater des Vaterlandes‹ – so der Titel Cosimos des Älteren – ihr Geschick zu überlassen.

Wir werden noch genauer erfahren, wie die Rivalitäten unter den Städten ausgetragen werden und welches Ende sie für die einzelnen Bürgerstaaten nehmen. Das Ergebnis ist, daß im Zeichen der Guelfen *Florenz* den *Primat unter den Städten der Toskana* erringt. Die Stationen dieses Aufstiegs sind: 1125 Sieg von Florenz über Fiesole; durch Eroberung, käuflichen Erwerb oder Bündnisse kommen Pistoia (1329), Prato (1351), San Gimignano (1354), Volterra (1361) und Cortona (1411) hinzu. Da kann die Seemacht Pisa, die nach einem glänzenden Sieg mit ihrer Flotte über die Sarazenen 1062 zunächst die mächtigste Stadt der Toskana war und dies auch durch Bauten zeigte, nicht mehr mithalten; 1406 müssen sich die Pisaner von den Florentinern geschlagen geben. Endlich muß auch Siena im Jahr 1559 weichen und seine Souveränität in dem von Florenz beherrschten Großherzogtum aufgehen lassen.

Zu jener Zeit – um 1550 – überstrahlt Florenz schon lang die anderen toskanischen Städte. Doch zugleich verliert es selbst als Hauptstadt des Herzogtums, ab 1569 des Großherzogtums Toskana, an innerer Spannkraft und Vitalität. *Die Medici* hatten sich langsam der Signoria am Arno bemächtigt. Vieri di Cambio (1323-1395) und Giovanni di Bicci (1360-1428) hatten den Grundstein für die künftige Macht gelegt, Cosimo der Ältere (1389-1464) und Lorenzo der Prächtige (1449-1492) behaupteten diese unter Wahrung der demokratischen Formen. Wie in früherer Zeit das Hervortreten des Bürgertums die künstlerischen Potenzen freigesetzt hatte, so »regnet« es nun unter den Medici wieder Baumeister, Bildhauer und Maler, und aus dem Boden der Stadt Florenz und der Toskana sprießen Kunstwerke von strahlender Schönheit hervor. In wenigen Jahrzehnten wird ein Zeitalter geboren: Die Renaissance, begleitet von einer neuen Blüte der Geisteswissenschaften, der des Humanismus.

Man sollte meinen, die Schöpfungen und Wirkungen der Toskana sollten wachsen, nachdem all ihre Kräfte in einem Herzogtum und dann *Großherzogtum* mit kaiserlichem Siegel und päpstlichem Segen vereinigt worden waren. Von den Medici der älteren Linie geht im Jahre 1537 die Herrschaft auf eine jüngere Deszendenz über, auf Cosimo I. (1519-1574), den Sohn des Giovanni delle Bande Nere. Doch die große Zeit, die prächtigen Epochen von Blüte und Reife in Kunst und Kultur sind vorbei. Die Großherzöge, sieben an der Zahl bis 1737, verwalten recht – Urbarmachung von Sümpfen, Entwässerung von Flußebenen, Gründung von Stadt und Hafen Livorno, Förderung von Geistes- und Naturwissenschaften, darunter des Galileo Galilei, vernünftige wirtschaftspolitische Maßnahmen, Bau von Festungen – und schlecht – nicht alle Großherzöge entsprechen dem Bild eines würdigen Herrschers und erliegen zuweilen dem Trunk oder anderen Freudenlastern – das ihnen anvertraute Land. Als Gian Gastone, 1671 geboren, 1737 als der letzte der Medici stirbt, erwirbt sich Anna Maria Lodovica, seine Schwester, unvergeßliche Verdienste für die Toskana, indem sie dafür sorgt, daß die Kunstschätze der Toskana und der Medici im Lande bleiben und nicht wie bei anderen italienischen Fürstenhäusern in alle Winde zerstreut werden. Die europäischen Großmächte verfügen im Gefolge des Kriegs zwischen Frankreich und Österreich (wegen der polnischen Thronfolgefrage) über das verwaiste Großherzogtum und teilen es Franz von Lothringen zu, dem Gemahl der Kaiserin Maria Theresia und späteren Kaiser Franz I. Plötzlich regieren nun *Habsburg-Lothringer* von Florenz aus die Toskana. Großherzog Leopold I., dritter Sohn Maria Theresias und später Kaiser Leopold II., führt, unterstützt von einem behördlichen Überwachungssystem, Reformen im Sinn der Aufklärung durch und plant sogar eine Verfassung. Die Dynastie der Habsburg-Lothringer unterbricht Napoleon für kurze Zeit von 1796 bis 1815, zuerst durch Lodovico I. von Parma, dann durch seine Schwester Elisa Baciocchi. Schließlich wird Großherzog Leopold II. 1859 von der italienischen Revolutions- und Einigungsbewegung vertrieben. Am 27. April jenes Jahres weht die italienische Tricolore über der Festung von Florenz; die Toskana geht politisch zunächst im Königreich Sardinien, dann im geeinigten *Königreich Italien* (1870) auf. Florenz ist fast sechs Jahre lang, von 1865 bis 1871, Hauptstadt Italiens; dann tritt Rom wieder an die erste Stelle. Kulturell vermag sich jedoch die Toskana stets ihre Eigenart und Selbständigkeit zu bewahren. Im Zweiten Weltkrieg, nach dem Waffenstillstand der Regierung Badoglio mit den Alliierten im September 1943 und der Besetzung Nord- und Mittelitaliens durch deutsche Truppen, erleiden einige Städte beträchtliche Schäden durch die Bombardements der Alliierten und vereinzelt auch durch Sprengungen der deutschen Wehrmacht bei ihrem Rückzug im August 1944. Von 1970 an tritt die Zentralregierung der Republik Italien in Rom im Gefolge der Regionalreform wichtige Befugnisse an die ›Regione Toscana‹ ab.

Exkurs über die Etrusker

Hier seien noch einige Absätze über die Etrusker angefügt, die nichts anderes als Ihre Neugierde wecken sollen, so wie immer wieder seit mehr als 150 Jahren das Interesse an diesem Volk durch zahlreiche Bücher oder durch die großen Etrusker-Ausstellungen in der Toskana von 1985 aufflammte. So erschien 1970 von dem Schriftsteller Werner Keller das Buch ›Denn sie entzündeten das Licht‹. Der wissenschaftlich interessierte Publizist machte eine größere Öffentlichkeit – und auch mich näher – mit den Etruskern bekannt. Was zuvor nur einem kleinen Kreis von Fachgelehrten oder eifrigen Hobby-Archäologen vertraut war, wirkte nun auf viele als Sensation. Kellers Schlußfolgerung: »Die Etrusker waren es, die lange vor Rom an der Schwelle von der Vorzeit zu geschichtlichem Beginn im Herzen Italiens eine Hochkultur errichteten und mit ihr das Fundament legten für den späteren Aufstieg Europas. Sie vermittelten das Erbe des alten Orients mit seiner weit fortgeschrittenen Zivilisation und machten es auf westeuropäischem Boden heimisch.« Die Erzählungen von dem »ersten Wirtschaftswunder im Westen« und der etruskischen Großindustrie, den gefürchteten Schiffen der Etrusker und ihrem Handel im Mittelmeerraum, ihrer Herkunft und ihrer Magie, der Sprache und Schrift, der staatlichen Organisation und den militärischen Bündnissen, Metallabbau und Eisenbearbeitung, besonders auch von riesigen Grabmälern und Luxusgräbern, Skulpturen und Keramik, Malereien und Architektur, von Totenkult und Lebensfreude, insgesamt von Technik, Zivilisation und Kultur, belebten die Phantasie. Viele wollten von den Etruskern nun mehr wissen und vor allem an Ort und Stelle mehr sehen.

Da kam natürlich zum Vorschein, daß es durchaus schon wissenschaftliche und populäre Literatur über die Etrusker in Hülle und Fülle gab. Der englische Schriftsteller D. H. Lawrence, weltberühmt geworden durch ›Lady Chatterley‹, hatte bereits 1932 einen Reisebericht über seine Besuche in den Etruskerstätten von Cerveteri, Tarquinia, Vulci und Volterra unter dem Titel ›Etruscan Places‹ veröffentlicht, der Franzose Jacques Heurgon 1961 ein kluges Buch publiziert über ›La Vie quotidienne chez les Etrusques‹, das Alltagsleben bei den Etruskern (in deutsch unter dem Titel ›Die Etrusker‹ erschienen). Darin drückt der Autor sehr ehrenhaft den beiden großen deutschen Etruskerforschern des 19. Jahrhunderts, O. Müller (Die Etrusker, 1828!) und W. Deecke (zweite Auflage der ›Etrusker‹ von Müller, 1877), seinen Dank aus.

Heurgon widmet den beiden Fragen nach der Herkunft und nach der Sprache der Etrusker begrenzten Raum und behandelt um so breiter ihr erkennbares Leben, ihre äußere Erscheinung und geistige Veranlagung, den Aufbau der Gesellschaft mit Königen, Condottieri, Magistraten, mit Dienern, Bauern, Sklaven und Freigelassenen, die etruskische Familie und die Rolle der Frau, rechtliche Stellung und bürgerliche Freiheiten der Frau, ihre Bildung und ihren Lebensstil bis hin zu ihren Privilegien im Jenseits. Heurgon geht auf alles ein, auf das etruskische Land und die verschiedenen Gebräuche des Landlebens, die Fruchtbarkeit des Bodens und das Malariaproblem an der Küste und in den Flußtälern, die Erfolge der Etrusker auf dem Gebiet der Hydraulik, das Eigentumsrecht, Getreide, Wein- und Baumkulturen, Ackerbaugeräte, »Landwirtschafts-Ingenieure«, Viehzucht, Jagd und Fischerei, Holzverwertung, die Minen der Bodenschätze, Straßen und Fahrzeuge. Ebenso gründlich beschäftigt er sich mit den Städten und dem Stadtleben, mit der Form der Häuser und der Stadtbevölkerung, mit den Nekropolen und Gräbern, den Möbeln und der Kleidung, dem Schuhwerk, den Kopfbedeckungen und dem Schmuck. Der Autor vergißt auch nicht den Zeitvertreib der Etrusker zu erwähnen, ihre Bankette und Spiele, die Zeiteinteilung, Küche und Speisen, Geschirr und Eßsitten; dazu die Spiele, Musik und Tanz, Sport und Wettrennen, Gladiatorenkämpfe und athletische Disziplinen. Und schließlich das Schrifttum, Alphabet, Schrifttafeln und -rollen, Religion, Propheten und Wahrsager, Hymnen und sakrale Schauspiele. Es entsteht ein lebendiges Bild der Etrusker, das uns bei der Lektüre stets aufs neue fesselt, und alles gipfelt in dem Satz, daß die Etrusker »die erste große Kultur auf dem Boden in Italien darstellen«. In Heurgons Buch mußte allerdings, dem Titel entsprechend, die politische Geschichte zu kurz kommen, die innenpolitischen Entwicklungen im Reich der Etrusker, der Zwölferbund, dann die großen außenpolitischen Auseinandersetzungen, vor allem die mit den Römern, die im Untergang der Etrusker endeten.

Dem Titel und der Aufgabe unseres Buches gemäß, können diese Hinweise auf die Etrusker nur Stückwerk sein. Doch ich muß noch eine weitere Bescheidung eingestehen. So wenig dieses Toskana-Buch eine Monographie über die Etrusker sein kann, so wenig ist es ein Spezialführer zu den etruskischen Grabungsstätten und Museen in der Toskana. Diese Aufgabe kann es erst recht nicht erfüllen, weil das Gebiet der Etrusker weit über die heutige Toskana hinausreicht und im weiten Sinn sich von der Po-Ebene im Norden bis nach Kampanien im Süden erstreckt, wenn auch das Stammland vor allem die Toskana, das westliche Umbrien und das nördliche Latium, also das Land zwischen Florenz und Rom, umfaßt.

Solche Führer in das Etruskerland gibt es viele. »Das bislang gründlichste und zugleich brauchbarste Handbuch für angehende Etruskologen« (A. Wucher) verfaßte wohl der Journalist Friedhelm Gröteke, der durch Zufall zur Etrusker-Archäologie kam und sich diesem Hobby mit Leidenschaft und Kenntnis widmete. In seinem »Etruskerland« gibt er eine verständliche Hinführung, auch zu den verschiedenen Stilperioden wie Villanova-Zeit, die orientalisierende, archaische und hellenistische Periode, zu Architektur, Plastik, Kleinkunst, Malerei und Keramik. Dann schlägt Gröteke 17 Ausflüge in den Regionen Latium, Umbrien und Toskana vor, die folgende Stätten berühren:

Rom, Cerveteri und die Tolfa-Berge – Veji und Bracciano – Civita Castellana, Falerii Novi, Monte Cimino, Lago di Vico, Sutri – Viterbo, Blera, Civitella Cesi, Barbarano Romano, Norchia – Acqua Rossa, Ferento, Castel d'Asso, Tuscania, Tarquinia – Vulci – Ansedonia, Talamonaccio, Grosseto, Roselle, Vetulonia – Lago dell'Accesa, Massa Marittima, Populonia – Bolsena, Orvieto, Orte, Bomarzo, Bagnoregio – Sorano, Sovana, Saturnia, Poggio Buco, Pitigliano – Orvieto, Chiusi, Cortona – Arezzo – Perugia – Chianciano Terme, Montepulciano, Asciano, Siena – Volterra, Rosignano Marittimo, Florenz – Sesto Fiorentino, Comeana, Artimino.

Mit den vielen Zielen will ich nicht jene erschrecken, die in die Toskana reisen und dabei auch etwas von dem Geheimnis der Etrusker für sich lüften wollen. Doch eben nur nebenbei. Das kann in einem Museum geschehen, etwa bei der Betrachtung der berühmten Chimäre oder des Schmucks im Museo Archeologico von Florenz, der Sarkophage, Grabstelen, Urnen und Terrakotta-Figuren in den Museen von Chiusi oder Volterra, der Bronzefiguren in Siena, oder – was wir vielleicht am liebsten in der Beschäftigung mit den Etruskern tun – bei einem Spaziergang, der durch das toskanische Land auf verschlungenen Pfaden und verwehten Spuren zu einem Felsengrab mit bunten Malereien oder einem Hügel führt, zu den Resten eines Heiligtums inmitten einer abgelegenen Wiese oder den Ruinen einer vergessenen Stadt. Für unseren Bereich lasse ich acht Etruskerzonen gelten:

Florenz (Museum) mit Fiesole, Quinto (Sesto Fiorentino), Comeana, Artemino und Castellina in Chianti
Siena (Museum) und Volterra
Populonia, Vetulonia, Roselle und Grosseto (Museum)
Orbetello, Cosa (Ansedonia), Marsiliana, Magliano und Talamone
Pitigliano, Poggio Buco, Sovana und Saturnia
dazu in Latium: Tarquinia, Tuscania und Vulci
Chiusi und Sarteano
Cortona und Arezzo

Aber ich will den Leser doch nicht ohne »Wegzehrung« zu den Etruskern entlassen, sozusagen mit einem Stück harten Kommißbrotes als Reiseproviant. Als sichere Erkenntnis der Geschichtsforschung darf wohl gelten, daß die Etrusker (griechisch Tyrsenoi, lateinisch Tusci oder Rasenna, wie sie sich selbst nannten) wohl zwischen 1000 und 800 v. Chr. bei Salerno, dann im nördlichen Latium (Cerveteri, Tarquinia) und in der südlichen Toskana landeten. Sie nahmen den Verwandten der Latiner die metallreichen Küstenstriche weg und drängten die Umbrer weiter in das Landesinnere zurück. Den Italikern brachten sie nicht nur die Kultur ihrer Heimat, der Frühgriechen, der Thrako-Phryger und Kleinasiaten, sondern auch eine weit entwickelte Religion. Diese war geprägt durch ein angesehenes Priestertum im Dienst von Göttern und Göttinnen, durch kräftige Sinnlichkeit und starke Todesfurcht, die sich in einem – wie es uns erscheint – fast übermäßigen Totenkult ausdrückte. Die Priesterschaft übte Macht aus durch das Wissen um die Erforschbarkeit des Götterwillens. In der Architektur kannten sie die frühgriechischen Tempel und als Stadtform Siedlungen auf Bergrücken, als Herrschaftsform ein Stadtkönigtum mit sakralen Bindungen. Ihr Kalender verzeichnete Mondfeste der Wolfsgöttin. Im Volk bildeten die Stadtherren (lucumones, principes mit Vor- und Familiennamen) einen Adel und wurden durch Amtsinsignien hervorgehoben, zum Beispiel durch ein Gewand mit Purpurstreifen, durch einen bestimmten Sessel oder das Geleit durch Amtsdiener (lictores) mit dem Beil im Rutenbündel (fasces) als Symbol der Straf- und Hinrichtungsgewalt. Die Fasces erinnern uns dann ganz zu Recht an die faschistische Diktatur dieses Jahrhunderts. Einen Gesamtstaat haben die Etrusker nie geschaffen; wahrscheinlich wäre dann die europäische Geschichte anders, nicht von den Römern bestimmt, verlaufen. Es bestand lediglich ein lockerer Kultbund von 12 Städten im Kernland Etrurien.

Diese wenigen Sätze sollen Ihre Lust wecken, das aufzusuchen, was von den Etruskern noch zu sehen ist. Die archäologischen Zeugnisse erzählen uns von dem Leben in einer etruskischen Siedlung, vor allem vom Wandel der oberen Schichten der Gesellschaft. Spiele zu Ehren der Götter werden gehalten, Feste mit Gelagen und Tänzen gefeiert. Der Hang der Etrusker zu gehobenem Lebensstandard und Luxusgütern wird ebenso deutlich wie ihr heiteres, lebensbejahendes Naturell. Die Frau scheint eine angesehenere Stellung eingenommen zu haben als bei Griechen und Römern, denn wir sehen sie auf Fresken beim Bankett, beim Tanzen und bei den Spielen als Zuschauerin. Griechische und römische Historiker kommen daher auch leicht zu dem Schluß, bei den Etruskern habe man es mit der Moral nicht so genau genommen.

Über die Männerwelt schreibt der Historiker J. Bleicken nach Sichtung der archäologischen Funde: »Die Männer führten ein ausgesprochen aristokratisch gebundenes Leben. Kampf und Kampfspiele, Sport, Jagd und Fischfang füllten den Tag des vornehmen Etruskers aus. Daß in den niederen Schichten Handwerk und Gewerbe eine wichtige Rolle spielten, bezeugt die überreiche archäologische Hinterlassenschaft und deren teilweise hohe Qualität. Die ergiebigen Erzlager der Toskana förderten die Entwicklung einer reichhaltigen Schmiedekunst. Die etruskischen Bronzen waren berühmt und nicht minder die Goldschmiedearbeiten, von denen manches kostbare Stück auf uns gekommen ist. Das Handwerk bildete überhaupt einen gewichtigen Bestandteil der städtischen Wirtschaft, seine Erzeugnisse wurden bis in die fernsten Länder exportiert. Vor allem die Küstenstädte entwickelten sich zu bedeutenden Handelszentren. Etruskische Schiffe befuhren nicht nur die westlichen Küsten Italiens, sondern gelangten auch nach Südfrankreich und nach Spanien. Sie waren berühmt und gefürchtet zugleich, denn Seemacht zeigte sich häufig als Seeräuberei. Die Kunde von etruskischen Seeräubern drang bis in den Osten; die griechische Sage wußte von der Gefangennahme des Gottes Dionysos durch etruskische Piraten zu berichten und von dem göttlichen Strafgericht, das die Räuber auf ewig in Delphine verwandelte.«

Von besonderer Wichtigkeit sind für uns die Nekropolen, die Totenstädte außerhalb des Mauerrings einer Siedlung oder Stadt. An langen Straßen finden wir große Kuppelbauten für die Toten, teilweise prachtvoll ausgestattet, und kleine, einfache Kammer- und Schachtgräber. Die Gräber der Nekropolen geben mit ihren Malereien und den Beigaben ein deutliches Bild vom Jenseitsglauben. Dazu wieder Bleicken: Die Etrusker »glaubten, daß nach dem Vollzug bestimmter Riten die Seele Anteil am Göttlichen erhielte und unsterblich würde; das Weiterleben der Seele nach dem Tode entspräche etwa dem Erdendasein. Deshalb legte man großen Wert auf die Grablegung des Toten. Wie ein Wohnhaus wurde das Grab mit verschiedenen Räumen, mit Bänken, Sesseln, Wandmalereien und mit den Gegenständen des häuslichen Bedarfs ausgestattet; die Seele des Dahingeschiedenen sollte an nichts Mangel leiden. Als Spiegelbild des Diesseits gab das Jenseits dem Toten ein Dasein, angefüllt mit Kampf und Lebensfreude. Die Fresken der Gräber schildern uns mannigfaltige Situationen des täglichen Lebens, und sie berichten von der Entführung der Seele in das Reich des Todes und von dem Leben im Jenseits.«

Galerie berühmter Toskaner

Berühmte Toskaner – davon gibt es genug. Von einigen war schon im Kapitel ›Geschichte der Toskana‹ die Rede, anderen werden wir in der ›Geschichte von Florenz‹ oder dem Kapitel über die Medici begegnen. Da stehen Staatsmänner und Politiker im Vordergrund. Hier geht es uns mehr um die Männer des Geistes, vor allem die der bildenden Künste, aber auch der Geistes- und Naturwissenschaften. Damit ist keine Kunstgeschichte der Toskana angestrebt, oder nur soweit, als die Geschichte der Kunst auch immer eine der Künstler ist. Wer das bezweifeln mag, der

BERÜHMTE TOSKANER

gehe nur in Florenz am Palazzo Vecchio vorbei in den **Piazzale degli Uffizi,** zwischen den Flügeln der bedeutendsten italienischen Gemäldegalerie, und sehe dort die Marmorstatuen berühmter Toskaner. Ihre Namen erhellen blitzartig die Kunstgeschichte des Abendlandes, vielleicht mehr, als eine Beschreibung der Kunststile und -richtungen ihre schöpferische, oft geniale Tätigkeit im Detail auszuleuchten vermag. Wir können auch weniger schweren Herzens darauf verzichten, weil wir eine Chronologie der Kunst bei der Beschreibung der toskanischen Hauptstädte aufstellen, deren Geschichte häufig von den Großtaten der Kultur und der Künstler bestimmt wird. Da stehen die Großen aus Kunst und Wissenschaft: Bildhauer, Maler und Architekten, Dichter und Komponisten, Juristen und Geschichtsschreiber, Staatsmänner und Denker – in folgender Reihenfolge, wenn man den Rundgang an der West-, Süd- und Ostseite des »Innenhofes« der Uffizien vorbeilenken will:

(Westseite) Benvenuto Cellini (1500-1571, Goldschmied), Guido d'Arezzo (990-1050, Musikgelehrter), Francesco Accursio (12.-13.Jahrhundert, Jurist), Heiliger Antonino (1389-1459), Andrea Cesalpino (1519-1603, Naturwissenschaftler), Paolo Mascagni (1755-1815, Anatom), Francesco Redi (1626-1697, Dichter), Pater Antonio Micheli (1679-1737, Botaniker und Geologe), Galileo Galilei (1564-1642, Naturwissenschaftler);

(Südseite) Francesco Ferrucci (1489-1530, Kondottiere), Giovanni de' Medici delle Bande Nere (1498-1526, Kondottiere), Pier Capponi (1446-1495, Patriot), Farinata degli Uberti (13.Jahrhundert, Ghibellinenführer), Großherzog Cosimo I. (1519-1574);

(Ostseite) Amerigo Vespucci (1454-1512, Entdecker), Francesco Guicciardini (1482-1540, Historiker), Niccolò Machiavelli (1469-1527, Historiker), Giovanni Boccaccio (1313-1375, Dichter), Francesco Petrarca (1304-1374, Dichter), Dante Alighieri (1265-1321, Dichter), Michelangelo Buonarroti (1475-1564), Leonardo da Vinci (1452-1519), Leon Battista Alberti (1404-1472, Architekt und Kunstschriftsteller), Donatello (1386-1466, Bildhauer), Giotto (1276-1337, Maler), Nicola Pisano (etwa 1206-1278, Bildhauer), Andrea Orcagna (etwa 1308-1368, Bildhauer und Architekt); (unter dem Portikus) Cosimo der Ältere (1389-1464) und Lorenzo der Prächtige (1449-1492). Diese Standbilder künden davon, welchen Reichtum die Toskana Europa geschenkt hat. Und hier finden längst nicht alle Toskaner, deren Andenken rühmenswert ist und die Wissenschaft, Kunst und Geschichte belebt haben, Platz.

Es soll also keine Kunstgeschichte der Toskana versucht werden, nur in persönlicher Anschauung von Architektur, Skulptur und Malerei die Rede sein. Eine Kunstgeschichte müßte die Entwicklung der Architektur behandeln, angefangen bei Etruskern und Römern, dann zur kühlen, nüchternen Romanik, der Florentiner Protorenaissance, weiter zur frommen und starken Sprache der Gotik und in einer grandiosen Steigerung zu den klassischen Formen der Renaissance, dem späteren Auslaufen in der Zeit des Barock. Oder die der Skulptur! Jedes Jahrhundert verdiente eigens behandelt zu werden. Könnten wir da die wenigen uns erhaltenen, doch kostbaren Leistungen des Mittelalters vergessen, jene vom Ende des 13., des 14., vom Anfang des 15. Jahrhunderts zurücksetzen hinter denen der Florentiner Hoch-Zeit; müßte man nicht auch auf die kunstvollen Werke der späteren Gold- und Silberschmiedekunst eingehen? Oder auch die Malerei! Hier erscheint die Fülle noch dichter, sind die Beispiele noch zahlreicher. Es kann hier nur der Rat gegeben werden, die kunstgeschichtliche Abfolge der Meisterwerke der Malerei in den Uffizien oder im Palazzo Pitti selbst zu verfolgen. Wie könnte man die Entwicklung der Stile vom Mittelalter zur Renaissance und zum Manierismus besser beobachten als in diesen Florentiner Gemäldegalerien.

Aber nach Architektur, Skulptur und Malerei – gesetzt, es gäbe hier Raum für diese Aufgabe – hätten wir immer noch nicht die Leistungen der Dichter, Schriftsteller und Musiker, der Geistes- und Naturwissenschaftler gewürdigt, wüßten wir noch nichts von den zwei Durchbrüchen des Geistes, die in der Toskana gelangen, dem – wie man vereinfacht und verkürzt sagt – vom Mittelalter zu Humanismus und Renaissance und dem von der Renaissance in die Neuzeit Ende des 15. Jahrhunderts. Während der erste als qualitativer Sprung des Geistes allgemein anerkannt ist, wird oft nicht mit genügender Deutlichkeit gesehen, daß in der Toskana das Kapitel der Neuzeit aufgeschlagen wurde, daß Michelangelo und Machiavelli, Leonardo da Vinci und Savonarola als ein katholischer Vorläufer des Reformators Martin Luther, Pietro Aretino, der geistvolle anti-autoritäre Spötter, und die Männer der Platonischen Akademie moderne Menschen im vollen Sinn des Wortes waren, von den späteren Naturwissenschaftlern wie Galileo Galilei zu schweigen. An der Kunstgeschichte der Toskana wird man sich bewußt, daß eine Historie der Kunst nicht von der allgemeinen Geschichte und nicht von der Geistesgeschichte zu trennen ist. Versuchen wir, durch kurze Lebensbeschreibungen der Künstler allen drei Aspekten gerecht zu werden und durch die Künstler der Kunst näher zu kommen. Immer wird jedoch die Betrachtung der ›Kunst-Objekte‹, der Kirchen und Paläste, der Statuen und Gemälde, und die Lektüre der Texte bei den Männern des Geistes im Vordergrund stehen. Holen wir uns also die Künstler aus der Vergangenheit näher.

*

Der erste in der Reihe der Künstler ist schon einer der größten: **Dante Alighieri** (1265-1321), der bedeutendste Dichter der italienischen Sprache. Wenn wir an Himmel, Hölle und Fegefeuer denken, so stützen wir uns in unseren Vorstellungen viel weniger auf das Neue Testament der Bibel als auf das Hauptwerk dieses Dichters, »Die Göttliche Komödie«. Die drei mal 33 Gesänge von Inferno (Hölle), Purgatorio (Fegefeuer) und Paradiso sind als dichterisches Meisterwerk und als geschichtliches Quellenmaterial für Personen und Politik des Mittelalters in Italien von unschätzbarem Wert.

Die gründliche Bildung, um die Ereignisse seiner Zeit einordnen zu können, erhielt der Sohn angesehener Florentiner Patrizier bei den Franziskanern und Dominikanern. Sein Studium der Philosophie, das Interesse für die bildenden Künste und der Hang zur ritterlichen Lebensart treten uns in seinen Werken lebendig entgegen. Der Gegensatz zwischen den Guelfen und Ghibellinen, den Anhängern des Papstes und des Kaisers, sollte für Dante verhängnisvoll werden. 1279 hatten sich beide Parteien in Florenz zum Wohl der Stadt versöhnt, doch nach wenigen Jahren flackerten die Differenzen wieder auf. Da der Dichter dabei Partei nahm, zum Unglück für die unterlegenen Ghibellinen, war das angenehme Leben in friedlichem Wohlstand für ihn in Florenz vorbei. Er wurde aus seiner Vaterstadt verbannt, eine Rückkehr ihm bei Todesstrafe untersagt. So mußte er zwanzig bittere Jahre im Exil bis zu seinem Tod 1321 in Ravenna leben. Doch auch in der Fremde kam Dante von zwei Florentiner Begegnungen nicht los. Die erste ist die – allem Anschein nach platonische – Liebe zu Beatrice, einem Mädchen aus der Nachbarschaft in dem Florentiner Viertel bei der Casa Dante, der Tochter des Patriziers Folco Portinari, die im Alter von nur neun Jahren in dem Dichter eine Liebesglut entfachte, die Dante mit leidenschaftlichen Gedichten besang. Obwohl oder weil Beatrice schon bald starb, wurde die Liebe zu ihr unsterblich. Die zweite Liebe ist die zu der Stadt Florenz selbst, der er zuerst aus der Verbannung voll Sehnsucht nachtrauert, die er dann jedoch mit glühendem Haß und unversöhnlicher Verachtung (›Krämerstadt‹) verfolgt. Hassen konnte Dante – selbst Päpste schickt er deshalb in die Hölle – und lieben. Beides sind die Hauptmotive der ›Göttlichen Komödie‹, die Menschliches und Göttliches, Erde und Himmel auf nie wieder erreichte Weise verbindet. Erst nach Dantes Tod wurden die Florentiner der Bedeutung ihres verstoßenen Mitbürgers gewahr. Ihr sehnlicher Wunsch wäre gewesen, den Leichnam aus Ravenna nach Florenz heimzuholen; aber die Ravennaten sträubten sich – begreiflich.

Giovanni Cimabue (etwa 1240–1302) – Cenni di Pepo sein eigentlicher Name – wurde schon von Dante als einer der berühmtesten Maler seiner Zeit gerühmt. Doch wir wissen von Cimabue wenig. Er war zuerst tätig in Rom (1272) und in Pisa (1301/02), für dessen Dom er sein einziges urkundlich belegtes Werk schuf, ›Johannes der Evangelist‹, das mit Sicherheit ihm zugeschrieben werden kann, jedoch schlecht erhalten ist. Um die Jahrhundertwende (vom 13. zum 14.) arbeitete er in Assisi (Fresken in der Oberkirche von San Francesco) und in Florenz (Santa Croce); die Thronende Madonna mit Engeln in den Uffizien wird allgemein ihm zuerkannt. Seine Bilder beeindrucken durch unmittelbare Kraft und majestätische Wucht der Darstellung. »Cimabue gebraucht«, so urteilt der Kunsthistoriker R. Darmstaedter, »die überlieferten byzantinischen Formen mit Freiheit und steigert sie zu monumentaler Größe und Menschlichkeit. Er ist der große und unmittelbare Vorläufer Giottos«.

Auch vom Leben des **Duccio di Buoninsegna** (etwa 1255-1319) ist uns wenig Sicheres überliefert. Wir begegnen ihm etwa in der Madonna Rucellai (Florenz, Uffizien), vor allem aber in seinem Hauptwerk, der ›Maestà‹ im Dom-Museum von Siena. Kaum jemand kann sich der Wirkung dieser ›Majestät‹, der thronenden Madonna mit Engeln und Heiligen, entziehen. Es ist die Verbindung von byzantinischer Strenge mit zarter Empfindung, von blühender Farbigkeit mit den himmlischen Farben des Gold und Blau, von Heiligem und Irdischem, von ehrfurchtgebietenden Heiligen und anschaulich dargestellten Alltagsmenschen, von

→

1 Duccio, Christi Einzug in Jerusalem. Eine der 25 Tafeln mit Darstellungen der Passion Christi auf der Rückseite der ›Maestà‹ (1308-11) im Dommuseum von Siena.

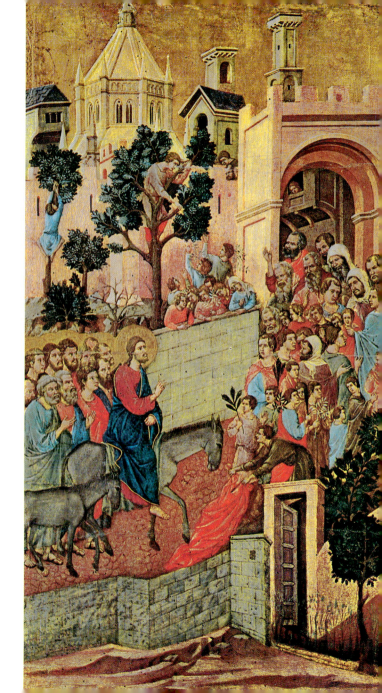

II Fra Angelico, Flucht nach Ägypten (1450). Eines der 25 Täfelchen mit Geschichten aus dem Leben Jesu im Museum von San Marco in Florenz.

III Masaccio, Petrus und Johannes verteilen die Güter der Gemeinde (1427). Szene aus dem Freskenzyklus in der Brancacci-Kapelle der Carmine-Kirche in Florenz.

IV Filippo Lippi, Gastmahl des Herodes (1452). Aus dem Freskenzyklus mit Szenen aus dem Leben Johannes des Täufers im Dom von Prato.

V Benozzo Gozzoli, Gefolge der Heiligen Drei Könige (1459). Ausschnitt aus den Fresken in der Kapelle des Palazzo Medici-Riccardi in Florenz. Die Gesichter der Reitenden tragen Züge von Angehörigen der Familie Medici.

hieratischer Steifheit und warmen menschlichen Zügen, die uns gefangennimmt. Duccio, zwischen 1255 und 1260 in Siena geboren und dort 1319 gestorben, ist der Großmeister der sienesischen Malerei, der mit seiner Persönlichkeit die nachfolgenden Künstler beeindruckt und in ihrem Schaffen wesentlich beeinflußt hat.

Giotto di Bondone (um 1266-1337) – der Name hat Bedeutung sowohl in der Architektur als auch in der Malerei. Als Baumeister ist Giotto untrennbar mit dem Campanile des Domes in Florenz verbunden, einem Wunderwerk an Harmonie und Schönheit. Als Maler hat der in Colle di Vespignano bei Florenz geborene Meister überragende Bedeutung in der abendländischen Kunst; der italienischen Malerei stellt er neue Aufgaben. Vor ihm hatte sich bereits die Bildhauerkunst aus der festen Einbindung in das mittelalterliche Ordnungsgefüge gelöst und auch die dominierende Vorbild-Wirkung der heidnischen Statuen der Antike überwunden. Die Skulpturen benötigten nicht mehr den Rückhalt durch architektonische Formen und traten von der Wand weg frei in den Raum. Die Malerei blieb jedoch noch weitgehend der Starre und Enge des Ikonographischen verhaftet. Giotto – unter dem Einfluß der französischen Gotik und nach genauer Beobachtung der Natur und des Menschen – befreite die Malerei von diesen Zwängen, so daß sie in der abendländischen Kunst allmählich gegenüber der Skulptur eine dominierende Rolle einnehmen konnte. Giotto verstand es, seelische Haltungen und Vorgänge darzustellen. In seinen Gemälden deutete er die Erzählungen der Bibel und die Legenden der Heiligen in neuer Weise. Seine Werke in der Kirche Santa Croce zu Florenz (Fresken mit Szenen aus dem Leben der beiden Heiligen Johannes und Franziskus), seine ›Madonna mit Engeln und Heiligen‹ in den Uffizien und die Fresken in der Arena-Kapelle zu Padua (Leben Mariens und Christi sowie das ›Jüngste Gericht‹) sind weltberühmt und verdienen es.

←

VI Piero della Francesca, Pagen der Kaiserin Helena. Aus dem Fresko der Legende der Kreuzauffindung im Chor von San Francesco in Arezzo (1452).

VII Luca Signorelli, Der heilige Benedikt erschaut, wie und wo einige Mönche unerlaubt gespeist haben. Eine der 36 Szenen aus dem Leben des heiligen Benedikt im Kreuzgang des Klosters Monte Oliveto Maggiore (1497/98).

Wenig wissen wir von den Künstlern des Mittelalters. Fast immer sind uns sogar ihre Namen unbekannt. Aus diesem Dunkel des 13. Jahrhunderts tauchen die **Pisani** auf. Zuerst der Bildhauer NICCOLÒ (Pisano) (1225-1278). Aus Apulien, dem Lieblingsland des Kaisers Friedrich II. stammend und wohl aus dessen Hofbildhauerwerkstatt hervorgehend, wurde er in der Toskana zum größten Meister der mittelalterlichen Skulpturkunst Italiens. In Pisa (Marmorkanzel im Baptisterium), Siena (Domkanzel), Pistoia, Lucca, Bologna und Perugia hinterließ er seine Werke, in denen Elemente spätantiker Marmorbearbeitung, byzantinischer Formgebung und der französischen Gotik zusammenkommen.

Niccolòs (oder Nicolas) Sohn GIOVANNI (etwa 1245/1250-1320) steigerte als Bildhauer und Architekt noch das handwerkliche Können und die künstlerische Gestaltungskraft seines Vaters, dem er in dessen Spätwerken (Domkanzel in Siena) bereits kräftig zur Hand ging. Vielleicht waren es ein Aufenthalt in Frankreich und die Kenntnis der Gotik, die seinen Stil erst zur vollen Entfaltung und Reife brachten. So bilden seine Hauptwerke, die Marmorkanzel in Sant'Andrea zu Pistoia, die Domkanzel in Pisa, Figurenschmuck an der Fassade des Domes von Siena, Statuen in Prato, Pisa, Padua und Genua, einen Höhepunkt der Kunst in den vier Jahrzehnten zwischen 1280 und 1320.

Noch einmal sind es Vater und Sohn, ANDREA (1290/1295-1348/49) und NINO (1315-1368) Pisano, die im 14. Jahrhundert den Ruhm Pisas als Kunststadt verbreiten. Andrea, zwischen 1290/1295 in Pontedera bei Pisa geboren, zwischen 1348 und 1349 in Orvieto gestorben, trat zuerst als Goldschmied, dann als Architekt und Bildhauer hervor. Da Florenz seine Heimatstadt Pisa an Macht und Reichtum überrundet hatte, zog es Andrea in die mächtigste Stadt der Toskana. Für die Florentiner schuf er als Hauptwerke die südliche Bronzetür im Baptisterium und einigen Reliefschmuck am Campanile. Nach Giottos Tod wurde er dessen Nachfolger als Dombaumeister. Als solchen berief man ihn auch 1347 nach Orvieto, wo er 1348 oder 1349 starb.

Andreas Sohn NINO konnte dem Vater nicht ebenbürtig werden. Seine Statuen, vor allem Madonnen, in Florenz und Pisa zeichnen sich durch weichen Linienfluß der Gewänder und die anmutsvolle Schönheit zarter Gesichter aus. Er wurde um 1315, wahrscheinlich in Pisa, geboren und starb 1368.

Fragt man, wer als erster aus dem Mittelalter in die neue Zeit trat, wer als erster die Ideale von Humanismus und Renaissance in sich spürte und äußerte, so wird **Francesco Petrarca** (1304-

1374) genannt, der Dichter und Gelehrte, der 1304 in Arezzo als Sohn des aus Florenz verbannten Notars Petracco (daraus des besseren Klanges wegen, latinisierend, der spätere Name), geboren wurde. Der Beruf des Vaters bestimmte den Aufenthaltsort der Familie in der damaligen Residenz der Päpste im französischen Avignon und den Studienplatz des Sohnes, zunächst in Montpellier, dann in Bologna. Später kehrte Petrarca nach Avignon, in das Land der Troubadoure, zurück und trat in den geistlichen Stand zum Dienst an der päpstlichen Kurie. Durch die Begegnung mit Laura in der Kirche der heiligen Klara in Avignon wurde nicht nur seine heftige, nie erfüllte Liebe geweckt, sondern zugleich seine Fähigkeit, davon in neuen Versen, vor allem in der Sonett-Form zu schreiben (›Canzoniere‹). Er wurde bald berühmt und als Freund des Kardinals Colonna auch einflußreich. Petrarca unternahm lange Reisen, und eines Tages stieg er auf den Mont Ventoux in der Provence, um sich an der Natur zu erfreuen und die Welt von oben zu genießen, die erste bewußte Bergsteigung eines Menschen der Neuzeit. Dann zog er sich auf sein Landgut nach Vaucluse bei Avignon zurück und lebte seinem literarischen Schaffen, selbst dichtend und die Werke der lateinischen Schriftsteller erforschend. 1341 wurde er in Rom zum Dichter gekrönt, ein Jahr später lernte er den römischen Volkstribun Cola di Rienzi kennen. Als Ehrengast lebte er an vielen Höfen, in Mailand und Mantua, in Parma, Prag, Venedig und Padua. In seiner Lyrik und seinen moralphilosophischen Schriften tritt uns der Mensch des Humanismus und fast der Renaissance, ein Mensch der Neuzeit in seiner Sicherheit und in seiner Schwäche entgegen. Petrarca starb 1374 auf seinem Landsitz bei Padua, drei Jahre, bevor die Päpste aus Avignon nach Rom zurückkehrten und Italien wieder seinen Rang in der abendländischen Kultur gewann.

Toskanisches Blut fließt auch in den Adern von Giovanni **Boccaccio** (1313-1375), des Dichters, dem Europa die Form der Novelle und den ›Decamerone‹ verdankt. Als unehelicher Sohn eines Florentiner Kaufmanns und einer adligen Französin in Paris geboren, arbeitete er zunächst im väterlichen Geschäft in Florenz. Mit 25 Jahren lernte er beim Jurastudium in Neapel seine ›große Liebe‹ kennen, die Hofdame ›Fiammetta‹ des Königs von Neapel, Maria d'Aquino, vielleicht dessen natürliche Tochter, die als ebenso erfahren in der Liebe wie im Verrat geschildert wird. In unendlichen Varianten beschreibt Boccaccio nun Treue und Betrug, Blindheit und Scharfsinn, Lust und Leid, himmlische Freuden und höllische Schmerzen, Tugenden und Laster, Selbstverleugnung und Mord in der Liebe, sich dabei souverän über viele Traditionen und Tabus hinwegsetzend. Der Tod des Vaters an der Pest 1348 ruft ihn nach Florenz zurück. Durch das väterliche Erbe in seiner gesellschaftlichen Stellung gestärkt, erfüllt er mehrere Missionen als Gesandter der Republik Florenz. In dieser Position verhilft er seinem Freund, dem Dichter Petrarca, wieder zu dessen konfisziertem Vermögen. In jenen Jahren schreibt er den ›Decamerone‹, das Zehntagewerk, voller Lebens- und Liebesgenuß, in scharfem Kontrast zu der Bedrohung durch die Pest. Später packt ihn die Reue über seine Sünden in der Jugend wie im reifen Leben und über die frivolen Schriften. Ein Jahr nach seinem Freund Petrarca stirbt er 1375 in Certaldo bei Florenz.

Die Kunst kennt sie als Heilige mit einem langen, gegürteten Gewand, Skapulier und Schleier, dem Ordenskleid der Dominikanerinnen, und der Dornenkrone darüber, in den Händen ein Herz, aus dem Flammen schlagen oder ein Kreuz hervorwächst; zuweilen trägt sie auch Buch, Lilie und Rosenkranz. Dies sind die Attribute der **heiligen Katharina** (um 1347-29. 4. 1380). Die Tochter eines Wollfärbers, die 1347 in Siena geboren wurde, erkämpfte sich gegen ihre Familie den Eintritt ins Kloster. Dort fiel sie durch asketische Strenge gegen sich selbst auf, durch die hingebungsvolle Pflege von Kranken und Armen und durch ihre seherische Begabung. Es wird berichtet, daß ihr Erscheinungen zuteil geworden seien. In ihren Briefen an weltliche und geistliche Herren, an Papst und Bischöfe, an Könige und Grafen, zeigte sich jedoch auch ein höchst gesunder Menschenverstand, der ihr ein sachliches Urteil in verwickelten politischen Fragen gab. Ihrem Einfluß schreibt man zu, daß Papst Gregor XI. 1376 aus dem Exil im südfranzösischen Avignon nach Rom zurückkehrte. Sie starb 1380 in Rom, wurde bei den Dominikanern von Santa Maria sopra Minerva beigesetzt und 1461 heiliggesprochen.

Zwischen dem Geburtsjahr des Nino Pisano (1315), des letztgenannten ›bildenden‹ Künstlers in dieser ›Galerie‹, und dem des Architekten **Filippo Brunelleschi** (1377-1446) liegen mehr als sechs Jahrzehnte, zwei Generationen. In dieser Zeit sucht die Pest Europa heim; die Landstriche Italiens verloren einen großen Teil ihrer Bevölkerung. Schlechte Jahre für jene Kunst, die auf langsame Entwicklung, auf Wohlstand, Planung und Ruhe für die Ausführung angelegt ist. Dann aber, als es wieder aufwärtsging, wurde Brunelleschi, Sohn eines Steinmetzen und Enkel eines Schankwirts, der führende Baumeister der Frührenaissance in Florenz. Als erster entwickelte er die perspektivische Konstruktion, die in der Kuppel des Domes Santa Maria del Fiore, seinem berühmtesten architektonischen Werk, ihre Krönung fand. Diese Konstruktion ist ein Durchbruch in der Geschichte der Architektur; den alten gotischen Plan verwarf Brunelleschi, und mit neuen technischen Mitteln gelang ihm von 1420 bis 1436 die Ausführung der Kuppel, die von den Zeitgenossen als Wunder angesehen wurde. Brunelleschi war so bescheiden, die glückliche Vollendung der Arbeiten nicht seiner Baukunst, sondern der heiligen Gottesmutter Maria zuzuschreiben. Die Vorhalle des Findelhauses (Ospedale degli Innocenti), die Kirchen San Lorenzo, Santo Spirito, die Pazzi-Kapelle und vielleicht auch der Mitteltrakt des klassisch schönen Palazzo Pitti sind die wichtigsten Bauten, die Brunelleschi in Florenz leitete. Als Bildhauer nahm er an dem Wettbewerb für die Gestaltung der Bronzetüren des Baptisteriums in Florenz teil; sein Bronzerelief ›Das Opfer Isaaks‹, das heute im Bargello-Museum zu sehen ist, unterlag jedoch gegen Ghibertis Entwurf. Im Dom zu Florenz können wir sein Grabmal mit einer Medaillon-Büste des Buggiano sehen. Man mag dabei an Vasaris Worte denken: »Viele sind von der Natur klein an Gestalt und Gliedern geschaffen worden, welche die Seele voll von einer derartigen Größe und das Herz von derart unermeßlicher ›terribilità‹ haben, daß sie niemals im Leben Frieden finden, wenn sie nicht schwierige, ja fast unmögliche Dinge beginnen und diese zur staunenden Verwunderung der Betrachter auch zum Ende führen. Und alle die Dinge, welche die Gelegenheit ihnen in die Hand legt, und seien sie auch noch so niedrig und häßlich, sie lassen sie preisenswert und hoch werden. So soll man nie das Maul verziehen, wenn man Leute trifft, die auf den ersten Blick nicht jene Grazie und Schönheit haben, welche die Natur denjenigen auf den Weg mitgeben sollte, die irgendeine Tugend ausüben: Und oftmals entsteht in den Seelen derjenigen, die von geringen Körperformen sind, soviel Großzügigkeit der Seele und soviel Herzensbildung, daß man nicht anders kann, als sich die größten Wunder von ihnen zu erwarten. Und sie bemühen sich, die Häßlichkeit des Körpers mit der Tugend der Erfindung zu verschönen, wie man deutlich an Filippo di Ser Brunelleschi sieht, der nicht weniger unansehnlich an Gestalt wie Giotto war; aber dabei von so hohem Geiste, daß man gut sagen kann, er sei uns vom Himmel gesandt, um der Architektur neue Formen zu geben.«

Lorenzo Ghiberti's Leben (1378-1455) sind die zwei Bronzetore, die er für das Baptisterium in Florenz schuf. Sie beschäftigten ihn Tag und Nacht, das Nordportal der Taufkirche von 1403 bis

1424, das Ostportal von 1425 bis 1452, insgesamt 21 und 27, also 48 Jahre. Das füllte sein ganzes Leben aus. Denn Ghiberti nahm den Wettbewerb um die Gestaltung des Nordportals 1401 mit 20 Jahren auf, damals noch mehr als Maler tätig, und starb drei Jahre nach der Vollendung der Paradiestür im Osten. Er gewann die Ausschreibung mit dem Relief der Opferung Isaaks unter anderem gegen den vier Jahre älteren Brunelleschi, für den die Niederlage den Wegweiser zur Architektur darstellte, wie für Ghiberti der Sieg in der Bildhauerkunst zum Schicksal wurde. Ghibertis Meisterwerk bilden die beiden Flügel des Osttores, auf denen er zu Recht einmeißelte: »Mira arte fabricatum«, Mit bewundernswerter Kunst geschaffen. Der Bilderreigen der Portale, Szenen aus dem Alten und Neuen Testament, umgeben von Heiligen, Kirchenvätern und Ornamenten, zeigt das künstlerische Ausdrucksvermögen und handwerkliche Können des Bildhauers. Harmonie der Formen und Ausgewogenheit der Bewegungen zeichnen diese Werke aus; der noch gotische Ausdruck der Frömmigkeit wird mit dem klassischen Schönheitsideal der Renaissance verbunden. In seiner Werkstatt beschäftigte Ghiberti auch andere Künstler, darunter Donatello und Michelozzo. Seine drei Bronzefiguren für die Kirche Orsanmichele sind die ersten Großbronzen der neuen Kunstepoche. Auch als Baumeister (Mitarbeiter am Florentiner Dom), Maler (Glasfenster im Dom), und als wissenschaftlicher Schriftsteller (Betrachtungen über die italienische Kunst des 13. Jahrhunderts) hat Ghiberti beachtenswerte Werke geschaffen.

Donatello (1386-1466) – eigentlich Donato di Niccolò di Betto Bardi –, gebürtiger Florentiner und dort auch gestorben, ist der bedeutendste Bildhauer des 15. Jahrhunderts. In seiner Zeit wurde er von keinem anderen an Ausdruckskraft, Themenvielfalt und Reichtum des Schaffens übertroffen. Die ersten Jahre als Lehrling (in der Werkstatt des Ghiberti und bei Nanni di Banco) und als Meister verbrachte er in seiner Heimatstadt Florenz (Standbilder für die Fassade, die Außenseite und den Campanile des Domes und für die Kirche Orsanmichele). Dann weckte die Begegnung mit der Antike in Rom in ihm neue Schaffenskraft, die ihn weit über das mittelalterliche Kunstempfinden hinausführte. Er war es, der in der Neuzeit den ersten Akt, einen nackten David (um 1430, im Bargello in Florenz), das erste Reiterstandbild (Bronzedenkmal des Gattamelata in Padua, 1446/47) und das erste vollkommen freistehende Gruppenmonument (Judith tötet Holofernes, 1440, vor dem Palazzo Vecchio in Florenz) schuf; es wird berichtet,

Donatellos ›Maria Magdalena‹ (im Dommuseum) habe wie ein Donnerschlag auf die Künstler und das Publikum gewirkt. Bemerkenswert sind in Florenz weiter der Tabernakel mit der Verkündigung in Santa Croce (um 1434) und die Sängertribüne mit tanzenden Kindern für den Dom (1433-1439, im Dommuseum). Von 1443 bis 1453 war er in Padua tätig, dann in Siena und wieder in Florenz. Seine realistische Bildhauerkunst zeigt sich Schönem wie Häßlichem gleich gewachsen und erweitert, darin beispielgebend den nachfolgenden Künstlern, die wirklich plastische, körperliche Gestaltung der Figuren. Die Medici ehrten den großen Bildhauer ihrer Stadt, indem sie ihm sein Grab in ihrer Nähe gewährten, in der Krypta Cosimo des Älteren in San Lorenzo.

Es war eine schicksalhafte Begegnung zwischen dem Stadtherrn von Florenz, Cosimo de' Medici dem Älteren, und dem Mönch Fra Giovanni, mit bürgerlichem Namen Guido di Pietri (um 1400-1455), in dem Dominikanerkloster bei Fiesole. Die Malereien des Gottesmannes beeindruckten Cosimo so sehr, daß er Bruder Giovanni in das im Wiederaufbau befindliche städtische Kloster San Marco nach Florenz holte. Dort schmückte der fromme Mönch die Zellen und Säle mit Fresken und Tafelbildern, die Szenen aus dem Leben Jesu, Mariens und der Heiligen darstellen, in so meisterhafter Weise, daß sein Kloster San Marco zu einem weltberühmten ›Museum‹ und er selbst zum **Fra Angelico,** zum engelgleichen Bruder wurde. Aus seinen Werken spricht ein tiefer Glaube; die lieblichen Madonnen zeigen eine fast überirdische Verklärung. Die Hauptfarben seiner Gemälde, Rot, Blau und Gold, die den Eindruck des Erhabenen, Heiligen vermitteln, weisen in die mittelalterliche Gotik zurück, doch seine Malweise nimmt Stilmittel der Renaissance vorweg. Angelico ist in der Kirche Santa Maria sopra Minerva zu Rom begraben – dort an bevorzugter Stelle, links vom Hochaltar, wenn auch nicht so ehrenvoll wie die heilige Katharina von Siena, die in derselben Kirche unter dem Hochaltar ruht. Von der katholischen Kirche wurde er wegen seines heiligmäßigen Lebens seliggesprochen und von Papst Johannes Paul II. zum Patron der Künstler erhoben.

Nur sechs Jahre lang, von 1458 bis 1464, war **Enea Silvio Piccolomini** Oberhaupt der katholischen Kirche, doch er gehört zu den farbigsten und angesehensten Päpsten der Kirchengeschichte und zu den großen Gestalten des Humanismus. Unterschiedlichstes kann man von ihm erzählen: In seiner Jugend lebenslustig, Vater zweier früh verstorbener Kinder, Diplomat, der zum schottischen König geschickt wurde, später im Dienst des

Gegenpapstes Felix V., dann des deutschen Königs Friedrichs III.; von diesem in Frankfurt zum Dichter gekrönt. Er hielt Vorlesungen an der Universität Wien, schrieb Liebesnovellen und eine Komödie, wurde zum Priester geweiht, 1447 Bischof von Triest, 1449 von Siena, 1456 Kardinal. Als Papst verwickelte er sich in die Machtkämpfe der italienischen Fürstenhäuser, auch um seine Familie, die Piccolomini, zu erhöhen. Das muß als Nepotismus beklagt werden, auch wenn es damals fast selbstverständlich in der römischen Kirche war. Er kritisierte Sklavenhandel und Judenunterdrückung, gründete Universitäten in Basel, Nantes und Ingolstadt. Er starb bei der Vorbereitung eines Kreuzzuges in Ancona und hinterließ neben seinen Memoiren zahllose Schriften, die ihm einen Ehrenplatz in der Geschichte des europäischen Humanismus sichern. Der Historiker Ferdinand Gregorovius schreibt über ihn: »Wenn je die Irrtümer der Jugend dem Alter zu vergeben sind, so konnte Pius II. darauf Anspruch machen. Sein Leben als Papst war fleckenlos, er war mäßig, mild, menschenfreundlich und nachsichtig. Man liebte ihn.« In seiner Geburtsstadt Corsignano, die er in Pienza – nach seinem Papstnamen Pius, und so heißt sie noch heute – umtaufte, bewahrt man ihm ein achtungsvolles Gedenken. In der Libreria Piccolomini des Doms von Siena ließ sein Neffe, der Kardinal Francesco Todeschini-Piccolomini, der spätere Papst Pius III., den Künstler Pinturicchio das bewegte Leben seines Onkels in Bildern darstellen.

Der in Florenz geborene und dort gestorbene Maler **Sandro Botticelli** – eigentlich Alessandro di Mariano Filipepi (1444/45-1510) – ist vor allem wegen seiner Frauenbilder berühmt: Schöne, hochgewachsene, feenhafte Gestalten, die allegorische (La Primavera, in den Florentiner Uffizien), mythologische (Geburt der Venus, in den Uffizien) und religiöse (seine Madonnen) Bedeutung haben. Alle seine Gemälde, die ›weltlichen‹ wie die ›frommen‹, zeichnet eine betörende Sinnlichkeit aus. Vielleicht verbrannte Botticelli deshalb, einem Bußruf des Dominikanermönchs Savonarola folgend, bei einem Autodafé einige seiner Bilder, zum Glück nicht alle. Im Auftrag der Medici malte er die berühmte Anbetung der Könige (Uffizien), in der die Portraits einiger Mitglieder der Medici-Familie zu finden sind. Von Botticelli stammen außerdem Portraits und 94 Federzeichnungen zu Dantes Göttlicher Komödie sowie drei Fresken für die Seitenwände der Sixtinischen Kapelle in Rom (1481-1483).

Der Maler **Domenico Ghirlandaio** (1449-1494) genießt Ruhm nicht nur als Lehrer Michelangelos, sondern vor allem, weil er

Schulbeispiele der Renaissancemalerei schuf: Auf dem Hintergrund einer weiten Landschaft oder einer perspektivisch sicher gezeichneten Architektur stehen Menschengruppen, die häufig Bürger aus der Toskana in der Kleidung der damaligen Zeit vorstellen. Ghirlandaios Hauptwerke in Florenz sind sechs Fresken in der Kirche Santa Trinita, die Szenen aus dem Leben des heiligen Franziskus darstellen (1485), und Fresken im Chor von Santa Maria Novella: Szenen aus dem Leben Mariens und Johannes des Täufers. Außerdem war er in San Gimignano, Pisa und Rom tätig.

Gerade in der Toskana hat die italienische Renaissance zahlreiche und vielseitig begabte Persönlichkeiten hervorgebracht. Doch nur **Leonardo da Vinci,** am 15. April 1452 in Anchiano bei Vinci zwischen Empoli und Pistoia geboren und am 2. Mai 1519 auf Gut Clos-Lucé bei Amboise im Dienst des französischen Königs Franz I. gestorben, vereinte die in jedem Bereich herausragenden Fähigkeiten als Maler, Bildhauer, Baumeister, Naturforscher und Ingenieur in sich. Allein Michelangelo ist diesem Universalgenie vergleichbar. Leonardos Erkenntnisse und Erfindungen auf technischem Gebiet zeigen seinen verschiedene Wissensgebiete umspannenden Geist. Die Kunst der Renaissance führte er auf einen strahlenden Gipfel. Als Schüler Verrocchios wurde er bereits 1472, mit zwanzig Jahren also, in die Malergilde von Florenz aufgenommen (erstes großes Eigenwerk ›Anbetung der Könige‹, unvollendet, in den Uffizien). Von 1482 bis 1498 wirkte er am Hofe des Herzogs Lodovico Sforza in Mailand (›Madonna in der Felsengrotte‹ und ›Das Abendmahl‹ im Refektorium des Klosters Santa Maria delle Grazie, stark beschädigt). In Florenz arbeitete er wieder von 1500 bis 1506, danach in Mailand, schließlich von 1513 wohl bis 1516 in Rom. Danach folgte er einer Einladung König Franz' I. nach Frankreich. Seine Werke aus den letzten zwanzig Lebensjahren sind fast alle verlorengegangen oder nur als Kopien durch seine Schüler erhalten. Sein wohl berühmtestes Gemälde, die Mona Lisa, befindet sich zum Leidwesen der Italiener im Pariser Louvre, ebenso ›Die heilige Anna Selbdritt‹. Für den Palazzo Vecchio in Florenz entwarf er das Wandgemälde der Schlacht von Anghiari; doch ist der Karton bis auf ein Teilstück verlorengegangen, von der Malerei ist nichts mehr erhalten. Das in Originalgröße hergestellte Modell für ein Bronze-Reiterdenkmal des Herzogs Francesco Sforza wurde zerstört. Leonardo war als Festungsbaumeister tätig, widmete sich intensiv wissenschaftlichen Aufgaben, sezierte Leichen, schrieb einen Aufsatz über die

Anatomie des menschlichen Körpers und illustrierte ihn mit Zeichnungen. Er führte Flugexperimente durch, beobachtete den Vogelflug, untersuchte die Strömungsgesetze in Luft und Wasser, betrieb botanische und geologische Studien. Seine vielen Zeichnungen, die Bewegungsstudien des menschlichen Körpers, naturwissenschaftliche Untersuchungen, Entwürfe für Bauten und technische Projekte beweisen die Universalität dieses Renaissance-Genies. Gemessen an seinen uns erhaltenen großen Kunstwerken wird er jedoch hinter anderen zurückstehen.

Girolamo Savonarola (1452 in Ferrara geboren, am 23. Mai 1498 in Florenz gehängt), Dominikaner-Mönch aus einer vornehmen Familie Paduas, wollte den Stadtstaat Florenz in ein Kloster verwandeln. Das mußte scheitern. Der fanatisch-moralische Bußprediger, Prior des Klosters San Marco, der aus dem Geist der Propheten des Alten Testaments den Florentiner Staat und die ganze Kirche reformieren wollte, fand in den wankelmütigen, da plötzlich zum Maßlosen neigenden Florentinern zuerst radikale Anhänger und später ebenso unerbittliche Richter. Er beeindruckte seine Mitbürger durch die Prophezeiung eines baldigen Strafgerichts, die sich in dem Sturz der Medici in Florenz (1494) und in den Siegen Karls VIII. von Frankreich in Italien zu erfüllen schien. Deshalb hatte sein Versuch, in Florenz einen ›Gottesstaat‹ auszurufen und das städtische Leben nach asketisch-frommen Grundsätzen auszurichten, zunächst Erfolg. Mit seinen Predigten gegen die Verweltlichung des Papsttums zog sich Savonarola die unversöhnliche Feindschaft Papst Alexanders VI. zu. Da er auch den liberalen Geist der Renaissance anprangerte, entzweite Savonarola sich mit dem Florentiner Stadtherrn Lorenzo dem Prächtigen; doch wollte dieser sich noch auf dem Totenbett mit dem Mönch versöhnen. Nach der Vertreibung der Medici (1494) suchte Savonarola die politische Erneuerung der Stadt nach republikanisch-demokratischen Grundsätzen. 1497 stiftete er zu einem festlichen Autodafé an, in dem alle ›sündigen‹ Werke, Bücher, Bilder, Musikinstrumente und Schmuck, verbrannt wurden. Ein Jahr später war der Jubel des Volkes verrauscht. Savonarola wurde mit Steinen beworfen, gehängt, verbrannt und seine Asche in den Arno gestreut. Eine Marmorplatte auf der Piazza della Signoria erinnert an dieses unglückliche Geschehen.

Savonarolas geistiger Widerpart ist **Niccolò Machiavelli,** am 3. Mai 1469 in Florenz geboren und am 22. Juni 1527 dort gestorben. Er ist der überlegene Verfasser der achtbändigen ›Geschichte von Florenz‹, doch mehr bekannt als der unbestechliche und oft mißverstandene Philosoph des menschlichen Machtstrebens. Nach der Vertreibung der Medici aus Florenz bekleidete Machiavelli das Amt eines Sekretärs des herrschenden Rates der Zehn, war also unmittelbar an der Regierung der Republik beteiligt. Bei unpopulären Maßnahmen des Rates kam Machiavelli zuweilen zustatten, daß der Palazzo Vecchio, nicht nur Amts-, sondern auch Wohnsitz der Florentiner Regierung, wie eine Festung gebaut war und seine auf den Platz gehenden Fenster erst sehr hoch begannen. So waren die Räte vor der schwankenden Gunst des Volkes sicher. Diplomatische Aufträge führten Machiavelli häufig ins ›Ausland‹ und vermittelten ihm jene Weltläufigkeit, die uns aus seinen Schriften entgegenweht. 1512 kehrten die Medici nach Florenz zurück und übernahmen wieder die Macht. Machiavelli sah sich durch den Umsturz der Verhältnisse – ähnlich wie Dante – auf der Seite der Verlierer und mußte sich auf seinen Bauernhof Sant'Andrea in Percussina bei San Casciano in der Nähe von Florenz zurückziehen. Er lebte von da an ganz seinen literarischen Interessen, ein wacher und kluger Beobachter des politischen Lebens. Da fand er Zeit zu seinen großen Werken, den ›Discorsi sopra la prima deca di Tito Livio‹, zu deutsch kurz »Vom Staate« zitiert, in denen er an Beispielen aus der römischen Geschichte seine Anschauungen über die Wechselfälle der Geschichte und die kluge Führung der Staatsgewalt darlegt. Seine berühmteste Abhandlung ist ›Il Principe‹, Der Fürst, die er 1513 mit einer Widmung an den »erlauchten Lorenzo de'Medici« beendete, die jedoch erst 1532, nach seinem Tod, gedruckt, 1557 von dem Carafa-Papst Paul IV. auf den Index der verbotenen Bücher gesetzt und schon 1580 zusammen mit seinen ›Büchern von der Kriegskunst‹ ins Deutsche übertragen wurde. Im ›Principe‹ entwickelte Machiavelli die politischen Ideen, die als Machiavellismus einen festen Platz im abendländischen Denken einnehmen: »Rechtfertigung« aller Mittel bis zum Verbrechen, wenn sie dem Herrscher und dem Staat nützlich sind.

Über Machiavelli und ›machiavellistisch‹ ist viel diskutiert worden. Manchen gilt seine Lehre als verabscheuenswürdig, manchen dient sie als Anleitung zum Erringen der Macht. Nietzsche schrieb in ›Jenseits von Gut und Böse‹: Machiavelli läßt »in seinem Principe die trockene feine Luft von Florenz atmen; vielleicht nicht ohne ein boshaftes Artisten-Gefühl davon, welchen Gegensatz er wagt – lang, schwer, hart, gefährlich, und ein Tempo des Galopps und der allerbesten mutwilligsten Laune.« – Das ist nicht schlecht beschrieben, doch löst es nicht die ewige Frage nach dem Verhältnis zwischen Politik und Moral. Sie kann auch hier nicht beantwortet werden. Ich kann jedoch nicht umhin, in den Schriften Machiavellis ein gutes Stück Aufklärung zu sehen. Er hat die Schandtaten der Geschichte und der Herrscher nicht erfunden, vermag aber in uns Verständnis für die gar nicht so geheimen Mechanismen der Macht zu wecken. Was diesen Meister der Staatswissenschaft persönlich angeht, so beweisen seine bescheidenen Lebensumstände, daß er aus seinem Wissen wenig Vorteil zog. Wir können uns auf seinem etwas versteckt liegenden Landgut in der Nähe von Florenz selbst ein Bild davon machen. Mit dem Hervorheben des aufklärerischen Elements in den Schriften Machiavellis ist beileibe keine Reinwaschung des Machiavellismus beabsichtigt, doch Respekt ausgedrückt vor der geistigen Leistung eines klugen Mannes des 16. Jahrhunderts, der uns nicht wie ein Machtmensch gegenübertritt, sondern eher als feinsinniger Intellektueller, der an den Machtumtrieben der Menschen doppelt leidet, weil er sie ertragen muß und durchschaut. Es paßt zu diesem Bild, daß Machiavelli auch als Autor von Lustspielen hervortrat, die schon zu seiner Zeit aufgeführt wurden.

Michelangelo Buonarroti (1475-1564) scheint die Galerie berühmter Toskaner fast zu sprengen. So hell strahlt sein Stern, als Maler, Bildhauer und Baumeister, auch als Dichter und Forscher, nicht nur heute, sondern schon zu seinen Lebzeiten im 16. Jahrhundert. In Architektur, Malerei und Plastik hat er Unvergleichliches, von anderen Künstlern nicht Erreichtes geschaffen und so die Kunst der Renaissance zur höchsten Vollendung gebracht, mit seiner ungeheuren Schaffenskraft und dem handwerklichen Können zugleich den Weg zum Manierismus bereitend.

Michelangelo wurde in dem kleinen Ort Caprese im Casentino als Sohn des Bürgermeisters und als zweites von fünf Kindern geboren. Nach seiner Geburt vertraute man ihn einer Amme an, die Tochter und Frau von Steinmetzen war, was der Künstler selbst als für sein Leben entscheidend ansah: Mit der Milch sog er seine Bestimmung auf. 1488, mit dreizehn Jahren also, begann er eine Lehre in der Werkstatt der Maler Ghirlandaio in Florenz. Lorenzo dem Prächtigen fiel auf, daß der Knabe nicht nur Neigung und Eignung zur Malerei besaß, sondern noch mehr Leidenschaft zur Bildhauerkunst. So nahm ihn der Florentiner Herrscher 1489 in seine Familie auf, gab ihm den ersten Stein und ließ ihm eine gediegene Ausbildung in der Bildhauerei zuteil werden. Damit war der Weg des Künstlers vorgezeichnet. Denn Michelangelo sagte von sich selbst, so schreibt Jacob Burckhardt in seinem

›Cicerone‹, »einmal er sei kein Maler, ein andres Mal die Baukunst sei nicht seine Sache, dagegen bekannte er sich zu allen Zeiten als Bildhauer und nannte die Skulptur (wenigstens im Vergleich mit der Malerei) die erste Kunst: Es war ihm nur dann wohl, wenn er den Meißel in den Händen hatte. Seine Anstrengungen, dieses fest erkannten Berufes Herr zu werden, waren ungeheuer. Es ist keine bloße Phrase, wenn behauptet wird, er habe zwölf Jahre auf das Studium der Anatomie verwandt; seine Werke zeigen ein Ringen und Streben wie die keines andern nach immer größerer schöpferischer Freiheit«.

Wie bei keinem anderen Künstler mischen sich in den Beschreibungen seines Lebens Dichtung und Wahrheit auf phantasievolle Weise. Aber es ist wohl keine Übertreibung, wenn berichtet wird, er könne an einem Tag das Werk von drei Steinmetzmeistern bewältigen, daß er sich die meisten seiner Steine selbst in Carrara aus den Marmorbrüchen holte und in einem Block schon die fertige Figur sah, daß er sich nachts in Leichenhäuser schlich, um durch das damals verbotene Sezieren der Toten in die Geheimnisse des menschlichen Körpers einzudringen. Seine Werke würdigen wir an Ort und Stelle. Wie oft ist da zum Glück in Florenz Gelegenheit!

1494, mit 19 Jahren, verließ Michelangelo Florenz, vor der Vertreibung der Medici aus der Stadt und dem politischen Umsturz durch den Dominikanermönch Savonarola. Nach einem kurzen Aufenthalt in Venedig arbeitete er in Bologna. Sein nächster Wohnort war wieder Florenz (1495/96). Dann reiste Michelangelo nach Rom und blieb dort von 1496 bis 1501. In dieser Zeit entstanden ›Der trunkene Bacchus‹ (Bargello, Florenz) und die Pietà (Sankt Peter zu Rom). Von 1501 bis 1505 hielt sich Michelangelo wieder in Florenz auf; es entstanden der ›David‹, (Accademia), die ›Madonna von Brügge‹ (in Brügge), das Rundrelief ›Madonna Pitti‹ (Bargello) und das Gemälde ›Die heilige Familie‹ (Uffizien). Sein unruhiger Geist und Aufträge ließen ihn zwischen 1505 und 1534 ein unstetes Wanderleben zwischen Florenz, Rom und Bologna führen. In diesen Jahren wurden unter anderem die Deckenfresken in der Sixtinischen Kapelle im Vatikan, die Grabkapelle der Medici bei San Lorenzo in Florenz mit ihren Figuren, der Moses des Julius-Grabes in Rom, die Boboli-Sklaven (Accademia), der Apoll (Bargello) und die Vittoria (Palazzo Vecchio), dazu viele Zeichnungen geschaffen. Mit kurzen Unterbrechungen blieb Michelangelo von 1534 bis zu seinem Tod 1564 in Rom (Jüngstes Gericht an der Altarwand der Sixtinischen Kapelle im Vatikan, Brutus-Büste im Bargello, Figuren für das Julius-Grab in Rom, Projekte für die Biblioteca Laurenziana bei San Lorenzo in Florenz, den Kapitolsplatz in Rom und die Kuppel von Sankt Peter in Rom). Sein Alterswerk, die Pietà im Dommuseum zu Florenz zeigt die eigenen Leiden dieses wohl einzigartig großen Künstlers in der Gestalt des Nikodemus (oder Joseph von Arimathäa).

Wie sah Michelangelo aus? Gregorovius hat recht mit der Beobachtung, daß wir uns ihn meist als alten, vom Leben gezeichneten Mann vorstellen. Dazu tragen die bekannten Büsten bei, etwa die in Santa Croce zu Florenz auf seinem Grabmal, an dem die Florentiner Bildhauer demonstrierten, daß ihre Zunft den Meister verloren hatte. Über diese Büste schreibt Gregorovius: »Selten prägt sich eines Menschen Kopf gleich beim ersten Anblick so tief dem Gedächtnisse ein wie der Michelangelos, denn er ist in höchstem Grade eigentümlich. Die Stirne, breit, knorrig und fest, wie aus Erz heraus gehämmert, scheint ein einziges Organ der Bildhauerei zu sein; die Augen sind tiefsinnig, die Mienen verraten einen leidenschaftlichen und melancholischen Schmerz. Überhaupt hat Michelangelos Antlitz etwas Leidendes und Schwermutvolles.« – Dazu gibt eine Mißbildung der Nase dem Gesicht etwas Satyrhaftes. Der Nasenknochen, so berichtet uns Benvenuto Cellini, wurde Michelangelo als Kind von einem Kameraden in der Schule der Ghirlandai zertrümmert, dem späteren Maler Torrigiani. Michelangelo hatte dessen Zeichentalent bespöttelt und Torrigiani rächte sich mit einem kräftigen Fausthieb, so daß der geniale Künstler sein Leben lang gezeichnet blieb. Geben die Büsten das wahre Gesicht Michelangelos wieder? Oder verbirgt sich – mehr als daß es sich offen zeigt – im Apostel Matthäus in der Accademia zu Florenz ein Selbstbildnis?

In Florenz müssen wir vor allem den Bildhauer Michelangelo rühmen. »Es sind in ihm«, so zieht Burckhardt unter all den zahllosen Biographen des Künstlers das vielleicht treffendste Resümee, »zwei streitende Geister; der eine möchte durch rastlose, anatomische Studien alle Ursachen und Äußerungen der menschlichen Form und Bewegung ergründen und der Statue die vollkommenste Wirklichkeit verleihen; der andere aber sucht das Übermenschliche auf und findet es – nicht mehr in einem reinen und erhabenen Ausdruck des Kopfes und der Gebärde, wie einzelne frühere Künstler –, sondern in befremdlichen Stellungen und Bewegungen und in einer partiellen Ausbildung gewisser Körperformen in das Gewaltige. Manche seiner Gestalten geben

BERÜHMTE TOSKANER

auf den ersten Eindruck nicht ein erhöhtes Menschliches, sondern ein gedämpftes Ungeheures.«

Paßt dazu die Empfindsamkeit, die wir etwa in einem Sonett Michelangelos finden? Er widmete es Vittoria Colonna, der Witwe des Fürsten von Pescara, mit der ihn von 1537 bis zu ihrem Tod 1547 eine innige geistige Freundschaft verband. Es ist ein wortgewaltiges Zeugnis für den Sieg der Kunst über die Vergänglichkeit des menschlichen Lebens, geschrieben von einem Menschen, in dem sich die Kunst des Dichters und jene des Bildhauers unübertroffen verbanden.

> »Ob wirs auch längst erfuhren, kann denn sein –
> o Herrin, sieh! – daß so viel länger währt
> das Dasein eines Bilds aus hartem Stein
> als seines Meisters, das zum Staub sich kehrt?
>
> Ihn fällt die Zeit. Geschaffenes besteht.
> Die Kunst hält siegend die Natur in Banden.
> Ich weiß – das Bilden lehrt michs früh und spät –
> am Werk nur werden Zeit und Tod zuschanden.
>
> So kann ich langes Leben uns verleihn,
> bild ichs getreu in Farbe oder Stein,
> der deinem, meinem Antlitz Dauer gibt;
>
> da mag man tausend Jahr nach uns noch lesen,
> wie schön du und wie elend ich gewesen,
> doch auch wie weise, weil ich dich geliebt.«

Aber Michelangelo kommen wir nirgendwo näher als in seinen Bildwerken. Allein in Florenz finden wir, wenn wir richtig gezählt haben, 24 Marmorfiguren von der Hand Michelangelos:

in der Casa Buonarroti: Kentaurenschlacht, Madonna an der Treppe, Herkules und Kakus;
im Bargello: Pitti-Madonna, Brutus-Büste, Kleiner Apoll oder David, Trunkener Bacchus, Brutus;
in der Accademia: David, Matthäus, 4 Gefangene (oder Sklaven) und Palestrina-Pietà;
in der Neuen Sakristei: Lorenzo und Giuliano de'Medici, Madonna mit Kind, Morgenröte und Abenddämmerung, Tag und Nacht;
im Palazzo Vecchio: Vittoria;
im Dommuseum: Pietà.

Raffael (Raffaello Santi oder Sanzio, 1483 in Urbino geboren und am 6. April 1520 in Rom gestorben) ist der Künstler, der nach dem Urteil von J. Jahn die »Malerei der Hochrenaissance am reinsten, vollkommensten und umfassendsten ausgedrückt hat«. Dies vor allem in den Fresken der ›Schule von Athen‹ und der ›Disputà‹ im Vatikanischen Palast zu Rom, doch auch schon in den Madonnenbildern. Mit elf Jahren trat Raffael in die Malerwerkstätte des Perugino in Perugia ein. 1504 zog er nach Florenz, wo er die Werke der alten und ›modernen‹ Maler mit Hingabe studierte. Von 1508 an lebte er in Rom, wo nach dem Tode Bramantes, 1514, dem 31 Jahre alten Maler die Leitung der Bauarbeiten in Sankt Peter übertragen wurde. Während der zwölf römischen Jahre, von 1508 bis zum Tod 1520, erreichte er seinen künstlerischen Höhepunkt in den Fresken der Stanzen des Raffael im Vatikan. Von den vielen Gemälden Raffaels in Florenz seien nur einige hervorgehoben. In den Uffizien: Papst Leo X. mit zwei Kardinälen, Papst Julius II., Madonna mit dem Stieglitz und Bildnis des Perugino; im Palazzo Pitti: La Donna Velata, La Donna Gravida, Madonna del Granduca, Madonna della Seggiola, Bildnisse der Doni, Baldachin-Madonna und Madonna dell'impannata. Als einzigem Künstler wurde Raffael die Ehre zuteil, im Pantheon in Rom bestattet zu werden.

Der Florentiner Bildhauer und Goldschmied **Benvenuto Cellini** (1500-1571) beeindruckt durch seine kunstvollen Arbeiten ebenso wie durch ein abenteuerliches Leben, das er in einer Autobiographie beschrieb. Goethe fand sie einer Übersetzung wert. Das bildhauerische Können Cellinis ist in Florenz an dem Perseus mit dem Haupt der Medusa (vollendet 1554; in der Loggia dei Lanzi) und an der Büste Cosimos I. de' Medici im Bargello zu bewundern. Für König Franz I. schuf Cellini ein Salzfaß, das als sein berühmtestes und wohl als einziges noch erhaltenes Goldschmiedewerk gilt (im Kunsthistorischen Museum in Wien).

Der 1529 in Douai geborene Jean de Boulogne und 1608 in Florenz gestorbene Giovanni da Bologna, Bildhauer aus Flandern, wurde in Italien unter dem Namen **Giambologna** berühmt. 1550 kam er zuerst nach Rom, dann in seine Wahlheimat Florenz. Der originelle und experimentierfreudige Künstler bekannte selbst in einem Brief an Ottavio Farnese (1579), es gehe ihm weniger um den Inhalt der Darstellung; er wolle vielmehr seine Fähigkeit unter Beweis stellen, eine Figur oder eine Gruppe möglichst kunstvoll und eindrucksvoll zu gestalten – was er auch getan hat. An vielen Stätten in Florenz trifft man auf seine Werke,

Skulpturen in Marmor und Bronze: Auf der Piazza della Signoria (Reiterstandbild Cosimos I. de' Medici), im Kloster San Marco (liegende Bronzefigur in der Sakristei), in der Loggia dei Lanzi (Raub der Sabinerinnen), in dem Boboli-Garten des Palazzo Pitti (Statue der Fruchtbarkeit) und vor allem im Bargello (unter anderem der ›Geflügelte Merkur‹ und ›Architektur‹).

Die Bedeutung des Pisaners **Galileo Galilei** (1564-1642) für die moderne Naturwissenschaft ist kaum zu überschätzen. In der Auseinandersetzung mit der katholischen Kirche trat er für die Eigenständigkeit der Wissenschaft gegenüber der kirchlich gebundenen Theologie ein. Am 15. Februar 1564 in Pisa geboren, wurde er mit 25 Jahren zum Professor an der Universität seiner Vaterstadt ernannt. Von 1592 bis 1610 lehrte er in Padua, um dann wieder nach Pisa zurückzukehren. Sein Rang als Wissenschaftler wurde durch die Berufung zum Hofmathematiker der Medici hervorgehoben. Seine Untersuchungen zur Fall- und Wurfbewegung (wohl vom Schiefen Turm in Pisa) begründeten die moderne Kinematik in der Physik. Mit einem selbstgebauten Fernrohr entdeckte er die Phasen der Venus, die Unebenheiten der Mondoberfläche, die Jupiter-Monde und andere Erscheinungen am Sternenhimmel. Er stellte die Grundsätze der mathematischen Naturwissenschaft auf; ihre Aufgabe bestehe darin, allgemeine Sätze zu begründen, aus denen Erscheinungen erklärbar sind, und die meßbare Zergliederung des Einzelphänomens, die zur Prüfung einer Hypothese als eines Naturgesetzes führt. Durch seine Lehre und sein kompromißloses, zum Teil herausforderndes Verhalten geriet er in Gegensatz zur kirchlichen Hierarchie, die auf den Aristotelismus festgelegt war. Über die Frage des Kopernikanischen Weltsystems, der Bewegung der Erde um die Sonne und nicht umgekehrt, kam es zum offenen Konflikt Galileis mit der katholischen Kirche. 1615/16 fand in Rom der erste Inquisitionsprozeß gegen ihn statt, in dem Galilei zum Schweigen über seine Erkenntnisse verurteilt wurde. Als er sechzehn Jahre später, 1632, dennoch seine Ansichten wiederholte, wurde er in einem zweiten Prozeß unter Androhung der Folter zum Widerruf seiner Lehre gezwungen. In dem von der Kirche angeordneten Hausarrest ging er physikalischen Experimenten und mathematischen Untersuchungen nach. Er starb, 1637 erblindet, am 8. Januar 1642 in Arcetri bei Florenz. 1835 wurden seine von der Kirche verbotenen Werke vom Index gestrichen. Der Vatikan bereitet eine Überprüfung der Prozesse gegen Galilei vor; Papst Johannes Paul II. hat die Schuld der Kirche gegenüber dem Wissenschaftler beklagt.

Blick auf Florenz von Norden
Lavierte Federzeichnung von Giuseppe Zocchi, um 1740
Pierpont Morgan Library, New York

FLORENZ

Der schönste Blick auf Florenz bietet sich vom Piazzale Michelangelo, fünfzig Meter über der Stadt und dem Arno, auf dem südlichen Ufer des Flusses. Von dem Platz aus, der nach dem bedeutendsten Künstler Italiens, dem berühmtesten Sohn der Toskana benannt ist, liegt alles zum Greifen nahe, was die ›blühende‹ (›Florentia‹) Kunststadt an steinernen Blumen hervorbrachte: Die alles beherrschende Kuppel des Domes mit dem Campanile, Zeichen des Glaubens und der geistlichen Macht, und der Palazzo Vecchio mit dem kühn aufsteigenden Turm, das Rathaus, verkörperter Bürgerstolz. Wenn man näher hinschaut, treten der spitze Turm der Badia, der kraftvolle Bau von Or San Michele, die Kirchen von Santa Croce und Santa Maria Novella hervor. Man kann kaum genug sehen von dem, was die Florentiner jahrhundertelang in ihrem ›Stadtgarten‹ an kunstreichen Bauten geschaffen haben. Allein der Wunsch, die Kirchen und Palazzi, Museen und Kapellen aus der Nähe zu sehen und in ihnen die feinere Flora der Marmorskulpturen und Bronzestandbilder, der Mosaiken, Fresken und Gemälde zu betrachten, bringt einen dazu, sich von diesem Anblick zu lösen, wenn einen nicht der Befehl eines Reiseführers aus der Blütenschau reißt.

Florenz ist häufig »überschwemmt« von Touristen. (Die Hochwasserkatastrophe von 1966 mit der großen, wilden Überschwemmung der an Kunst reichsten Teile der Stadt durch den Arno ist fast so weit vergessen, daß der Vergleich zulässig ist.) Die Florentiner nehmen die Ströme der Fremden mit Gleichgültigkeit hin. Daß ihre Stadt einzigartig schön ist, wissen die Florentiner; sie hören es pausenlos in den Idiomen aus aller Herren Länder, die auf den Plätzen und in den engen Gassen erschallen. Bei unserem ersten Besuch in Florenz – es war Juni – dachten wir, nur dieser Sommermonat würde besonders viele Fremde an die Ufer des Arno schwemmen: aber dann trafen wir hier zu allen Jahreszeiten Touristenscharen.

Es gibt tausend Gründe, die Hauptstadt der Toskana zu besuchen. Viele, die Tag für Tag, oft auch nur für ein paar Stunden, »in den Schatten der Domkuppel treten«, jenem in vielen Gedichten gefeierten Ort, nach dem sich ein Florentiner zeit seines Lebens sehnt, haben zuweilen Angst vor der überwältigenden Menge der Kunst. Die Bewohner der Stadt haben es da leichter. Sie lassen die Kunst einfach beiseite, heben sich die nähere Beschäftigung mit dem Erbe ihrer Väter für später auf und sprechen lieber über den letzten Opernskandal, über die Theaterschule, die Versäumnisse der Stadtverwaltung, die Blumenausstellung an den Uffizien – »im vorigen Jahr war das Rot kräftiger« –, die Predigt des Erzbischofs, die geplante Eisenbahnverbindung zwischen Florenz und dem über achtzig Kilometer entfernten Flughafen der Toskana bei Pisa, über die Drogenabhängigen, und am liebsten darüber, daß es ihnen in der Provincia di Firenze eigentlich recht gut gehe, man dies aber keinem von auswärts sage. Die Fremden hingegen wissen nicht recht, wo sie mit der Kunst beginnen sollen. (Seien Sie glücklich, wenn es Ihnen nicht so geht! Wenn Sie sich jedoch zunächst erdrückt fühlen, unsicher sind, was Sie auswählen, was Sie weglassen sollen, so seien Sie getröstet. Mir ging es anfangs ebenso. Und schließlich haben Sie einen ›Führer‹!)

Weniger schwierig ist es für jene, die wegen des Handwerks und seiner Erzeugnisse nach Florenz kommen – ein durchaus ehrenwerter Grund. Die Kreationen der Alta Moda und des Prêt-à-porter, die in den Boutiquen der Innenstadt so verführerisch ausgestellt sind und die bei vielbesuchten Modeschauen einem internationalen Publikum vorgestellt werden, sind eine Reise wert; ebenso wie die Pelzmessen, Antiquitätenmärkte und Buchausstellungen der Stadt. Bei der Behandlung von Textilien zeigt sich, daß die Florentiner jahrhundertelange Erfahrungen mit Wolle, Leinen und Seide, mit Färben und

Weben, mit Stickereien und Spitzenwerk besitzen. So ist die Bekleidungsindustrie noch heute einer der wichtigsten Einkommenszweige in der Toskana. Auch die Lederwaren, Handtaschen, Gürtel, Schatullen und dergleichen mehr, weisen besonderen Geschmack und stets eine sorgfältige Bearbeitung auf. Daß die Gold- und Silberschmiede der Stadt zierlichen Schmuck herzustellen verstehen, war schon im Mittelalter bekannt. Auf dem Ponte Vecchio, der alten Brücke über den Arno, hat die edle Zunft für ihr kunstfertigstes Mitglied, Benvenuto Cellini (1500-1571), eine Gedenkbüste aufgestellt. Schon manche Besucher ließen sich vom Genius des Ortes verlocken und schmälerten den Reiseetat durch den Kauf eines glänzenden Juwels.

Die ansprechenden Erzeugnisse des Florentiner Handwerks mögen manchen Anlaß abgeben, sich ein Andenken an die Stadt mitzunehmen, doch der Hauptgrund einer Reise an den Arno ist (oder wird dann) die Schönheit der Kunst. Bei Florenz geraten die Kunsthistoriker leicht in Verlegenheit. So dicht stehen die Zeugnisse des bildenden Schaffens in der Stadt, so eng drängen sich die Künstler in den Jahrzehnten zwischen 1350 und 1550, daß man als Autor die Angst hegt, man könnte selbst in dicken Büchern nicht einmal das Notwendige sagen. Zuweilen sieht man in Florenz den Wald der schönen Kunst vor lauter einzelnen Kunstwerken nicht mehr.

Es gibt verschiedene Weisen, Florenz zu sehen

Dabei ist es für jene, die nicht alles sehen wollen – weil man es in der Regel nicht kann –, gar nicht so schwierig, sich in der Florentiner ›Kunstnatur‹ zurechtzufinden. Einige orientieren sich streng chronologisch. Sie beginnen mit dem Archäologischen Museum, weil dort die ›Chimäre‹, ein furchterregender Bronzelöwe mit einem Widderkopf auf dem Rücken, aus etruskischer Zeit steht. Sie nehmen die Piazza della Repubblica – am besten von einem Kaffeehausstuhl – in Augenschein, weil sich hier in altrömischer Zeit das Forum befand, oder auch die Piazza della Signoria, weil dort jetzt Archäologen Mauern aus der gleichen Epoche ans Licht bringen. Unverzagt schreiten sie ins Mittelalter und den Hügel zur Kirche San

Miniato hinauf, eilen von hier wieder hinunter zu den Kirchen der Franziskaner- und Dominikanerorden, nach Santa Croce und San Marco, gönnen den dortigen Fresken und Gemälden nur wenige Blicke, weil sie den Ablauf der Zeit nicht aus dem Sinn verlieren wollen. Auch zur großen Dominikanerkirche Santa Maria Novella müssen sie hasten und erliegen der Versuchung, sich in Meditationen über die auf dem Florentiner Konzil erreichte Einigung zwischen der römisch-katholischen Kirche des Papstes und den orthodoxen Kirchen des europäischen Orients (1439) zu verlieren. Nun wissen sie nicht, ob sie zuerst zum Palazzo Vecchio oder zum Dom gehen sollen. Dann warten die Zeugnisse der Medici, ihr Palazzo, ihre Grabkapelle, der großherzogliche Pitti-Palast.

Wen dieser Sauseschritt durch die Geschichte zu sehr außer Atem bringt, der konzentriert sich ganz auf die beiden Zentren der Stadt, das weltliche und das geistliche, den Bezirk der Piazza della Signoria mit dem Palazzo Vecchio und den Bereich der Erzbischöflichen Kathedrale, in dem das Marmorgebirge der Kirche Santa Maria del Fiore mit der technisch und künstlerisch meisterhaften Kuppel des Brunelleschi aufragt, dazu der vollkommen harmonische Glockenturm des Giotto und die Taufkirche San Giovanni mit den reichen Mosaiken im Innern und den »himmlischen« Bronzetüren außen. Wer sich so weise beschränkt, braucht nicht zu fürchten, zu wenig zu sehen.

Ein anderes Maß, die Schritte zu lenken, stellen die einzelnen Künste dar. Wer die Malerei sucht, weiß sich in der Galerie der Uffizien oder im Palazzo Pitti bei Cimabue, Giotto, Duccio und Fra Angelico, bei Masaccio und Uccello, Botticelli und Ghirlandaio, Leonardo, Michelangelo und Raffaello für geraume Zeit gut aufgehoben. Wem die Bildhauerei mehr am Herzen liegt, sieht sich in der Accademia und in der Medicikapelle mit den Werken des Michelangelo, bei Or San Michele mit denen des Donatello, am Baptisterium mit den Türen des Lorenzo Ghiberti oder im Bargello mit seiner reichen Sammlung von Plastiken am Ziel. Die Freunde der Architektur dürfen sich von Gemälden und Standbildern nicht zu sehr ablenken lassen, sonst können sie die Leistungen eines

Arnolfo di Cambio, Giotto und Brunelleschi (Dom), eines Michelozzo (Palazzo Riccardi), Alberti (Palazzo Rucellai und Santa Maria Novella), Michelangelo (Neue Sakristei und Medicikapelle) und Vasari (Uffizien) neben den großen Bauten der unbekannten Meister nicht mehr genügend würdigen. Daß man es in Florenz bei diesen Namen nicht belassen dürfte, daß noch viele andere aus Mittelalter und Renaissance zu erwähnen wären, daran braucht nicht eigens erinnert zu werden. Doch diese kann man sich getrost für den vierten und fünften und alle weiteren Besuche der toskanischen Metropole aufheben.

Andere Florenz-Fahrer wieder suchen an den Ufern des Arno das Gespräch mit der Geschichte, wollen erkunden, wie im Mittelalter aus der unbedeutenden Siedlung eine gefestigte, wohlhabende Gemeinde wurde – durch das Können und den Fleiß der Handwerker? durch den wachen Geschäftssinn der Händler? durch verantwortlichen, demokratischen Bürgersinn? –, wie aus dem Stadtstaat eine kunstsinnige, einflußreiche Republik hervorging – durch den Kapitalsinn der Medici? die Begabungen der einheimischen Künstler? –, wie Florenz zur Hauptstadt des Großherzogtums der Toskana, ja für kurze Zeit des Königreichs Italien aufstieg. Die beredten Zeugen der Vergangenheit sind in den Straßen gegenwärtig: Dante, dessen Wohnhaus zwischen Dom und Rathaus steht, Petrarca und Boccaccio, die Dichter eines schon ganz modernen Lebensgefühls, Machiavelli, der schonungslos offene Pathologe der Macht, oder der Dominikanermönch Savonarola, der in seinem religiösen Eifer aus Florenz eine Gottesrepublik formen wollte und dessen Hinrichtungsstätte auf der Piazza della Signoria mit einem Gedenkstein bezeichnet ist. Oder die Medici, das Geschlecht der klugen Stadtherren: Cosimo der Ältere, der »Vater des Vaterlandes« (1389-1464), Lorenzo der Prächtige, der klassische Renaissance-Fürst (1449-1492), und Cosimo I. (bis 1574), zuerst, seit 1537, Herzog von Florenz, dann seit 1569 Großherzog der Toskana.

Einfach ist es wohl nicht, der Kunst und Kultur in Florenz Herr zu werden. Aber das muß man auch nicht. Die Florentiner wären die ersten, die davon abrieten. Sie würden den Gast statt dessen einladen, sich an Seele und Leib, also auch an Küche und Keller zu stärken. Denn man ißt und trinkt gut in den Ristoranti der Toskana. Zuweilen jedoch zeigt sich der karge Charakter der Florentiner auch bei einem sparsamen Wirt und seinen knapp bemessenen Speisen, was manche arg Hungrigen enttäuschen mag, die von der Üppigkeit der Gerichte in anderen Regionen Italiens verwöhnt sind. Dann bleibt nichts anderes, als sich mit den toskanischen Weinen zu trösten, dem roten Chianti, einem edlen Brunello di Montalcino oder dem vornehmen Vino Nobile di Montepulciano. So fällt es leicht, den Nachkommen jener zu verzeihen, aus deren Geist so blühende Kunst entstand.

Zehn Vorschläge für die Besichtigung

Wenn die Kunst auch noch so beflügeln mag, es wachsen uns Erdenmenschen doch keine Flügel; Zeit und Raum diktieren ihre Gesetze, denen wir uns auch in der größten Begeisterung nicht entziehen können. So wird vielleicht der eine oder andere sich Florenz thematisch erobern wollen, etwa von Museum zu Museum gehen und all der Paläste, Kirchen und Plätze auf dem Weg dazwischen nicht achten, oder sich ganz auf spezielle Ausschnitte konzentrieren wollen, etwa auf die Zeugnisse der römischen Zeit, dieses und jenes Künstlers, des Mittelalters oder der Renaissance. Solches Kreuz-und-quer-durch-die-Stadt-Eilen ist in Florenz nicht gänzlich unmöglich. Denn die meisten Sehenswürdigkeiten stehen auf einem Raum von nur zwei Quadratkilometern beisammen. Nirgendwo sonst in der Welt kann man alle Sehenswürdigkeiten so bequem zu Fuß erreichen. Dennoch wird es der Besucher gewöhnlich vorziehen, das eng Beieinanderliegende zusammenzufassen, in der weisen Überlegung, sich nicht durch das Laufen, sondern durch das Anschauen ermüden zu lassen. Mit einem Blick auf den Stadtplan, der aber glücklicherweise, nein, nicht durch Zufall, sondern dank einer organisch in Jahrhunderten gewachsenen Stadt, unseren Wünschen entgegenkommt, schlage ich Ihnen deshalb vor, Kreise zu ziehen, deren einzelne Objekte geographisch, und so weit wie möglich thematisch zusammengehören und die Sie daher bei einem

Rundgang leicht erreichen können. Nur Museen nehmen wohl immer eine Sonderstellung ein, da ihr Besuch meist mehr Zeit erfordert oder nach Gelegenheit eingefügt wird; die wichtigsten Sammlungen sind in einem eigenen Kapitel zusammengefaßt:

1. Im Schatten des Domes
2. Das Baptisterium
3. Zwischen Dom und Signoria
4. Die Signoria
5. Die Franziskaner in Florenz – Santa Croce
6. Die Dominikaner – von Santa Maria Novella nach San Marco
7. Die Medici – San Lorenzo und der Palazzo
8. Jenseits des Arno – auf dem südlichen Ufer
9. Die Florentiner Museen
10. Die Umgebung

Bevor wir jedoch die Schönheiten von Florenz aus der Nähe in Augenschein nehmen, noch drei sie vorbereitende Kapitel, das erste mit einem Steckbrief von Florenz, das zweite über die kulturelle Bedeutung der Stadt und das dritte über die Geschichte, soweit diese Historie nicht mit jener der Toskana übereinstimmt oder diese wesentlich ergänzt. Natürlich kann man diese drei Kapitel zunächst auch überschlagen und die Lektüre auf eine ruhige Stunde verschieben. Ich hätte Verständnis dafür, nicht nur, wenn die Neugierde auf Florenz übermächtig ist, sondern auch, weil gerade für geschichtliche Gesamtdarstellungen der Sinn *nach* der Besichtigung der Kunstwerke vielleicht noch größer ist.

›Steckbrief‹

Fassen wir uns kurz: Die Gemeinde von Florenz, der Comune di Firenze, zählt auf einer Fläche von 102 Quadratkilometern rund eine halbe Million Einwohner (1984) und ist die Hauptstadt der italienischen Region Toskana, eines der zwanzig ›Länder‹ Italiens, und außerdem Hauptort der Provinz Florenz. Der Name Firenze ist gleichsam eine Reduzierung der altrömischen Bezeichnung (Colonia) Florentia, die das Deutsche mit Florenz besser bewahrt hat. Der italienische Dichter

Gabriele d'Annunzio schlug Anfang dieses Jahrhunderts vor, man solle wieder zu dem voller klingenden Namen Fiorenza zurückkehren. Doch die Florentiner blieben bei der kürzeren, langgebräuchlichen Denomination Firenze, obwohl sie selbst auf das melodischere »Fiorentini« hören, die Fußballmannschaft der Stadt ›Fiorentina‹ heißt und auch sonst alle Adjektive zu Firenze mit Fiorentino gebildet werden. Die Verwaltungen von Region, Provinz und Kommunen haben daher in der Stadt ihren Sitz. Der Comune di Firenze wird vom Palazzo Vecchio aus, dem Sitz des Bürgermeisters, verwaltet. Die Behörden widmen sich gern der Reform der Bezirkseinteilung; über die mittelalterlichen Quartieri, wirkliche ›Viertel‹, und die Sestieri (Sechstel) ist Florenz längst hinausgewachsen, doch auch über die neueren Quartieri links und rechts des Arno, an den Ausfallstraßen und auf den Hügeln.

Die Florentiner sind zu 98 Prozent katholisch, woran die politische Präferenz für die Kommunistische Partei nichts ändert. Florenz ist Sitz eines Erzbischofs, der traditionsgemäß vom Papst stets mit dem Kardinalshut bedacht wird. Neben den vielen katholischen Kirchen gibt es jedoch auch Gotteshäuser anderer christlicher Glaubensgemeinschaften und eine Synagoge.

Nicht nur politisch, auch wirtschaftlich und verkehrsmäßig ist Florenz die Hauptstadt der Toskana. Was für die Toskaner bei Industrie und Handel insgesamt gilt, kennzeichnet auch die Florentiner: sie sind seit dem Mittelalter tüchtige Handwerker, geschickte Kaufleute und ordentliche Verwalter. Dadurch mehrten sie einen bescheidenen Wohlstand, ohne der Verschwendung oder üppigem Aufwand verfallen zu können. Cosimos des Älteren Wort: »Königreiche fallen durch Luxus, durch Strenge steigen Städte auf«, scheint man in Florenz seit eh und je zu beherzigen. Zeitweise beherrschten die Florentiner Diplomaten die Politik Italiens – von Papst Bonifaz VIII. (1295-1303) wird erzählt und so zeigt es auch eine Darstellung im Audienz-Saal des Palazzo Vecchio, er habe einmal Botschafter verschiedener Staaten empfangen und mit Verwunderung bemerkt, daß alle aus Florenz stammten. Zeitweise lenkten Florentiner Banken den Geldmarkt Europas, ihre Bankiers beeinflußten die europäische Politik, indem sie Kriege finanzierten und Friedensschlüsse durchsetzten, Kredite zusprachen oder verweigerten. Die Medici verdanken ihren Aufstieg dem oft bedenkenlosen Einsatz von Geld in Handels- und Bankgeschäften. Doch seit dem 16. Jahrhundert verlor Florenz seinen Rang, obwohl es zur Hauptstadt des Großherzogtums Toskana aufstieg. Es mußte machtpolitisch hinter der Republik Venedig, dem Herzogtum Mailand, dem Kirchenstaat des Papstes und dem Königreich Neapel und Sizilien zurücktreten. Die gesamteuropäische Machtverschiebung von Süd nach Nord, vom Mittelmeerraum nach West- und Mitteleuropa und die stärkere Förderung der Wirtschaft durch staatliche Maßnahmen (in Frankreich) oder durch die protestantische Ethik im Norden taten ein übriges. So rückten auch die Schwerpunkte des Handels – nicht zuletzt durch den neuen Wirtschaftsraum Amerika – in die Häfen an Atlantik, Ärmelkanal und Nordsee. Daher hat sich die Stadt heute als Wirtschafts-, Banken- und Verkehrszentrum zu bescheiden. Das hochentwickelte Handwerk bestimmt noch heute die Wirtschaft der toskanischen Metropole. Textilindustrie (Webereien, Färbereien, Schneidereien und Seidenhandel) und Bekleidungsindustrie (Modemessen der Alta Moda und des Prêt-à-porter, auch der Pelzverarbeitung) bilden mit den wichtigsten Wirtschaftszweig, der sich auf lange Traditionen stützen kann. Das Dienstleistungsgewerbe – im Fremdenverkehr, in der politischen Verwaltung von Region, Provinz und Gemeinde sowie im Handel – prägt die Stadt. Die Bedeutung von Florenz zeigt sich auch darin, daß die Stadt, schon im Römischen Reich wichtige Handelsstation an der Via Cassia, der Hauptknotenpunkt der Toskana und des nördlichen Mittelitaliens im Eisenbahnverkehr und im Straßennetz ist; Autobahnen führen nach Mailand, Rom und zum Meer, nach Siena, Lucca, Pisa, Livorno und Genua. Nur der nächste große Flughafen ist zum Leidwesen der Florentiner und mancher Besucher etwas weit entfernt, rund 80 Kilometer, bei Pisa, nach dem bedeutenden Sohn Pisas ›Galileo Galilei‹ genannt; die näher bei Florenz liegenden Pisten eigneten sich wenig zum Ausbau.

Kulturelle Bedeutung

›Die Kultur‹ hat wahrlich eine lange Tradition in Florenz, seit den Tagen, als Kaiser Lothar, der Enkel Karls des Großen, im Jahr 825 die Gemeinde am Arno als eine von acht Städten in Italien mit Bildungs- und Erziehungseinrichtungen bedachte. Schon im Mittelalter wurde Florenz lobend wegen der Anzahl seiner Scholaren erwähnt, zu einer Zeit, als nur wenige des Lesens und Schreibens kundig waren. Es ist also kein Zufall, daß der größte Dichter Italiens, Begründer und Meister der italienischen Sprache, Dante Alighieri, aus Florenz stammt, daß Boccaccio und Petrarca Eleven der toskanischen Bildung sind. Der Humanismus von Florenz im 15. und 16. Jahrhundert stand bei den Gelehrten Europas in höchstem Ansehen, auch wenn die Universität von Bologna einen größeren Ruf als Studienort besaß, auch wenn das Studium florentinum, die Florentiner Hochschule 1472 nach Pisa umzog. Als Florenz nicht mehr nur Stadt der Medici, sondern Hauptort des Großherzogtums Toskana wurde, mehrten sich die Fakultäten und Einrichtungen des öffentlichen Unterrichts, vor allem unter Großherzog Pietro Leopoldo von Lothringen (1765-1790).

Schon 1373 bestimmte eine Entschließung der Signoria, daß das Buch der ›Göttlichen Komödie‹, »qui vulgariter appellatur il Dante«, das nur der Dante heißt, öffentlich vorgelesen werde; damals wurde eine Tradition begründet, die seit 1859 von der italienischen Dante-Gesellschaft fortgeführt wird. Daß die Medici nicht nur die Kunst, sondern auch die Kultur förderten, ist bekannt. Cosimo der Ältere etwa gründete die Platonische Akademie. Die ›Accademia degli Umidi‹ (der Feuchten), 1540 ins Leben gerufen und 1541 in ›Accademia Fiorentina‹ umbenannt, widmete sich der Pflege der italienischen Muttersprache. Von ihr trennte sich 1582 die ›Accademia della Crusca‹ (Kleie) mit demselben Ziel; sie ist noch heute die bedeutendste italienische Sprach-Akademie, ihr Wörterbuch ist maßgebend, ihren Sitz hat sie in der Villa Medicea di Castello. Die 1735 gegründete Accademia toscana di scienze e lettere ›La Colombaria‹, benannt nach dem ersten Versammlungsort, einem Raum, der so klein wie ein ›Taubenschlag‹

war, die toskanische Akademie der Wissenschaften und der Literatur, unterstützt geschichtliche und kunstgeschichtliche Studien.

Die erste naturwissenschaftliche Akademie Europas ist die ›Accademia del Cimento‹, die 1657 von Leopoldo de' Medici und seinem Bruder, dem Großherzog Ferdinando II., zwei Schülern Galileis, errichtet wurde, doch schon zehn Jahre später zu existieren aufhörte, als Leopoldo zum Kardinal erhoben wurde. Längeren Bestand, das heißt bis heute, hat die 1753 gegründete älteste Landwirtschafts-Akademie Europas, die ›Accademia dei Georgofili‹ (Akademie der Bauern-, Landfreunde); hier wurde zum ersten Mal versucht, Ackerbau und Viehzucht nach wissenschaftlichen Methoden zu erproben und zu betreiben.

Im 19. Jahrhundert wurden noch weitere wissenschaftliche Einrichtungen geschaffen, für Archäologie und Geographie, Anthropologie und Kolonialkunde, für Optik – die Florentiner schreiben ihrem Landsmann Salvino degli Armati die Erfindung der Brille zu – und Musik. Lange zuvor verdankte Florenz den Medici die Einrichtung großer Bibliotheken (Laurenziana von Cosimo dem Älteren und Lorenzo dem Prächtigen, Riccardiana und Marucelliana), die heute in der bedeutenden Biblioteca Nazionale Centrale zusammengefaßt sind. Großherzog Cosimo I. richtete schon im 16. Jahrhundert den Botanischen Garten zum Studium der Pflanzen ein.

So ist es kein Wunder, daß Florenz nicht nur gebildete Touristen anzieht, sondern auch Künstler und Kunsthistoriker, Geschichtswissenschaftler und Restaurateure. Die Universitäten – neben der staatlichen bestehen noch die Università di Parigi, die Università Europea, die Università dell'Arte und die Università Libera per Attori – und wissenschaftlichen Forschungsinstitute, Theater, an der Spitze das Teatro Comunale, und Orchester, vor allem in den Aufführungen des Maggio Musicale Fiorentino, des Musikalischen Mai von Florenz (Ende April bis Juli) beweisen den lebendigen Geist der Florentiner.

Mit ihren Bauwerken und Museen bietet die Stadt auch einzigartige Möglichkeiten für künstlerische und historische

Studien. Deshalb unterhalten auch ausländische Nationen wissenschaftliche Institute in Florenz, so etwa die Bundesrepublik Deutschland das ›Istituto Tedesco di Storia dell'Arte‹, für Kunstgeschichte. – Als Sitz eines Erzbischofs (seit 1419) ist Florenz Mittelpunkt einer Metropolitan-Provinz der katholischen Kirche.

Geschichte von Florenz

Die Geschichte von Florenz glänzt nicht durch politische und militärische Leistungen, sondern durch die Schöpfungen ihrer Kultur. Diese Geschichte erscheint um ihrer selbst willen interessant, aber darüber hinaus auch in ihrer Bedeutung für Italien, für Europa und die Welt. Denn die Menschheit verdankt der Stadt am Arno viel. Ihr politischer Wettstreit mit den anderen Städten der Toskana, dem Kirchenstaat, den Republiken und Fürstentümern Italiens, beeindruckte die Welt jedoch nicht sonderlich. Das politische Auf und Ab von Florenz berührte die Großmächte Europas zu fast allen Zeiten nur am Rand. Was jedoch Baumeister, Bildhauer und Maler aus Florenz in wenigen Jahrhunderten an Kunstwerken schufen, was Dichter hervorbrachten, gehört zum bedeutenden Kulturschatz der Menschheit. Die Bürger der Stadt, von demokratischem Geist erfüllt, mit handwerklichem Fleiß und nüchternem Geschäftssinn begabt, ermöglichten mit ihren Leistungen den Rahmen, in dem sich die Künstler frei entfalten konnten. Unter den Florentiner Familien ragen die Medici hervor; sie suchten ihren Ruhm nicht allein in Reichtum, Macht oder in Siegen über innere und äußere Feinde, sondern vor allem auch in einem großzügigen Mäzenatentum, das den Künstlern Raum gab für ihr Schaffen. Kirchen und Paläste, Kapellen und Plätze, Gemälde und Skulpturen entstanden, die Besucher aus aller Welt mit Bewunderung erfüllen.

Erste Blüte unter römischer Herrschaft

Das Land links und rechts des Arno ist von der Natur durch Schönheit und Fruchtbarkeit ausgezeichnet. Dort, wo die Via Cassia, die Konsularstraße des Römischen Reiches von Rom nach Bologna (Bononia), über den Arno führt, geben kriegsmüde Veteranen des Cäsar im Jahr 59 v. Chr. einer Siedlung, die wohl italischen Ursprungs aus dem zehnten vorchristlichen Jahrhundert ist und von Etruskern und ab 300 v. Chr. auch von Römern bewohnt wurde, den Namen Colonia Florentia, Blühende Kolonie. Einen treffenderen Namen hätten sie kaum wählen können. Denn, so wird überliefert, das Arno-Tal sei besonders reich an Blumen gewesen, vor allem an Feldlilien, die noch heute das Stadtwappen von Florenz zieren. Die Geschichte scheint nachträglich diese Bezeichnung durch strahlende Kunstwerke in der Stadt selbst bestätigen zu wollen. Damals jedoch steht das »blühende« Städtchen im Schatten des benachbarten Fiesole, einer Stadt auf den Hügeln, deren Kultur von den Etruskern geprägt ist. Das von den Römern gegründete Florentia lag als fast quadratisches Rechteck auf dem rechten Ufer des Arno. Die Nordgrenze verlief in der Höhe des heutigen Doms, die südwestliche Ecke stieß fast an den Fluß. Daß ein gewisser Miniatus in Florentia das Christentum predigt und im Jahr 250 enthauptet wird, gewinnt erst später in der Erinnerung der gläubigen Christen an Bedeutung; daß unter Kaiser Diokletian die Stadt Sitz des Gouverneurs der Provinzen Etrurien und Umbrien wird, gibt Florenz schon früh die politische Rolle der Zukunft, Hauptort Mittelitaliens zu sein. Doch der Aufstieg von der Colonia Florentia der römischen Veteranen zur blühenden Metropole des Mittelalters und der Renaissance vollzieht sich langsam.

Ghibellinen und Guelfen

Die Zeit der ersten Blüte unter römischer Herrschaft geht in den Wirren der Völkerwanderung zu Ende. Ostgoten, Byzantiner und Langobarden bestimmen das wechselvolle Schicksal der Stadt. Als die Franken unter Karl dem Großen weite Teile Italiens erobern und die Toskana (Tuszien) als Markgrafschaft in ihren Herrschaftsbereich aufnehmen, gelangt auch Florenz zu neuem Wohlstand, der politisch durch die Verwaltungsfunktion gefördert, wirtschaftlich durch den Handel gemehrt und kulturell durch die Errichtung einer Seminarschule (unter Kaiser Lothar, 852) bekräftigt wird. Erweiterungen des Stadtgebiets sind unter byzantinischer Herrschaft sowie im 8., 9. und 12. Jahrhundert notwendig; bald muß auch das linke Arno-Ufer miteinbezogen und eine neue Mauer gebaut werden, die heute noch sichtbar ist. Im Mittelalter ist Florenz in vier Quartieri (Viertel) eingeteilt, die nach den vier Stadttoren San Piero, Duomo oder Vescovo, San Pancrazio und Santa Maria benannt werden. Später geht man zu sechs über, so daß man von Sestieri (Sechsteln) spricht. Ihre Namen sind San Piero, Duomo, San Pancrazio, San Piero a Scheraggio, Borgo und Oltrarno. Die Erhebung der norditalienischen Städte gegen die deutschen Könige, die Auseinandersetzungen zwischen Päpsten und Kaisern ziehen auch die Reichsstadt Florenz in Mitleidenschaft. Meinungsverschiedenheiten unter den Bürgern über das Verhältnis zu Kaiser und Papst beschweren die städtische Politik. Die Tendenz gegen den Kaiser verstärkt sich in Florenz unter der Markgräfin Mathilde von Tuszien (1046-1115), die Florenz 1115 das Stadtrecht gewährt. Ihr Tod legt den Grundstein für die Unabhängigkeit der Stadt. Denn die Mathildischen Güter werden dem Papst vermacht, während Florenz, Pisa, Lucca und Siena selbständige Republiken werden, in denen sich langsam demokratische Einrichtungen herausbilden. Der Gegensatz zwischen Kaisertreuen und Papsttreuen, zwischen den ›Ghibellini‹ (italienische Nachbildung der Stauferstadt namens Waiblingen) und den ›Guelfi‹ (nach dem deutschen Geschlecht der Welfen) spaltet die Bürger. Doch allmählich werden die Interessen von Kirche und Reich von eigenen überlagert, so daß Ghibellinen und Guelfen in Florenz ihre Bindung an Kaiser und Papst fast vollständig verlieren und nur ihr Parteienzwist bleibt. Nach dem Tod des mächtigen Kaisers Friedrich II. (1250) gewinnen jene, die sich als Guelfi fühlen, die Oberhand über die Stadt.

Zwei Ereignisse bestimmen den Weg der Stadt zur Vorherrschaft in der Toskana: 1125 besiegt Florenz die Nachbar- und Konkurrenzstadt Fiesole, 1252 beginnt die Bürgerschaft mit der Prägung von Goldmünzen, des Florenus oder Fiorino (abgekürzt fl., was bis auf den heutigen Tag noch für den holländischen Gulden in Gebrauch ist), der bald in ganz Europa verbreitet ist und als wertvolles Zahlungsmittel überall anerkannt wird.

Bürgerliches Selbstbewußtsein wächst

Der Herrschaft der Adligen und ihrer Streitereien werden die Florentiner Bürger überdrüssig, so sehr, daß den Söhnen der vornehmen Familien der Besuch der Hochschulen verwehrt wird. Das Geschick der Stadt wollen die Bürger selbst in die Hand nehmen. Jene, die mit ihrer Arbeit sich Verdienste erwerben, die Meister der Zünfte, der Arti Maggiori und der Minori, Richter, Bankiers, gebildete Männer und tüchtige Handwerker, sollen die Politik der Stadt nach außen und im Innern bestimmen. So begründet man politische und militärische Ämter und setzt Kontrollorgane ein (12 Consoli, 100 Buonomini, ein Parlament, Räte, die Podestà, den Capitano del Popolo, den Capitano della Massa, Priori, Signoria, Gonfalonieri); alles wird getan, damit niemand mehr die Herrschaft über die Stadt an sich reiße und sie allein innehabe. Als Gautier de Brienne, Herzog von Athen, dennoch im Jahr 1342 eine Diktatur errichtet, wird er bereits nach einem Jahr wieder vertrieben. Opfer der inneren Machtkämpfe zwischen »weißen«, kaiserfreundlichen Ghibellinen und »schwarzen«, papsttreuen Guelfen wird 1301 Dante Alighieri, der größte Dichter Italiens, der mit seiner Göttlichen Komödie, den ›Gesängen‹ von Hölle, Fegefeuer und Himmel, die italienische Schriftsprache begründet und die religiösen Menschen zutiefst beeindruckt. Als ›Weißer‹ wird er 1302 verbannt, 1321 stirbt er einsam im Exil zu Ravenna. Die politische Lebhaftigkeit dieser Jahrzehnte zwischen 1250 und 1350, das ständige Experimentieren mit demokratischen Verfassungen, der wirtschaftliche Wohlstand und das Selbstbewußtsein der Bürger, der freiheitliche Geist setzen auch künstlerische Talente frei: Arnolfo di Cambio kann 1294 den Bau des Domes Santa Maria del Fiore beginnen und setzt damit das Startzeichen für die Errichtung weiterer Kirchen und Paläste, so des Palazzo Vecchio ab 1298; Cimabue und Giotto finden in der Malerei neue Ausdrucksformen; Niccolò und Andrea Pisano sowie Orcagna geben mit ihrer Bildhauerkunst den Skulpturen die einst in der Antike bestehende und im Mittelalter verlorene plastische Wirkung zurück; die Dichter Petrarca und Boccaccio verlassen mit ihren Gedichten und Novellen mittelalterliche Konventionen. Die Ideen des neuen ›Humanismus‹ finden in Florenz fruchtbaren Boden.

Die Medici

Auch die Einwohnerzahl wächst in dieser Zeit beträchtlich. Um 1300, dem ersten ›Heiligen Jahr‹ der Papstkirche, das von Dante in seiner Göttlichen Komödie feierlich vermerkt wird, zählt die Stadt etwa 30000 Einwohner. Knapp fünfzig Jahre, noch nicht einmal zwei Generationen später sind es rund 120000 – ein ›Boom‹ auf allen Gebieten. Die furchtbare Pest von 1348 rafft zusammen mit einer Hungersnot zwei Drittel der Bevölkerung dahin, die Zahl der Einwohner sinkt auf 40000. Doch schon die nächsten Jahrzehnte bringen wieder neuen Zuwachs. Aus demselben Jahr 1348 besitzen wir eine Urkunde über die Bank eines Vieri di Cambio de' Medici; zum ersten Mal vernehmen wir also den Namen jener Familie, die untrennbar mit der Größe von Florenz verbunden ist.

Vielleicht ist es die zu große politische Unrast, der unaufhörliche Wechsel im Stadtregiment, der die Florentiner eine deutliche Führung herbeisehnen läßt und den Aufstieg der Medici, der erfolgreichen Bankiers- und Kaufmannsfamilie, ermöglicht. Salvestro (1378 Gonfaloniere) und Vieris Neffe Giovanni di Averardo de' Medici (genannt »Bicci«, 1360-1429) legen im Konkurrenzkampf mit anderen Familien, vor allem den Albizzi, den finanziellen Grundstock für die herausragende Stellung des Cosimo (1389-1464; Sohn des Giovanni). Er wird zwar 1433 verbannt, kehrt jedoch ein Jahr später unter dem Jubel des Volkes und mit dem Titel ›Vater des Vaterlandes‹ zurück. Cosimo, mit dem Beinamen ›Il Vecchio‹, der Ältere, übt die unumstrittene Kontrolle über die Stadtregierung aus, respektiert jedoch die republikanisch-demokratischen Umgangsformen. Indessen hat seit Anfang des 15. Jahrhunderts Florenz auch seine außenpolitische Stellung gestärkt und seine wirtschaftliche Vormacht in der Toskana gefestigt. Pisa wird unterworfen (1406) und Florenz gewinnt durch den Erwerb von Häfen Zugang zum Meer. Daß Päpste (Martin V. und Eugen IV.) in der ersten Hälfte des 15. Jahrhunderts einige Jahre in Florenz residieren, daß 1439 hier das 17. Allgemeine Konzil der Kirche tagt, hebt die Bedeutung der Stadt hervor. In Cosimos Regierungszeit von 1434 bis 1464 weht der Geist einer neuen Epoche; das Lebenswerk des Brunelleschi, die Domkuppel, wird vollendet, Michelozzo und Alberti bauen Kirchen und Paläste, die nicht mehr von den Formen der Gotik geprägt sind, sondern durch die Aufnahme von Architekturelementen der Antike einen neuen Stil repräsentieren. Fra Angelico, Masaccio, Andrea del Castagno, Paolo Uccello und Filippo Lippi führen die Malerei zu bisher ungekanntem Ausdrucksreichtum, die Bildhauer Donatello, Lorenzo Ghiberti, Luca und Andrea della Robbia schaffen unvergleichliche Werke. Diese und andere Künstler bewirken in einer einzigen Stadt in wenigen Jahrzehnten die Geburt eines neuen Zeitalters: der Renaissance.

Florenz bringt eine weitere bewundernswerte Steigerung auf allen Gebieten der Kunst hervor. Unter Lorenzo Il Magnifico, Lorenzo dem Prächtigen, Wunderbaren – einem Enkel des Cosimo; geboren 1449, Regierungszeit von 1469-1492, nach einem kurzen Zwischenspiel seines Vaters Piero Il Gottoso, Piero des Gichtigen, von 1464-1469 – erreicht die Stadt ihre größte politische Macht innerhalb Italiens und ihre höchste kulturelle Blüte.

Niccolò Machiavelli (1469-1527) wagt Gedanken über den Gebrauch der Macht niederzuschreiben, die das politische Spiel dieser Zeit kennzeichnen und die sich die Staatsmänner künftiger Jahrhunderte aneignen. Die Maler Botticelli, Gozzoli, Ghirlandaio suchen sich gegenseitig zu übertreffen und müssen doch anerkennen, daß ihnen Leonardo da Vinci und Raffael überlegen sind. Alle überstrahlt jedoch das Universalgenie des Michelangelo Buonarroti (1475-1564), der Lorenzo den Prächtigen noch kennt, doch mit seinen Werken als Architekt, Bildhauer, Maler und Dichter schon in das neue 16. Jahrhundert weist. Ein Schatten fällt auf die Regierung Lorenzos: die Verschwörung der Patrizierfamilie Pazzi am 26. April 1478 im Dom, der sein Bruder Giuliano zum Opfer fällt und der er selbst nur knapp entkommt. Das »Besondere« an dieser Mordtat ist, daß sie während des Sonntagshochamtes geschieht, daß die konkurrierende Florentiner Familie der Pazzi sie betreibt, um die Medici zu stürzen und sich an ihre Stelle zu setzen, daß der Erzbischof von Florenz, Francesco Salviati, mitwirkt, um Florenz zu schwächen, und daß Papst Sixtus IV. der Verschwörung, wenn auch vielleicht nicht dem geplanten Mord zustimmt, um Rom gegenüber Florenz in den ersten Rang zu erheben.

Nach Lorenzos Tod (1492) verliert Florenz seine führende Stellung in Kultur und Kunst an Rom. 1494 werden die Medici (Piero II., 1471-1563) wegen ihrer zu freundlichen Haltung gegenüber dem französischen König Karl VIII. aus der Stadt vertrieben. Der Dominikanermönch Savonarola, der ganz Florenz in ein Kloster verwandeln will, führt alte republikanische Verfassungsgrundsätze wieder ein; mit seiner Predigt gegen die Verweltlichung der Kirche zieht er sich jedoch die unversöhnliche Feindschaft Papst Alexanders VI. zu, der ihn 1498 auf der Piazza della Signoria hängen und verbrennen läßt. 1512 kehren die Medici nach Florenz an die Macht zurück, in Rom gelangen Mitglieder der Familie auf den Papstthron (Giovanni als Leo X., 1513-1521; Giulio als Clemens VII., 1523-1534; Giovanni Angelo als Pius IV., 1559-1565). 1527 werden die Medici aufs neue verjagt, aber später von Kaiser Karl V. wieder eingesetzt. 1532 erhebt der Kaiser seinen Schwiegersohn Alessandro, den Gemahl der Margarete von Österreich, zum Herzog von Florenz, 1569 wird Cosimo I., Sohn des Giovanni delle Bande Nere aus einem anderen Zweig der Medici, Großherzog der Toskana. Ihm folgen sechs weitere Großherzöge: Francesco I. (1541-1587), Ferdinando I. (1549-1609), Cosimo II. (1590-1621), Ferdinando II. (1610-1670), Cosimo III. (1642-1723) und Gian Gastone (1671-1737).

Spätere Geschichte

Als das Geschlecht der Medici ausstirbt und die Schwester des letzten Großherzogs Gian Gastone, Anna Maria Lodovica, nur noch verhindern kann, daß die Kunstschätze der Medici in alle Welt verkauft werden, wird das Großherzogtum Toskana an

Franz von Lothringen, den Gemahl der Kaiserin Maria Theresia übergeben. Habsburg-Lothringer herrschen nun in Florenz, unterbrochen nur von den napoleonischen Verfügungen über Italien (1796-1815), bis 1859, als Leopold II. von italienischen Patrioten im Zug der nationalen Einigungsbewegung zum Verlassen der Stadt gezwungen wird. Florenz schließt sich 1860 dem Königreich Sardinien an und ist von 1865-1871 Hauptstadt des Königreichs Italien; der Palazzo Pitti wird Residenz König Viktor Emanuels II. Dann nimmt Rom wieder den ersten Rang ein.

Im Zweiten Weltkrieg erleidet die Stadt einige Schäden, sei es durch Bombardements der Alliierten, sei es durch die Sprengung der Arno-Brücken – mit Ausnahme des Ponte Vecchio – durch deutsche Truppen im August 1944. Beträchtlicher sind die Verwüstungen, die der Arno bei der Überschwemmung vom 4. November 1966 anrichtet. Die Katastrophe kam überraschend; dergleichen schien vergangenen Zeiten anzugehören; die letzte Überflutung ereignete sich 1846, doch in viel geringerem Maße. (Zeichen in der Via Ghibellina beweisen, daß die meisten erinnernswerten Überschwemmungen nur einen um rund drei Meter tieferen Pegel erreichten.) Die Wassermassen stiegen 1966 bei Santa Croce auf eine Höhe von 5,20 m, 70 cm über der ebenfalls am 4. November des Jahres 1333 gemessenen Maximalgrenze. 320 Tafelbilder, 692 Gemälde auf Leinwand, 495 Skulpturen in Marmor, Holz, Gips oder Stuck, Hunderte von Fresken wurden zum Teil schwer beschädigt oder gar zerstört. Die Schäden suchte man rasch zu beheben, oft mit unkonventionellen Mitteln; so hängte man etwa jahrhundertealte Urkunden in einer Zigarettenfabrik neben den Tabakblättern zum Trocknen auf.

Eine großartige Ausstellung in Florenz und in anderen Städten der Toskana im Jahr 1980, ›Florenz und die Toskana der Medici in Europa um 1500‹, führte Besuchern aus aller Welt die große Zeit der Stadt unter ihrer bedeutendsten Herrscherfamilie vor Augen.

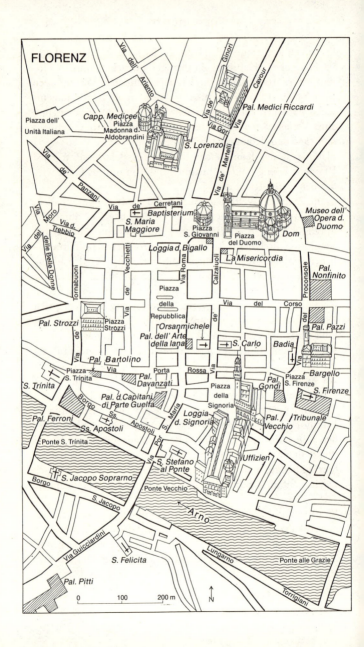

Im Schatten des Domes

Dom und Rathaus, Santa Maria del Fiore und der Palazzo Vecchio wetteifern miteinander. Wer übt den stärkeren, nachhaltigeren Eindruck auf den Besucher aus?: Das geistliche oder das weltliche Zentrum von Florenz? Von der Piazzale Michelangelo aus beherrschen die Kuppel des Brunelleschi und der Turm des Giotto die Stadt; auch ein Rundgang um den einzigartigen Dreiklang von Baptisterium, Campanile und Kathedrale wird immer Bewunderung hervorrufen. Aber auf der Piazza della Signoria kann man sich ebenso wenig der Faszination entziehen, die von dem machtvollen Palazzo Vecchio mit dem über jedes Erwarten und jede Notwendigkeit hinaus hochragenden Turm ausgeht. Wir können deshalb wohl nicht umhin, die Steinwerdung des geistlichen Anspruchs und der politischen Macht zusammen aufzunehmen und gleichberechtigt nebeneinander bestehen zu lassen. Wenn wir es dennoch nicht dem Zufall, der Nähe unseres Hotels oder einem von anderen aufgestellten Programm überlassen und mit dem Dom die Erkundung von Florenz beginnen wollen, so deshalb, weil hier der Boden noch geschichtsmächtiger, der Bogen der Zeit weiter gespannt und die Schöpfung der Kunst noch strahlender ist, weil das Verhältnis der Florentiner zu ihrem Dom letztlich doch enger ist als zu dem trutzigen Bau des ›Palazzo‹. Ohne den Blick auf die imposante Kuppel des Domes wollten und könnten sie nicht leben, sagten stets die Bewohner von Florenz. Der Dreiklang von Dom, Glockenturm und Taufkirche – voneinander getrennt, doch harmonisch aufeinander bezogen – »erschallt« auch in anderen Städten der Toskana und des übrigen Italien. Doch hier fügt er sich zu einem der gewaltigsten und großartigsten Kunstwerke der Welt zusammen, das auch in Details – etwa den Bronzetüren des Baptisteriums – bedeutend ist.

Um den Dom herum ist es eng. In der Tat mußte man dem Bau Platz schaffen und Häuser abreißen. Santa Maria del Fiore – so der Name seit 1436, als man den Dom der Jungfrau und Gottesmutter Maria weihte und ihm nach der Florentiner Wappenblume, der Lilie, den Beinamen »del Fiore« gab – steht auf beschränktem Raum. Das merken wir sogleich, wenn wir uns für die Betrachtung der drei Wunderwerke den günstigsten Standort suchen wollen, etwa bei der *Loggia del Bigallo*, zwischen 1353 und 1358 als Findelhaus in spätgotischem Stil erbaut, dem Sitz der ›Misericordia‹, eines Wohltätigkeitsvereins Florentiner Bürger, an der Piazza San Giovanni zwischen der Via dei' Calzaiuoli (Strumpfwirker) und der Via Roma gegenüber dem Campanile. Vorbeidonnernde Busse und hastige Passanten können uns bald die Lust am Schauen nehmen. An ruhiges Lesen ist hier kaum zu denken.

Der Dombau

Vielleicht finden wir auf den Treppen vor dem Dom die Muße, einen Blick in die Dokumente über die Baugeschichte zu werfen. Da schreibt Villani, der verläßliche Florentiner Chronist, um 1500: »Als in dem besagten Jahr 1294 die Stadt Florenz sich in wohl ruhigem Zustand befand, waren sich die Bürger einig, die Hauptkirche von Florenz zu erneuern ... Deshalb ordneten sie an, sie zu erweitern und sie hinter das davorliegende Baptisterium zu ziehen und sie ganz aus Marmor mit Figuren zu bauen.« Dieser Wunsch der Florentiner, sich nicht länger mit der alten kleinen Kirche der Santa Reparata an dieser Stelle zu begnügen – für deren Instandhaltung sie nicht wenig Geld aufwenden mußten –, trug dem wachsenden Reichtum und der zunehmenden politischen Bedeutung der Stadt Rechnung. Die selbstbewußten Bürger wollten etwas Besonderes schaffen und andere übertreffen. Deshalb suchte man einen vorzüglichen Architekten und fand ihn in Arnolfo di Cambio, von dem in der Stadtchronik geschrieben steht: »Er ist mehr als irgendein anderer berühmt und ein größerer Experte für den Bau von Kirchen als irgendein anderer, welchen man in der näheren Umgebung kennt. Die Stadt hofft aufgrund der bereits sichtbaren Anfänge, durch die Hände des Meisters Arnolfo einen schöneren und ehrenvolleren Tempel zu haben als alle, welche sich bisher in der Toskana finden.« (Übers. A. Grote) Und natürlich einen größeren, denn über Schönheit kann man diskutieren, über die Ausmaße nicht.

Nach dem Tod Arnolfos di Cambio (um 1302) führten die besten Architekten der Zeit, Giotto, der sich freilich mehr um sein eigenes Werk, den Campanile, als um den Dom kümmerte, Andrea Pisano, Francesco Talenti und Giovanni Ghini die Bauarbeiten an der Kirche weiter; trotz zahlreicher Unterbrechungen – zur gleichen Zeit, ab 1298, wurde nämlich auch der Palazzo della Signoria errichtet – und trotz mannigfacher Schwierigkeiten, denn schon damals traten Risse im Mauerwerk auf. Doch nicht nur der Baumeister ist zu gedenken. Anerkennung gebührt auch der Bauleitung und vor allem der Finanzierung des Unternehmens, die seit 1331 fest in den Händen der ›Arte della Lana‹, der Wollzunft, lagen. Diese ›privatwirtschaftliche‹ Vereinigung all jener, die mit Wolle zu tun hatten und an ihrer Herstellung, Färbung, Verarbeitung und dem Handel nicht schlecht verdienten, betrieb verantwortungsvoll und umsichtig jahrzehntelang die ›Opera‹, das Werk des Dombaus.

Die Kuppel

Dann trat Anfang des 15. Jahrhunderts das Problem der Kuppel, der Überwölbung an der Kreuzung von Langhaus und Querhaus, auf. Es mußte ein Werk gewagt werden, wie man es seit der Antike nicht mehr ausgeführt hatte.

Lassen wir uns darüber wieder von den Dokumenten der Zeit informieren. Filippo BRUNELLESCHI hatte für sein kühnes Modell einer nach oben gestreckten, aus zwei Schalen bestehenden Kuppel den Zuschlag erhalten und überwachte die Durchführung des technisch ungemein schwierigen Werkes. Darüber berichtet Manetti in seiner Biographie über Brunelleschi: »Da man nun dazu kam, die Wölbung der doppelten Kuppel emporzuziehen, ließ er einige Ellen aufmauern ohne Schwierigkeit und ohne Angst der Maurer, da die Wände noch beinahe senkrecht standen; aber kaum waren die Mauern etwas höher hinaufgezogen, so geschahen zwei Dinge von Wichtigkeit, denn die Gefahr stieg ständig an und damit die Angst der Maurer und der anderen, welche dort arbeiteten, da sie unter sich keinerlei Gerüst hatten, noch irgendeinen Schirm, und die Höhe allein flößte Furcht ein und keine

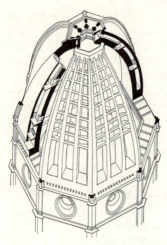

Schnitt durch die
doppelschalige Kuppel
des Doms

geringe! So waren die beiden Dinge einmal, daß man Gerüste machen mußte, welche sich immer mehr von denen entfernten, die man unten an der Basis bei Beginn der Arbeit gemacht hatte; und zum anderen handelte es sich um den Maueranker, von welchem notwendig schien, daß man ihn rund um die Kuppel angemauert ziehen müsse...« (Übers. A. Grote) Noch genauere Details, die uns an Kräne und modernste Technologie gewöhnte Menschen des bald 21. Jahrhunderts Respekt einflößen, beschreibt der berühmte Kunsthistoriker Vasari: »Es war das Werk nun bereits so hoch emporgewachsen, daß es für einen Mann, welcher sich einmal oben befand, eine große Unbequemlichkeit bedeutete, wieder herabzusteigen; viel Zeit vertaten die Meister beim Gang zum Essen und Trinken, und große Ungemach erlitten sie bei der Hitze des Tages. Damals fand Filippo den Ausweg, daß man Wirtschaften in der Kuppel selbst eröffnen sollte, mit Küchenbetrieb und Weinausschank, und so trennte sich niemand von der Arbeit bis zum Sonnenuntergang. Dies diente ihrer Bequemlichkeit und war dem gesamten Werk überaus nützlich...« (Übers. A. Grote)

Je höher man kam, desto riskanter wurde die Arbeit und desto gewagter erschien das Werk. Ein gewisser Giovanni di

Gherardo, Mathematiker und Humanist, schlug laut und erregt Alarm in der Öffentlichkeit: »Auch wolle man nicht mit seltsamen Phantasiegebilden ohne jegliches Fundament die große Sache eines solch großen Tempels leichtsinnig verderben und in Gefahr bringen. Merkt also auf: Bisher ist mit einem falschen Zentrum (für die Kuppelwölbung) gemauert worden ... Dies konnte geschehen durch die Ignoranz und Überheblichkeit derjenigen, welchen der Auftrag gegeben worden und die dafür bezahlt wurden und viele Geschenke erhalten haben. Ich habe dieses Gutachten deshalb gemacht, damit — wenn das eintritt, was jeder vernünftige Mensch als notwendige Folge voraussieht, daß nämlich alles verdorben und in Gefahr gebracht wird — ich dafür entschuldigt sei und mir keine Vorwürfe gemacht werden. Um Himmels willen tut das Richtige, wie ich sicher bin, daß es geschehen wird.« (Übers. A. Grote) Auch Lorenzo Ghiberti, der den Wettbewerb um die Metalltüren des Baptisteriums gegen Brunelleschi gewonnen hatte, bereitete dem Kuppel-Architekten viel Ärger. Hilfe erhielt Brunelleschi von deutschen Ingenieuren, die Modelle für Aufzugsmaschinen konstruierten; die Rechnungen dafür aus den Jahren 1423/24 befinden sich noch im Stadtarchiv. Aber trotz allem konnte 1436 die Kuppel geschlossen werden; sogleich wurde die Kirche von Papst Eugen IV. eingeweiht. 15 Jahre nach Brunelleschis Tod (1446) vollendete MICHELOZZO die Laterne (1461); wieder einige Jahre später zwischen 1468 und 1471 schuf VERROCCHIO den ›Apfel‹, die Kugel an ihrer Spitze. So entstand ein Meisterwerk, das mächtig und kunstvoll zugleich wirkt, die überzeugende Krönung der Kirche. Wir schreiben es dem Wagemut und dem technischen Genie Brunelleschis zu; dieser selbst befahl in demütiger Bescheidenheit den Bau dem Schutz Mariens, so als ob er nicht dank menschlicher Kraft und Berechnung Bestand haben könnte.

Der Campanile

Jeder Rundgang um den Dom wird wohl mit dem Campanile beginnen, dem Werk GIOTTOS (di Bondone). Der große Schweizer Gelehrte Jacob Burckhardt meint von dem Glockenturm, seine »Fenster [seien] vielleicht das schönste Detail der italienischen Gotik«. Das scheint mir fast zu wenig. Der Campanile des Giotto, 84,70 Meter hoch, 14,50 Meter in der Seitenlänge breit, mit Mauern, die unten 3,60 Meter und oben 3,10 Meter messen, ist einer der schönsten Türme der Welt. Als Architekt hat Giotto uns hier in nur drei Jahren, von 1334 bis zu seinem Tod 1337, ein Meisterwerk hinterlassen. Die Harmonie der Maße, die Festigkeit der himmelstürmenden achteckigen Außenpfeiler und die durchdachte Gliederung der Mauern, der künstlerisch gelungene Wechsel in den Farben des Marmors, die Eleganz seiner Formen im einzelnen und im gesamten, die nach oben höher werdenden Geschosse und das phantasievolle Spiel der Ornamente bilden ein Kunstwerk von höchster Vollkommenheit. In den *unteren Stockwerken* sehen wir Marmorfiguren; *im ersten* in sechseckigen Kassetten Relieffiguren, die von Andrea Pisano (nach Entwürfen von Giotto) und Luca della Robbia stammen und Szenen aus der Bibel und aus der griechischen Mythologie sowie Allegorien von Berufen, Tugenden und Wissenschaften darstellen; *im zweiten* sind in den Rauten Allegorien der sieben Sakramente, der sieben Planeten, der sieben Freien Künste und der sieben Todsünden dargestellt; *im dritten* befanden sich früher in den Nischen Statuen von Propheten, Sibyllen und Heiligen, die im 14. Jahrhundert von Florentiner Künstlern (darunter Donatello) geschaffen worden waren. Die Figuren sind heute durch Kopien ersetzt; die Originale brachte man, um sie vor Witterung und Verfall zu schützen, in das Museo dell'Opera di Duomo (siehe dort). Nach Giottos Tod führten ANDREA PISANO (weitgehend nach den vorliegenden Entwürfen) und FRANCESCO TALENTI (mehr nach eigenen Ideen) den Bau weiter, der 1387 vollendet wurde. Es ist unerheblich, daß ursprünglich eine Spitze auf dem Turm vorgesehen war. So wie der Campanile ist, gefällt er, und wir stimmen gern dem deutschen Kaiser Karl V. zu, der bei einem Aufenthalt in Florenz von ihm bemerkte, er sei so wertvoll, daß man ihn zudecken müsse und nur von Zeit zu Zeit zeigen dürfe – wenn er nur bei unseren Besuchen immer zu sehen ist. Von der Höhe des Turmes bietet sich erwartungsgemäß ein herrlicher Blick über die Stadt und auf den Dom mit seiner hochragenden Kuppel.

Die Domfassade

Über die Hauptfassade des Domes kann man nicht recht glücklich werden. Sie ist gewiß eindrucksvoll, doch auch überladen. Der Verdacht, daß hier das 19. Jahrhundert des Guten zuviel getan habe, bestätigt sich. Doch der grundlegende Fehler wurde schon früher begangen. 1587 riß man die seit 1300 gewachsene und ungefähr zur Hälfte vollendete gotische Fassade mit vielen Figuren, Plastiken und Reliefs ab, um an ihre Stelle eine barocke Form zu setzen, die dann aber nicht ausgeführt wurde. Der Florentiner Settimani, ein Augenzeuge, äußert sich geradezu erbittert darüber und nennt es eine »große Ruchlosigkeit«, daß der Vorsteher des Dombauamtes, ein gewisser Uguccione, die ganze Fassade mit allem Schmuck, kostbarem Marmor und Porphyr, zerstören ließ, um dem großherzoglichen Architekten Buontalenti gefällig zu sein: »Man wunderte sich über den Großherzog, der seine Zustimmung gegeben hatte, und über den besagten Uguccione, der sich mit ewiger Schmach bedeckt hat, weil er sich nicht geschämt hat, das Antlitz des Domes seiner Vaterstadt zu zerschlagen, so daß, wenn alle Zungen der Welt sich vereinigten, ihn zu tadeln, sie nicht genug Schimpf und Schande auf ihn häufen könnten.« Zum Glück sind uns einige Figuren der Fassade im Opera-Museum erhalten, zum Glück auch eine genaue Zeichnung der zerstörten Fassade. Oder ist es gar nicht empfehlenswert, den Vergleich mit der heute bestehenden Gestalt aus den Jahren 1875 bis 1887 (von Emilio de Fabris) zu ziehen? Damals wollte das gerade (1870) geeinigte Königreich Italien eine große Tat vollbringen, ähnlich wie man in Deutschland den Kölner Dom beendete. Der Figurenschmuck der neuen Fassade ist üppig: Am obersten Zwickel ›Gottvater‹, in den darunterliegenden 14 Feldern Brustbilder berühmter Florentiner Künstler, über den Portalen ›Maria mit dem Kind‹ und Statuen von Aposteln, in den vier Pfeilernischen Bischöfe von Florenz und Papst Eugen IV., der die Kirche 1436 weihte. Auf den Bronzetüren Reliefdarstellungen Mariens und allegorische Figuren der christlichen Tugenden (sie haben den Nachteil, sich gegenüber den Portalen des Baptisteriums zu befinden).

Rundgang um den Dom

Der Rundgang weiter (rechtsherum) zeigt die reiche Verkleidung der Außenseiten mit verschiedenfarbigem Marmor, dem weißen aus Carrara, grünem aus Prato und rotem aus den Maremmen. Diese Gliederung in alter toskanischer Tradition erfaßt die Hauptfassade, die Flanken der Seitenschiffe bis hoch hinauf zur Langhaushalle, die von der Statik bedingten Stützen, die kleineren Halbkuppeln und die mächtige Hauptkuppel, deren weiße, bis zur Laterne hochgezogenen Rippen zu den roten Ziegeln der Kuppelbedeckung in klarem Kontrast stehen. Im Wechsel des farbigen Marmors drücken sich Strenge und Schönheit, die beiden Hauptprinzipien der Florentiner Kunst, aus.

Auf der *rechten Seitenflanke* sehen wir gegenüber dem Campanile zunächst eine ›Verkündigung‹ (Relief, 1310). An der Porta del Campanile eine weitere Verkündigung, ein Segnender Christus im Giebel und eine Madonna mit Kind in der Lünette, aus der Schule Andrea Pisanos. Über dem nächsten Portal, der ›Kanonikertür‹, Maria mit Kind von Lorenzo di Giovanni d'Ambrogio. Etwas weiter die Denkmäler der beiden Baumeister Arnolfo di Cambio und Filippo Brunelleschi, und ein Stein mit der Inschrift »Sasso di Dante«; von hier aus soll der Dichter die Bauarbeiten am Dom beobachtet haben.

Geht man an der Apsis etwas zurück in eine der Straßen, so wächst das Marmorgebilde des Domes mit jedem Schritt eindrucksvoll höher. Um den Tambour der Kuppel zieht sich an dieser Seite eine Galerie, die Michelangelo als »Grillenkäfig« verspottete. Vor der Apsis ist in das Straßenpflaster eine Marmorplatte eingelegt; sie erinnert daran, daß im Jahr 1600 oder

1601 – die Historiker sind sich nicht einig über das Datum – die vergoldete Kugel der Kuppel, vom Blitz getroffen, zur Erde fiel und zersprang; man ersetzte sie durch eine größere. Auch die Laterne wurde von Blitzen nicht verschont, doch ebenso oft wieder repariert, bis jetzt ein moderner Blitzableiter sie vor Schäden bewahrt. – Auf der *linken Außenflanke* das Portal »dalla Balla« mit einer polychromen ›Madonna mit Kind und zwei Engeln‹ und Löwen unter den gedrehten Säulen. Das schönste Portal ist die **Porta della Mandorla,** die von verschiedenen Künstlern, darunter Donatello, geschaffen wurde, mit der ›Mandel‹ (Mandorla) der Madonna, die von Engeln getragen wird (ein Werk Nanni di Bancos, 1421); das Mosaik der Verkündigung in der Lünette ist von Domenico und Davide Ghirlandaio.

Es wäre kein Wunder, wenn wir den Rundgang weit fänden. Santa Maria del Fiore ist 160,45 Meter lang, 43 Meter im Langhaus und 91 Meter im Querschiff breit; die Höhe der Fassade beträgt 50 Meter, die der Kuppel 114,36 Meter bei einem Durchmesser von 45,52 Meter. Mit diesen Maßen gehört der Florentiner Dom nach der Peterskirche in Rom und St. Paul in London vor den Kathedralen in Mailand und Köln zu den größten Kirchen der Welt. In seinem Innern mit 8300 Quadratmetern Fläche finden 25 000 Menschen Platz.

Der Innenraum

Der Kontrast zwischen dem farbigen, fast bunten Äußeren und dem einfachen Innenraum, der mit seinen gotischen Formen an Pfeilern und Wänden strengen Bauprinzipien folgt und nur eine karge Ausschmückung aufweist – barocke Zutaten späterer Zeiten wurden wieder entfernt –, könnte kaum größer ausfallen. Nur langsam gewöhnt sich das Auge an das Dunkel, das durch den erdigen Ton des Steins verstärkt wird. Nur langsam läßt sich auch im Innern der Grundriß ausmachen, das lateinische Kreuz, gebildet aus dem Langhaus mit zwei Seitenschiffen und dem Querhaus, die zum Altar hin, im Querschiff und in der Apsis, in weite Kapellen auswachsen. Den Raumeindruck einer kahlen Reinheit sollte man etwas auf sich wirken lassen, bevor man Urteile des Gefallens oder auch Mißfallens bereithält. Es ist ein Gotteshaus, der Ort eines gestrengen und machtvollen Gottes, auch wenn er der milden Gottesmutter geweiht ist. Sicher wird einem klar, daß diese Kirche keine Stätte des Vergnügens ist. Welch ein Unterschied zu den strahlenden Barockkirchen, in die man auch aus Freude am Schauen gehen kann, ja nach der Absicht der Bauherren gehen soll! Müssen wir also unseren Gang durch die weiten Räume etwas eingeschüchtert antreten? Auf keinen Fall lassen wir uns davon abhalten, wenn ich mich hier auch auf Stichworte beschränken muß.

Über den Eingangsportalen sehen wir im Innern drei Glasfenster mit Darstellungen des heiligen Stephanus (links), der Aufnahme Mariens in den Himmel (Mitte) und des heiligen Laurentius, nach Vorlagen des Lorenzo Ghiberti von dem deutschen Glasmaler Niccolò di Piero. Über dem *Hauptportal* ein Mosaik der Marienkrönung von GADDO GADDI, um 1300, und die *berühmte Uhr,* deren Zeiger gegen den gewohnten Sinn laufen und deren vier Ecken Paolo UCCELLO 1443 mit Prophetenköpfen schmückte. Viele Grab- und Denkmäler sowie Büsten von berühmten Persönlichkeiten weisen darauf hin, daß der Dom auch Grabes- und Ruhmesstätte ist, so das Grab des Bischofs Antonio d'Orso von Tino di Camaino (rechts vom Hauptportal), das Rundmedaillon des Brunelleschi (hinten im rechten Seitenschiff), das Bildnis des malenden Giotto (neben der Statue eines Propheten von Nanni di Banco) und die Büste des Marsilio Ficino, des großen Renaissance-Philosophen (weiter vorn).

Die Urteile über das Innere der doppelschaligen **Kuppel** sind geteilt, tendieren jedoch in der Mehrheit zur Kritik. Jacob Burckhardt etwa meint im ›Cicerone‹: »Der unangenehme Eindruck des ganzen Kuppelraumes – eine mißratene Schöpfung – wird durch das wenige und zerstreute Licht, durch die schon beim Langhaus genannte Galerie und durch die Bemalung der Kuppel noch verstärkt; ein widriges Echo steigert ihn ins Unleidliche«. Er tröstet sich damit: »Man darf nur nicht vergessen, daß ohne dieses Lehrstück keine Kuppel von St. Peter vorhanden wäre.« A. Grote urteilt über das *Kuppel-*

IM SCHATTEN DES DOMES 105

fresko, das ›Jüngste Gericht‹, von Giorgio VASARI in den Jahren 1572 bis 1574 begonnen und von Federico Zuccari nach Vasaris Tod bis 1579 vollendet, noch schärfer: »Mit diesem maßlos übertriebenen und dabei kleinlichen Werk hat Vasari der großen Architektur des Brunelleschi unendlichen Schaden angetan: die hochgespannte Wölbung wird durch die dunklen Massen herabgezogen und verliert vollkommen die beabsichtigte Wirkung von Spannung, Leichtigkeit und Ferne«. Immerhin sind es von unten nach oben bis zum Licht der Laterne fast 90 Meter. In der Tat: dem architektonischen Meisterwerk entspricht kein malerisches. – In den Rundfenstern des Tambours Glasmalereien nach Entwürfen von Ghiberti, Uccello und Castagno. Auch die farbigen Glasfenster in den Kapellen im Querschiff und in der Apsis entwarf Ghiberti, den dortigen Freskenzyklus schuf Bicci di Lorenzo. An den Tambourpfeilern stehen acht *Apostelstatuen;* besonders gelungen von Benedetto da Rovezzano der Johannes, von Jacopo Sansovino der Jakobus, von Vincenzo de' Rossi der Matthäus und von Baccio Bandinelli der Petrus. Im Zentrum des Kuppelraums befindet sich eine achteckige Marmorbrüstung von Baccio d'Agnolo und Bandinelli mit 88 Reliefdarstellungen; bemerkenswert sind auch Hochaltar und Kruzifix.

Besondere Aufmerksamkeit gebührt den beiden **Sakristeien.** Bei der *Alten Sakristei* (dei Canonici, der Kanoniker) ist außen über der Tür ein glasiertes Terracotta-Relief ›Christi Himmelfahrt‹ von Luca della Robbia, im Innern ein Wandbrunnen von Buggiano, ein ›Erzengel Michael‹ von Lorenzo di Credi und zwei Leuchterengel aus Terracotta von Luca della Robbia. Derselbe Künstler schuf zusammen mit Michelozzo auch das meisterhafte Bronzetor, das in die *Neue Sakristei* führt; in zehn Feldern sind Maria mit dem Kind, Johannes der Täufer, Evangelisten und Kirchenväter dargestellt. In die Neue Sakristei flüchtete sich am 26. April 1478 Lorenzo der Prächtige, als bei einem Gottesdienst Verschwörer, die von der Pazzi-Familie angestiftet waren, auf ihn eindrangen; er konnte sich retten, dank der massiven Türen, während sein Bruder Giuliano ermordet wurde. Zwischen den Sakristeien vorn in der Apsis werden im Altarschrein der Kapelle des heiligen

Zenobius in einer Bronzeurne von Lorenzo Ghiberti die Reliquien des Bischofs und Stadtheiligen Zenobius aufbewahrt.

Für den Rückweg will ich nur kurz erwähnen, daß im linken Querschiff die Pietà des Michelangelo nicht mehr zu sehen ist, die Marmorgruppe steht seit 1981 im Opera-Museum; weiter, daß im Boden des linken Querschiffs eine Metallplatte seit 1468 astronomischen Messungen dient: am 21. Juni mittags zur genauen Zeit der Sommersonnenwende fällt durch ein konisches Loch in der Kuppellaterne ein Sonnenstrahl auf diese Stelle; daß ein Gemälde von Domenico di Michelino mit der *Darstellung Dantes* eine späte Wiedergutmachung für den Dichter versuchen soll, den die Bürger seiner Vaterstadt verbannt hatten; daß eine David-Statue von Bernardo Ciuffagni (1434), ein auf Leinwand übertragenes Fresko des Niccolò da Tolentino von Andrea del Castagno, mehrere Büsten und eine Statue des Florentiner Staatsmannes Poggio Bracciolini (von Ciuffagni und Donatello) nur den unermüdlichen Besucher zu fesseln vermögen.

Aber auch der Ermüdete wird noch einmal seine ganze Aufmerksamkeit dem berühmten **Reiterbildnis** von PAOLO UCCELLO links hinten zuwenden. Dieses gemalte Reiterdenkmal des John Hawkwood – im Italienischen in phonetisch ungenauer Entsprechung: Giovanni Acuto, eines Engländers, der als Condottiere zuerst gegen, dann sehr erfolgreich und treu für die Florentiner kämpfte und 1397 gestorben ist – setzte einen Meilenstein in der Kunstgeschichte und bildet eines der wichtigsten Zeugnisse der Renaissance-Malerei. Paolo Uccello mußte ein erstes Bild wieder vernichten, weil, wie ihm die Auftraggeber vorwarfen, es nicht so gemalt sei, »wie es sich gehört«. Im zweiten Anlauf glückte dem Künstler dann der große Wurf, von dem Vasari schwärmt: »Uccello schuf (ab 1436) in grüner Erde ein Pferd, das man allgemein für außerordentlich schön und groß hält, und auf diesem Pferde malte er in Hell-Dunkel die Figur eben dieses Condottiere ebenfalls in grüner Erde in einem 10½ Ellen hohen Bild an der Wand der Kirche; Paolo schuf einen großen Sarg in Perspektive, indem er vorgab, der Leichnam befände sich darin, und setzte darauf das Reiterstandbild des Kapitäns. Damals wie heute wurde das Werk für sehr schön gehalten in seiner Malweise.«

Wer sich an Kontrasten erfreut, kann nun noch den *Aufstieg zur Kuppel* unternehmen (im linken vorderen Vierungspfeiler ist der Aufgang). Der freie Blick über die Stadt und auf den Dom steht in einem eigentümlichen Gegensatz zur Begegnung mit der Kunst in dieser eher dunklen, doch im wahren Sinn des Wortes großen Kirche.

Das Baptisterium

Im Battistero di San Giovanni getauft worden zu sein, empfinden die Florentiner als Auszeichnung, auf die sie einen gern hinweisen. Nicht zu Unrecht. Denn immerhin wurden seit dem 6. Jahrhundert ihre Vorfahren hier über die Taufe gehalten, freilich damals in einem viel kleineren Battistero, das nur neun Meter im Durchmesser aufwies, wie man an den unter dem zentralen Oktogon liegenden Grundmauern festgestellt hat. Seine heutige Gestalt erhielt »Il bel San Giovanni«, der schöne heilige Johannes, wie Dante die Taufkirche seiner Vaterstadt nennt, nach siebzigjähriger Bauzeit um 1128, also lange Zeit vor dem Dom. Mehrere Bauherren und Architekten waren daran beteiligt. Es entstand schon im Urteil der damaligen Zeitgenossen ein architektonisches Meisterwerk, das durch seine wohlproportionierte Form und durch die ausgewogene Gliederung in weißem und grünem Marmor an den Außenwänden als Vorbild der europäischen Baukunst galt. Der kritische Jacob Burckhardt schwärmt geradezu: »Das Baptisterium S. Giovanni bezeichnet einen Höhepunkt aller dekorativen Architektur überhaupt. Schon die Verteilung des Marmors nach Farben im Einklang mit der baulichen Bestimmung der betreffenden Stellen (Simse, Flächen usw.) ist hier selbst edler und besonnener als z. B. am Dom. Vorzüglich schön sind dann in ihrer Mäßigung die plastischen Details, die Kranzgesimse der drei Stockwerke, die Wandpfeiler, welche im halben Viereck beginnen, im halben Achteck fortfahren und als kannelierte Wandpilaster die Bewegung in der Attika fortsetzen.« Im 14. und 15. Jahrhundert kamen an den drei

Eingängen im Süden, Norden und Osten drei Metalltüren hinzu, die als ein Gipfel der abendländischen Bildhauerkunst in Bronze angesehen werden und zusammen mit den Mosaiken im Innern des achteckigen Raums den Ruhm der Kirche des Täufers ausmachen.

Das Innere

Aber wenden wir uns zunächst nicht diesen ruhmvollen Türen zu, sondern gehen in das Innere des Baptisteriums, damit die Chronologie respektierend. Denn selten kann man so gut den Übergang vom Mittelalter zur Renaissance wahrnehmen wie hier, die allmähliche Loslösung des mittelalterlichen Menschen von seiner religiösen Welt, seine Befreiung von der Bindung an vorgegebene Formen von Himmel und Erde und seine Geburt zu einem neuen Menschsein – das alles dargestellt in den Möglichkeiten der Kunst und zudem in religiösen Themen. Aber wie! Sehen wir selbst. Nur langsam gewöhnt sich das Auge nach dem Licht draußen an den Dämmerschein innen, nach der klaren Gliederung des Äußeren an das feierliche mystische Dunkel im Innern. Ein Mosaik überzieht die achteckige, doppelschalige **Kuppel** mit einem Durchmesser von 25,60 Meter. Dieses Werk verschiedener Florentiner Künstler, wie Jacopo da Torita, Cimabue, Andrea di Ricci und Gaddo Gaddi, ist nicht nur eines der größten, sondern auch eines der großartigsten Mosaiken des Abendlandes, gleichermaßen ausgezeichnet durch die Lebhaftigkeit der thematischen Darstellung wie durch den Reichtum der Ornamentik. Es ist der klarste Ausdruck der im Mittelalter herrschenden Vorstellungen von Himmel, Fegefeuer und Hölle, wie sie dann Dante in seiner Göttlichen Komödie zu unvergänglichem Ausdruck gebracht hat. So hält Christus als Weltenrichter (über der Chorkapelle an zentraler Stelle) das *Jüngste Gericht;* seine Gestalt mißt acht Meter. Christus scheidet zwischen den Gerechten und Ungerechten, Bösen und Guten. Um ihn herum stehen in verschiedenen Zonen die Gruppen der Auferstandenen und zum Himmelreich Auserwählten, Engel, Apostel, Propheten, Heilige, aus denen Maria und Johannes der Täufer hervorragen. Zu diesen steht im schärfsten, dunklen

Gegensatz das Reich des Bösen, das sich in dem menschenverschlingenden Teufel konzentriert und symbolisiert. Auf weiteren Bildstreifen sind in bewegten, ausdrucksstarken Szenen die Erschaffung der Welt, das Leben des Josephs der Bibel, Jesu Christi, Mariens und Johannes des Täufers dargestellt.

Im Innern des Baptisteriums sind weiter beachtenswert das Grabmal Johannes' XXIII., des vom Konstanzer Konzil abgesetzten Gegenpapstes Baldassare Coscia, ein gelungenes Werk des Donatello (um 1425); dieser Papst kam zu Berühmtheit, als 1958 Giuseppe Roncalli, der Patriarch von Venedig, nach seiner Wahl zum Papst den Namen Johannes annahm, mit der Zahl XXIII, da Gegenpäpste nicht gezählt werden; ferner bemerkenswert der Marmorfußboden mit eingelegten farbigen Steinen (Tierkreiszeichen und Ornamente), das Marmortaufbecken, der Sarkophag des Florentiner Bischofs Rainer und der Hauptaltar mit einem schönen Leuchterengel; früher stand im Baptisterium auch die Statue der Maria Magdalena von Donatello, sie befindet sich jetzt im Dom-Museum.

Die Türen

Nun aber zu den Portalen, dem Ruhm des »Bel San Giovanni«. Die ältesten **Türen im Süden** bilden zeitlich und kunstgeschichtlich einen Übergang aus der Welt des Mittelalters in die neue Zeit; sie sind das letzte mächtige Zeugnis der gotischen Bildhauerkunst in Florenz mit einem Ausblick in jene Möglichkeiten, die sich in den kommenden Jahrzehnten des 14. und 15. Jahrhunderts eröffneten. »Im Jahre 1330«, so berichtet unser Chronist Villani, »begann man die metallenen Türen von San Giovanni zu machen, sehr schön und von staunenswerter Arbeit und Kosten [die Florentiner sind Realisten]; sie wurden in Erde geformt und dann gereinigt und die Figuren vergoldet, alles durch einen Meister ANDREA PISANO. Sie wurden in Feuer gegossen durch venezianische Meister [vor allem Leonardo d'Avanzo].« (Übers. A. Grote) Die Türen zeigen auf Relieffeldern in genauer, der Arbeit eines Goldschmiedes ähnlicher Ausführung zwanzig Szenen aus dem Leben Johannes des Täufers, dem das Baptisterium geweiht ist. In den acht anderen Feldern sehen wir allegorische Darstellungen der weltlichen und der christlichen Tugenden. Vielleicht merken wir uns besonders die ›Taufe Christi durch Johannes‹, weil dasselbe Thema auf dem nächsten Portal, dem im Norden, wieder erscheint, und wir so einen lehrreichen Vergleich für die Entwicklung der damaligen Kunst innerhalb von siebzig Jahren zwischen Andrea Pisano und Lorenzo Ghiberti gewinnen können. Hier an der Südtür treten die Figuren, die vergoldet sind und sich deutlich von dem patinierten dunklen Bronzegrund abheben, einzeln unterscheidbar hervor. Die Gesichter sind eindringlich modelliert, der Faltenwurf der Gewänder ist sorgfältig, doch nicht überschwenglich herausgearbeitet, auf eine eindrucksvolle Haltung der Personen wird Wert gelegt.

Sieben Jahrzehnte später entschließt man sich in Florenz, das **Nordportal** in Angriff zu nehmen. LORENZO GHIBERTI, der diese Türflügel geschaffen hat, erklärt uns alles selbst: »Zu jener Zeit schrieben mir Freunde, daß die Operai [Bauherren] der Kirche von San Giovanni Battista nach geübten Meistern sandten, um sie zu einem Wettbewerb aufzufordern. Aus allen Teilen Italiens kamen sie, um an dem Preisausschreiben teilzunehmen ... Jedem von uns wurden vier Tafeln von Bronze gegeben. Als Wettbewerbsstück wünschten die Operai und Baubeamten des Tempels, daß jeder eine Szene für die Pforte machen solle, und sie wählten die Geschichte von der Opferung Isaaks aus; jeder Teilnehmer sollte dieselbe Geschichte darstellen ... Durch alle Sachverständigen und alle meine Mit-Konkurrenten (darunter Filippo Brunelleschi und Jacopo della Quercia) wurde mir die Siegespalme zuerkannt ... Allen schien, daß ich sie alle zu dieser Zeit, ohne Ausnahme, übertroffen habe, wie durch eine große Versammlung und die Gutachten der Fachleute anerkannt wurde ... Man beschloß, mir den Auftrag zur Herstellung der Bronzepforten zu geben. Diesen Auftrag habe ich mit großer Sorgfalt ausgeführt. Das ist meine erste Arbeit: die Türe samt den Rahmen kostete 22000 Gulden. Auch sind in der Türe 28 Felder. In zwanzig sind Szenen aus dem Neuen Testament dargestellt, in den unteren Feldern sind die vier Evangelisten und die vier Kirchenväter, und rings um das Werk sind eine große Zahl

BAPTISTERIUM

menschlicher Köpfe. Mit großer Liebe wurde die Pforte gemacht, zusammen mit ihrem Rahmen aus Efeublättern; der äußere Türrahmen war überaus prachtvoll mit verschiedenen Sorten Laubwerk ausgeführt. Das Ganze wog 34 000 Pfund. Es wurde ausgeführt mit der größten Kennerschaft und Sorgfalt ...« (Übers. A. Grote)

Dem ist nur wenig hinzuzufügen. Vielleicht nur, daß die Arbeit von 1403 bis 1424, also 21 Jahre dauerte, daß dem Ghiberti berühmte Gehilfen wie Masolino, Donatello, Paolo Uccello und Michelozzo zur Hand gingen, daß der Künstler in der Dekoration sein Portrait hinterlassen hat (der Kopf auf dem linken Türflügel in der Mitte der fünften Reihe von oben), daß der Künstler in der Aufteilung und im Stil dem Vorbild des Südportals Andrea Pisanos folgte, doch in der Eleganz der Figuren und in der Lebhaftigkeit des Ausdrucks über seinen Vorgänger hinauswuchs. Ähnlichkeit und Weiterentwicklung sind am besten an der erwähnten ›Taufe Christi durch Johannes‹ abzulesen, werden jedoch auch anschaulich in den lebendigen Szenen des ›Seesturms‹, der ›Versuchung Jesu‹, der ›Auferstehung‹ und in den leicht erkennbaren Passionsdarstellungen. Dennoch verhielt sich Ghiberti noch in den traditionellen Formen.

Diese sprengte Ghiberti jedoch gänzlich in dem **Ostportal,** seinem Hauptwerk. Aber lassen wir es uns wieder von Ghiberti selbst beschreiben: »Ich erhielt den Auftrag, die andere Pforte, das heißt die dritte, für San Giovanni auszuführen. Die Kommission gab mir freie Hand, sie in jeder Weise auszuführen, welche die größte Vollendung, die größte Schmuckhaftigkeit und den größten Reichtum garantieren würde. Ich begann die Arbeit in einzelnen gerahmten Feldern, welche eine und ein Drittel Ellen groß waren. Die figurenreichen Darstellungen waren dem Alten Testament entnommen. Ich suchte die Natur so eng wie möglich nachzuahmen, indem ich alle Proportionen zu wahren versuchte, und ich suchte Kompositionen zu schaffen mit aller Perspektive, welche reich an vielen Figuren waren. Ich brachte in einigen Szenen etwa hundert Figuren an, in einigen mehr, in anderen weniger. Ich führte das Werk mit der größten Sorgfalt und Liebe aus. Es sind im ganzen zehn Erzählungen, eingelassen in Rahmen; das Auge mißt von einer gewissen Entfernung aus die Darstellung und interpretiert sie so, daß sie vollrund erscheint. Die Szenen sind in sehr flachem Relief, und man sieht die Gestalten in Ebenen hintereinander: diejenigen, welche nahe sind, erscheinen groß, diejenigen in größerer Entfernung klein, wie es denn auch in Wirklichkeit ist. Das ganze Werk wurde nach diesen Prinzipien ausgeführt. Ferner sind vierundzwanzig Figuren in dem Fries, welcher die Felder umgibt. Zwischen einem Fries und dem nächsten sind Köpfe angebracht. Mit großer Ausdauer und Mühe ausgeführt, ist dieses von allen meinen Werken das Bemerkenswerteste, von allen, welche ich jemals gemacht habe, und es wurde ausgeführt mit Geschicklichkeit, in den richtigen Proportionen und mit Verständnis. In dem äußeren Fries am Türrahmen ist eine Dekoration mit Vögeln, Blättern und kleinen Tieren, wie dies bei ähnlichen Gelegenheiten angebracht ist. Ferner hat die Pforte einen bronzenen Architrav. Im Inneren des Türrahmens befindet sich eine Dekoration, welche in Flachrelief mit der größten Geschicklichkeit ausgeführt ist. Und ähnlich ist eine Schwelle zu Füßen der Pforte in feinster Bronze angebracht.« (Übers. A. Grote)

Auch hier wollen wir nur wenig ergänzen. Zunächst die Themen im einzelnen (von links oben nach rechts unten): Erschaffung des Adam und der Eva, Sündenfall, Vertreibung aus dem Paradies – Arbeit des ersten Menschen, die Opfer von Kain und Abel, der Mord an Abel, die Bestrafung Kains – Noah, sein Opfer, die Arche, seine Trunkenheit – Erscheinung der Engel vor Abraham, Opferung des Isaak – Geburt des Esau und des Jakob, Verkauf des Erstgeburtsrechts, Esaus Jagd, Rebekka, Betrug des Isaak – Verkauf des Joseph, Benjamin, Joseph und seine Brüder – Moses empfängt auf dem Berg Sinai die Gesetzestafeln – die Juden vor Jericho, Zeltlager, Trompetenwunder – Schlacht gegen die Philister unter Saul, Tötung des Goliath durch David – Salomon und die Königin von Saba. – Der Gesamteindruck der Tür ist überwältigend, doch erst dem gewissenhaften Betrachter erschließen sich die Schönheit und die Meisterschaft der architektonisch genauen

Perspektiven, der feinen Zeichnung der Linien, der verschiedenen Tiefen der Darstellungsebenen, die Individualität der handelnden Personen, die sinnvolle Komposition der Gruppen. Zu Recht nimmt dieses Tor den Ehrenplatz gegenüber dem Dom ein. Michelangelo bemerkte, wie uns Vasari überliefert, die Türen seien so schön, daß sie sich auch als Pforten des Paradieses gut machen würden. So besteht der Name ›Porta del Paradiso‹, Pforte des Paradieses, Himmelstor, zu Recht.

Erzbischof und Erzbrüder

Dom, Campanile und Baptisterium haben wir nun ›in- und auswendig‹ betrachtet. Doch fertig sind wir mit dem Dom-Bezirk nicht. Es bedarf noch zweier kurzer Hinweise: der eine auf den Erzbischöflichen Palast, Palazzo Arcivescovile (im Westen der Taufkirche), der 1582 von Giovanni Antonio Dorio für Kardinal Alessandro Medici, den späteren Papst Leo XI., begonnen, doch erst 1737 von Ciurini vollendet wurde, der sich als Gemisch von mittelalterlichen und neueren Architekturelementen präsentiert und 1895 um etwa dreißig Meter versetzt wurde, um dem Verkehr der Stadt Platz zu schaffen. Der zweite Hinweis gilt der Arciconfraternità della Misericordia, der Erzbruderschaft der Barmherzigkeit, die gegenüber, Piazza del Duomo Nr. 19, ihren Sitz hat. Sie ist 1326, dem Jahr einer furchtbaren Pest, gegründet, die älteste und vornehmste Vereinigung der Florentiner Bürger für soziale und karitative Zwecke. Sie widmet sich noch heute der Pflege der Kranken und der Verwundeten bei Unfällen. Einst begleiteten die Erzbrüder die Verurteilten zur Hinrichtungsstätte. Auch Michelangelo gehörte der Arciconfraternità an. Früher trugen die Mitglieder rote Kapuzen, heute ist die Tracht schwarz.

Dom-Museum

An der Rückseite des Domes gegenüber der Apsis befindet sich das Dom-Museum, Museo dell'Opera del Duomo. Skulpturen, Gold- und Silbergeräte, Stickereien und Webarbeiten, die von verschiedenen Künstlern für die Ausstattung und den Schmuck des Domes, des Baptisteriums und des Campanile geschaffen worden waren, die jedoch ihren Platz an den Bauwerken oder im Innern nicht behalten konnten, wurden schon früh an einem geschützten Ort aufgestellt und fanden schließlich seit 1891 im Dom-Museum ihren Platz. Darüber hinaus ist das Museum Teil der Werkstätte der Dombauhütte (daher der Name), von der aus die Arbeiten an den Bauten geleitet wurden, in der sich Künstler-Ateliers befanden und in der die Handwerker ihrer Beschäftigung nachgingen, bevor ihre Werke an den Bestimmungsort kamen. Deshalb bietet der Besuch dieses Museums eine fast notwendige Ergänzung zum Dreiklang von Dom, Turm und Taufkirche. Beim Hineingehen sieht man über dem Portal eine gelungene Büste des Großherzogs Cosimo I. (1572 von Giovanni Bandini dell'Opera) und in der Vorhalle eine Büste von Brunelleschi, dem Schöpfer der Domkuppel.

Im *Saal der Domfassade* zeigt eine Zeichnung aus der zweiten Hälfte des 16. Jahrhunderts die alte Fassade von Santa Maria del Fiore; sie illustriert die »Ruchlosigkeit« des Abrisses der alten Domfassade, von der ich schon sprach. Beachtenswert sind einige Figuren: gegenüber dem Eingang die ›Madonna mit segnendem Kind‹ von ARNOLFO DI CAMBIO; an den Seiten sechzehn Statuen von Heiligen und zwei Propheten; ebenfalls von Arnolfo sind die ›Madonna della Natività‹, der ›Tod Mariens‹ (Gipskopie) und eine Statue Papst Bonifaz' VIII. (vermutlich); weiter St. Lukas von NANNI DI BANCO, St. Matthäus von CIUFFAGNI und St. Johannes von DONATELLO. – In dem »kleinen Saal« befinden sich Meßbücher, denen die Beschädigungen durch die Überschwemmung von 1966 anzusehen sind, kostbare Reliquiare und weitere Gold- und Silberarbeiten aus dem Domschatz. Im Zwischenstock hat Donatellos Holzfigur der Maria Magdalena Aufstellung gefunden, die früher im Baptisterium stand.

Den Höhepunkt der Besichtigung bietet die *Sala delle Cantorie*, der Kantorei-Saal, mit den **Sängerkanzeln.** Diese zwei Sängerkanzeln standen bis 1686 im Dom unter der Kuppel und wurden anläßlich der Hochzeit von Großherzog Cosimo III. mit Violante Beatrice von Bayern herausgenommen. Die zehn Reliefs der Sängerkanzel des LUCA DELLA ROBBIA (1431-1438) illustrieren das Thema des 150. Psalms der Bibel: »Lobet den Herrn durch den Schall der Posaune, lobet ihn mit Harfe und Zither. Lobet ihn mit Pauke und Reigen, lobt ihn mit Saitenspiel und mit Flötenklang. Lobet ihn mit klingenden Zimbeln: alles was Odem hat, lobe den Herrn.« So zeigen die Reliefs musizierende und singende Kinder. Die Sängerkanzel des DONATELLO (1433-1439) stellt einen wildbewegten Reigen von tanzenden Engeln dar. Beide Künstler haben hier Meisterwerke geschaffen, mit denen sie nachfolgende Bildhauer stark beeindruckten und beeinflußten. – Hören wir dazu noch einmal Vasari, der hier »die Töne sehen« konnte, und wörtlich schrieb: »Im unteren Teil des Werkes schuf Luca in einigen Feldern die Musikchöre, welche in verschiedenen Weisen singen. Und er gab sich so viel Mühe damit, und so wohl gerieten sie ihm, daß man – auch wenn das Werk in über sechzehn Ellen Höhe über dem Fußboden hing – das Schwellen der Sängerkehlen, den Handschlag des Dirigenten auf den Schultern der Kleineren und überhaupt auf verschiedene Weise Töne, Singen, Tanzen und andere erfreuliche Handlungen sehen konnte, welche die Musik zum Genuß machen. Oberhalb des Frieses dieses Schmuckwerkes machte Luca zwei nackte Bronzeengel, vergoldet, die sehr sauber gearbeitet waren, wie überhaupt das Ganze es war, und es wurde für eine rare Sache angesehen.« – Im selben Saal sind von den sechzehn Statuen drei Standbilder von DONATELLO beachtenswert, die Statue Johannes des Täufers (1423-1427), die des Habakuk, der ›Zuccone‹ genannt wird (1434-1436), und die Opferung Isaaks durch Abraham (1421). In der *Sala delle Formelle del Campanile di Giotto* sehen wir jene Reliefs, die zuvor die Felder im unteren Teil des Turmes schmückten, doch zwischen 1965 und 1967 durch Kopien ersetzt wurden; es sind allegorische Figuren, die verschiedene Künstler im 15. Jahrhundert schufen. In der *Sala dell' Altare* stoßen wir auf eines der schönsten Werke der Florentiner Schmiedekunst, den silbernen Altar des Baptisteriums, der 1366 begonnen und in seinem letzten Teil erst nach 1480 vollendet wurde: Propheten und Sibyllen, Szenen aus dem Leben des Täufers und andere biblische Darstellungen zieren den Altar, dessen Kosten zehntausend Fiorini betrugen.

Daß die **Pietà** des MICHELANGELO seit 1981 nicht mehr im Dom, sondern hier im Museum steht, mag aus Sicherheitsgründen seine Berechtigung haben. Für die Entscheidung war maßgeblich, daß ein Wahnsinniger in der Peterskirche zu Rom auf die Pietà aus der ersten Zeit Michelangelos mit einem Hammer eingeschlagen hatte. Dennoch scheint mir, daß diese unvollendete Marmorgruppe weniger in ein Museum gehört, sondern als religiöse Kunst par excellence in einer Kirche ihren gemäßen Platz hat. In hohem Alter schuf Michelangelo dieses Werk, um 1550, also mit 75 Jahren, als er selbst mit dem Nahen des Todes konfrontiert war. (Er starb aber erst 1564, mit 88 Jahren.) Er gab in der ›Pietà‹, dem Thema des toten Jesus Christus nach der Abnahme vom Kreuz in den Armen seiner Mutter, beweint von Maria Magdalena und Joseph von Arimathia (oder Nikodemus; nach Joh. 19, 39), dem Tod und der menschlichen Hilflosigkeit dem Sterben gegenüber einen kaum noch zu steigernden Ausdruck. Der in sich zusammenfallende Christus, seine schlaffe Leblosigkeit, die den Toten bergen wollende Mutter Maria, deren vom Schmerz bestimmtes Antlitz nur angedeutet ist, das von Gram gezeichnete Gesicht des Joseph von Arimathia (oder Nikodemus), in dem die Züge des Künstlers selbst mit der bekannten, von einem Schlag deformierten Nase hervortreten, charakterisieren ein Kunstwerk, das trotz oder gerade wegen seiner Unfertigkeit über die rein künstlerische Betrachtung hinausweist. Michelangelo hatte diese Pietà für sein eigenes Grab bestimmt, zerschlug sie jedoch, da ihm die Qualität des Marmors nicht genügte. Sein Schüler Calcagni setzte die Stücke wieder zusammen, nahm einige Überarbeitungen vor und fügte die Figur der Maria Magdalena hinzu. Gerade wegen des unvollendeten, unvollkommenen ›Stückwerks‹ symbolisiert diese Pietà das menschliche Sterben in dramatischer Weise.

Zwischen Dom und Signoria

Zwischen Dom und Signoria – da finden wir uns auf der **Piazza della Repubblica** ein. Wie gut kommt es uns zustatten, daß an dieser Piazza die besten Café-Bars von Florenz liegen. Die Bars gehören überhaupt zu den angenehmsten Erfindungen der italienischen Lebensart. In nördlichen Gefilden würden sie vielleicht dem Verdacht ausgesetzt sein, man unterbreche durch ihren Besuch nur wichtige Arbeiten, halte sich und, wenn man in Gesellschaft ist, andere davon ab. In Italien dienen sie, wenn in ihrem Zusammenhang schon von Arbeit die Rede sein muß, ganz im Gegensatz dazu, einem für wichtige Geschäfte neuen Schwung zu geben. Die Bars an der Piazza della Repubblica sind auch dafür gut, während des Einkaufsbummels in den umliegenden eleganten Straßen innezuhalten, mit einem Espresso den »lieben Mann« zu einem reizvollen Stück »für sie« zu ermutigen, mit einem Cappuccino die »liebe Frau« für ein altes Buch zu »seinen« Gunsten zu erwärmen, oder aber noch einmal alles zu überdenken. Für unsere Pläne wäre eine der Bars nur nützlich, um uns, gestärkt durch einen erfrischenden Trunk und am besten auf einem Kaffeehausstuhl sitzend, aus den Niederungen dieser profanen, aber sehr verlockenden Dinge emporzuschwingen in die hohen Gefilde von Geschichte und Kunst, und etwas von der Colonia Florentia der alten Römer zu hören:

Die Archäologie ist eine höchst wichtige Wissenschaft, mir lieb und teuer. Ich zögere nicht, ihre Verdienste an anderer Stelle lang und gründlich zu preisen, und gestehe, daß ich an vielen Plätzen rings um das Mittelmeer oft genug der Faszination dessen erlegen bin, was Archäologen zutage gefördert haben. Doch in Florenz gerät die Archäologie angesichts der ohne Mühe auffindbaren Kunstwerke aus anderen Epochen ins Hintertreffen. Gehen wir dennoch nicht an den Stätten achtlos vorbei, wo in Florenz nach den Spuren alter Zeiten gegraben wird, wo Mauern freigelegt werden, die dem Laien wenig sagen, doch den Fachmann in Entzücken versetzen. Aber begnügen wir uns – ohne uns von unserem bequemen Sitz zu erheben – mit der Vorstellung, daß die alte Veteranen-

Kolonie in der Nord-Süd-Ausdehnung vom Dom zur heutigen Piazza della Signoria und in der Ost-West-Richtung von der Via del Proconsolo zur Via Tornabuoni sich erstreckte und hier, wo wir uns befinden, das **Forum** mit seinem geschäftigen Treiben und seinen eindrucksvollen Tempeln lag. Diese Tempel der Kapitolinischen Trias des Jupiter, der Juno und der Minerva können wir getreu dem römischen Vorbild leicht mit der Phantasie an die Westseite der heutigen Piazza schieben, hätten auch schnell die Marmortreppe zu ihnen hinauf fertig. Dahinter könnten wir gleich die Thermen errichten, nicht so groß und prächtig wie in Rom, doch einer prosperierenden Provinzstadt würdig, die auf dem Weg von der römischen Metropole nach Norden in die zis- und transalpinischen Imperiums-Teile eine wichtige Station bildete. Waren es nur Verkehr und Handel, die damals der Florentia ersten Wohlstand bescherten oder rührte die Beliebtheit der Stadt daher, daß ihre Lage für ein großes Problem eine einfache Lösung bereithielt? Ich meine das der Zu- und Abwässer. Von den Hügeln kam genug Wasser, vom Fluß manchmal sogar zu viel, um für ein zivilisiertes Leben in den Thermen gut umspült zu werden, und das zum Arno abfallende Gelände führte die verunreinigten Fluten zum Fluß und ab zum Meer. Man soll solche Überlegungen nicht gering schätzen. Wir sind von der Technik heute verwöhnt, die Angebote der Natur nicht mehr zu nutzen; früher war man darauf jedoch angewiesen. So wie es sich auch die Fleischer von Florenz mit ihren Abfällen, mit ihren – wir müssen die Nase rümpfen – in der heißen Sommerzeit zum Himmel stinkenden Abfällen bequem machten und ihre Läden auf dem Ponte Vecchio einrichteten, bis ihnen ein Großherzog die Flußverschmutzung untersagte und sie zu umweltfreundlicheren Methoden der Restebeseitigung aufforderte. Da schlug die Stunde der Gold- und Silberschmiede auf dem Ponte Vecchio, gegen die vom Standpunkt ihres Verhältnisses zur Umwelt nichts einzuwenden war und ist.

Wir sind abgeschweift; dabei wollten wir eigentlich in der Antike verweilen und unserer Phantasie keine Grenzen auferlegen. Doch nun müssen wir ihr leider bald die Mauern ziehen, denn das altrömische Theater – an der Stelle des heutigen Palazzo Vecchio – und das Amphitheater aus jener Zeit für 15000 Zuschauer – an der Via Torta, Piazza dei Peruzzi vor Santa Croce – lagen schon außerhalb des damaligen rechteckigen, fast quadratischen Stadtgebietes. Genug also der Betrachtung über die Colonia Florentia. »Cameriere, bitte zahlen, il conto, per favore!« Nehmen wir das Gebiet zwischen Dom und Signoria in direkten Augenschein, um die Stadt Florenz hier kennenzulernen, ihre Paläste und Kirchen, Gassen und Plätze. Dafür schlage ich zwei *Rundgänge* vor, einen westlich der Via dei Calzaiuoli, der Hauptstraße zwischen Dom und Signoria, den anderen östlich davon, die beide an der Piazza Signoria enden (können). Ein kleiner Hinweis noch auf die vor uns liegende Piazza, bis das Wechselgeld kommt. Ende des vergangenen Jahrhunderts beseitigte man den hier angesiedelten »Alten Markt« von Florenz, der über dem alten Forum aus römischer Zeit lag, eines der malerischsten Zentren Italiens mit Palästen, Kirchen, Hallen, Läden und Verkaufsständen, um der Piazza di Vittorio Emanuele II., heute »der Republik« Raum zu schaffen. – Auf geht's! Da wir uns unterwegs nicht zu lang aufhalten wollen, fasse ich mich an den einzelnen Stationen kurz.

Der westliche Rundgang
(Stadtplan nach Seite 248)

Durch die Via Calimala (nach Süden) zum *Palazzo dell'Arte della Lana*. Der unregelmäßige, im Jahr 1305 begonnene Palast der Wollkunst erinnert daran, daß die Florentiner im Mittelalter ihren Wohlstand durch Herstellung und Verarbeitung von Wolle und den Verkauf von Wollprodukten begründeten. Die Zunft der Wollweber und Tuchhändler unterhielt im Mittelalter zweihundert Läden und beschäftigte dreißigtausend Arbeiter. 1569 verband der Architekt Buontalenti den Palazzo durch eine Brücke mit der danebenliegenden Kirche Orsanmichele. Seit der Restaurierung von 1905 hat hier die Dante-Gesellschaft ihren Hauptsitz. Die Säle im Innern, zum Teil noch mit Kreuzgewölben, sind beachtenswert, ebenso einige schöne Gemälde (›Grablegung‹ von Taddeo Gaddi).

An der Ecke Via dell'Arte della Lana/Via Orsanmichele in der Wand der gotische Tabernakel »Santa Maria della Tromba« aus dem 14. Jahrhundert. – **Orsanmichele:** Das Bauwerk sieht nicht wie eine Kirche aus, sondern eher wie ein Speicher. Das hat seinen Grund. Denn der vor uns stehende Bau des 14. Jahrhunderts geht zurück auf das seit dem 8. Jahrhundert nachgewiesene Oratorium San Michele in Orto (daher der zusammengezogene Name Orsanmichele) und eine Verkaufs- und Lagerhalle für Getreide. Dort zog ein Gnadenbild mit der Zeit mehr Beter als Käufer an, so daß man Ende des 14. Jahrhunderts das Bauwerk ganz der frommen Bestimmung übergab. Es wäre auch schade, wenn der in ungewohnter Kastenform aufragende Bau nur als Kornspeicher und Getreidebörse benutzt worden wäre; in solcher Funktion hätte er wohl kaum die Zeiten überstanden. So sind uns zum Glück die feine Gliederung der Außenmauern, die Ornamente, Bögen, Nischen, Figuren, Gesimse, die Marmorfüllungen der Fensteröffnungen und das Maßwerk der Pfeilerarkaden erhalten. Der Schönheit und Ausgewogenheit der Architektur entsprechen außen in den schön gearbeiteten Nischen oder Tabernakeln *Skulpturen* von hohem Rang.

Diese Figuren wurden bei den Künstlern von den einzelnen Zünften bestellt, die damit ihren Schutzheiligen ehren und sich selbst mit den Insignien ihres Standes rühmen wollten. An der Ostseite (Via dei Calzaiuoli) stehen (links) ›Johannes der Täufer‹ von Lorenzo Ghiberti (1414-1416), die erste größere Bronzestatue der Renaissance, daneben in der Nische stand ursprünglich ›St. Ludwig‹ (von Donatello und Michelozzo, jetzt im Museum Santa Croce), heute: ›Christus und der ungläubige Thomas‹, ein Hauptwerk des Verrocchio (1466-1483) und (rechts) ›St. Lukas‹ von Giambologna (1601). An der Südseite (Via dei Lamberti) ›St. Markus‹, ein Jugendwerk des Donatello (1411/12) ›St. Jakobus‹ (Lamberti), ›Madonna delle Rose‹ (1399, wohl von Piero di Giovanni Tedesco) und ›St. Johannes der Evangelist‹ von Montelupo (1515). In den Nischen der Westfassade stehen die Figuren ›St. Matthäus‹, die bedeutendste lebensgroße Statue des Lorenzo Ghiberti (1419-1422), ›St. Stephanus‹, ebenfalls von Ghiberti (1428)

2,3 San Miniato al Monte, Kanzel und Langhaus

1 Florenz, Blick auf San Miniato al Monte

4,5 Florenz, Dom und Campanile

6 Siena, Campanile und Domkuppel

7 Florenz, Turm des Palazzo Vecchio

8 Pisa, Baptisterium, Dom und Schiefer Turm

9,10 Pisa, Dom, Querschiff und Fassade

11 Pisa, Baptisterium

12 Pistoia, Baptisterium

13 Pisa, Baptisterium, Kanzeldetail des Niccolò Pisano
14 Pisa, Dom, Kanzelfuß des Giovanni Pisano

15 Lucca, Domfassade

16 Prato, Außenkanzel des Doms

17 Pisa, Santa Maria della Spina

18 Siena, Dom, Fassade von Giovanni Pisano

19 Florenz, Orsanmichele, Tabernakel des Orcagna
mit Gnadenbild von Daddi

20 Siena, Baptisterium S. Giovanni, Taufbecken

21 Siena, Museo dell'Opera, Die drei Frauen am Grabe.
Tafel aus der Maestà des Duccio

22 Florenz, Uffizien, Maestà des Cimabue

23 Im Saal 2 der Uffizien

24 Der heilige Franziskus, Gemälde von Bonaventura Berlinghieri, entstanden 1235, neun Jahre nach dem Tod des Heiligen. Pescia, San Francesco.

25 Der heilige Dominikus,
Gemälde von Fra Angelico,
Florenz, Museum von San Marco

26 San Gimignano

27 Prato, Palazzo Pretorio

28 Volterra, Palazzo dei Priori

29 Arezzo, Palazzo Pretorio

30 Poppi, Castello dei Conti Guidi, heute Palazzo Pretorio

31 Siena, Piazza del Campo

32 Florenz, an der Piazza della Signoria

33 Fenster am Palazzo Vecchio

34 Florenz, Ponte Vecchio

35 Straße in Fiesole

36 Villa Medicea di Cafaggiolo

und ›St. Eligius‹ von Nanni di Banco (1410/11). Die Nordseite zeigt in den Nischen die Statuen des ›Petrus‹ von Donatello (1408-1413), des ›Philippus‹ (1415) und der ›Quattro Coronati‹, einer Gruppe von vier Märtyrern, von Nanni di Banco sowie des ›Heiligen Georg‹ von Donatello (Kopie, das Original im Bargello).

Das Innere der zweischiffigen Halle teilt durch den Freskenschmuck, die Gemälde und Glasfenster dem Besucher den Charakter eines feierlichen Andachtsraumes sofort mit. Das rechte Schiff wird von dem berühmten **Marmor-Tabernakel** des ANDREA ORCAGNA (1349-1359) beherrscht, dessen wertvolle Dekoration der Verherrlichung der Madonna als Gnadenbild (von Bernardo Daddi, 1347) dient. Reliefs im Sockel stellen Szenen aus dem Marienleben dar; auf der Rückseite ›Tod und Himmelfahrt Mariens‹ und ein Selbstbildnis des Orcagna (1359). Der Tabernakel wird weiter von Engeln und Propheten, Sibyllen, Aposteln und allegorischen Figuren der Tugenden geschmückt. Beachtenswert sind die Marmorschranke mit Bronzegittern (Pietro Migliore, 1366) und der Altar der heiligen Anna im linken Seitenschiff.

Gegenüber von Orsanmichele an der Via dei Calzaiuoli die kleine gotische Saalkirche *San Carlo,* von 1349 bis 1404 erbaut. Zunächst war sie den Heiligen Michael und Anna geweiht. Im 17. Jahrhundert wurde sie Pfarrkirche der Lombarden, die sie nach dem großen Mailänder Bischof, dem heiligen Karl Borromäus benannten.

Weiter die Via dei Calzaiuoli bis zur Piazza della Signoria, dann nach Westen zum *Mercato Nuovo.* In der Loggia di Mercato Nuovo (1547-1551 von Battista del Tasso erbaut) kann man allerlei Erzeugnisse des Florentiner Kunsthandwerks erstehen. Früher boten hier Seidenhändler sowie Gold- und Silberschmiede ihre Werke an, bis die letzteren auf den Ponte Vecchio umzogen. An der Südseite die kleine ›Fontana del Porcellino‹ (Brunnen des Schweinchens) mit einem im Gegensatz zu dem volkstümlichen Namen großen Bronzewildschwein (von Pietro Tacca, 1612). Wir sehen, wie das Tier an manchen Stellen vom Berühren glänzend abgegriffen ist; natürlich bringt das Glück ... »Schwein«; wer für seine Fortuna noch mehr tun will, wirft eine Münze in den Brunnen.

Südwestlich davon der *Palazzo dei Capitani di Parte Guelfa*. Seine gotischen Fenster, die bedeckte Freitreppe und die Zinnen führen ins 14. Jahrhundert zurück. Die Capitani di Parte Guelfa, die papsttreuen Guelfi, verwalteten von hier aus die konfiszierten Güter der gegnerischen, besiegten Ghibellinen-Partei (des Kaisers). Den Umbau im 15. Jahrhundert leiteten Brunelleschi und Francesco della Luna. Die Säle im Innern sind sehenswert wegen der Harmonie der Raummaße und der Dekorationen an Wänden und Decken (Giambologna, Luca della Robbia und Donatello).

Durch die Via Por S. Maria gelangt man zur *Piazza Santo Stefano,* einem kleinen Platz, der schon 1116 urkundlich erwähnt wird und an dem die *Kirche Santo Stefano al Ponte* liegt (auch bekannt unter dem Namen Santi Stefano e Cecilia) mit einer Fassade aus dem 13. Jahrhundert. Nachdem die Schäden des Zweiten Weltkriegs (Sprengungen neben dem Ponte Vecchio) und der Überschwemmung von 1966 behoben sind, erstrahlt die Kirche – Altäre des 16. Jahrhunderts, Umbauten des 17. Jahrhunderts zu einem einzigen Hauptschiff – in neuem Glanz. Beachtenswert ein Bronzerelief von Ferdinando Tacca (1656; nicht Pietro, dessen »Schweinchen« wir am Mercato Nuovo gesehen haben) ›Steinigung des heiligen Stephanus‹ und die Treppe zum Presbyterium von Buontalenti (1574; früher in der Kirche Santa Trìnita). Den Ponte Vecchio lassen wir für diesmal links liegen und gehen parallel zum Arno durch den Borgo Santi Apostoli zur gleichnamigen Kirche.

Die Kunstgeschichte berichtet, daß die *Kirche Santi Apostoli* Ende des 11. Jahrhunderts entstand, im 15. und 16. erneuert wurde, daß Benedetto da Rovezzano Anfang des 16. Jahrhunderts in die romanische Fassade ein schönes Portal einfügte und der Bau von 1930 bis 1938 restauriert wurde; die Überflutung von 1966 schädigte das Mauerwerk und die Kunstwerke schwer. Die Legende vermeldet – und dies ist links an der Fassade in einer lateinischen Inschrift nachzulesen –, die Kirche der heiligen Apostel sei bereits von Karl dem Großen gegründet und von Bischof Turpinus geweiht worden. So darf man vermuten, daß die heutige Kirche auf den Resten einer alten aus dem frühen Mittelalter errichtet wurde. Im Innern der dreischiffigen Basilika sind beachtenswert die Säulen aus dem grünen Marmor von Prato mit Komposit-Kapitellen – die ersten beiden stammen aus den nahegelegenen römischen Thermen –, ferner ein Tafelgemälde von VASARI ›Unbefleckte Empfängnis‹ (1541; in der dritten Kapelle rechts), ein großer Terrakotta-Tabernakel von Giovanni DELLA ROBBIA (am Ende des linken Seitenschiffs) und das (danebenliegende) Grabmal des Oddo Altoviti von BENEDETTO DA ROVEZZANO (1507).

Nach wenigen Schritten weiter durch den Borgo stehen wir auf der *Piazza S. Trìnita,* dem Platz der Dreifaltigkeit, mit der Säule der Gerechtigkeit, einem Granitmonolithen aus den römischen Caracalla-Thermen mit der Porphyrstatue der Gerechtigkeit (von Tadda, 1581) auf der Spitze. (Das Wort Trìnita, Dreifaltigkeit, betonen die Florentiner nach dem Lateinischen auf der ersten Silbe im Gegensatz zu dem sonst üblichen Akzent auf der letzten.) An diesem Platz, der zu den charakteristischsten und belebtesten der Stadt gehört, beeindrucken vor allem die Palazzi Ferroni und Bartolini, links und rechts vom Borgo, und die **Kirche Santa Trìnita.** Wegen ihrer zentralen Lage und ob ihres ehrwürdigen Alters schätzen die Florentiner seit dem 11. Jahrhundert diese Kirche, an deren Anfang Benediktiner-Mönche aus Vallombrosa, einem Ort 40 Kilometer östlich von Florenz, stehen. Santa Trìnita wurde im 13. Jahrhundert möglicherweise von Niccolò Pisano als erste gotische Kirche der Stadt erneuert und in der zweiten Hälfte des 14. Jahrhunderts wahrscheinlich von Neri di Fioravante umgestaltet. Der Baumeister BUONTALENTI schuf 1593/94 die *Fassade* im Stil seiner Zeit, so daß die Fassade sich kräftig von dem dreischiffig hochaufstrebenden Innenraum unterscheidet. Zahlreiche Kunstwerke verdienen Beachtung: In der ersten Kapelle *rechts* ein Kruzifix aus Holz, 14. Jahrhundert; in der vierten, der Capella Bartolini, ein Freskenzyklus des Lorenzo Monaco; in der Sakristei das Grabmal des Onofrio Strozzi von Piero di Niccolò Lamberti (1421). Am *rechten Querschiff* die *Cappella Sassetti* mit den berühmten Fresken des Domenico GHIRLANDAIO (1483-1486) ›Legenden des heiligen Franz von Assisi‹, in denen der Künstler Personen und Bauwerke seiner Zeit (Lorenzo de'Medici und sich selbst – mit der Hand auf der Hüfte –, die Piazza della Signoria und della Trinita) dargestellt hat; ein künstlerisch und historisch überaus wertvolles Werk; auch das Altarbild ›Anbetung der Könige‹ von GHIRLANDAIO (1485) ragt hervor (Verbindung von Elementen der Antike mit denen des 15. Jahrhunderts). Im *linken Querschiff* das Marmorgrabmal des Bischofs Benozzo Federighi von Luca della Robbia (1455/56), eines der besten Werke des Bildhauers. In der fünften Kapelle des *linken Seitenschiffs* die Holzstatue der ›Magdalena‹ von Desiderio da Settignano und Benedetto da Maiano (1464/65); in der dritten Kapelle eine ›Verkündigung‹ auf Goldgrund von Neri di Bicci und das Grab des Giuliano Davanzati (1444) (frühchristlicher Sarkophag mit Hochrelief). – In der Mitte des Mittelschiffs führt eine Treppe zu der alten romanischen Kirche hinunter.

Der *Palazzo Ferroni* (oder Spini), der größte der mittelalterlichen Stadtpaläste, wurde bereits 1289 in der Zeit Arnolfo di Cambios errichtet. Der ausgedehnte, strenge Bau am Ufer des Arno ragt mit drei Fenstergeschossen über dem Erdgeschoß empor und ist von Zinnen (früher auch von einem Turm) gekrönt. Der Palazzo wurde 1874 restauriert, dabei öffnete man die mächtigen Mauern des Ergeschosses zur jetzigen Gestalt .

Der *Palazzo Bartolini Salimbeni* macht vielleicht mehr durch seine Inschriften von sich reden als durch die architektonischen Leistungen seines Erbauers Baccio d'Agnolo, der nach einem Aufenthalt in Rom das dort Gelernte hier von 1517 bis 1520 in Stein umsetzen wollte und – wie ihm die Florentiner vorwarfen – dabei zu viele Anleihen bei Bramante und Raffael sowie an den klassischen Formen der Antike machte; dadurch würde der Palazzo mehr einer Kirche als einem Stadthaus ähneln, meinten seine Zeitgenossen. Wie dem auch sei, Baccio wehrte sich mit der Inschrift »Carpere promptius quam imitari«, Kritik geht schneller als selber machen. Über den Fenstern ein Wort von Gabriele d'Annunzio, das auch bei anstrengenden Stadtbesichtigungen zu beherzigen ist: »Per non dormire«, nur nicht schlafen! Auch wir müssen uns noch etwas gedulden; vor den wohlverdienten Kaffee an der Piazza della Repubblica haben die Florentiner für unseren Rundgang noch einige weitere Bauten gesetzt.

Ein Stück zurück nach Westen in der Via Porta Rossa der *Palazzo Davanzati*. Um 1300 stand hier das Haus der Familie Davizzi, die 1294 einen Gonfaloniere der Republik stellte. Im 16. Jahrhundert wechselte der Palast in den Besitz der Bartolini, von diesen 1578 in jenen des Bernardo Davanzati, eines bekannten Historikers und Literaten, über. Eindrucksvoll ist die strenge Fassade, die in der engen Straße über fünf Geschosse, einem hohen Erdgeschoß, drei Fensterstockwerken und einer Loggia oben, aufragt. Beachtenswert sind das Wappen der Davanzati in der Mitte und die Arbeiten aus Schmiedeeisen (Sicherungen, Schlösser, Vorhangstangen und Pferderinge). 1906 wurde der Palast auf Betreiben des Kunsthändlers Elia Volpi gründlich, doch getreu restauriert. Seit 1956 ist in dem Palazzo das Museum des Alten Florentiner Hauses eingerichtet. In dem ›Museo dell'Antica Casa Fiorentina‹ sind Möbel, Zeichnungen, Skulpturen, Teppiche, Keramiken, Stoffe und Gegenstände des täglichen Gebrauches aus dem Mittelalter, der Renaissance und dem Barock ausgestellt, die aus Beständen des Nationalmuseums des Bargello, aus anderen Sammlungen in Florenz und durch Schenkungen zusammengetragen wurden. Dadurch gewinnt man einen Einblick in das hochkultivierte Leben der wohlhabenden Florentiner Bürger, die ihre Häuser mit wertvollen Kunstschätzen und Gebrauchsgegenständen ausstatteten. Die Möbel sind eine »Augenweide« für den Liebhaber geschmackvoller Wohnungseinrichtungen.

Zurück die Via Porta Rossa, über die Piazza Trìnita, durch die Via di Parione, am Palazzo Corsini mit der Galleria (siehe Kapitel Museen) vorbei, über die Piazza Goldoni am Ponte alla Carraia, der Brücke über den Arno, auf die acht Straßen zulaufen, zur **Kirche Ognissanti** am gleichnamigen Platz. Die Kirche »Allerheiligen«, so nahe am Fluß, erlitt durch die Überschwemmung von 1966 schwere Schäden, wurde dann jedoch sehr sorgfältig restauriert. Sie wurde 1256 gegründet, jedoch um 1627 nach einem Plan von Bartolomeo Pettirossi gänzlich umgebaut. Es entstand eine der ersten Barockkirchen von Florenz. Außen an der Fassade (Matteo Nigetti, 1637) sieht man ein Relief aus glasierter Terrakotta, die ›Krönung Mariens und Heilige‹, das Giovanni della Robbia (oder Benedetto Buglioni) zugeschrieben wird, und den romanischen Campanile. Im Innern sind die Seitenaltäre mit bedeutenden Gemälden beachtenswert, so der zweite auf der rechten Seite mit der ›Madonna della Misericordia‹ (Schutzmantel-Madonna), welche die Familie der Vespucci, darunter auch den berühmten Seefahrer Amerigo Vespucci, beschützt, und die ›Pietà‹, Werke von Domenico und Davide Ghirlandaio. In der Sakristei befinden sich ein ›Gekreuzigter‹ aus der Schule Giottos und eine ›Kreuzigung‹ von Taddeo Gaddi. — Neben der Kirche liegt der Kreuzgang des alten Klosters (Zugang vom Querschiff oder vom Platz), von dem aus man in das Refektorium gelangt. Dort finden sich berühmte Fresken, das ›Abendmahl‹ von DOMENICO GHIRLANDAIO (1480), ›Der heilige Augustinus beim Studium‹, ein besonders ansprechendes Werk des BOTTICELLI (1480), und ›Der heilige Hieronymus im Gehäuse‹ von GHIRLANDAIO (1480).

Von der Kirche Ognissanti geht es zurück durch den Borgo Ognissanti, vorbei am Ospedale San Giovanni di Dio (Krankenhaus Johannes von Gott), das, schon 1380 gegründet, die 600-Jahr-Feiern seines Bestehens bereits hinter sich hat, in die *Via della Vigna Nuova*. Hier finden wir (Nr. 18) eines der schönsten Stadthäuser der Renaissance in Florenz, den **Palazzo Rucellai,** mit der gegenüberliegenden dreibogigen Säulenhalle, der Loggia dei Rucellai (1460-1466 errichtet; elegante Innen- und Außenarchitektur). Giovanni di Paolo Rucellai, der Bauherr des Palazzo, war ein reicher Großkaufmann des 15. Jahrhunderts, der mit seinem Auftrag für den Stadtpalast seiner Familie zeigte, daß er nicht nur zu Geld gekommen war, sondern zudem einen hohen Sinn für Kunst und Kultur besaß. Deshalb gelang es ihm auch, seine Söhne mit einer Pitti und einer Medici zu vermählen. Seine Heiratspolitik mit den ersten Häusern von Florenz hatte Erfolg, weil er selbst eine angesehene und gebildete Familie anzubieten hatte. Giovanni Rucellai stellte für den Bau des Palastes umfangreiche Mittel zur Verfügung, damit sich die Architekten Leon Battista ALBERTI (Entwurf) und Bernardo ROSSELLINO (Ausführung) frei entfalten und von den damals dominierenden Baumeistern Brunelleschi und Michelozzo abheben konnten. Der Palazzo wurde so ein Meilenstein in der Architekturgeschichte der Renaissance, weil sich in der genauen Zeichnung der Fassade mit nach oben schmaler werdenden Pilastern, verschieden geformten Fenstern, sorgfältig behauenen Steinquadern und einer nach oben abnehmenden Geschoßhöhe eine klare Konzeption und eine gediegene Ausführung zeigten. Über den Fenstern des ersten Gesimses zieht sich über die Fassade ein Fries mit steinernen windgeblähten Segeln, dem Handelszeichen der erfolgreichen Rucellai-Familie, die noch heute diesen Palast besitzt. Zur *Cappella Rucellai* gelangen wir durch die Kirche San Pancrazio, die von der Via della Spada zugänglich ist. Die ehemalige Kirche, in der heute staatliche Institute eingerichtet sind, ist wegen ihrer schönen Fassade aus dem 14. Jahrhundert und einiger Details beachtenswert, die an den Architekten Alberti erinnern. Neben der Kirche liegt die Kapelle der Rucellai, in der Leon Battista ALBERTI, ebenfalls im Auftrag des Giovanni Rucellai, um 1467 einen eigenartigen Grabbau für die Familie errichtete, die ›Edicola del Santo Sepolcro‹. Diese Ädikula des Heiligen Grabs hat das Grab Jesu Christi in Jerusalem zum Vorbild und rekonstruiert es in überhöhter, ideeller Form, dem Geist der Renaissance entsprechend.

Den **Palazzo Strozzi**, Via Tornabuoni, Piazza Strozzi, können die Kunsthistoriker nicht genug rühmen. Für Jacob Burckhardt ist er das unübertroffene »Resultat aus der speziell toskanischen Palastbaukunst; dieses majestätische Gebäude ist die letzte und höchste Form, welche ein Steinhaus ohne verbindende und überleitende Glieder durch den bloßen Kontrast in der Flächenbehandlung erreichen kann«. Wie so oft entstand auch hier hohe Kunst aus dem Zwang der Umstände. Im 15. Jahrhundert fühlte sich die reiche Familie der Strozzi den Medici, der Stadtherrenfamilie, ebenbürtig und wollte dies auch durch den Bau eines stattlichen Palazzo zeigen. Doch das Familienoberhaupt der Strozzi, der selbstbewußte Kaufmann

Filippo, hielt es für klüger, den mächtigsten Mann von Florenz, Lorenzo il Magnifico, den ›Prächtigen‹, nicht durch einen Stadtpalast herauszufordern, der den Palazzo Medici an Größe und Pracht in den Schatten gestellt hätte. Deshalb plante er, durch die Sorgfalt der Ausführung wettzumachen, was er an äußerlichem Ansehen nicht wagen wollte. Man

Palazzo Strozzi. Zeichnung von Giuseppe Zocchi

erzählt sich, er habe den auf die Schönheit seiner Stadt bedachten Lorenzo dadurch verschreckt, daß er verbreiten ließ, er plane in seinem neuen Palazzo im Untergeschoß Läden, um die Baukosten später durch Handelsgewinne decken zu können. Um das zu verhindern, ließ Lorenzo dem Strozzi weitgehend freie Hand bei der Bauausführung. Es entstand zwischen 1489 und 1536 ein Palazzo, der als der schönste der Florentiner Renaissance-Paläste gilt. Zu Recht; wenn sich vielleicht auch diese klassische Harmonie erst nach längerem Betrachten enthüllt. Offenbar war auch der Medici-Herzog Cosimo I. von dem Palazzo beeindruckt; denn nach Fertigstellung beschlagnahmte er den Palast und gab ihn erst 1568 der Familie Strozzi wieder zurück.

Die Baumeister BENEDETTO DA MAIANO, dem ein Entwurf Antonio da SANGALLO des Älteren vorlag, und Simone del Pollaiolo, genannt CRONACA, vereinten in diesem Palazzo die Prinzipien der Renaissance-Architektur. Sie verbanden eine klassisch-ausgewogene klare Gliederung im Gesamtentwurf wie in den Einzelheiten mit einer handwerklich meisterhaften Bearbeitung aller Bauteile. Die Wirkung der Fassade beruht auf der gleichmäßigen Komposition der Geschosse, des Portals, der Fenster und des berühmten abschließenden Gesimses von Cronaca, »dessen Formen der Künstler mit einem in Rom gefundenen Fragment in vergrößertem Maßstab bildete und dessen grandioser und wohltuender Wirkung sich kein Auge entziehen« kann, wie Burckhardt weiter schreibt. Auch die Steinmetzarbeiten an den Quadern sind von bewundernswerter Sorgfalt, so daß man von einem »Wunder des Bossen-Stils« spricht. Die Steinblöcke nehmen von unten nach oben in ihrer Wölbung ab, während sie horizontal jeweils in einer Reihe gleichmäßig verlaufen. Auch das Schmiedeeisen am Palazzo, Sicherungen, Wandringe für die Zügel der Pferde, Fackelhalter und Ecklaternen, zeigen, daß für die Arbeiten nur die besten Handwerker herangezogen wurden, darunter der berühmte Eisenschmied Niccolò Grosso, der Aufträge nur nach Vorauszahlung annahm und deshalb den Beinamen »Caparra« (Vorschuß) erhielt. Der Innenhof von Cronaca ist von vornehmer Eleganz mit einem feierlichen Portikus und Säulen. Das Innere des Palazzo Strozzi beherbergt mehrere Kunstinstitute; auch Ausstellungen, wie etwa ein Teil der großen Medici-Ausstellung von 1980, finden in den ausgedehnten Räumen statt.

Gegenüber dem Palazzo Strozzi steht an der Piazza schräg gegenüber der Palazzo dello Strozzino, der Palast der jüngeren Linie der Strozzi, die ihr Stadthaus jedoch schon ab 1458, also vor dem des Hauptzweiges ihrer Sippe, errichten ließ. Michelozzo und Giuliano da Maiano waren von 1462 bis 1465 die Architekten.

Bevor wir zur nahen Piazza della Repubblica zurückkehren, könnten wir noch eine der älteren Florentiner Kirchen besuchen: *Santa Maria Maggiore,* nicht weit vom Baptisterium, in der Via de' Cerretani. Sie wurde schon vor dem 11. Jahrhundert errichtet und in der zweiten Hälfte des 13. Jahrhunderts erneuert, 1912/13 gründlich restauriert. Der alte Glockenturm zeigt das tiefere Niveau der alten romanischen Kirche; an ihm ist noch oben die sogenannte »Berta«, eine spätrömische Frauenbüste, eingemauert. Über dem Kirchenportal eine ›Madonna mit Kind‹ der Pisanischen Schule aus dem 14. Jahrhundert (Kopie). Im Innern der dreischiffigen gotischen Halle mit quadratischen Pfeilern sind von den schönen Gemälden und Statuen die Thronende Madonna mit Kind, auch ›Madonna del Carmelo‹ genannt, und ein farbiges, vergoldetes Holzrelief beachtenswert, bei dem der Künstler, wohl Coppo di Marcovaldo (13. Jahrhundert), seine Fähigkeiten als Bildschnitzer wie als Maler unter Beweis gestellt hat.

Der östliche Rundgang

Kürzer und mit weniger Höhepunkten versehen ist der Rundgang von der Piazza della Repubblica nach Osten. Er führt uns vor allem zum sogenannten »Haus des Dante«, zu mehreren Palazzi, zum Bargello, zur Kirche San Firenze und zur Badia.

Durch die Via del Corso gehen wir vorbei an dem schönen Palazzo Salviati, der im 16. Jahrhundert über den alten Häusern der Portinari errichtet wurde. Damit sind wir auch schon bei unserem nächsten Ziel, der *Casa di Dante* in der nahen Via Santa Margherita. Denn Beatrice, die geliebte und beflügelnde Muse des Dante Alighieri gehörte zur Familie der Portinari, und die Alighieri wohnten also nebenan. Nach der Florentiner Tradition wurde hier im Haus der Familie der größte Dichtersohn der Stadt im Mai 1265 geboren und verbrachte einen großen Teil seines Lebens zwischen Dom und Signoria. Florenz hat freilich diesen Poeten wenig freundlich behandelt; die Partei der Guelfen verbannte den zur unterlegenen Ghibellinen-Partei gehörenden Dante 1301. In mehreren Räumen erinnern Fotografien, verschiedene Ausgaben der Göttlichen Komödie, Reproduktionen der Botticelli-Zeichnungen für Dantes Werke und Portraits von Dante an den größten italienischen Dichter.

An der Via del Corso/Via del Proconsolo stehen die Paläste Pazzi und Nonfinito. »Pazzo« im Italienischen heißt »verrückt«. Die vornehme Familie der Pazzi, die im Mittelalter von Fiesole nach Florenz gezogen war, tat sich jedoch im Gegensatz zum Namen durch Geschick für Wirtschaft, Handel und Geld und durch ehrgeiziges Machtbewußtsein hervor. 1478 planten die führenden Mitglieder der Pazzi – vielleicht doch ihrem Namen treu – eine Verschwörung gegen Lorenzo und Giuliano de' Medici, welche mit der Ermordung des Giuliano und mit Hinrichtung des Jacopo de' Pazzi endete, da Lorenzo dem Anschlag entkam und sich rächte. Für diesen Jacopo wurde der *Palazzo Pazzi,* wohl zuerst von BRUNELLESCHI (1430), dann von GIULIANO DA MAIANO (1462-1472) mit sorgfältiger Handwerkerarbeit und Liebe zum architektonischen Detail (Fenster im ersten Geschoß, Hofkapitelle, Familienwappen) errichtet. Da die Pazzi nach der Verschwörung verfemt waren, kam ihr Palast zunächst an die Cibo, später an die Strozzi und Quaratesi.

Der *Palazzo Nonfinito* gegenüber dem Palazzo Pazzi, ist, wie der Name schon sagt, was aber das Äußere nicht sogleich erkennen läßt, unvollendet. Alessandro Strozzi beauftragte 1593 den Architekten Bernardo BUONTALENTI, einen neuen Stadt-Palazzo für seine Familie zu errichten. Buontalenti begann am Unterbau des Palazzo den beginnenden Barockstil mit eigenartiger plastischer Wirkung einzuführen. Die große Anlage mit einem schönen Innenhof wurde jedoch weder von ihm noch von seinen Nachfolgern (Caccini und Cigoli) fertiggestellt. Der Palazzo beherbergt seit 1869 das Museum für Völkerkunde, *Museo Nazionale di Antropologia ed Etnologia,* das interessante Sammlungen von vielen Völkern und Kulturen der Erde enthält.

Ein paar Schritte weiter durch den Borgo degli Albizi, der links und rechts von einfachen schönen Stadthäusern gesäumt wird, und wir stehen vor dem *Palazzo Altoviti,* der zuerst im Besitz der Familie der Albizi, dann der Valori und Guicciardini war. Baccio Valori ließ ihn mit Hermen-Portraits berühmter Florentiner schmücken, an denen ja kein Mangel herrscht: Ficino, Vespucci, Alberti, Guicciardini, Dante, Petrarca, Boccaccio und anderer. Der Volksmund gab dem Palazzo deshalb den Namen Palast der Visagen, ›Palazzo dei Visacci‹.

Auf derselben Straßenseite, fast unmittelbar anschließend, erhebt sich der stolze Palast einer der berühmtesten Familien von Florenz, die lange im Wettstreit mit den Medici lag: der *Palazzo degli Albizi* vom Anfang des 16. Jahrhunderts.

In der Via Ghibellina gehen wir an dem weiträumigen Palazzo Borghese vorbei, der im klassizistischen Stil für den Fürsten Camillo Borghese, den Mann der berühmten Paolina Bonaparte, errichtet wurde, und haben – an der Ecke der Via del Proconsolo – vor uns den mächtigen Block des *Bargello,* der wie eine Trutzburg mitten in der Stadt aufragt. Die Florentiner Bürger begannen mit diesem Festungsbau im Jahr 1255, also fast ein halbes Jahrhundert vor dem Palazzo Vecchio, als Zeichen ihres Sieges über den streitsüchtigen Adel. Seinen unverkennbaren viereckigen, zinnenbewehrten Glockenturm, der von den Florentinern »Volognana« genannt wird, und den Zinnenkranz des wehrhaften Palazzo selbst hatten wir schon von der Piazzale Michelangelo ausgemacht. Der Bargello ist nach dem Palazzo Vecchio das bedeutendste und großartigste nicht-kirchliche Gebäude des mittelalterlichen Florenz. Er war zuerst Sitz des Capitano del Popolo, dann seit 1261 Amtssitz des Podestà – daher auch der andere Name Palazzo del Podestà –, also der Stadtregierung, bis diese sich im Palazzo della Signoria einrichtete, wurde 1502 Amtsgebäude des Consiglio di Giustizia oder Ruota, des Gerichtsrats. Erst 1574 installierte sich hier der Capitano di Giustizia oder Bargello (Polizeipräsident), der dem Palazzo seinen heute geläufigen Namen gab. Nach der Restaurierung von 1857 wurde in den Räumen das erste italienische nicht zum Kirchenstaat gehörige Museum eingerichtet, der ›Museo Nazionale‹ oder ›Museo del Bargello‹ (siehe Kapitel Museen), mit einer der berühmtesten Skulpturen-Sammlungen der Welt (Donatello, Della Robbia, Michelangelo, Giambologna).

Nach der abweisenden Front des Bargello wirkt die barocke Fassade des Konvents San Firenze an der Piazza San Firenze, nur einen Häuserblock von der Piazza della Signoria entfernt, freundlich und prächtig. Dieser barocke Komplex wurde im

Badia und Bargello. Zeichnung von Giuseppe Zocchi

17. und 18. Jahrhundert errichtet, nachdem um 1640 Angehörige der Priester-Gemeinschaft des heiligen Philipp Neri nach Florenz gekommen waren. Der Platz wird charakterisiert von zwei Kirchenfassaden, zwischen denen sich ein Palast erhebt. Die linke Kirche, *San Filippo Neri,* wurde an der Stelle eines alten Oratoriums, das dem heiligen Fiorenzo geweiht war, von Gherardo Silvani (1633-1648) erbaut. Die rechte profanisierte Kirche, ehemals Sant'Apollinare, ist heute zusammen mit dem Palast in der Mitte Sitz des *Tribunale,* der Gerichtsbehörde, nachdem diese Gebäude in der Zeit, als Florenz vor der Einigung Italiens Hauptstadt des Landes war, als Innenministerium gedient hatten. In dem Tribunale beeindruckt eine der prachtvollsten Barocktreppen von Florenz. Die Fassaden der beiden Kirchen wurden nach Entwürfen von Ferdinando Ruggieri erst im Jahr 1715 vorgesetzt. So entstand der schönste Barockbautenkomplex der Stadt.

Im Kontrast zu dem Barock von San Firenze steht der *Palazzo Gondi,* ein schönes Beispiel der Florentiner Stadtpaläste des 15. Jahrhunderts. GIULIANO DA SANGALLO hat als Architekt den größten Teil von 1490 bis 1501 erbaut; es dauerte jedoch bis 1874, bis der letzte Stein gesetzt war. An der

Fassade fällt in den einzelnen Geschossen, die nach oben flacher werden, die sorgfältige Steinmetzarbeit auf. Der Hof ist einer der hübschesten der Renaissance; auch hier wird der künstlerische Wert durch die sorgsame Verwendung des Materials und die gediegene Arbeit der Handwerker an den Kapitellen, der Treppe und am Brunnen erhöht.

Der Name **Badia** ist die Verkürzung des italienischen Wortes Abbazia, Abtei. In der Badia, deren spitzer Turm in der Silhouette von Florenz nicht fehlen darf und den wir uns schon auf der Piazzale Michelangelo zusammen mit dem des gegenüberliegenden Bargello eingeprägt haben, befinden wir uns in dem ältesten und bedeutendsten Kloster der Stadt. Dieses Benediktiner-Kloster, einst Reichs-Abtei, wurde 978 von Willa di Toscana, Mutter des Markgrafen Ugo, gegründet und erfuhr seitdem Erweiterungen und Umbauten, so im 13. Jahrhundert durch Arnolfo di Cambio und im 17. Jahrhundert durch Matteo Segaloni. Bei einem Gang durch die Kirche findet man Denkmäler aus verschiedenen Jahrhunderten der Florentiner Geschichte: das eindrucksvolle würdige Portal von Benedetto da Rovezzano (1495), links am Eingang das Gemälde ›Die Erscheinung der Madonna vor dem heiligen Bernhard‹, ein Meisterwerk des FILIPPINO LIPPI (1485), links im angedeuteten Querschiff das Grabmal des 1001 gestorbenen Grafen Ugo di Toscana (errichtet zwischen 1469 und 1481 von Mino da Fiesole) und den schönen stimmungsvollen Kreuzgang, der im Volksmund wegen seiner Orangenbäume ›Chiostro degli Aranci‹ heißt. Es ist der rechte Ort, um etwa am beginnenden Abend – und jetzt auch am Ende unserer ersten Rundgänge durch die Stadt – zu meditieren, dabei vielleicht wie die Mönche früher im »Rhythmus« der Kreuzgangsäulen auf und ab zu gehen. Der Lärm der Stadt dringt nur gedämpft herein. Ein Ort der Stille, der Muße, des Gebets und der Arbeit, wie die Regel des heiligen Benedikt »Ora et labora«, Bete und arbeite, vorschreibt, eine Regel, die dem Abendland tausendfachen Nutzen für Kultur und Zivilisation gebracht hat. Es ist kein Zufall, daß heutzutage wieder das Interesse wächst für das mönchische Leben, für die Leistungen der Orden in alter Zeit und ihre Bedeutung für die Moderne.

Die Signoria

Wir betreten eine Stätte der Macht. Die Piazza della Signoria läßt daran keinen Zweifel. Signoria – Herrschaft, so ist dieses Kapitel über das politische Zentrum, die weltliche, bürgerliche Mitte von Florenz kurz überschrieben. Zwar trägt heute nur noch die Piazza diesen Beinamen; der Palazzo, dem früher die jeweiligen Mächtigen als Epitheton angehängt wurden – Priori, Gonfaloniere, Podestà, Popolo, Comune, Pubblico, Signori oder Ducale –, heißt einfach Palazzo Vecchio, Alter Palast, nachdem Cosimo I., seit 1537 Herzog, dann ab 1569 Großherzog der Toskana, ihn verlassen hatte und in den Palazzo Pitti auf der anderen Seite des Arno übergesiedelt war. Aber hier liegt der Schlüssel zum Verständnis der Florentiner Herrschaft, vielleicht von ›Signoria‹ überhaupt, auf dem geschichtsmächtigen Platz mit seinen verschiedenen Kunstwerken und Denkmälern, vor dem trutzig und herausfordernd aufragenden Palazzo mit dem überhohen Wehrturm, der Loggia dei Lanzi, den dreibogigen Arkaden mit hervorragenden Standbildern und dem sich anschließenden Palast der Uffizien, der eine der schönsten Gemäldesammlungen der Welt beherbergt. Wir haben bereits in der Geschichte von Florenz den Geist kennengelernt, aus dem heraus Ende des 13. Jahrhunderts die Bürger den Entschluß faßten, der Stadt mit einem neuen Palazzo einen politischen Kristallisationspunkt zu geben, fast zur gleichen Zeit, aber doch zwei Jahre später, als sie den Bau des Domes entschieden hatten. Das soll nicht wiederholt werden; doch eine Vertiefung sei angesichts dieser Stätte erlaubt.

Niemand hat den Sinn für Macht besser beschrieben als der Florentiner Machiavelli, niemand hat das Beispielhafte von Florenz, das Archetypische von Herrschaft und Macht in der Florentiner Geschichte besser gedeutet als der Kulturhistoriker Jacob Burckhardt in seinem Werk ›Die Kultur der Renaissance in Italien‹, einem unübertroffenen intellektuellen Gemälde dieser Zeitepoche. Da heißt es: »Die höchste politische Bewußtheit, den größten Reichtum an Entwicklungsformen findet man vereinigt in der Geschichte von Florenz, welches in diesem Sinne wohl den Namen des ersten modernen Staates der Welt verdient. Hier treibt ein ganzes Volk das, was in den Fürstenstaaten die Sache einer Familie ist. Der wunderbare florentinische Geist, scharf raisonierend und künstlerisch zugleich, gestaltet den politischen und sozialen Zustand unaufhörlich um und beschreibt und richtet ihn ebenso unaufhörlich. So wurde Florenz die Heimat der politischen Doktrinen und Theorien ... Florenz durchlebt nicht nur mehr politische Formen und Schattierungen, sondern es gibt auch unverhältnismäßig mehr Rechenschaft davon als andere freie Staaten Italiens und des Abendlandes überhaupt. Es ist der vollständigste Spiegel des Verhältnisses von Menschenklassen und einzelnen Menschen zu einem wandelbaren Allgemeinen. Die Erzählungen unserer deutschen Chroniken des 14. Jahrhunderts sind wahrlich bedeutungsvoll genug, allein an geistiger Vollständigkeit, an vielseitiger Begründung des Herganges sind die Florentiner allen unendlich überlegen, Adelsherrschaft, Tyrannis, Kämpfe des Mittelstandes mit dem Proletariat, volle, halbe und Scheindemokratie, Primat eines Hauses, Theokratie (mit Savonarola), bis auf jene Mischformen, welche das mediceische Gewaltfürstentum vorbereiten, alles wird so beschrieben, daß die innersten Beweggründe der Beteiligten dem Lichte bloß liegen.« Burckhardt ist jedoch nicht unkritisch gegenüber der Geburtsstadt der modernen abendländischen Kultur, wenn er bemerkt: »Die Florentiner sind in manchen großen Dingen Vorbild und frühster Ausdruck der Italiener und der modernen Europäer überhaupt, und so sind sie es auch mannigfach für die Schattenseiten. Wenn schon Dante das stets an seiner Verfassung bessernde Florenz mit einem Kranken verglich, der beständig seine Lage wechselt, um seinen Schmerzen zu entrinnen, so zeichnet er damit einen bleibenden Grundzug dieses Staatslebens.«

Piazza della Signoria

Hier auf der Piazza della Signoria, die sich wie ein unregelmäßiges Winkeleisen um den Palazzo Vecchio legt, ist die Bühne

DIE SIGNORIA

der Stadt. Hier kommen alle ihre Dramen, ihre Tragödien und Komödien, zur Aufführung. Greifen wir die kurze Regierungszeit des Herzogs von Athen, Gualtiero [Gautier] di Brienne, heraus, dem des Volkes Gunst im September 1342 zuflog und dem sie kaum ein Jahr später am St. Anna-Tag (26. Juli) schon wieder unter blutigen Kämpfen entzogen wurde. Diesen wenigen Monaten, in denen es Gualtiero sogar gelang, einen tiefgreifenden Umbau des Palazzo Vecchio in Angriff zu nehmen, sind alle Ingredienzen eines Bürgerkriegs, äußerer Einmischung, der Tyrannei und der Volkserhebung, Hysterie des Pöbels, Besonnenheit weniger, Berechnung von Demagogen und Scheitern der Ränkeschmiede, alles konzentriert auf der Piazza, beigemischt. Oder das Zwischenspiel der Theokratie des Dominikaners Savonarola – eine kleine Granitscheibe im Pflaster nicht weit vom Neptunsbrunnen erinnert an ihn. 1494 gelang es dem Ordensmann, die Florentiner für seine Ideale zu begeistern, für öffentliche Moral und private Rechtschaffenheit im staatlichen Leben. Die Frauen lieferten ihm falsche Haare und Kosmetika ab, die Dichter ihre Schriften mit schlüpfrigen Versen, die Maler gewagte Bilder – schade um Botticellis Werke –, und alles wurde auf der Piazza im »Rogo della Vanità«, im Scheiterhaufen der Eitelkeiten, verbrannt. Doch die Mächte, die Savonarola herausgefordert hatte, die Medici in der Verbannung und Papst Alexander VI., schlugen zurück. Der strenge Prior des Konvents von San Marco wurde von ihnen bekämpft, gefangengenommen und zum Tod verurteilt. Im Kerkerzimmer des Palazzo Vecchio, zu dem wir kommen werden, schrieb er, der vor Luther zum Reformator der Kirche hätte werden können, ergreifende Meditationen über die Psalmen 50 und 30: »Miserere, erbarme Dich meiner, Herr, ich Unglücklicher, ich verging mich gegen den Himmel und gegen die Erde und stehe jetzt ohne Hilfe da!« Und Psalm 30: »In te Domine speravi, auf Dich Herr, vertraue ich; die Traurigkeit umzingelt und belagert mich mit ihrem gewaltigen Heer; mit Waffen und Lärm ist sie in mein Herz eingedrungen und befehdet mich Tag und Nacht; auch die Freunde kämpfen in ihren Reihen und sind meine Feinde geworden.« Savonarola wurde am 23. Mai 1498 zusammen mit seinen Mitbrüdern Domenico Buonvicini und Silvestro Maruffi auf Geheiß Papst Alexanders VI. gehängt und dann den Flammen überantwortet, Flammen, die unter seiner Herrschaft »weltlichen Plunder« verzehrt hatten.

Gegensatz und Widerspruch zu Savonarola ist Machiavelli, am 3. Mai 1469 in Florenz geboren und am 22. Juni 1527 ebendort gestorben. In der ›Galerie berühmter Toskaner‹ haben wir uns mit ihm und dem Machiavellismus kurz auseinandergesetzt (s. Seite 66-68).

Deshalb genug der theoretischen Erwägungen im Namen Savonarolas und Machiavellis, der Politik zwischen Moral und Macht. Zwischen beiden Polen schwankten die Florentiner und vielleicht alle Staaten und Regierungen im Lauf der Geschichte. Eine endgültige Versöhnung wird man wohl nie finden. Oder verkörpert sie die Statue des **David** von MICHELANGELO vor dem Eingang des Palazzo Vecchio? Dieser kraftvolle Jüngling, der die dumpfe Riesenmacht des Goliath besiegt und berufen ist, König zu sein. Die Statue vor uns ist eine Kopie, eine gute, die uns zufriedenstellen kann, bis wir das Original (1501-1504 von Michelangelo geschaffen) in der Accademia sehen. Irgendwie identifizieren sich die Florentiner mit diesem David, denn sie haben auf dem Piazzale Michelangelo noch eine zweite Kopie (aus Bronze) aufgestellt, ganz zu schweigen von den vielen kleinen Figuren des David, die überall in den Souvenirläden zum Kauf angeboten werden. Auch in dem *Marzocco-Löwen* sehen die Florentiner die Kraft ihrer Stadt symbolisiert. Das vor dem Palazzo Vecchio aufgestellte Wahrzeichen der Stadt ist eine Kopie nach dem Original des DONATELLO (1418-1420, aus Sandstein gehauen, heute im Bargello), das früher am Fuß einer Marssäule (daher der Name Marzocco) stand. In »wilden« Zeiten ließen die Florentiner die besiegten Feinde das Hinterteil des Löwen küssen. Neben dem Marzocco verdient die Bronzegruppe von DONATELLO *Judith und Holofernes* (1460) Beachtung. Die symbolische Bedeutung für Florenz leuchtet ein: Wie die gottesfürchtige jüdische Witwe Judith der Bibel dem Holofernes, dem Feldherrn

DIE SIGNORIA

des feindlichen Assyrer-Königs Nebukadnezar, das Haupt abschlägt, so wehrt sich das Volk, die Republik von Florenz gegen Gewaltherrscher. Um diesen Sinn hervorzuheben und da sich die 1460 geschaffene Skulptur zuerst im Medici-Palast befand, versahen die Florentiner nach dem Umzug des Bildwerks im Jahr 1495, als die Medici für einige Zeit aus der Stadt vertrieben waren, die Statue mit der Inschrift: »Exemplum sal[utis] pub[licae] cives posuere MCCCCXCV«, »1495 stellten sie die Bürger zum Exempel des öffentlichen Wohls auf«.

Links vor dem Palazzo soll eine Brunnenanlage, die Fonte di Piazza oder *Fonte del Nettuno* unsere Aufmerksamkeit wecken. Bartolomeo AMMANNATI versuchte mit diesem damals größten Brunnen der Stadt sein Bestes zu geben. Denn das Werk sollte der Hochzeit zwischen dem Sohn Cosimos I., Francesco, und Johanna von Österreich im Jahr 1565 Glanz verleihen. Die Medici platzten damals vor Stolz darüber, daß ihre Familie mit kaiserlichem Geblüt vermählt und daß bald darauf dem Herzog Cosimo der Titel eines Großherzogs verliehen wurde. Wie die Florentiner den künstlerischen Wert des Neptun beurteilen, auf dessen Haupt sich gern fotogerecht Tauben niederlassen, läßt ein alter Spottvers erkennen: »Ammannato, Ammannato, che bel marmo hai rovinato«, »Welch schönen Marmor hast du verhauen«. Die Bronzefiguren am Brunnen stammen zumeist von Schülern des Ammannato oder Ammannati. Wie verschieden die Meinungen über Kunstwerke ausfallen können, beweisen zwei Urteile. Für Jacob Burckhardt ist »der große Neptun ein sehr unglücklicher Akt, ohne Sinn und Handlung«; Gregorovius lobt ihn als »wirklich eine Zierde des Platzes«. – Vielleicht weil ihm der Vater die Hochzeit so prächtig ausgestattet hatte, wollte sich der Sohn Francesco mit dem *Reiterstandbild für Cosimo I.* erkenntlich zeigen, einem Spätwerk von GIAMBOLOGNA (1594). Am anderen Ende der Fassade des Palazzo, zu den Uffizien hin, fällt eine wuchtige Marmorgruppe auf: *Herkules und Kakus* von BANDINELLI (1533); vor allem dadurch, daß sie nicht so schön ist wie die anderen Standbilder.

Loggia dei Lanzi

Daß zum Palazzo Vecchio die Loggia dei Lanzi gehört, entspricht alter Florentiner Tradition. In der Loggia, einer meist von Arkaden überwölbten Halle, konnte sich das Leben der begüterten Familien in aller Öffentlichkeit abspielen, wenn es nicht ratsamer war, sich hinter die dicken Mauern des Palazzo zurückzuziehen oder gar die eigenen Interessen in den Parteikämpfen der Stadt von dem wohlbefestigten Wehrturm aus zu verteidigen. Die Loggia an der Piazza della Signoria, die, wohl nach einem Plan des großen Künstlers ORCAGNA (daher auch Loggia dell'Orcagna), von 1376 bis 1382 unter der Bauleitung von Benci di Cione und Simone di Francesco Talenti errichtet und im vorigen Jahrhundert gründlich restauriert wurde, ist eines der schönsten und harmonischsten Beispiele der Florentiner Gotik. Ihre Form hat beim Bau der Münchner Feldherrnhalle (1841-44) unter König Ludwig I. von Bayern durch F. von Gärtner Pate gestanden. Sie diente der Republik als Festhalle für offizielle Anlässe: Vor den Augen des Volkes übergaben die Priori oder Gonfalonieri hier ihr Amt an die Nachfolger, die Fürsten oder Botschafter fremder Staaten wurden in dieser Arkadenhalle begrüßt. Ihre Bestimmung und ihren Namen wechselte die Loggia, als der Großherzog Cosimo I. die Politik allein bestimmte und dem Volk keine Rechenschaft mehr schuldete. Er richtete hier einen Wachtposten von deutschen Landsknechten (»Lanzichenecchi« in der italienischen Lautumschreibung, daher der Name Lanzi) ein. Später wurde aus der Loggia eine offene Skulpturenbühne, die bis auf den heutigen Tag dekorativen Funktionen und festlichen Ereignissen dient. – Außen über den Arkaden befinden sich allegorische Figuren der Kardinaltugenden (Tapferkeit, Maß, Gerechtigkeit und Klugheit; auf der Hauptfassade) und der theologischen Tugenden (Hoffnung, Glaube und Liebe; auf der Seite), nach Entwürfen von Agnolo Gaddi von 1384 bis 1389 geschaffen.

Die *Statuen im Innern der Halle* bilden eine beachtliche Sammlung. Vielleicht fällt uns zuerst der ›*Perseus mit dem Haupt der Medusa*‹, das Meisterwerk des Benvenuto CELLINI

(1545-1554) ins Auge. Es stellt in gewissem Sinn das Gegenstück zur ›Judith‹ des Donatello gegenüber am Palazzo dar: dort die strahlende »gute Frau« aus der Bibel siegreich über den männlichen Feind, hier der Mann aus der griechischen Mythologie über die »böse Frau« als Gegnerin. Man kann nun über den angeblich ewigen Kampf der Geschlechter philosophieren und darin ›Machismo‹ oder Feminismus bestätigt sehen. Statt solch ein delikates Thema zu vertiefen, will ich lieber auf das Kunstwerk verweisen, die Feinheit der Ausführung und die Sicherheit der Komposition bei einem so grausamen Sujet. Hinter dem ›Perseus‹ treten die anderen Werke zurück: zwei Löwen, der eine aus der Zeit der griechischen Klassik, der andere eine Kopie des 16. Jahrhunderts von Flaminio Vacca; der ›*Raub der Sabinerinnen*‹ von GIAMBOLOGNA, eine Marmorgruppe, an der wohl der Künstler zunächst sein Können (l'art pour l'art) demonstrieren wollte und die Fähigkeit, männliche, jugendliche Kraft und weibliche Schönheit, dramatische Bewegung mit stilistischer Eleganz darzustellen – denn der Titel scheint erst später aufgesetzt zu sein; ›*Herkules kämpft mit dem Kentauren Nessus*‹ von GIAMBOLOGNA (1599); ›Menelaus mit der Leiche des Patroklos‹, Kopie nach einem griechischen Original; ›Raub der Polyxena‹ von Pio Fedi (1866), und sechs antike Frauenstatuen, unterschiedlich in der Qualität.

Palazzo Vecchio

Unser Rundgang durch den Palazzo Vecchio läßt uns gleich erstaunen. Wir haben den rangersten Palazzo von Florenz von außen als festungsartig abweisendes Mauerwerk kennengelernt, in dem sich Strenge und Schönheit der Stadt, Stolz und Festigkeit ihrer Bürger auf einzigartige Weise verkörpern, der den Aufstieg von Florenz zu Macht und Größe einläutete und die Jahrzehnte der Hochblüte in Kunst und Kultur begleitete. Der 94 Meter hohe, wagemutig auf ältere, bis zum Erdboden reichende Stützmauern aufgesetzte und ein wenig aus der Mitte (nach rechts) verschobene Turm (von 1310; mit einer Uhr von 1667) schien uns die Macht des Florentiner Gemeinwesens vom 14. bis zum 16. Jahrhundert zu verkünden, Symbol des stets nach Höherem strebenden Sinnes der Florentiner zu sein. Die Baugeschichte des Palazzo entspricht der turbulenten Stadtgeschichte jener Zeit: 1298 wohl von dem berühmten Arnolfo di Cambio (bis 1314) begonnen, der jedoch zugleich die Arbeiten am Dom zu leiten hatte, wird der Stadtpalast dann von mehreren Bauherren und Architekten (Michelozzo, Vasari, Del Tasso, Buontalenti) weitergeführt, umgebaut und vergrößert; solch ein Bau entsteht nicht aus einem Guß. Er wird der Amts- und Wohnsitz der Zunftmeister (Priori) und des Gonfaloniere, also der Magistrats-Regierung der Republik, der Signoria – der Name bezeichnet also auch das ganze Florentiner Staatswesen. In der republikanisch-demokratischen Zeit wurde er auch Palazzo del Popolo und del Comune genannt; vielleicht gerade weil in Wirklichkeit die Macht nicht mehr vom Volk ausgeübt wurde, sondern von den Medici, die in ihrem eigenen Stadtpalast residierten. Erst Cosimo I. nahm keine Rücksicht mehr auf demokratischen Schein und zog 1540 in diesen Hauptpalast der Stadt, nunmehr Palazzo Ducale, den er jedoch später wieder verließ, um in den prächtigeren und weitläufigeren Palazzo Pitti überzuwechseln. Im 19. Jahrhundert, vor der Einigung Italiens, die mit der Annexion des Kirchenstaates des Papstes abgeschlossen wurde, war der Palazzo Vecchio zeitweilig Sitz der italienischen Regierung, der Abgeordnetenkammer und des Außenministeriums (1848-1871).

All diese eindrucksvollen Daten sind uns bewußt; doch als erstes stoßen wir nach dem Eingang im Innenhof auf ein reizendes Bübchen mit Flügeln und einem Delphin in den Händen, den ›Genietto‹ (Kleinen Genius) des VERROCCHIO (1476, Kopie), der in seiner graziösen Unschuld einen starken Kontrast zu den respektgebietenden Mauern bildet. Er steht auf einem schmucken, wohlproportionierten Brunnen, der die Mitte des Innenhofes bildet. Diesen gestaltete Michelozzo 1470 neu, und 1565 wurden für die Hochzeit Francescos de' Medici mit Johanna von Österreich die Säulen geschmackvoll dekoriert und achtzehn Bilder von großen Städten der Habsburger Monarchie an die Wände gemalt. In einer Nische die Marmorgruppe ›Samson und der Philister‹ von Perino da Vinci; die Waffenkammer neben dem Innenhof ist der einzige Raum, der aus dem 14. Jahrhundert erhalten ist.

Über die große feierliche Treppe des Vasari (1560-1563) gelangt man im ersten Stock in den **Salone dei Cinquecento** (Saal der Fünfhundert), einen riesigen Raum (53,70 Meter lang, 22,40 Meter breit und 18,70 Meter hoch), von Simone del Pollaiolo (genannt Cronaca) von 1494 bis 1496 angelegt; Savonarola hielt hier eine der ersten Reden. Früher schmückten die Wände zwei berühmte Gemälde, die ›Badenden Soldaten‹ von Michelangelo und die ›Reiterschlacht‹ von Leonardo da Vinci, die jedoch beide nicht mehr erhalten sind. Die Decke zeigt mit reichem Schmuck in neununddreißig Feldern allegorische Darstellungen und Szenen aus der Geschichte der Stadt Florenz und ihrer Herrscher, der Medici. Eine Querwand beherrscht MICHELANGELOS berühmte Marmorgruppe ›**Vittoria**‹ (Genio della Vittoria, Genius des Sieges). Sie war wahrscheinlich für das Grab Papst Julius' II. in Rom geplant und wurde von 1532 bis 1534 (vor dem Altargemälde der Sixtinischen Kapelle des Vatikans) ausgeführt. Der jugendliche Sieger triumphiert in dem Schwung von Bewegung und Gegenbewegung, in der Anmut des heldenhaft schönen Körpers über den bärtigen Alten, dessen Gesichtsausdruck von der Niederlage geprägt ist. Die Statue beweist die souveräne, sichere Meisterschaft des Künstlers in der Bearbeitung des Marmors, zeigt die Ausdruckskraft, die Michelangelo dem Stein abringen konnte. Daneben stehen in den Seitennischen römische Statuen, Ganymed, Merkur, Apollo und Bacchus – die Nähe zu Michelangelos Werken bekommt den meisten Skulpturen nicht besonders gut. Gemälde, Fresken, Statuen (die des Herkules von Vincenzo de'Rossi) und Wandteppiche bilden den überreichen Schmuck des Salone. Auffällig dekoriert ist auch der *Audienz-Saal* genannte, gegenüberliegende und erhöhte Teil des Saals der Fünfhundert. Hier stehen in den Nischen Statuen der Medici: Cosimo I., Papst Leo X. (Giovanni), Giovanni delle Bande Nere, Alessandro, Papst Clemens VII. (Giulio), Francesco I., in stark idealisierender Darstellung. Besonders schön sind die Türen mit Intarsienarbeiten von Francione und Giuliano da Maiano (1481; vor allem Statuen des Dante und des Petrarca) und über der Tür die Statue der Gerechtigkeit von Benedetto da Maiano (1478).

Vom Salone (rechts vom Eingang) tritt man direkt in das **Studiolo di Francesco I.**, das kleine, von Vasari entworfene und mit Gemälden, Fresken und Statuen geschmückte Arbeitszimmer des Großherzogs Francesco I. An diesem Schatzkästlein der Florentiner Spätrenaissance haben bedeutende Maler (Poppi, Santi di Tito, Naldini) und Bildhauer (GIAMBOLOGNA: ›Äolus‹ oder kleiner Apollo) gearbeitet. Über eine Geheimtreppe kommt man in den Tesoretto, eine kleine Studierstube mit Deckenmalereien von Schülern Vasaris.

Vom Salone dei Cinquecento ist das *Quartiere di Leone X.*, die Räume Leos X., des bedeutenden Medici-Papstes, zugänglich: der Saal und die Kapelle mit reichem Freskenschmuck und vielen Portraits; es schließen sich an: der Saal Papst Clemens' VII. (Giulio de' Medici), Gabinetto, Sala di Giovanni delle Bande Nere, Sala di Cosimo il Vecchio, Sala di Lorenzo il Magnifico und die Sala del Duca Cosimo I. Auf der anderen Seite des Salone befinden sich der Ricetto, eine Vorhalle am Ende der Treppen, die Sala degli Otto di Pratica und die Sala del Dugento mit dem ›Bad des Cosimo‹.

Im zweiten Stock berührt unser Rundgang die *Sala dei Gigli* mit einem großen Fresko des Ghirlandaio (1481-1485); die *Cancelleria,* den Kanzleisaal des Sekretärs der Republik, mit einer Büste des Niccolò Machiavelli und dem Original des ›Genius mit Delphin‹ von Verrocchio (Kopie im Hof), die *Guardaroba,* den Garderobenraum mit schönen Holzschränken, die zweite, so genannte *Sala dell' Udienza* mit einer reichgeschnitzten Decke (von Giuliano da Maiano) und dekorativen Fresken (darunter Figuren von Domenico Ghirlandaio), die *Cappella della Signoria* mit einem großen Fresko des Ridolfo Ghirlandaio; ferner die Räume der Eleonora von Toledo *(Quartiere di Eleonora di Toledo),* der früh (1562) verstorbenen Herzogin, mit der Camera di Gualdrada (das Deckenfresko des Schlafzimmers zeigt die schöne Florentinerin, die sich weigert, Kaiser Otto IV. zu küssen, weil dies ihrem Mann vorbehalten sei), der *Camera di Penelope* (Mythos des Odysseus), der *Camera di Ester* oder Speisesaal (Apollo-Kopf und schönes Waschbecken), der *Salotta* mit interessanten geschichtlichen Darstellungen, der *Camera delle Sabine* (Deckengemälde: die Sabinerinnen schlichten den Streit zwischen ihren Männern und den Römern), der *Camera Verde,* dem Grünen Zimmer, mit einem anliegenden Schreibraum, der *Cappella di Eleonora* (die Gemälde sind ein Meisterwerk des Bronzino); weiter das sogenannte *Quartiere degli Elementi,* die Räume der Elemente, die von Vasari und seinem Schüler Gherardi (1556-1566) ausgemalt wurden, mit der ›Sala degli Elementi‹ (allegorische Darstellungen von Feuer, Wasser, Luft und Erde im manieristischen Stil), dem Loggiato di Saturno (von der Terrasse schöner Blick über Florenz), der Camera di Ercole (Szenen aus dem Mythos des Herkules), den Sälen der Juno, des Jupiter, der Kybele (Opi) und der Ceres sowie einem kleinen Schreibzimmer. Vom Ballatoio aus steigt man vorbei an dem ›Alberghettino‹, einem ironisch »kleines Hotel« genannten Gefängnisraum, in dem Cosimo der Ältere vor seiner Verbannung (1433) und Savonarola (8. April bis 23. Mai 1498) eingekerkert waren, zum *Turmzimmer* hinauf, von dem sich ein herrlicher Rundblick über Florenz bietet.

Für den gründlichen Besucher des Palazzo blieben noch das *Quartiere del Mezzanino* mit wertvollen Gemälden, ein Zwischengeschoß, das entstand, als Michelozzo Decken des ersten Stockwerkes tiefer legte – im Salone dei Cinquecento zog man sie um sieben Meter höher gegenüber dem ursprünglichen Niveau ein –, und die *Collezione Loeser* (mit Bildern und Skulpturen von toskanischen Künstlern des 14. bis 16. Jahrhunderts). Hätte der Besucher am Schluß das Gefühl, ein Labyrinth durchwandert zu haben, er bräuchte sich nicht zu wundern. Freilich – er hat noch längst nicht alles gesehen.

Die Franziskaner in Florenz – Santa Croce

Nicht ein einziges Mal haben wir uns über die Piazza der Kirche Santa Croce nähern können, ohne daß nicht Jungen auf dem Pflaster Fußball gespielt hätten. Die Piazza mit den Stadthäusern ringsum gehört der Jugend von Florenz, und jeder Besucher sollte auf herumfliegende Bälle achten, die Köpfe gefährden und Beine ins Stolpern bringen – gerade wenn man sehr aufmerksam in die Lektüre eines Buches vertieft ist. Das Fußballspiel hier hat eine Tradition, die jeden Engländer, der seiner Nation die Erfindung dieses Wettkampfes zuschreibt, vor Neid erblassen läßt: Schon im Jahr 1530 wird ein Fußballspiel bezeugt, das man auch auf dem zugefrorenen Arno betrieb. Nach dem Ersten Weltkrieg erinnerte man sich daran und führt seitdem den ›Calcio in Costume‹, ein Fußballspiel in Kostümen, auf, und zwar jeweils im Juni am ersten oder zweiten Sonntag, sowie am 24. und 28. dieses Monats, als Wettstreit zwischen den historischen Quartieri. An den restlichen Tagen des Jahres suchen sich die Florentiner Jungen in dieser Sportart zu vervollkommnen. Denn Santa Croce ist ein Viertel des Florentiner Volkes, das hier auf der Piazza seit altersher seine Feste feiert und Umzüge (Giostre) veranstaltet, das den Franziskanern, den Ordensleuten des heiligen Franziskus, die seit 1221 hier eine ihrer wichtigsten und würdigsten Niederlassungen in Italien haben, auf dem Platz oder in der Kirche bei der Predigt zuhört und sich von den Fremden nicht vertreiben läßt.

Wenn es nach dem Willen des heiligen Franz von Assisi und seiner gestrengen Schüler gegangen wäre, so brauchte man für eine Kirche nicht mehr als eine Halle oder, noch einfacher, eine Scheune, in der die Menschen zusammenkommen und, geschützt vor Wind und Wetter, der Predigt der Bettelmönche lauschen. Aber jene Minderen Brüder, die hier die Kirche Santa Croce (Heilig Kreuz) bauen ließen, hielten sich zum Glück nicht so genau an die Bettel-Armut ihres Ordensgründers, hatten für ihre etwas großzügigere Observanz auch die Erlaubnis der Päpste, und beauftragten 1294 die – uns unbekannten – Architekten, an der Stelle einer vom heiligen Franziskus gegründeten Kapelle einen würdigen Bau im Geist des Franziskus zu errichten, wenn auch nicht ganz nach dem Buchstaben der Ordensregel. Als Santa Croce 1443 eingeweiht wurde, war auch Papst Eugen IV. anwesend, wie schon bei der Weihe des Florentiner Domes 1436. Die Parallele in der Bauzeit beider Kirchen ist also offensichtlich. Daß Arnolfo di Cambio wie am Dom und am Palazzo Vecchio auch hier mitgewirkt habe, ist eher unwahrscheinlich.

Eine mittelalterliche gotische Hallenbasilika der Bettelorden-Architektur also betritt der Besucher, nachdem er draußen die Fassade des 19. Jahrhunderts mit ihren reichen Gliederungen durch verschiedenfarbigen Marmor im Stil der alten Zeit und den Campanile, ebenfalls aus dem 19. Jahrhundert, betrachtet hat. Den Charakter eines hellen, lichten Raumes haben auch Anbauten und Restaurierungen nicht verändert. Das dreischiffige Innere, der offene Dachstuhl mit bemalten Balken, die Reihe der achteckigen Pfeiler, die sich zu weiten Öffnungen hochschwingen, die Glasfenster, die zwischen 1320 und 1450 eingesetzt wurden – alles zusammen bildet eine der schönsten Kirchen Italiens. Zugleich hat Santa Croce eine stattliche Größe mit 115,43 Meter Länge, 38,23 Meter Breite im Langhaus und 73,74 Meter Breite im Querschiff.

Aber die Kirche ist nur Rahmen. Nicht nur für Gottesdienst und Predigt der Franziskaner, die Santa Croce wie ihren Augapfel hüten und um sie ebenso besorgt sind wie um ihre Heiligtümer in Assisi – welcher Schmerz für sie die Überschwemmung von 1966, die Kirche und Konvent von Santa Croce besonders schwer heimsuchte! Die Kirche gibt den Rahmen ab auch für zahlreiche bedeutende Kunstwerke sowie für Grab- und Denkmäler hervorragender Florentiner und Italiener. Denn, so schreibt Ferdinand Gregorovius, der große deutsche Italien-Reisende des 19. Jahrhunderts: »Santa Croce ist ein Pantheon der würdigsten Art. Die Kirche ist von einer ernsten und düsteren Feierlichkeit, wahrlich eine große Totenhalle, die kein denkender Mensch ohne Ehrfurcht betreten wird.« Gregorovius fügt zwar kritisch hinzu: »Es sind Denkmäler der größten Männer von Florenz und mittelmäßige Werke der Epigonen. Da erkennt man, daß es die Aufgabe einer großen Zeit ist, selbständige Ideen zu schaffen, die einer kleinen Zeit, Monumente zu setzen. Doch preisen wir immerhin ein Volk glücklich, dessen Künstler nicht aufhören, seiner einstigen Größe Denkmäler zu errichten und das Andenken von Männern zu verewigen, welche große und freie Bürger waren.«

Die Grabmäler

Darf ich deshalb aus Respekt vor den bedeutenden Söhnen einer großen Stadt und eines großen Landes zwei Rundgänge durch Santa Croce vorschlagen, einen ersten kürzeren, zu diesen *Grab- und Denkmälern* der bekannteren Männer, einen zweiten dann zu den *Kunstwerken?*

Gegenüber dem ersten Pfeiler im **rechten Seitenschiff** sehen wir das *Grabmal Michelangelos* (von Vasari, 1570), über dessen Gestaltung es in Florenz viele Diskussionen gab und das zu zeigen scheint, daß die Bildhauerkunst ihren genialsten Meister verloren hat. Denn die allegorischen Figuren der Malerei, Skulptur und Architektur können es mit den Werken Michelangelos, die wir andernorts in Florenz finden, nicht aufnehmen. Sie liefern nur der Überlegung Stoff, auf welchem Gebiet Michelangelo seine Kunst am gewaltigsten entfaltet hat. Dies war auch der Grund für den langen Streit unter den Florentinern, in welcher Kunstgattung Michelangelo zu ehren sei. Würde die Dom-Pietà hier an der richtigen Stelle stehen? Ein Sarkophag aus grauem Marmor trägt des Künstlers Büste mit dem unverkennbaren Gesicht. – Daneben etwas weiter vorn der gewaltige *Kenotaph des Dante Alighieri* (von Ricci), mit dem die Florentiner den größten Dichter der italienischen Sprache, den sie verbannt hatten, der 1321 in Ravenna starb und dort begraben liegt, etwas spät ehren wollten; spät aber auch deshalb, weil sie nie genau wußten, wie sie diese Ehrung gestalten sollten. Einmal erbot sich Michelangelo, »dem göttlichen Poeten sein passend Grab zu machen«. Aber dies schlugen die Florentiner aus; schade. Deshalb auch die Inschrift: »Dem Dante Alighieri errichteten die Toskaner ein ehrendes Denkmal, das die Vorfahren dreimal vergeblich dekretiert hatten, glücklich im Jahre 1829.« – Wieder etwas weiter nach vorn zum Altar hin das *Grabmal des Dichters Vittorio Alfieri* (1749-1803) von Canova (1810), der die Italiener für die Ideale von Freiheit und Nation begeisterte; die Statue der trauernden ›Italia‹, weil Italien Anfang des vorigen Jahrhunderts beides nicht besaß. – Wieder einige Schritte weiter stehen wir vor dem *Grabmal für Niccolò Machiavelli* (1469-1527), den Politiker, Historiker und Pathologen der Macht, von Spinazzi 1787 errichtet, mit der nichtssagenden Inschrift »Tanto nomini nullum par elogium«, Einem so großen Namen wird kein Grabspruch gerecht. Fiel den Florentinern nichts besseres ein, als daß ihnen nichts einfiel, oder soll es ein Hinweis darauf sein, vor jeder Würdigung oder Kritik Machiavellis seine Werke zu lesen? Was im übrigen großes Vergnügen in dieser Stadt mit ihrem genius loci bereitet. – Vor dem Querschiff drei weitere Gedenkstätten: zunächst das Grab des Humanisten, Historikers und Kanzlers der Republik Florenz, *Leonardo Bruni* (1369-1444), der zu seiner Zeit weltbekannt war; Bernardo Rossellino schuf hiermit den Prototyp des Florentiner Renaissance-Grabmals. Dann das Denkmal für den Komponisten *Gioacchino Rossini* (1792-1868), der nicht eigens vorgestellt zu werden braucht, dessen Melodien hier wohl einen heiteren Gegensatz bewirken würden. Und schließlich das Grab des italienischen Dichters *Ugo Foscolo* (1778-1827) von A. Berti (1938).

Wenn wir zum **linken Seitenschiff** hinübergehen, stehen wir an dem vordersten Pfeiler links vor dem Denkmal für *Leon Battista Alberti* (1404-1472), dem Baumeister von bahnbrechender Bedeutung und Schriftsteller von universalem humanistischen Geist, der als Kunsttheoretiker der Renaissance maßgebend war. An der Wand das Denkmal für den Komponisten *Luigi Cherubini* (1760-1842), der bedeutende Werke für die Kirchenmusik schuf. Etwa in der Mitte des linken Seitenschiffs das Denkmal für den Humanisten und Sekretär der Republik *Carlo Marsuppini* (1398-1453) von Desiderio da Settignano, eines der schönsten Grabwerke des 15. Jahrhunderts. Schließlich das Denkmal des *Galileo Galilei* (1574-1642), des großen Physikers und Astronomen, eines der Begründer der modernen Naturwissenschaft, der unter dem besonderen Schutz der Großherzöge der Toskana stand. Wie der Zufall Kombinationen schafft: Galilei wurde zwei Tage vor dem Tod Michelangelos geboren und starb am Tag der Geburt Newtons.

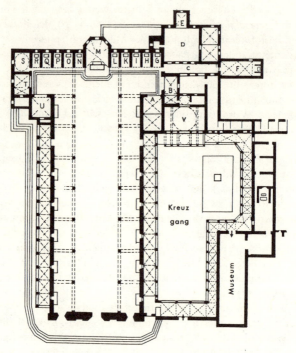

Santa Croce, Grundriß

- A Cappella Castellani
- B Cappella Baroncelli
- C Sakristei-Korridor von Michelozzo
- D Sakristei
- E Cappella Rinuccini
- F Cappella de'Medici
- G Cappella Velluti
- H Cappella Calderini
- I Cappella Giugni
- K Cappella Peruzzi
- L Cappella Bardi
- M Kapelle des Hauptaltars
- N Cappella Tosinghi e Spinelli
- O Cappella Capponi
- P Cappella Ricasoli
- Q Cappella Pulci e Beraldi
- R Cappella Bardi di Vernio
- S Cappella Niccolini
- T Cappella Bardi
- U Cappella Salviati
- V Cappella de'Pazzi

Die Kunstwerke

Bei diesem ersten Rundgang durch Santa Croce gewinnen wir den Eindruck, daß zumeist die Männer, deren gedacht wurde, die Künstler überragen, die ihre Grab- und Denkmäler erstellten. Bei unserem zweiten Defilee durch die Kirche wird es umgekehrt sein: Die Kunstwerke übertreffen in der Mehrheit das Lebenswerk der in den einzelnen Kapellen Bestatteten, für die es eine Ehre war, in Santa Croce ihre letzte Ruhe zu finden, während Männer wie Michelangelo, Dante und Galilei dieses Pantheon erhöhen. Allerdings ist nicht gering zu schätzen, daß die Familien der Bestatteten durch ihre Stiftungen die Kunstwerke finanziell ermöglichten. Fangen wir also wieder am Eingang an: Am ersten Pfeiler rechts über dem Weihwasserbecken ein Relief von Antonio ROSSELLINO: ›Madonna del latte‹ (1478). Am dritten Pfeiler rechts die berühmte achteckige Marmorkanzel von BENEDETTO DA MAIANO (1472-76) mit Szenen aus dem Leben des heiligen Franz und allegorischen Figuren. An der Wand des rechten Seitenschiffs in einer Nische das herrliche, anmutige ›Verkündigungs‹-Relief in Sandstein von DONATELLO (1435). Im rechten Querschiff rechts die Cappella Castellani mit Fresken (Heiligenleben) des AGNOLO GADDI und seiner Schüler sowie einem schönen Tabernakel von MINO DA FIESOLE. Daneben die Cappella Baroncelli mit dem Familiengrab (1328); TADDEO GADDI, ein Schüler des Giotto, schuf die ›Propheten‹ (außen) und die Fresken des ›Marienlebens‹ (im Innern), die sein Meisterwerk bilden. – Durch eine Tür von Michelozzo geht man in den Korridor, den ebenfalls Michelozzo anlegte, zur Sakristei mit kostbaren Schränken der Renaissance und einer ›Kreuzigung‹ des TADDEO GADDI. Hinter der Sakristei die Cappella Rinuccini aus dem 14. Jahrhundert mit Fresken von GIOVANNI DA MILANO. – Am Ende des Sakristei-Korridors die Cappella del Noviziato oder dei Medici, die MICHELOZZO für Cosimo den Älteren 1445 erbaute (über dem Altar eine ›Madonna‹ von ANDREA DELLA ROBBIA, 1480).

Vom Korridor zurückgekehrt steht man vor der Reihe der Kapellen, einschließlich der des Hochaltars, die den krönenden

Abschluß des Hauptschiffes bilden. Zunächst die Cappella Velluti mit beschädigten Fresken eines Cimabue-Schülers (›Erzengel Michael‹) und der ›Marienkrönung‹ des GIOTTO, dann die Cappella Calderini oder Riccardi, die Cappella Giugni oder Bonaparte (Gräber der Bonaparte-Familie); die Cappella Peruzzi mit vorzüglichen Fresken des GIOTTO, an der rechten Wand Szenen aus dem Leben Johannes des Evangelisten, an der linken Johannes des Täufers, die von den Malern der Renaissance, von Masaccio und Michelangelo, bewundert und gründlich studiert wurden; auch die Cappella Bardi trägt Fresken des GIOTTO, die zu seinen reifsten und bedeutendsten Werken gehören: Legenden des heiligen Franz von Assisi werden mit unverkennbarer Kraft und Feinheit dargestellt; auch die Kapelle des Hauptaltars ist ganz mit Fresken verschiedener Meister des 14. Jahrhunderts (Agnolo Gaddi, Giovanni del Biondo und anderen) ausgeschmückt, über dem Altar ein Kreuz aus der Giotto-Schule; es schließen sich an die Kapellen der Tosinghi-Spinelli (auch Sloane), der Capponi (oder der heiligen Anna), der Ricasoli (oder des heiligen Antonius von Padua), der Pulci und Beraldi (Bardi di Libertà), der Bardi di Vernio (der heilige Sylvester), der Niccolini, der Bardi (der ›Gekreuzigte‹ aus Holz, der Donatello zugeschrieben wird, erregte die kritische Bemerkung des Brunelleschi, der Künstler habe einen Bauern ans Kreuz gehängt; Brunelleschi selbst schuf für Santa Maria Novella ein – wie er hoffte – schöneres Kruzifix) und die Cappella Salviati.

Die Pazzi-Kapelle

Rechts neben der Kirche ist der Eingang zum ersten Kreuzgang von Santa Croce (Ende des 14. Jahrhunderts) mit der Pazzi-Kapelle, die als eigenständiger Komplex innerhalb des Konvents besondere Aufmerksamkeit verdient. Ihre Bedeutung verdankt sie dem architektonischen Genie des BRUNELLESCHI, der hier von 1430 (oder 1443) an bis zu seinem Tod 1446 für Andrea de' Pazzi als Grabkapelle der Pazzi und zugleich als Kapitelsaal der Franziskaner-Brüder von Santa Croce einen der ersten und reinsten Bauten der Renaissance errichtete. Vom Kreuzgang aus erschließt sich die Harmonie der Außenseite mit der von Säulen getragenen Vorhalle und der Kuppel. Die Vorhalle ist im Gebälk mit einem Fries aus kleinen Medaillons mit Engelköpfen (von DESIDERIO DA SETTIGNANO) geschmückt, in der Halbkuppel des Portikus mit schönen Rosetten von LUCA DELLA ROBBIA, von dem auch das ›Andreas-Relief‹ (1445) über den Holztüren stammt; diese Tore schuf GIULIANO DA SANGALLO (1470-1478). Das Innere wirkt als zentraler Raum mit klaren, schönen Gliederungen durch Pilaster, angedeuteten Nischen, Rundungen und Tonnengewölben, obwohl die Kapelle um den Altarraum erweitert ist. Die vier Terrakotta-Medaillons in den Zwickeln mit sitzenden Evangelisten sind von LUCA DELLA ROBBIA geschaffen, ebenso die 12 Apostel-Tondi.

Das Museum

Das Museum von Santa Croce, das im Refektorium des Konvents untergebracht ist, erlitt bei der Überschwemmung von 1966 besonders schwere Schäden, die nur langsam durch gründliche Restaurierungsarbeiten an Gemälden, Fresken und Statuen behoben werden konnten: Im Refektorium das riesige 120 cm große ›Letzte Abendmahl‹ von TADDEO GADDI mit anderen Heiligendarstellungen; von demselben Künstler ›Die Grablegung‹. Beachtenswert sind außerdem ein ›Gekreuzigter‹ von CIMABUE, ein meisterliches Spätwerk, stark beschädigt; ein Bronzestandbild des DONATELLO ›Der heilige Ludwig‹ (1423); ein Fresko des DOMENICO VENEZIANO, ›Die Heiligen Johannes der Täufer und Franziskus‹; ›Krönung Mariens‹ von MASO DI BANCO sowie ›Stigmata‹, eine Terrakottagruppe von ANDREA DELLA ROBBIA.

Wir sollten nach der Besichtigung des Museums noch einmal in die Kirche zurückkehren und als letzten Eindruck von Santa Croce den des Raumes auf uns wirken lassen, des gewaltigsten aller Bettelordenkirchen. Die Größe der Architektur, das Gedenken verdienter Männer, die einzelnen Schöpfungen hervorragender Künstler verbinden sich in Santa Croce zu einem Glücksfall der abendländischen Kunst.

Die Dominikaner –
zwischen Santa Maria Novella und San Marco

Wir widmen dieses Kapitel – und den Rundgang – den Dominikanern, dem großen Predigerorden der katholischen Kirche, dem Ordo Predicatorum (Abkürzung OP) und seinem Wirken in Florenz. Zusammen mit den Franziskanern haben die Dominikaner vom 13. Jahrhundert an für lange Zeit, vor allem bis zur Reformation im 16. Jahrhundert, nicht nur das religiöse, sondern auch das geistige und kulturelle Leben in den europäischen Städten – und in den italienischen im besonderen – entscheidend mitgeprägt. Es lohnt sich deshalb auch ein Blick auf den Ordensgründer Dominikus, der 1170 als Sohn der altkastilischen Familie Guzman im spanischen Caleruega geboren wurde, 1215 im südfranzösischen Toulouse eine Ordensgemeinschaft gründete, dann nach Italien kam, 1221 in Bologna starb, dort in der Kirche San Domenico begraben liegt und schon 1234 heiliggesprochen wurde. Ihm werden Organisationstalent und Geschick in der Menschenführung nachgesagt, kluger Verstand und herzliche Frömmigkeit. Er war, wie allgemein im Mittelalter berichtet wird, das Muster eines Seelsorgers, der den Menschen zugetan war und deshalb auch das kirchliche Leben im geistig aufgewühlten 13. Jahrhundert – das Mittelalter neigt sich langsam dem Ende zu – erneuerte. Doch seine Bedeutung geht über den Raum der Kirche hinaus. Das Wirken der Dominikaner-Brüder trug zum Aufschwung der Städte und zu einem neuen Selbstbewußtsein der Städter bei, weil die Prediger ganz konsequent ihre Hauptsorge nicht mehr der Landbevölkerung zuwandten, sondern den Menschen in den rasch wachsenden Stadtsiedlungen. Durch ihre geistliche und geistige Bildung weckten sie die Kräfte der aufstrebenden bürgerlichen Schichten und befruchteten das öffentliche Leben. Zugleich – und das darf für die Entwicklung des Abendlandes und der europäischen Wesensart nicht verschwiegen werden – sorgten die Bewegung, die der heilige Franz von Assisi entfachte, und sein Orden der minderen Brüder (OFM, Ordo Fratrum Minorum) dafür, daß sich das Verhältnis der mittelalterlichen Menschen zu Armut und zu den sozial Schwächeren wandelte. Arm und schwach zu sein bedeutete, freilich in einem langen Entwicklungsprozeß, nicht mehr, außerhalb der Gesellschaft zu stehen und als Verstoßener zu gelten. Das soziale Elend wurde langsam in das Gemeinwesen der Bürger integriert; damit war ein Weg für seine Überwindung gewiesen, der in den kommenden Jahrhunderten in Europa grundsätzlich nicht mehr aufgegeben werden sollte.

Die Dominikaner gelten freilich auch als der Orden der Inquisition, als der Affront in der Ordenskutte gegen Religions- und Gewissensfreiheit. Auf manche mag daher das Wort Inquisition wie ein rotes Tuch wirken. Da soll keine Schönfärberei betrieben werden. Es handelt sich hier nicht um eine Apologie für die Ordens-Prediger in ihren weißschwarzen Gewändern. Die historischen Fragen über die Inquisition sind viel zu schwierig und zu komplex, als daß sie hier auch nur angerührt werden sollen. Aber wir wollen alle, die Unvoreingenommenen und jene, die den Dominikanern wenig gewogen sind, »hinter das rote Tuch« schauen und betrachten, was dieser Orden Großes und Schönes in Florenz hervorgebracht oder ins Werk gesetzt hat. Dazu sind wir fast verpflichtet, nachdem wir Santa Croce, die Kirche des Bettelordens des heiligen Franz, so intensiv in Augenschein genommen haben. Wir wollen es uns weder mit den einen noch mit den anderen verderben. Wenn wir zu den Konventen von *S. Maria Novella* und *San Marco* den *Bezirk von Santissima Annunziata* hinzunehmen, so geschieht dies, weil sich da ein geistiger Bogen schließt und wir durch den Besuch dieser drei Kirchen (mit kleinen Ergänzungen) erfahren, daß der Dom als geistliches Zentrum der Stadt zwar alle überragt, doch nicht alles in den Schatten stellt.

Piazza S. Maria Novella

Für viele Besucher von Florenz ist S. Maria Novella die erste Begegnung mit der Stadt und ihrer Kunst. Sie kommen mit der Eisenbahn an und nehmen vielleicht den wohlklingenden Bahnhofsnamen »Firenze Santa Maria Novella« mit Erstaunen zur Kenntnis. Die Stazione Centrale trägt ihn, nicht nur weil sie neben der Kirche liegt, sondern auch auf dem Gelände des ehemaligen Dominikanerklosters – eine kleine Entschädigung für die Enteignung des weiten Besitzes der Mönche im 19. Jahrhundert. Wir können uns eine Vorstellung von der Größe des Grundbesitzes machen, wenn wir im Westen des Bahnhofs die Oricellari-Gärten in der gleichnamigen Via degli Orti Oricellari aufsuchen und im Nordosten die ehemalige Festung, Fortezza da Basso. Die heutigen *Orti Oricellari* neben dem Palazzo Venturi-Ginori sind ein Teil jenes Gartengeländes, in dem Bernardo Rucellai 1498 die berühmte Florentiner Akademie der Philosophen, die ›Accademia Platonica‹, einrichtete. Papst Leo X. und Kaiser Karl V. versäumten es nicht, bei ihrem Aufenthalt in Florenz, der erste 1516, der zweite 1530, die intellektuelle Weihestätte der damaligen Zeit aufzusuchen. In der Mitte des Gartens steht eine gewaltige, 8,40 Meter hohe Statue des Polyphem von Antonio Novelli, einem Schüler des Giambologna. Von dort zur *Fortezza da Basso* oder Fortezza di San Giovanni Battista zu laufen, ist ziemlich weit, und wir ziehen deshalb vor, die Entfernung auf dem Stadtplan zu kontrollieren. Die ausgedehnte mächtige Bastion ließ Alessandro de' Medici nach seiner Rückkehr nach Florenz und seiner Proklamation zum Herzog (1530) anlegen, um seine Macht in der Stadt zu festigen. Das fünfseitige eindrucksvolle Bollwerk in Ziegelsteinen wurde 1534 von Antonio da SANGALLO entworfen und von 1534 bis 35 unter Leitung von Pier Francesco da Viterbo und Alessandro Vitelli ausgeführt.

Die *Piazza Santa Maria Novella* gehört zu den suggestivsten Plätzen der Stadt. Vielleicht liebe ich sie besonders, weil ich hier nach der Reise mit dem Zug Florenz zum ersten Mal betrat, weil ich hier bei dem ersten Aufenthalt für einige Zeit in einer kleinen Pension ein Zimmer bezog, um die Florentiner »Wunder-Blumen« kennenzulernen, und morgens mich der Platz begrüßte und abends wieder entließ. Der Kiosk, der die Zeitungen in der Früh bereithielt, die Bar, die in glühend heißer Sommernacht vor dem Verdursten rettete, die Geschäfte, die für den täglichen Bedarf gerade recht waren, sind mir gut bekannt. Ihre Besitzer haben zum Teil gewechselt; die Vertrautheit ist geblieben. Die Anziehungskraft des Platzes hat seitdem nichts an Wirkung eingebüßt. Ich mag die Piazza zu allen Tageszeiten, ruhig und geschäftig, bei Regen und bei Sonnenschein, so wie die Zuneigung zu liebgewonnenen Personen und Dingen ist, denen man häufig begegnet. Ich habe mich immer gewundert über die *Colonna della Croce al Trebbio,* eine Granitsäule mit einem schönen gotischen Kapitell, das mit den Symbolen der Evangelisten und einem Häuschen für ein Kreuz aus der Pisanischen Schule auf der Spitze geschmückt ist; sie steht so unvermittelt, etwas versteckt im Gewirr der Gassen hinter dem Platz, wo fünf Straßen zusammenkommen, die Via del Trebbio sowie je zweimal die Via del Moro und die Via delle Belle Donne – Florenz tut recht daran, eine Straße nach den schönen Frauen zu benennen, und meint damit natürlich die Florentinerinnen; aber ein höflicher Florentiner hat nichts dagegen, wenn sich Touristinnen hier heimisch fühlen. Die Säule wurde 1338 errichtet, doch eine Inschrift spielt auf ein Blutbad im Jahr 1244 an, dessen Umstände nicht ganz klar sind.

Die Piazza selbst wird ganz von der Fassade der Kirche S. Maria Novella beherrscht. Dennoch werfen wir einen kurzen Blick auf die gegenüberliegende *Loggia di San Paolo,* an der Südseite des Platzes, die nach dem Vorbild der Loggia degli Innocenti des Brunelleschi, der Vorhalle bei der Kirche SS. Annunziata, von 1489 bis 1496 erbaut wurde; wie jene ist diese hier mit Terrakotta-Medaillons, darunter dem bekannten vom Treffen zwischen den beiden Ordensgründern Franziskus und Dominikus, geschmückt. Wir mustern auch noch rasch auf dem fünfeckigen, belebten Platz die beiden Marmorobelisken mit Bronzelilien auf der Spitze, die von vier Schildkröten, Werken des Giambologna (1608), gestützt werden; diese Obelisken markieren die Wendepunkte für den ›Palio dei Cocchi‹, ein Wagenrennen, das zum ersten Mal 1563 hier stattfand und von dem uns der französische Philosoph und spätere Bürgermeister von Bordeaux Michel de Montaigne aus eigenem Augenschein während einer Reise eine fesselnde Schilderung gibt: »Dieses Schauspiel bereitete mir mehr Vergnügen als irgendein anderes, welches ich in Italien sah, wegen der Ähnlichkeit mit den antiken Wagenrennen.«

Santa Maria Novella

Nun aber zur Kirche, einem der bedeutendsten und an Kunstwerken reichsten Gotteshäuser in Florenz. Von diesem Kloster, dem »herrlichen Hort des Predigerordens«, sagt ein Chronist des 15. Jahrhunderts: »Es ist wunderbar im Reichtum seiner Gebäude, in der Kostbarkeit seines Schmuckes, im Adel seiner Brüder, in der großen Zahl der sittlich Vollkommenen und im Reichtum seiner Studien.« Viel davon sehen wir auch heute noch. Es wird überliefert, daß S. Maria Novella an der Stelle des Oratoriums Santa Maria delle Vigne aus dem 10. Jahrhundert errichtet und im 11. und 12. Jahrhundert von verschiedenen Architekten immer wieder erweitert wurde. 1219 kamen die ersten Dominikaner-Prediger nach Florenz, auch Dominikus selbst war zeitweilig in der Stadt. 1221 fanden sie in Santa Maria ihre endgültige Heimstätte. Bald setzten sie ihren ganzen Ehrgeiz darein, ihre Kirche größer und schöner zu gestalten, durch Baumeister aus dem Orden selbst, wie Fra Sisto und Fra Ristoro, Fra Jacopo Talenti da Nipozzano und Fra Giovanni da Campi. Um 1360 war die Kirche in den wichtigen Teilen fertiggestellt. Freilich noch nicht die *Fassade*. Sie wurde erst um 1470 beendet, zu einer Zeit also, als man die romanisch-gotischen Stilelemente des mittelalterlichen Baues in der unteren Zone mit den neuen der Renaissance verbinden mußte. Der Patrizier Giovanni Rucellai gab dazu den Auftrag. Er fand dafür, wie schon bei der Loggia dei Rucellai und den Edicola del Santo Sepolcro, den großen Humanisten und Architekten – er war nach den heutigen Modeworten auch Designer und Stylist – LEON BATTISTA ALBERTI. Man sieht deshalb auf dem Fries des trennenden Architravs in der Mitte das Familienwappen der Rucellai, die geblähten Segel. Bevor wir uns in die Einzelheiten der Fassade vertiefen, sollten wir sie uns einmal – des Kontrastes halber – als bloßes Mauerwerk aus Ziegelsteinen vorzustellen versuchen und sie dann langsam verkleiden, mit dem verschiedenfarbigen Marmor der Inkrustationen, mit den unterschiedlichen einfachen geometrischen Formen, mit Blendbögen, Tonnengewölben und Spitzbögen für die Nischengräber,

Eckpilastern, Halbsäulen und verkröpftem Gebälk, mit dem oberen dreieckigen Giebel und den seitlichen Voluten, die zum Vorbild für die Kirchen der Renaissance und des Barock wurden (zum Beispiel für Il Gesù in Rom). Wenn wir so das Werk des Architekten nachvollziehen, wird uns bewußt, wie schwierig die Aufgabe war und wie gut sie gemeistert wurde.

Die Harmonie, die der Fassade zukommt, finden wir in dem *dreischiffigen Inneren* wieder, freilich hier zwischen den aufsteigenden gotischen Baugliedern und dem weit sich dehnenden einheitlichen Raum, dessen Länge von 99,20 Metern durch die enger werdenden Wölbungen der Pfeiler (von 15 Meter auf 11,40 Meter) perspektivisch noch größer erscheint. Die stattliche Breite von 28,30 Metern (im Querschiff 61,54 Meter) verleiht dem gotischen Raum erdnahe Festigkeit. Für den *Rundgang* fasse ich mich kurz (Grundriß Seite 204): Über dem Portal in der Lünette ein Fresko ›Geburt Christi‹ (nach Filippo Lippi), in der Rosette, der ältesten von Florenz (um 1365), Krönung Mariens (A, B). Die *Seitenaltäre* sind mit Gemälden und Fresken bedeutender Künstler geschmückt und beherbergen die Gräber berühmter Florentiner: Der erste (auf der rechten Seite, C): ›Martyrium des Laurentius‹ von Macchietti (1573); der zweite (D): Grabmal der Beata Villana von Rossellino (1451). – Vom 6. geht man in die *Cappella della Pura* (E): Von dem Gnadenbild der ›Madonna mit Kind und der heiligen Katharina‹ sagt das Volk, Maria habe – just im Jahre 1472 – zwei spielenden Kindern zugerufen, sie sollten sich waschen; deshalb diente dieses Bild früher den Müttern in Florenz als Erziehungsmittel für ihre Kinder; heute brauchen sie dazu kein Gnadenbild mehr, die Fernsehwerbung hilft ihnen. Von hier aus gelangt man auch in den alten Friedhof rechts neben der Kirche (F), der uns wohl schon draußen wegen seiner Stille inmitten des hastigen Verkehrs auffiel, mit würdigen Grabmälern. Rechts im *Querschiff* der Kirche das Grabmal des Patriarchen Joseph von Konstantinopel (G), der nach dem Konzil von Florenz hier 1440 starb.

Das Florentiner Konzil

Es ist jammerschade, daß ein solcher Reiseführer wegen des begrenzten Raumes nicht längere Exkurse zuläßt. Denn es wäre hier der Ort, sich eingehender mit jenen neun Jahren zu beschäftigen, als Florenz, nicht Rom, der Mittelpunkt der Christenheit war. Ein kleiner Ausflug in die Geschichte sei daher gestattet. Vom 29. Mai des Jahres 1434 bis zum 28. September 1443 nahm Papst Eugen IV. (Pontifikat von 1431 bis 1447) in Florenz seine Residenz, nachdem schon Papst Martin V. hier zwei Jahre (1419/20) geweilt hatte. Eugen IV., 1383 als Sohn einer vornehmen, alteingesessenen Familie in Venedig geboren (Gabriele Condulmer), ist uns schon bei der Weihe des Domes und von Santa Croce begegnet. Es waren turbulente Zeiten in der Mitte des 15. Jahrhunderts, *für den Papst,* weil er von Reformkonzilien, einem Gegenpapst, dem letzten der Geschichte, Felix V., dem Herzog Amadeus VIII. von Savoyen, den römischen Adelsgeschlechtern und darüber hinaus von Nepotismus, Amtsmißbrauch und allgemeinen Mißständen in der Kirche bedrängt wurde, *für das Abendland,* weil der Islam und die Türken anstürmten und bald, 1453, Konstantinopel, die letzte Zufluchtsstätte des orientalischen Christentums, zu

Fall bringen würden, ohne daß Okzident und Orient eine wirkliche Einigung erzielen oder sich auf Hilfe verständigen könnten, *für Deutschland,* weil religiöse Streitigkeiten immer heftiger auftraten und die Kaiserkrone 1437/38 von den Luxemburgern auf die Habsburger überging, und *für Italien,* das von den Rivalitäten der regierenden Fürsten und der eifersüchtigen Republiken bestimmt war.

Inmitten all dieser Probleme vollzog sich beharrlich der Aufstieg der Stadtrepublik Florenz, die geschickt in all den Wirren ihre wirtschaftlichen und finanziellen Interessen verfolgte. Es war kein Zufall, daß Eugen IV. in all seinen Schwierigkeiten, aber eben doch als das Oberhaupt der damals noch einigen Christenheit, Florenz als Papstsitz auswählte. Wir gehen auch nicht zu weit in der Annahme, daß finanzielle Zusicherungen der Medici-Bankiers für die Verlegung der päpstlichen Residenz und die am 16. Januar 1439 erfolgte Einberufung des allgemeinen *Konzils* nach Florenz eine entscheidende Rolle spielten. Um welch glänzende Veranstaltung es sich bei diesem Florentiner Konzil handelte, zeigen die berühmtesten Teilnehmer: der byzantinische Kaiser Johannes VIII. Palaiologos, der Patriarch von Konstantinopel, Joseph II., der Erzbischof Isidor von Kiew, Kardinal Nikolaus von Kues, der bedeutende Humanist Kardinal Bessarion von Nikäa, Kardinal Giuliano Cesarini, der Erzbischof von Ephesus und die Vertreter der Patriarchen von Alexandrien, Antiochien und Jerusalem.

Die theologische Frage, über die man sich damals einigen wollte, erscheint nicht einfach, weder uns heute noch den Gläubigen zu allen Zeiten. Es ist wohl das komplizierteste Stück christlicher Theologie, obgleich es im Zentrum des Glaubens sitzt. Es ist die Lehre von der Dreifaltigkeit, der Trinität, von dem einen Gott in drei Personen. Die klügsten Theologen haben in allen Jahrhunderten darüber nachgedacht, haben ihre Erkenntnisse in Formeln und dogmatische Sätze gebracht und sind dann doch zu der Weisheit letztem Schluß gekommen, es sei ein unaussprechbares Geheimnis. So weit so gut, für den Gläubigen wie für den Nicht-Glaubenden. Aber es gab eben Zeiten, wo man sich darüber nicht nur den Kopf zerbrach, sondern sich auch die Köpfe deswegen einschlug, immer dann, wenn eine Partei meinte, die andere würde mit ihren Ansichten gegen dieses Mysterium – und vielleicht auch gegen ganz anders geartete Interessen der ersten Partei verstoßen. So schwelte jahrhundertelang zwischen den Christen lateinischer Sprache, die um den Papst geschart waren, und den Griechen ein Streit darüber, wie der Heilige Geist aus den beiden anderen göttlichen Personen hervorgehe. Die Lateiner meinten, ganz schematisch ausgedrückt, aus dem Vater und dem Sohne, ex Patre Filioque procedit, wie das Glaubensbekenntnis besagt, die Griechen stellten sich vor, aus dem Vater durch den Sohn. Beide Seiten einigten sich in eleganter Weise, daß nämlich jeder sich bei ein und derselben Formulierung das Seine dachte. Ein Scheinfriede. Einen fragwürdigen Kompromiß fand man auch für die uns schon etwas realer anmutende Stellung des Papstes – über, neben oder unter dem Konzil –, ein Kontroversthema, das auch auf dem Zweiten Vatikanischen Konzil die Gemüter bewegt und entzweit hat. Hier statuierte das Florentiner Konzil: »Der Apostolische Stuhl und der Papst besitzt den Primat über den gesamten Erdkreis; der Papst ist als Nachfolger Petri und Stellvertreter Christi Haupt der ganzen Kirche, Vater und Lehrer aller Christen, mit der Gewalt, die ganze Kirche zu leiten, gemäß den Akten und Canones der alten Konzilien.« Auch hier waren die Anschauungen verschieden. Die Lateiner verstanden den letzten Zusatz nur als Erklärung, die Griechen jedoch als Einschränkung, nur wenn der Papst in Übereinstimmung mit den Konzilien handle, komme ihm diese Gewalt zu.

Das war vor der Reformation, vor der Eroberung Konstantinopels, vor dem Dreißigjährigen Krieg. Inzwischen sind wir bei der Behandlung religiöser Fragen etwas klüger geworden. Oder nur indifferenter? Könnten wir mit Fug und Recht vor einem überzeitlichen Tribunal uns vor den damaligen Konzilsteilnehmern in die Brust werfen und sie stolz belehren, es sei recht töricht, worüber sie sich damals gestritten hätten? Viel plausibler sei, weshalb die Menschen und Völker im 20. Jahrhundert aneinandergeraten wären? Wir müssen uns in den Kirchenbänken von Santa Maria Novella wohl mit einem Seufzer über die Geschichte begnügen und, bevor wir unseren

Rundgang fortsetzen, eine zeitgenössische bunte Schilderung über die Sitzung vom 6. Juli 1439 lesen, in der die im Original noch erhaltene Unionsbulle ›Laetentur Coeli‹ (die Himmel mögen sich freuen) von Kardinal Cesarini in der lateinischen, von Kardinal Bessarion, dem Erzbischof von Nikäa, in der griechischen Fassung verlesen wurde; das lateinische Dokument trägt 115, das griechische 33 Unterschriften, an der Spitze die des Kaisers: »Der Platz des Kaisers war, wo die Epistel gelesen wird, am Hauptaltar, und da waren auch alle griechischen Geistlichen. Aus aller Welt war man nach Florenz gekommen, um dieser festlichen Handlung beizuwohnen. Der Stuhl, dem päpstlichen Thron gegenüber, war mit schwerem Seidenstoff überdeckt. Der Kaiser in reichem griechischem Gewand von Brokatdamast mit einem Hütchen, dessen Spitze ein großer Edelstein zierte; er war ein sehr schöner Mann mit einem Bart nach griechischer Sitte; um seinen Sitz viele edle Männer in reichster griechischer Kleidung, die Gewänder von ernstem, würdigem Schnitt, sowohl bei Geistlichen wie bei Laien; es war wunderbar, die feierliche Haltung zu sehen und zu hören, wie das Evangelium in beiden Sprachen gelesen wurde.«

Daß die Anwesenheit von 700 Griechen in Florenz, für deren Unterhalt der Papst aufkommen mußte und dank der Kreditwilligkeit der Medici auch konnte, das Studium des klassischen griechischen Altertums und seiner Sprache nicht wenig gefördert hat, noch bevor der Fall Konstantinopels viele griechische Gelehrte in die Emigration in den Okzident trieb, hat uns in dem Kapitel über die Geistesgeschichte der Toskana schon interessiert. Wir nehmen daher unseren Rundgang durch Santa Maria Novella jetzt wieder auf.

Die Kapellen

In der Cappella Rucellai (rechts im Querschiff, H) eine Bronzegrabplatte für den Dominikaner-General Dati von Lorenzo GHIBERTI (1425) und eine Marmorstatue ›Madonna mit Kind‹ von NINO PISANO. – VASARI schuf 1570 die ›Rosenkranzmadonna‹ in der Cappella dei Bardi (I). – Die Cappella di Filippo

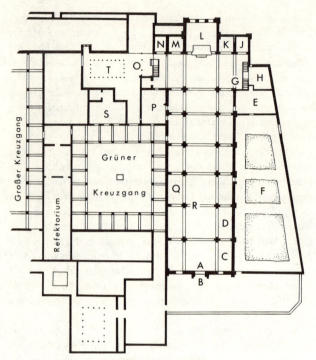

Santa Maria Novella, Grundriß

Strozzi (K), des maßgeblichen Bauherrn der Kirche, ragt durch Fresken von FILIPPINO LIPPI (1497-1502) hervor; – die Kapelle des Hochaltars (L) durch Fresken von Domenico GHIRLANDAIO (Szenen aus dem Leben Johannes' des Täufers und der Maria) und ein Bronzekruzifix des GIAMBOLOGNA. – In der Cappella Gondi (M) das berühmte Holzkruzifix des BRUNELLESCHI (zwischen 1410 und 1425), das der Künstler als Gegenstück zu dem Kruzifix des Donatello in Santa Croce ohne übertreibenden Realismus schuf.

In der Cappella Gaddi (N) ›Jesus erweckt die Tochter des Jairus‹ von BRONZINO. – Nardo di Cione schuf 1357 die Fresken (Themen aus Dantes Göttlicher Komödie), die leider in schlechtem Zustand sind; in der erhöht liegenden Cappella Strozzi (O) das Altarbild ›Erlöser und Heilige‹ von Andrea ORCAGNA. – In der Sakristei (P) ein marmornes Waschbecken, ein meisterliches Werk von Giovanni della Robbia, und über der Tür ein gemaltes Kruzifix von Giotto. – Am 3. Altar im linken Seitenschiff (Q) die ›Dreifaltigkeit‹, ein Fresko des MASACCIO (1426/27), das wegen seines intensiven Ausdrucks, der vollkommenen perspektivischen Darstellung und der plastischen Gestaltung mit Hilfe von Farbe und Licht zu den besten unter den Werken des Meisters gehört. Gegenüber am Pfeiler eine Marmorkanzel (R), die Brunelleschi entwarf und Buggiano ausführte.

Die Besichtigung von Santa Maria Novella sollte auch die Kreuzgänge und die dabeiliegenden Kapellen miteinbeziehen (Eingang links von der Fassade): Der *Chiostro Verde* hat seinen Namen Grüner Kreuzgang von dem grünen Farbton der von Paolo Uccello geschaffenen, jedoch verlorenen Fresken. – Im Refektorium Paolo UCCELLOS Meisterwerke ›Sintflut‹ und ›Opfer Noahs‹. – Vom Großen Kreuzgang aus kann man (mit Sondererlaubnis) zur Cappella dei Papi mit Fresken von Pontormo im ersten Stock hinaufgehen.

Zu den großartigsten Gemälden des 14. Jahrhunderts in Italien zählen die Fresken der Spanischen Kapelle, des *Cappellone degli Spagnuoli* (S), die nach 1340 von Jacopo Talenti als Kapitelsaal des Dominikaner-Klosters erbaut und von Eleonora von Toledo, der Gemahlin Cosimos I., ihrem spanischen Gefolge (daher der Name) für Gottesdienste überlassen wurde. ANDREA DA FIRENZE schuf die Malereien nach dem Thema, das ihm der Prior Jacopo Passavanti vorgegeben hatte: »Der Dominikanerorden und der neue offene Weg zum Heil«. Der Künstler verband Szenen aus der Heiligen Schrift, Heiligenlegenden und die allegorischen Darstellungen der menschlichen Wissenschaften miteinander. Die Kultur des 14. Jahrhunderts wurde von dem Maler in ähnlicher Weise verherrlicht wie die des 16. Jahrhunderts auf den Fresken Raffaels in den Stanzen des Vatikan. Den Rundgang schließt ein Besuch des ›Kleinen Kreuzgangs der Toten‹, *Chiostrino dei Morti* (T), mit der ›Totenkapelle der Strozzi‹ (Cappella funeraria degli Strozzi) ab.

Das ›Abendmahl‹ des Perugino und des Castagno

Der Kontrast ist groß. Nach der Geschichts- und Kunstmächtigkeit von Santa Maria Novella kehren wir zurück in das Treiben der Stadt, den Verkehr um die Stazione Centrale an der Piazza dell'Unità Italiana, die Geschäftigkeit des Mercato Centrale in der Via dell'Ariento mit den von Waren überquellenden Ständen des Marktes auf der Straße. Oder zuvor an der benachbarten Via Faenza in die kleine Welt eines ehemaligen Klosters von Franziskanerinnen aus Foligno, in dem sich im Refektorium des Konvents des heiligen Onophrius das ›Abendmahl‹ von PERUGINO befindet; daher der Name *Cenacolo di Foligno*, Das Abendmahl von Foligno. Während der Überschwemmungen von 1966 erlitt es erhebliche Beschädigungen. Perugino stellte sich mit diesem Werk den Darstellungen des letzten Abendmahls Jesu Christi mit seinen Jüngern von Andrea del Castagno und von Ghirlandaio in Florenz ebenbürtig zur Seite.

Eben dieses ›Letzte Abendmahl‹ des ANDREA DEL CASTAGNO finden wir in dem *Refektorium des Benediktinerinnen-Klosters der hl. Apollonia,* in der Via XXVII Aprile Nr. 1, das lange Zeit wegen der Klausur-Bestimmungen der Nonnen unzugänglich war, doch jetzt als Museum eingerichtet ist. Dieses Fresko nimmt einen ehrenvollen Platz in der Renaissance-Malerei ein: Die genaue perspektivische Darstellung und die realistische, körperlich wirkende Zeichnung der Personen (vor allem des Jesus und des allein sitzenden Judas) verleihen dem Bild eine intensive Dramatik. Beachtenswert sind außerdem ›Kreuzigung‹, ›Grablegung‹ und ›Auferstehung‹, ebenfalls von CASTAGNO. Das ehemalige *Kloster Santa Apollonia* daneben in der Via San Gallo, das 1808 aufgelöst wurde, dann als Militär-Magazin diente und jetzt Universitäts-Instituten Raum gibt, verdient einen Besuch wegen der Kirche und des schönen Kreuzgangs mit eleganten Säulen aus dem 15. Jahrhundert.

San Marco

Wir halten uns nun nicht länger auf und gehen zum zweiten Konvent der Florentiner Dominikaner, nach San Marco. 1436, im Jahr der Weihe des Domes, übertrug Papst Eugen IV. den Dominikanern von Fiesole die Kirche von San Marco, die zuvor von Silvestriner-Mönchen geleitet worden war. Cosimo der Ältere stellte großzügige Schenkungen bereit und ermöglichte dadurch den Predigerbrüdern einen tiefgreifenden Umbau der Kirche und den Bau eines Klosters, den MICHELOZZO maßgeblich bestimmte (1437-1452). Doch kamen die Arbeiten nicht zum Abschluß, so daß die Fassade erst 1780 angefügt wurde, was der *Kirche* ein uneinheitliches Äußeres gibt. Im Innern der Kirche sind einige Kunstwerke beachtenswert, so ein ›Gekreuzigter‹ aus der Schule des Giotto, in der Mitte der Fassaden-Innenseite, ›Madonna mit Kind‹ von FRA BARTOLOMEO (1509) und ›Betende Madonna‹, ein Mosaik aus dem Oratorium Papst Johannes VII. zu Rom (705-707). *Das Kloster* von San Marco ist vor allem durch den Dominikaner-Mönch und Maler **Fra Angelico** (um 1400 bis 1455) berühmt. Den Fra Giovanni, den Bruder Johannes, der dann auch als Prior die Gemeinschaft leitete, holte Cosimo der Ältere aus dem Kloster der Dominikaner zu Fiesole in den Stadtkonvent San Marco. Hier malte der Bruder von 1436 bis 1445, also während der Bauarbeiten, die Zellen und Räume aus, so daß wir ein sozusagen natürliches Museum vor uns haben. Mit dem Maler FRA BARTOLOMEO (1472-1517), der durch die aufrüttelnde Predigt und den Tod des Priors von San Marco, Savonarola, so tief erschüttert wurde, daß er der weltlichen Kunst – wie vor ihm auch Botticelli – entsagte, in den Predigerorden eintrat und dann fast ausschließlich fromme Themen für Altargemälde malte, ist ein weiterer Dominikaner in San Marco vertreten.

Von diesem Dominikaner-Konvent gingen in der zweiten Hälfte des 15. Jahrhunderts und in der ersten des 16. Jahrhunderts stärkere religiöse und geistliche Impulse aus als von Santa Maria Novella. Neben dem Beato Angelico, der von Papst Johannes Paul II. zum Patron der Künstler erhoben worden

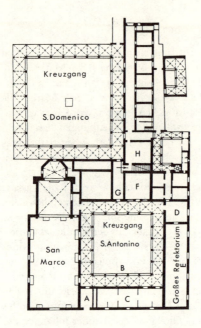

San Marco, Grundriß

ist, lebten hier auch der später heiliggesprochene Antoninus, der dann Erzbischof von Florenz wurde, und als Prior Savonarola, der für kurze Zeit durch seine ergreifenden Bußpredigten, die Kunst der Menschenführung und Organisationsgeschick Florenz in ein Kloster, in eine theokratische Republik verwandelte. Ein Rundgang durch das Kloster-Museum mit der herrlichen Sammlung von Gemälden und Fresken macht uns mit dem geistlichen Leben der Dominikaner jener Zeit vertraut, mit ihren künstlerischen Interessen und ihrer geistigen Kultur, durch die sie stets besonders die Gebildeten und Angehörigen der höheren Schichten der Stadt anzogen. Vor allem lernen wir jedoch Fra Angelico in seiner Reife kennen, seiner mittleren Schaffenszeit nach seinem gotisierenden Stil und vor der klassischen römischen Phase. Das **Museum** um den Kreuzgang des heiligen Antoninus (B) enthält fast hundert Werke des Fra Angelico, Fresken in den Zellen und Sälen sowie Tafelbilder.

Die Hauptwerke sind: *im Erdgeschoß* links neben dem Eingang (A) der ›Altar der Leinweber‹ (Tabernacolo dei Linaioli) mit der ›Madonna dei Linaioli‹ (1433); rechts in den Räumen des Pilgerhospizes (C) die berühmte ›Kreuzabnahme‹ (1435) und das ›Jüngste Gericht‹ (1430); schräg gegenüber dem Eingang ein ›Ecce homo‹ der Passion Jesu; in der Sala dei Lavabo (D) ein großes Tafelbild ›Madonna mit der heiligen Anna und anderen Heiligen‹ des FRA BARTOLOMEO, 1510; im Kapitelsaal (F) eine ›Kreuzigung‹ mit biblischen Figuren, den Schutzheiligen der Medici und bedeutenden Männern der Kirche; vor dem Kapitelsaal im Kreuzgang ›Der heilige Dominikus zu Füßen des Kreuzes‹; in dem kleinen Refektorium (H) eine berühmte Abendmahls-Darstellung von GHIRLANDAIO, ähnlich der bei der Kirche Ognissanti.

Im ersten Stock liegen mehr als vierzig Zellen, die Fra Angelico selbst und zusammen mit seinen Schülern mit Fresken geschmückt hat. Sein Stil ist auf allen Gemälden und Fresken unverkennbar. Das Strenge, Starre und Steife der mittelalterlichen Heiligen verwandelt er ins Zarte, Sanfte und Liebliche. Unschuld und Frömmigkeit zeichnen seine Heiligen aus, die jedoch unmerklich ganz menschliche Züge annehmen. Der Mensch erscheint dadurch verklärt, das Irdische trägt die Spuren und den Hinweis auf das Himmlische. Es gibt kaum eine innigere Darstellung der ›Verkündigung‹ als die des Fra Angelico (im dritten Raum links nach der Treppe). Vielleicht fällt es zuerst schwer, Zugang zu der tiefen, naiven Gläubigkeit des Ordensbruders zu finden, zu der christlichen Welt ohne Zweifel und Skepsis. Aber wer sich etwas Zeit nimmt für die zarte Schönheit der Gestalten und das milde Licht der Verklärung für die Heiligen, für die Farbenklänge von Rot, Blau und Gold, dem sollte es gelingen. In der ›Wohnung des Priors‹ wird das Andenken des Savonarola geehrt, in einer anderen Zelle das des Erzbischofs Antoninus von Florenz. Zwei Zellen zur Kirche hin erinnern an *Cosimo den Älteren,* der als Herr der Stadt öfter hierher zu Betrachtung und Gebet kam. Der große Saal der *Bibliothek* mit kostbaren Manuskripten, Meßbüchern und Bibeln beeindruckt durch seine strenge Architektur; er ist ein edles Werk des MICHELOZZO (1444).

Piazza della SS. Annunziata

Es gebe kaum eine innigere malerische Darstellung der ›Verkündigung‹ als die des Fra Angelico in San Marco, hieß es gerade. Dieses Thema entfaltet sich nun architektonisch im Bezirk von SS. [Santissima] Annunziata, kaum 250 Meter von den Dominikanern entfernt. Wir lassen für diesmal die Universität (gegenüber von San Marco) und die Galleria dell' Accademia (mit den berühmten Skulpturen) aus und gehen geradewegs durch die Via Battisti zur Piazza della SS. Annunziata, einem geräumigen, harmonischen, regelmäßig abgesteckten Platz, auf dem das Reiterstandbild des Großherzogs Ferdinando I. – es ist das letzte Werk des GIAMBOLOGNA und wurde von seinem Schüler Tacca vollendet – und zwei Brunnen (mit Meerestieren in Bronze; von Tacca, 1629) stehen. Der Platz wirkt vor allem durch die ihn flankierenden Gebäude: die Kirche SS. Annunziata an der Stirnseite mit einer schönen Vorhalle, rechts der Portikus des **Ospedale degli Innocenti,** des Findelhauses, das Werk des BRUNELLESCHI, links die korrespondierenden Kolonnaden der *Confraternità dei Servi di Maria* (von Antonio da SANGALLO und Baccio d'Agnolo) und der *Palazzo Grifoni* (von AMMANNATI).

Sicher ist die Piazza der Annunziata einer der harmonischsten, sorgfältigst gestalteten Plätze von Florenz. Auf drei Seiten wird sie von Arkaden flankiert und abgeschlossen, die zu verschiedenen Zeiten errichtet wurden, doch zueinander in Beziehung stehen. Vorhalle (Loggia) und Kirche des *Ospedale degli Innocenti* kennzeichnen den Beginn der Renaissance-Architektur in Florenz. Die Zunft Por Santa Maria o della Seta, der Seidenhändler und Seidenschneider, ein feiner Berufszweig also, deren Wappen ein Portal ziert, erteilte 1419 dem Architekten BRUNELLESCHI den Auftrag, ein Findelhaus zu errichten. Unerwünschte Kinder waren ein Problem, mit dem fertig zu werden die Stadt nicht allein den meist armen Müttern überlassen wollte. Den Frauen, die unerkannt ihre Neugeborenen ins Waisenhaus bringen mußten oder dorthin retten wollten, war die Möglichkeit gegeben, diese in eine ›Ruota‹, einen drehbaren Holzzylinder am Ende der Säulen-

FINDELHAUS

halle zu legen. Diese Kinder wurden Innocenti, Unschuldige, genannt, weil sie für ihr Schicksal wirklich nicht verantwortlich waren, und in abschreckender Erinnerung an den Kindermord von Bethlehem: Unerwünschte Kinder sollten nicht getötet werden. Die Bauleitung des Findelhauses wechselte zu Francesco della Luna, nachdem die Loggia nach den Plänen Brunelleschis praktisch fertiggestellt war. Diese *Loggia* mit ihren harmonischen, von Säulen getragenen Bögen macht den Ruhm des Ospedale aus. Der vollkommenen Architektur entsprechen in den Zwickeln der Arkaden zehn Medaillons mit hübschen Kindern, von denen einige noch mit Windeln umwickelt sind. Diese Figuren aus Terrakotta schuf ANDREA DELLA ROBBIA. Durch die Vorhalle gelangt man zur *Kirche Santa Maria degli Innocenti,* weiter zu einem Kreuzgang, den ebenfalls Brunelleschi entwarf. In der Lünette der Verbindungstür zur Kirche sehen wir eine Terrakotta-Plastik, die das Thema unseres ›Bezirkes‹ der Annunziata wiederholt: Verkündigung Mariens. Von diesem Kreuzgang aus gelangt man zu einem sehr interessanten Museum, das die *Raccolta di Affreschi staccati,* die Sammlung der abgenommenen Fresken, und die *Galleria dell' Ospedale* beherbergt. Entlang den Korridoren am Kreuzgang sind Fresken ausgestellt, die man aus verschiedenen Gründen von ihrem ursprünglichen Ort entfernt hat: Werke verschiedener Florentiner Künstler, unter anderem von Poccetti, Bicci di Lorenzo, Lorenzo Monaco, Allori, Rosselli, des Ghirlandaio, Fra' Bartolomeo, Perugino und della Robbia. – Von der Galleria, die Bilder, Skulpturen, Miniaturen und Möbel vom 14. bis zum 18. Jahrhundert ausstellt, sind die Werke des Giovanni del Biondo, Rossellino, Benedetto da Maiano, vor allem jedoch des Ghirlandaio und des Andrea del Sarto und die Terrakotta-Madonna des Luca della Robbia besonders beachtenswert.

Den stattlichen *Palazzo Riccardi-Manelli,* früher Grifoni, haben sich die Provinzverwaltung von Florenz und die Regionalregierung der Toskana als repräsentativen Sitz erwählt. Der dreigeschossige Bau gibt mit seiner schönen Fassade gegenüber der Kirche der Annunziata dem Platz einen klaren Akzent. Ugolini Grifoni, ein reicher Beamter unter Großherzog Cosimo I., beauftragte Bartolomeo AMMANNATI, über alten Häusern einen Palazzo zu errichten. Dieser Aufgabe entledigte sich Ammannati von 1557 bis 1563 hier mit Geschick. Wir wissen vom Neptunsbrunnen auf der Piazza della Signoria, daß er nicht immer eine so glückliche Hand hatte.

Nun lassen wir uns nicht länger ablenken vom Platz, dem Spedale, dem Palazzo, von der Universität mit ihren verschiedenen Fakultäten, an denen wir vorbeigingen, und den großartigen Museen in der Nähe, San Marco, der Galleria dell'Accademia mit den weltberühmten Skulpturen und dem Komplex des Archäologischen Museums (Museo Archeologico) in der vom Platz abgehenden Via della Colonna. Wegen dieser Ansammlung ›geistiger Einrichtungen‹ stellen manche den Bezirk von SS. Annunziata als das geistig-intellektuelle Zentrum der Stadt heraus, gegenüber der religiösen Mitte (mit dem Dom) und der weltlichen (mit dem Palazzo Vecchio). Wir wenden uns der Kirche SS. Annunziata im Nordosten des Platzes zu.

Santissima Annunziata

Die Kirche der »Heiligsten Verkündigung« entstand zuerst um 1250 als Oratorium des Serviten-Ordens und wurde zwischen 1444 und 1481 von MICHELOZZO völlig neu gestaltet. Sie gilt als Meisterwerk, obwohl oder weil der Grundriß von Kirche und Kloster so unregelmäßig ausfällt. Ein Blick auf den Plan überzeugt sofort davon. Das Langhaus mit Seitenkapellen geht in eine große runde Chorkapelle über. Überall bestehen Anbauten. Zugleich enthält die Kirche zahlreiche Kunstwerke. Wir betreten zunächst einen siebenbogigen *Portikus,* der von Säulen mit eleganten korinthischen Kapitellen getragen wird. Vier Tore öffnen sich, links zum Chiostro dei Morti (Kreuzgang der Toten) an der Sagrestia della Madonna vorbei, rechts zur Cappella Pucci oder di San Sebastiano, die beiden mittleren zum *Chiostrino dei Voti* (nach den hier aufgehängten Votivtafeln der Gläubigen), errichtet von Manetti (1447) nach Entwürfen von Michelozzo. Die *Fresken* dieses Chiostrino (kleinen Kreuzgangs) aus dem frühen 16. Jahrhundert sind berühmt. Wir finden (von rechts beginnend) Meisterwerke von ROSSO FIORENTINO ›Aufnahme Mariens‹ (1517), von PONTORMO ›Heimsuchung‹ (1516), von FRANCIABIGIO ›Vermählung Mariens‹ (1513); (den Kopf Mariens zerstörte der Künstler aus Zorn, weil die Mönche sich das Bild vor seiner Vollendung ansahen; niemand wollte den Schaden beheben oder traute sich zu, es würdig zu tun!); von MICHELOZZO ein Marmorrelief der Madonna, von ANDREA DEL SARTO ›Geburt der Maria‹ (1514), eine der besten Arbeiten des Künstlers, und ›Ankunft der Drei Könige‹, und von BALDOVINETTI ›Geburt Jesu‹ (1460-62).

Im *Innern* der Kirche steht links neben dem Eingang ein Marmor-Tempelchen, das im Auftrag Piero de' Medicis nach Entwürfen MICHELOZZOS für das **Gnadenbild der Verkündigung** errichtet wurde. Die Legende erzählt uns, ein Mönch sei, als er dieses Bild im 13. Jahrhundert malte, aus Verzweiflung über seine geringe Kunst, eine wunderschöne Madonna darzustellen, eingeschlafen und ein Engel habe das Gesicht Mariens vollendet; noch heute kommen die Jungvermählten aus Florenz hierher, und die Braut läßt ihr Blumensträußchen der Madonna zurück. Viele Glückstränen haben wir hier schon fließen sehen, und weil nicht alle jungen Brautpaare nach Florenz zu der Verkündigungsmadonna kommen können, gibt es viele Kopien dieses Gnadenbildes in ganz Italien.

Darf ich hier einen kleinen kunst-theologischen Exkurs über die Verkündigung Mariens einschieben? Generationen von Künstlern haben in Europa jahrhundertelang gerade diesem Thema unendlich viele Darstellungen gewidmet, die zu dem menschlich liebenswürdigsten und künstlerisch bezauberndsten gehören, was die Weltkunst hervorgebracht hat. Es mag eine persönliche Bevorzugung sein, doch die Skulpturen und Gemälde der Verkündigung schauen wir uns von den religiösen Themen der abendländischen Kunst neben den Gruppenbildern aus dem Stall von Bethlehem am liebsten an. Die Martyriums-Szenen der Bibel und der Heiligen mögen den Künstlern gewaltigere, eindrucksvollere Entfaltungsmöglichkeiten geben. Doch menschlich geht uns die Verkündigung näher. Vielleicht haben wir die Verse aus dem Lukas-Evangelium in der Übersetzung von Martin Luther noch präsent: »Und im sechsten Monat ward der Engel Gabriel gesandt von Gott in eine Stadt in Galiläa, die heißt Nazareth, zu einer Jungfrau, die vertraut war einem Mann mit Namen Joseph vom Haus David; und die Jungfrau hieß Maria. Und der Engel kam zu ihr hinein und sprach: ... siehe Du wirst schwanger werden und einen Sohn gebären, dessen Namen sollst Du Jesus heißen ... da sprach Maria zu dem Engel: wie soll das geschehen, da ich doch von keinem Mann weiß? Der Engel antwortete und sprach zu ihr: der Heilige Geist wird über Dich kommen, und die Kraft des Höchsten wird Dich überschatten ...« An diesen Sätzen haben sich Phantasie und Schaffenskraft der Künstler, der Maler und Bildhauer, entzündet. Sie wollten darstellen, wie das Göttliche dem Menschlichen begegnet, wie der Bote der himmlischen Welt zu dem unbekannten Mädchen tritt, wie die junge Frau zum Werkzeug Gottes wird, indem »Maria sprach: Siehe, ich bin des Herrn Magd: mir geschehe, wie Du gesagt hast.« Oft sind die Werke der alten Meister von einer so unschuldigen Frömmigkeit, daß es uns schwerfällt, nicht an die Verkündigung der göttlichen Botschaft an den Menschen zu glauben, an den neuen Beginn der Geschichte Gottes mit dem Menschen, wie es uns nach dem christlichen Verständnis im Neuen Testament der Heiligen Schrift berichtet wird. Die Künstler haben nicht wenig dazu beigetragen, daß diese Kunde im Bewußtsein der Menschen wach bleibt.

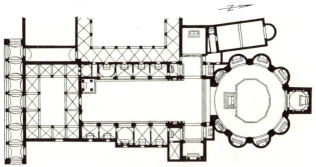

SS. Annunziata, Grundriß

Nach solch frommen Gedanken erschließt sich uns die Kirche der deshalb auch in der Steigerung »allerheiligsten« genannten Verkündigung vielleicht besser. Alle Kapellen sind reich mit Gemälden und Statuen geschmückt. Wir wollen besonders beachten: Eine Marmor-Pietà des BACCIO BANDINELLI im rechten Kreuzarm links; in der Kuppel des Presbyteriums, der großen, in der Baukunst epochemachenden Chorkapelle, die wiederum durch acht runde Seitenkapellen und eine rechteckige erweitert ist, ›Himmelfahrt und Krönung Mariens‹, ein Fresko von VOLTERRANO (1681-1683); in einer Kapelle des Presbyteriums (links hinten) das Grabmal des GIAMBOLOGNA (von ihm selbst); in der Kapelle links daneben ›Auferstehung‹ von BRONZINO (1550) und eine Holzstatue ›S. Rocco‹ von VEIT STOSS; in der zweiten Kapelle am Hauptschiff links ›Dreifaltigkeit‹, eines der letzten, stark realistischen Werke des ANDREA DEL CASTAGNO (1454/55), und in der ersten ›Der Erlöser und der heilige Julian‹ ebenfalls von Andrea del Castagno.

An den *Chiostro dei Morti,* links von der Kirche, mit dem Fresko ›Madonna del Sacco‹ (nach dem Sack, auf den sich der heilige Joseph stützt) von ANDREA DEL SARTO (1525), einem der Hauptwerke des Künstlers, schließen sich an der Kapitelsaal, die Cappella della Confraternità di San Luca, die ›Kapelle des Gekreuzigten‹, die kleine Reliquien-Kapelle und die Sakristei; sie lohnen einen Besuch.

Die Loggien an der Piazza Santa Maria Nuova
Zeichnung von Giuseppe Zocchi

Wenn wir von der Piazza SS. Annunziata in die Innenstadt zurückkehren, kommen wir fast »zwangs-läufig« in der Via dei Fibbiai an dem Ospedale della Maternità vorbei, dem aus dem Spedale degli Innocenti erweiterten Mutterschafts-Krankenhaus, und weiter an dem Ospedale S. Maria Nuova, einem der größten Gebäude-Komplexe der Stadt, der schon im 14. Jahrhundert über dem alten Spital errichtet wurde und seine heutige Gestalt im 17. Jahrhundert bekam; beachtenswert die Loggien an der Piazza Santa Maria Nuova.

Die Medici

Wir haben auf unseren bisherigen Rundgängen vor allem die erste große Blütezeit der Kunst in Florenz vom Mittelalter bis zum Anbrechen der Renaissance kennengelernt, wie sie sich in den Bauwerken des Dombezirks und der Piazza della Signoria zu höchstem Glanz erhebt. Viele Gründe bewirkten diese Schöpfungen. Ein neuer Geist hatte sich in der Mitte des 13. Jahrhunderts erhoben. Das Volk trat auf den Plan, nicht mehr als launische Plebs, die nur nach Brot und Spielen wie im Alten Rom verlangte und sich damit zufriedengab, sondern als selbstbewußte Bürger, die in der Stadt urbanes Zusammenleben und demokratische Methoden der Machtausübung entwickelten, als tüchtige Handwerker, geschickte Händler, fleißige »Fabrikanten«, gewinnorientierte Geldgeber, gebildete Lehrer. Für 1250 verzeichnet die Florentiner Geschichte eine Volkserhebung, danach militärische Siege der Republik Florenz über rivalisierende Städte wie Volterra und Arezzo, Lucca, Siena, Pisa und Pistoia. Die Orden der Franziskaner und Dominikaner trugen zu diesem Aufschwung des Geistes auf vielen Gebieten nicht wenig bei, da sie anders als die bisherigen Orden, etwa der Benediktiner oder Zisterzienser, ganz auf die Stadt konzentriert waren. Die Bildung der Bürger stieg und auch ihr Sinn für die Armen und sozial Schwachen, was sich in der Gründung vielfältiger karitativer Einrichtungen, der Spitäler, der Armenspeisung oder der Findelhäuser, zeigte.

Der Aufstieg einer Bürgerfamilie

Auf diesem Boden wächst im 14. Jahrhundert eine Familie heran, die der Kunst und den Künstlern eine neue Hoch-Zeit bereitet und mit ihrem Namen alle anderen in Florenz überstrahlt: die Medici. Zwei Bemerkungen des Historikers A. R. Myers sollen das verdeutlichen: »Die Lebenskraft der republikanischen Einrichtungen in Venedig und Florenz – und in geringerem Maße auch in Genua und toskanischen Städten wie Lucca und Siena – hob sich deutlich ab vom ausgeprägten Zug zur Signoria in den meisten übrigen Städten Norditaliens.

Das entsprach einer unterschiedlichen gesellschaftlichen Schichtung. Zu Beginn des [14.] Jahrhunderts waren Venedig und Genua, Florenz und Lucca blühende Handels- und Gewerbezentren. Und obgleich das 14. Jahrhundert für Italien insgesamt eine Zeit wirtschaftlichen Niedergangs war, die Bevölkerung und die landwirtschaftliche und gewerbliche Erzeugung schrumpften, die Städte vom Schwarzen Tod [der Pest] aufs grausamste heimgesucht wurden und die Toskana und Florenz besonders schwer getroffen waren, beherrschten immer noch reiche Kaufleute und Bankiers die florentinische Gesellschaft und die Verwaltungsorganisation der florentinischen Städte.« – Für die italienischen Städte jener Zeit war von eminenter Bedeutung, daß die Päpste von 1309 bis 1377 nicht in Rom, sondern im südfranzösischen Avignon residierten. Diese fast siebzig Jahre des Exils von Avignon bilden für die Kirche und die universale Christenheit eine betrübliche Epoche und schufen für Italien ein Machtvakuum. Als Gregor XI. (1370-1378) im Jahr 1377 wieder nach Rom zurückkehrte, geschah dies nicht ohne kriegerische Begleiterscheinungen, in die auch Florenz verwickelt wurde. So Myers: »In Florenz löste der Krieg eine Revolution aus, die auf dem Nährboden scharfer Klassen- und Parteiengegensätze und wachsender Unzufriedenheit schon lange herangereift war. Die wütenden Arbeiter stürzten die regierenden Bankiers und bemächtigten sich der Staatsgewalt; sie konnten aber weder Arbeitsplätze noch Lebensmittel beschaffen, noch auch den florentinischen Handel aufleben lassen. Die Folge war eine Gegenrevolution (1382), die einem kleinen Häuflein reicher Oligarchen die Macht wiedergab. Erfolgreich konnte Florenz, das auf Handel und Bankgeschäfte angewiesen war, von Arbeitern und kleinen Ladenbesitzern kaum regiert werden. Nach der Revolution wurde seine Regierung noch oligarchischer als zuvor.«

Nicht zum Schaden der Stadt. Zu diesen ›Oligarchen‹ gehörte auch ein gewisser *Vieri di Cambio* (1323-1395), der im Jahr 1348 Mitglied der ›Arte del Cambio‹, der Wechslerzunft, wurde, der Geldhändler also. Die ›Bälle‹ im Wappen dieser Zunft, das wir vielleicht hier und da in Florenz entdecken, werden uns bald auch im Wappen der Medici begegnen. Ein

Neffe Vieri di Cambios, **Giovanni di Bicci** (1360-1429), übernahm mit 25 Jahren die römische Filiale von Vieris Bank, mit 42 Jahren war er nicht nur Chef des stattlichen Hauptgeschäftes in Florenz, sondern auch schon Prior der Bankiers-Zunft, 1421 sogar Gonfaloniere der Stadt. Der Onkel Vieri hatte den Grundstein gesetzt, der Neffe Giovanni breitete das Fundament für Reichtum und Macht der Medici aus, oft mit unkonventionellen Mitteln. So kaufte er den Gegenpapst Johannes XXIII. – dessen Grabmal wir bereits im Baptisterium gesehen haben und dessen diskriminierten Namen erst ein Papst unserer Tage annahm (1958 der Patriarch von Venedig Giuseppe Roncalli, als Johannes XXIII., also unter derselben Ziffer, weil ein Gegenpapst nicht in der legitimen Reihe zählt) –, diesen Antipapa also kaufte Giovanni für 25 000 Dukaten aus dem Kerker in Hanau am Main frei. Für die Charakterisierung dieses Giovanni di Bicci halten wir uns an die Sätze Machiavellis, des intelligenten Chronisten der Florentiner Geschichte: »Giovanni war barmherzig und gab Almosen, nicht nur, wenn er gebeten wurde, sondern gewährte Hilfe auch, ohne gebeten zu sein. Er liebte jedermann, lobte die Guten und hatte Mitleid mit den Bösen. Er liebte den Frieden und mied den Krieg. Er stand den Menschen im Unglück bei und half ihnen im Glück. Fern davon, den Staat zu berauben, war er des öffentlichen Vermögens Mehrer.« Respektgebietend ist sein geistiges Testament an seine Söhne: »Nichts in der Welt macht mich im Tod so vergnügt als die Erinnerung, nie jemanden beleidigt, sondern nach Vermögen jedem wohlgetan zu haben. Dies ebenso zu tun, mahne ich Euch. Was der Mensch sich nimmt, nicht was ihm gegeben wird, macht ihn verhaßt ... Tut nichts gegen die deutliche Strömung im Volk, stellt seinem Unverstand nicht besseres Wissen, sondern begütigende Rede entgegen. Laßt Euch nicht mit geschäftiger Betriebsamkeit im Palast der Regierung erblicken, sondern wartet, bis man Euch ruft. Greift nicht in Streitereien ein, denn wer Gerechtigkeit hemmt, kommt durch Gerechtigkeit um.«

Es wäre verlockend, die Geschichte der Medici nun genau im Detail zu verfolgen. Leider müssen wir uns diesen Exkurs – der leicht ein eigenes Buch werden könnte und müßte –

versagen. Wir wollen unser Hauptaugenmerk in Florenz ja vor allem darauf richten, was man sehen kann. Deshalb müssen wir uns jetzt bei Giovanni di Bicci mit dem Hinweis begnügen, daß er den Architekten Filippo BRUNELLESCHI in dessen Plänen für den Bau der Domkuppel bestärkt und kräftig unterstützt sowie den Anstoß für den Neubau der Kirche San Lorenzo gegeben hat.

Der Grundstein war gelegt, das Fundament ausgebreitet. Da konnte Giovannis Sohn Cosimo den prachtvollen Bau der Kunststadt Florenz ausführen. Doch hören wir noch einmal Myers, um genau zu verstehen, was sich damals in Florenz mit den Medici entscheidend Neues tat: »Auch in den oberen Gesellschaftsschichten der Städte zogen die Anfangsgründe der Bildung größere Kreise. Vor allem in den führenden Städten Italiens wie Florenz und Venedig machten die bedeutenden Kaufleute Geschäfte in größerem Rahmen und wurden auf diese Weise – oft mit weitreichenden Konsequenzen – in internationale Angelegenheiten hineingezogen. Sie hatten die Mittel – und Anlaß genug –, sich eine bessere Bildung anzueignen und mit größerem Wissen und Verständnis an Staatsgeschäften und kulturellen Problemen Anteil zu nehmen ... Vielleicht konnte Florenz im folgenden Jahrhundert gerade deswegen zur ersten großen Entfaltungsstätte der Renaissance werden, weil die Kultur seiner Kaufleute so entwickelt und vielseitig war. Weil sie Bildung hatten, auf Florenz und seine internationale Bedeutung stolz waren und in den klerikalen, monarchischen und aristokratischen Traditionen Europas kein zeitgerechtes Vorbild fanden, suchten sie die Sinngebung ihrer kulturellen Position in der Geschichte der Stadtstaaten der Antike und entnahmen der Literatur Roms und Athens und der von ihrem Geist beflügelten Kunst eine Fülle von Anregungen.«

Cosimo der Ältere

Das war es, was Cosimo il Vecchio (1389-1464), Cosimo der Ältere (zum Unterschied von dem Herzog von Florenz und Großherzog der Toskana Cosimo I., 1519-1574) bei seinen Geschäften, in der Politik und in der Pflege der Kunst stets anstrebte, was ihm wohl den Beinamen der Große eingetragen hätte, wenn er Fürst oder König gewesen wäre. So aber war er nur der erste Bürger der Stadt; den altrömischen Titel ›Pater Patriae‹, Vater des Vaterlandes, verlieh ihm das Volk lediglich zur Ehrung, nicht um ihm damit eine Machtstellung zu übergeben. Mit 31 Jahren hatte Cosimo, den ein Gemälde des Jacopo da Pontormo in den Uffizien als klugen, gewissenhaften, musischen, doch keineswegs schönen, in seinem geistigen Ausdruck jedoch gewinnenden Mann zeigt, beim Tod seines Vaters Giovanni di Bicci die Leitung der Familie übernommen. In einem der vielen Machtkämpfe der Adelsfamilien um die politische Führung der Stadt wurde Cosimo 1433, mit 44 Jahren also, verbannt. Ein Jahr später jedoch kehrte er unter dem Jubel des Volkes nach Florenz zurück und wurde zum Gonfaloniere gewählt, ein Amt, das er bis zu seinem Tod, 1464, innehatte. Neben der politischen Tätigkeit baute der kluge Kaufmann, der Latein ausgezeichnet und Griechisch gut verstand, seine Bankgeschäfte über ganz Europa aus. Als Mäzen förderte er großzügig die Künstler. Er vertraute den Bau des Palazzo Medici den Architekten Michelozzo und Donatello an, ließ das Kloster von San Marco in Florenz völlig umgestalten, stiftete dazu die Bibliothek und begünstigte die Maler des dort wirkenden Dominikaner-Ordens, FRA ANGELICO und FRA FILIPPO LIPPI – letzterem verhalf Cosimos Fürsprache dazu, daß er von seinen Ordensgelübden entbunden wurde und seine Geliebte, eine Nonne, heiraten durfte, wofür sich Filippo Lippi mit bezaubernden Bildern seiner Frau revanchierte. Cosimo begründete die Biblioteca Laurenziana, die Bibliothek der Medici bei San Lorenzo, und die in der Renaissance weltberühmte Platonische Akademie, die Philosophenschule, an der etwa Marsilio Ficino lehrte. In Cosimos Zeit fällt das Konzil von Florenz (1439). Daß außerdem einige Päpste länger in dieser Stadt residierten, bescherte Florenz einen wichtigen politischen, wirtschaftlichen und geistigen Aufschwung und der Medici-Bank einen steilen finanziellen. Cosimo gewann dadurch erheblich an Weitblick, sein Geldinstitut an Geschäftsvolumen. Sein Leitsatz wurde berühmt: »Königreiche fallen durch Luxus, durch Strenge steigen Städte auf. Sieh den Hochmut, gefällt von unscheinbarer Hand.« Diesen Sätzen verlieh auch bald der ›David‹ des Michelangelo Nachdruck, der den mächtigen Goliath besiegt.

So nimmt es nicht wunder, daß Machiavelli das Andenken Cosimos in Elogen zusammenfaßt: »Er war eine Leuchte an Klugheit, Ernst, Liebenswürdigkeit und von achtunggebietender Erscheinung. Unruhen, Verbannung und persönliche Lebensgefahr zerrissen seine frühen Jahre, aber sein unerschöpflicher Edelmut siegte über die Feinde und erhob ihn zu großem Ansehen beim Volk. Obgleich unendlich reich, blieb er in seiner Lebensführung doch schlicht und unauffällig. Niemand besaß so eingehende Kenntnisse über Regierungs- und Staatsangelegenheiten wie er. Dadurch vermochte er sich in einer so wankelmütigen Stadt dreißig Jahre lang oben zu halten. Er war der geehrteste und berühmteste Bürger ohne Kriegsruhm, den nicht nur Florenz, sondern irgendeine Stadt, die wir kennen, je besaß. Cosimos Klugheit und Lebensstil machten ihn bei den Florentinern beliebt und bei den Fürsten im ganzen Abendland wunderbar geachtet. Alle Bürger und alle Fürsten trauerten mit seinem Sohn Piero um ihn.«

Dieser *Piero* (1416-1469) mit dem Beinamen Il Gottoso, der Gichtige, hatte Pech, zunächst, weil er ganz im Schatten seines machtvollen, vom Volk geliebten Vaters stand, dann, weil die Krankheit, auf die der Name hinweist, ihn schon bald zwang, die Geschäfte der Bank und der Republik seinem Sohn Lorenzo zu übergeben. Glück hatte er nur, daß Machiavelli, unser kritischer Chronist, über ihn schrieb: »Piero war ein guter Mensch, er haßte Gewalt und Verrat. Seine Güte, seine Vorzüge wurden in seinem Vaterland nicht gebührend gewürdigt, weil die wenigen Jahre, um die er seinen Vater Cosimo überlebte, unter Bürgerzwist und stetem Leiden hingingen. Rasch und sicher unterdrückte er einen Aufstand ohne Gewaltanwendung, die er verabscheute, und vermochte Feinde zu Freunden zu machen.« Die Mäzen-Tradition des Hauses Medici setzte Piero mit Aufträgen, so besonders an den Maler BOTTICELLI, fort. Seit dem ›Gichtigen‹ dürfen die Medici durch ein Privileg König Ludwigs XI. von Frankreich die französische Lilie im Wappen führen.

Lorenzo der Prächtige

Der klassische Renaissancefürst in Regierungsstil und Lebensführung, in Weltanschauung und Bildung, begabt mit leuchtendem Kunstsinn und zugleich großzügiger Mäzen – das ist Lorenzo de' Medici, der Enkel Cosimos des Älteren, vom Volk »Il Magnifico, der Prächtige«, genannt. Zwei Söhne wurden Piero de' Medici, dem Gichtigen, von seiner Frau Lucrezia Tornabuoni geboren, Lorenzo (1449) und Giuliano (1453). Giuliano fiel 1478 im Dom Santa Maria del Fiore in Florenz der Pazzi-Verschwörung zum Opfer, Lorenzo konnte sich in die Sakristei retten. Vielleicht war es in Erinnerung an den Verlust des jüngeren, erst 25 Jahre alten Bruders, daß Lorenzo den für mich schönsten Vierzeiler der Weltliteratur dichtete:

> Quant e' bella giovinezza.
> Que si fugge tuttavia.
> Chi vuol esser lieto sia.
> Di doman' non c'è certezza.

Oh wie schön ist sie die Jugend; doch sie flieht so schnell dahin. Wer da froh sein will, der sei es. Denn nichts Sich'res liegt im Morgen.

Ein besonderes Wort zu dieser Verschwörung: Wie in unserer Zeit fehlten auch in der damaligen für Tyrannen-Mord weder Gewohnheit noch Verständnis. Der Dichter Boccaccio (1313-1375) etwa schrieb nicht ohne Zustimmung: »Soll ich den Gewaltherrn König oder Fürst heißen und ihm Treue bewahren als meinem Obern? Nein! Denn er ist ein Feind des Gemeinwesens. Gegen ihn kann ich Waffen, Verschwörung, Späher, Hinterhalt, List gebrauchen; das ist ein heiliges und notwendiges Werk. Es gibt kein lieblicheres Opfer als Tyrannenblut.« So finden wir in der italienischen Geschichte genügend Verschwörungen und in der Literatur ausführliche Schilderungen davon. Daß man im 15. Jahrhundert gern den Kirchgang für ein Attentat auswählte, deutet nicht auf einen eklatanten Verfall der Sitten oder das Schwinden von Glauben und Religion hin. Man beabsichtigte damit auch keine besondere Ruchlosigkeit, weil oft genug die Mörder sich vorher in der Messe bei einem Heiligen Stärkung erbaten. Es erschien nur einfach praktisch: Die fürstliche Familie war beisammen, die Bewachung mußte lückenhaft sein und die Flucht konnte in der verängstigten Menge leichter glücken. Daß in die *Verschwörung der Pazzi,* der rivalisierenden Bankiers-Familie, der Florentiner Erzbischof Salviati und Papst Sixtus IV. verwickelt waren, charakterisiert diese beiden und ist ein Hinweis auf die politische Interessenlage. Die Bluttat der Pazzi wirft einen Schatten auf die Regierungszeit Lorenzos des Prächtigen; als besonders furchtbar wurde sie jedoch nicht empfunden, obwohl nur wenige in Florenz Lorenzo als Tyrannen empfunden haben. Die Florentiner hatten für Gewaltstreiche etwas übrig; sie stellten wenige Jahre später Donatellos Gruppe Judith und Holofernes vor dem Palazzo Vecchio mit einer unmißverständlichen Inschrift auf, und Michelangelo würdigte die Tat des Brutus gegen Cäsar mit einer Büste des Verschwörers. Das Pazzi-Attentat sollte auch nicht das letzte gegen das Haus Medici sein.

Lorenzo hatte schon mit sechzehn Jahren seinen kranken Vater in der Leitung der Geschäfte vertreten, mit zwanzig Jahren übernahm er sie nach dessen Tod ganz. Mit Umsicht und Machtbewußtsein führte Lorenzo die ihm gestellte Aufgabe aus, wobei er im Gegensatz zu Vater und Großvater den Vergnügungen, Volksfesten, Konzerten und Feuerwerken sehr zugetan war. Der kraftvolle Herrscher war zugleich Förderer der Künstler und Liebhaber der Philosophie als interessierter Partner in der Platonischen Akademie. Der Bildhauerkunst gab er eine reich ausgestattete Heimat in den Mediceischen Gärten bei San Marco, in denen er antike Skulpturen sammelte, die Bildhauer seiner Zeit zusammenzog und junge Talente wie MICHELANGELO – Lorenzo erkannte dessen Talent an einer kleinen Arbeit des Fünfzehnjährigen – ausbilden ließ. Besonders den Bildhauer Andrea dal VERROCCHIO (Putto im Innenhof des Palazzo Vecchio) und die Maler Domenico GHIRLANDAIO und Sandro BOTTICELLI zeichnete Lorenzo der Prächtige durch viele Aufträge aus. Als Lorenzo mit 43 Jahren von einer geheimnisvollen Krankheit dahingerafft wurde, schrieb Niccolò Machiavelli: »Nie starb in Italien ein

Mensch mit dem Ruf so großer Klugheit, noch zu so großer Betrübnis seines Vaterlandes. Alle seine Mitbürger klagten über seinen Tod, keiner unterließ es, seine Trauer über dieses Ereignis zu bezeugen.« Lorenzo wurde zuerst in der alten Sakristei von San Lorenzo und später zusammen mit seinem Bruder in der von Michelangelo erbauten Neuen Sakristei beigesetzt. Machiavelli war realistisch genug, auch die Schwächen Lorenzos und das Schrumpfen der Medici-Bank zu verzeichnen: »In seinen Privatangelegenheiten war Lorenzo, was die Handelsgeschäfte betrifft, sehr unglücklich, denn durch die Unordnung seiner leitenden Angestellten wurde sein Vermögen an vielen Orten zersplittert, so daß ihn sein Vaterland, wie er eingestand, mit einer großen Summe Geld unterstützt habe.«

Palazzo Medici

Wir wollen uns hier losreißen von den großen Figuren der Medici. Zum einen, weil die ältere Linie, die von Cosimo il Vecchio, dem Alten, abstammt, den Höhepunkt ihrer Macht in Florenz überschritten hat; sie setzt die Bahn des Geschlechts in schillernden Persönlichkeiten und auf anderen Gebieten fort und überläßt der jüngeren Linie, die von Lorenzo dem Älteren, dem Bruder Cosimos, herrührt, das Florentiner Feld. Zum andern, weil wir, wie versprochen, unser Hauptaugenmerk darauf richten wollen, was zu sehen ist. Also auf zum Palazzo Medici. Es wird freilich nicht ausbleiben, daß wir bei nächstbester Gelegenheit zu den so unterschiedlichen Nachkommen Cosimos und Lorenzos zurückkehren.

Der stattliche, mächtige Bau des Palazzo Medici an den Straßen Via Cavour (ehemals Larga), de' Gori und de' Ginori gegenüber der Kirche San Lorenzo drückt die Macht eines überlegenen Herrschergeschlechts aus. Zugleich zeigt er in der konzentrierten Beschränkung die weise Bescheidenheit der Medici, die einem demokratisch-republikanischen Gemeinwesen vorstanden und keineswegs als Stadt-Könige auftreten durften.

Der Architekt MICHELOZZO – darüber herrscht trotz man-

cher anderer Unklarheit Einigkeit unter den Kunsthistorikern
– entwarf im Auftrag von Cosimo dem Älteren den Plan und
leitete zwischen 1444 und 1464 die Bauarbeiten für diesen
Stadtpalast. Die Medici wohnten nach der Fertigstellung hier
und bestimmten von diesem Palazzo aus die Florentiner Politik, bis Cosimo I. (1540) in den Palazzo della Signoria umzog.

Palazzo Medici. Zeichnung von Giuseppe Zocchi

1659 kauften den Palazzo Medici die Riccardi, die die Palastfront verlängerten; 1818 kam er wieder in den Besitz der
(Habsburg-Lothringer) Großherzöge der Toskana. Er ist heute
Sitz der Präfektur und des Medici-Museums. Plünderungen,
Zerstörungen und Verkäufe haben den Palast kostbarer Kunstschätze und wertvoller Einrichtungsgegenstände beraubt.

In dem Palazzo Medici schuf Michelozzo die beispielhafte
Form des Florentiner Stadthauses, maßgebend für die Architekten Rossellino und Benedetto da Maiano an anderen Palazzi
in Florenz. Ohne den Palazzo Medici sind die späteren Paläste
der Hochrenaissance nicht zu denken; das anerkennt auch der
kritische Jacob Burckhardt, selbst wenn er Michelozzo nicht
ganz zu Unrecht Unsicherheiten im Detail ankreidet. Doch
ist die Wirkung unmittelbar. Die drei Geschosse sind an den

Fassaden streng voneinander abgesetzt, was die besonderen Formen eines jeden Stockwerks hervorhebt. Im Erdgeschoß sieht man »kniende Fenster« – wegen der eigenartigen Konsolen so genannt – in weiten Bögen, deren jeder zweite von einem Dreiecksgiebel besetzt ist. Im ersten Stockwerk tragen die Fenster in der weitlaufenden Reihe schöne Verzierungen, über dem zweiten mit klar gegliederten Fenstern ragt ein kräftiges Gesims weit heraus. An der Südseite auf der Ecke gegenüber der Kirche San Lorenzo prangt das Wappen der Medici mit den sechs Kugeln, deren oberste eine Lilie ziert.

Durch den Torbogen kommt man in den ersten quadratischen Hof, der von vollkommener Harmonie geprägt ist, mit zwölf Marmormedaillons über den Säulenbögen und der Statue des Orpheus von BACCIO BANDINELLI. Von dort geht es in den zweiten kleineren Gartenhof. Vom Haupthof gelangt man in das 1929 eröffnete *Medici-Museum,* das durch seine Kunstwerke und die Einrichtungsgegenstände – die von den Riccardi an Ort und Stelle belassen wurden – die Erinnerung an das große Florentiner Herrscherhaus wachhält. Am berühmtesten ist die von Michelozzo erbaute, vollständig an Decke, Fußboden und Wänden ausgeschmückte **Kapelle.** BENOZZO GOZZOLI schmückte die Wände mit Fresken, die zu seinen Hauptwerken zählen: ›Der Zug der Heiligen Drei Könige nach Bethlehem‹. Gozzoli nahm zwei historische Ereignisse in diesen Freskenzyklus auf, das prächtige, 1439 in Florenz abgehaltene Konzil, bei dem es zu einer zeitweiligen Einigung zwischen der römischen und der griechischen Kirche kam, und den Besuch des Papstes Pius II., des großen Humanisten Aeneas Silvius Piccolomini, 1459 in Florenz. Einige der damals beteiligten Personen stellt Gozzoli uns vor: als ältesten König den Patriarchen Josephus von Konstantinopel, dann den oströmischen Kaiser Johannes VII. und Lorenzo de' Medici als jungen Knaben. Die sehr gut erhaltenen, in den Farben eindrucksvollen Gemälde geben ein lebendiges, in den Einzelheiten aufschlußreiches Bild vom Florenz des 15. Jahrhunderts, von der Kultur und dem Wohlstand in der Zeit der Renaissance. Das Altarbild ist nur die Kopie einer berühmten Darstellung der Geburt Jesu von Filippo Lippi.

Von dem *Medici-Museum,* das neu geordnet wird, sind hervorzuheben: ›Madonna mit Kind‹, ein Hauptwerk des FILIPPO LIPPI (1442), die Totenmaske Lorenzos des Prächtigen und ein Gemälde im dritten Saal: ›Die Hochzeit der Katharina Medici mit König Heinrich II. von Frankreich‹ (1533) von Jacopo da Empoli. In der Galleria (heute innerhalb der Präfektur) die ›Apotheose der Medici-Dynastie‹, ein bedeutendes Fresko von Luca Giordano (1682/83). Von der Galleria gelangt man auch zur Biblioteca Riccardiana und zur Biblioteca Moreniana.

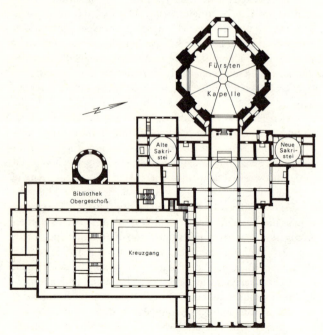

San Lorenzo, Grundriß

San Lorenzo

San Lorenzo nimmt unter den Kunststätten des Abendlandes, nicht nur denen von Florenz, einen hohen Rang ein. Die Kirche des heiligen Laurentius, die Alte Sakristei, die Neue Sakristei, die Fürsten-Kapelle und die Biblioteca Laurenziana sind in sich bedeutende architektonische Werke und beherbergen zugleich unvergleichliche Kunstschätze. Für den Komplex ihrer Pfarrkirche zogen die Medici die besten Künstler der Stadt, Brunelleschi, Donatello und Michelangelo, heran und geben ihnen die Möglichkeit zu großartigen Leistungen.

Die Kirche San Lorenzo, rühmt man in Florenz, sei von dem heiligen Mailänder Bischof Ambrosius des 4. Jahrhunderts gegründet worden, an einer Stelle, die sich damals außerhalb der Stadtmauern befand. Diesen Bau erneuerte man im elften Jahrhundert in romanischer Form. Die heutige Gestalt erhielt die Kirche von dem bedeutendsten Architekten der Florentiner Renaissance, BRUNELLESCHI, der von 1419 an im Auftrag der Medici hier arbeitete; nach Brunelleschis Tod (1446) führte Antonio Manetti von 1447 bis 1460 die Arbeiten zu Ende, doch getreu den originalen Plänen. Für die Fassade lieferte Michelangelo Entwürfe, die jedoch nie verwirklicht wurden, so daß auch heute noch die rohen Backsteine zu sehen sind. Außen steht rechts vor der Fassade auf der Piazza San Lorenzo das Denkmal für GIOVANNI DELLE BANDE NERE (1360-1429), den Vater Cosimos I. und Stammvater der herzoglichen Medici-Dynastie (von Baccio Bandinelli, 1540).

Das *Innere* der Kirche erweist sich als heller, harmonischer Raum, der unverkennbar die klare Gliederung des genialen Brunelleschi zeigt. Die einzelnen Elemente sind sorgfältig aufeinander abgestimmt: ein schöner Marmorfußboden, Säulen mit korinthischen Kapitellen, auf denen die weiten Bögen ruhen, eine kunstvolle Kassettendecke mit feinen Rosetten; dazu die ausgewogenen Proportionen von Seitenkapellen, Seitenschiffen und Langhaus. Von der reichen, künstlerisch stets bedeutenden Ausstattung sind bemerkenswert: vorn im *Hauptschiff* zwei **Bronzekanzeln,** unvergleichliche Meisterwerke des DONATELLO, die letzten des Künstlers (um 1460), die von seinen Schülern Bartolomeo Bellano und Bertoldo di Giovanni vollendet wurden und in bewegten Darstellungen Szenen aus dem Leben Christi und der Heiligen zeigen; in der zweiten Kapelle rechts ›Die Vermählung Mariens‹ von ROSSO FIORENTINO (1523); am Ende des *rechten Seitenschiffs* ein großer *Marmor-Tabernakel* von DESIDERIO DA SETTIGNANO (1461); gegenüber am Ende des *linken Seitenschiffs* ein Denkmal für Donatello von Guidotti und Romanelli (1896), auf dem *Altar* ›Verkündigung‹ von FILIPPO LIPPI (1440), eines seiner Hauptwerke. – Daneben ist der Eingang zum Kreuzgang, der 1475 im Stil Brunelleschis errichtet wurde; von hier hat man einen schönen Blick zum Campanile und zur Kuppel des Domes. Vom linken *Querschiff* aus betritt man die Sagrestia Vecchia, die **Alte Sakristei,** die erste vollständige und zugleich vollkommene architektonische Schöpfung BRUNELLESCHIS (1420-1429). Sie wurde in Aufbau, Gliederung und Proportionen beispielhaft für die europäische Baukunst. Auch hier schmücken außergewöhnliche Kunstwerke den Raum: Unter der Kuppel zeigen *vier Medaillons* Szenen aus dem Leben Johannes des Evangelisten und vier Stuckreliefs in den Bögen *vier sitzende Evangelisten,* Werke des DONATELLO; von demselben Künstler sind die bronzenen *Türflügel* bei der Apsis mit Märtyrern und Aposteln in lebhaften Darstellungen; über den Türen zwei Reliefs mit den Heiligen Kosmas und Damian, Stephanus und Laurentius, den Patronen der Medici, ebenfalls von DONATELLO. Links an der Wand das prächtige *Grabmal* für Piero und Giovanni de' Medici, die Söhne Cosimos des Älteren, von Andrea del VERROCCHIO (1472); unter dem Marmortisch in der Mitte der *Sarkophag* mit den Gebeinen des Giovanni Bicci de' Medici und seiner Frau Piccarda Bueri, den Eltern Cosimos des Älteren.

Die **Biblioteca Mediceo-Laurenziana,** die Bibliothek von San Lorenzo, die direkt an die Kirche San Lorenzo und deren Kreuzgang angebaut wurde, ist wegen ihrer Architektur und der in ihr eingerichteten Bibliothek der Medici gleich berühmt und kunstgeschichtlich bedeutend. Die Bibliothek wurde von Cosimo dem Älteren als Schriften- und Büchersammlung gegründet und von Lorenzo dem Prächtigen erweitert; der

Bau wurde nach den Plänen von MICHELANGELO ausgeführt. In dem nur unter räumlichen Schwierigkeiten errichteten Bauwerk zeigt sich Michelangelo auf der Höhe seines architektonischen Könnens. Die plastische Gliederung von Fassade, Vorhalle und Lesesaal, die Treppenaufgänge, die sichere Verwendung der in der Renaissance zur Verfügung stehenden Schmuckelemente – alles erhebt die Biblioteca Laurenziana zu höchstem Rang.

Die Fürstenkapelle

Für den Besuch der Medici-Kapellen sollte man sich Zeit nehmen. Ich würde mir diesen Rat nicht erlauben, wenn man sich nicht durch Hast um jeden Kunstgenuß, um jede Annäherung an Kunstwerke von unvergleichlichem Rang brächte. Hier heißt es wirklich, entweder mit Muße oder gar nicht. Wer in der Neuen Sakristei nicht einige Bus-Generationen überlebt hat, oder noch besser, in aller Ruhe ohne Touristenscharen die Werke hat betrachten können, hat wenig gesehen.

Die Medici-Kapellen, also die Cappella dei Principi, die Grabkapelle der Medici-Großherzöge, und die Sagrestia Nuova, die Neue Sakristei, sind heute von der Kirche San Lorenzo getrennt. Der Eingang zu ihnen befindet sich an der Piazza Madonna degli Aldobrandini. Man gelangt von dort zunächst in eine Krypta mit Gräbern von Mitgliedern der Medici-Familie, dann in die Grabkapelle der Medici-Fürsten, die Cappella dei Principi: Großherzog Ferdinando I. wollte 1602 für das Medici-Geschlecht eine besonders prächtige

Grabkapelle schaffen. Sie war so kostbar im Entwurf geplant, daß bald das Gerücht entstand, man wolle das Grab Jesu Christi von Jerusalem nach Florenz überführen, denn ein so wertvoller Bau sei nicht für sterbliche Menschen, auch nicht für Fürsten bestimmt. Der maßgebliche Bauplan stammt von Giovanni de' Medici, einem unehelichen Sohn Cosimos I.; die Ausführung leitete Buontalenti. Trotz großer Bemühungen wurde die Kapelle nicht bis zum Tode des letzten Medici-Herrschers in Florenz (1737) fertiggestellt; die mächtige, 59 m hohe, doch schwerlastig wirkende Kuppel schloß man erst im 19. Jahrhundert. Die Ausstattung sollte Bedeutung und Anspruch des Medici-Geschlechts hervorheben: Deckengemälde, die Szenen aus dem Alten und Neuen Testament zeigen, kostbare Mosaiken an den Wänden. 16 Wappen der toskanischen Städte mit Halbedelsteinen, die riesigen Wappen der Medici in der Höhe, die teilweise aus Holz oder sogar nur aus Karton sind. Sechs Medici-Fürsten fanden in der Kapelle ihr Grab (von rechts): Ferdinando II. (gestorben 1670), Cosimo II. (1621), Ferdinando I. (1609), Cosimo I. (1574), Francesco I. (1587) und Cosimo III. (1723). Ihre Wandgräber und Sarkophage haben technisch perfekte Handwerker kunstvoll und mit wertvollem Material gearbeitet. Dennoch wirkt die Kapelle in all ihrer Pracht zu streng, fast kalt, ein Zeichen dafür, daß die Florentiner Kunst ihren Höhepunkt in der Renaissance erlebte und nach der zweiten Hälfte des 16. Jahrhunderts langsam absank. – Hinter dem Altar befindet sich der Zugang zu den Reliquien- und Schatzkapellen.

Neue Sakristei

Von der Fürsten-Kapelle geht es zur *Sagrestia Nuova,* zur Neuen Sakristei; im Gegensatz zur Alten Sakristei des Brunelleschi ist sie ganz vom Genius des MICHELANGELO erfüllt. Kardinal Giulio de' Medici und Papst Leo X., ebenfalls ein Medici, beauftragten Michelangelo, für ihre Familie eine *Grabkapelle* neben der Kirche San Lorenzo zu bauen. Es war das erste architektonische Werk des Künstlers, das er mit großer Hingabe und Meisterschaft ausführte. Dabei brachte er durch die Wandgliederung im Innern, die plastische Behandlung der Bauelemente, durch Nischen und Giebel, vor- und zurückgesetzte Bögen und Dreiecke auch seine malerischen und bildhauerischen Fähigkeiten ein. Die Kapelle, in der als Farben dunkles Grau und helles Weiß vorherrschen, wird durch die Fenster der Kuppel gleichmäßig erhellt. Der Auftrag an den Baumeister wurde ergänzt durch einen zweiten an den Bildhauer: für die Mitglieder der Medici-Familie sollte Michelangelo auch die **Grabmäler** meißeln. Doch es kam nur zur Ausführung zweier Gräber, für *Giuliano* (1479-1516) und *Lorenzo* (1492-1519), Sohn und Enkel Lorenzos des Prächtigen. (Lorenzo der Prächtige, sein 1478 ermordeter Bruder Giuliano und der 1537 ermordete Herzog Alessandro ruhen ebenfalls in der Kapelle, jedoch ohne Grabmonument.) Michelangelo führt mit seiner Kunst über die Erinnerung an eine individuelle Persönlichkeit hinaus ins allgemein Abstrakt-Ideale. Weder Giuliano, als Generalissimus der römischen Kirche mit dem Feldherrnstab, noch Lorenzo mit dem Fratzenhelm auf dem Kopf (vielleicht als Hinweis auf seine geistige Schwäche) bewahren die persönlichen Züge der Toten, noch drücken sich ihre Charaktereigenschaften wiedererkennbar im Marmor aus. Das war auch nicht die Absicht des Künstlers. Ebenso wenig findet man eine befriedigende Erklärung dafür, warum *die Nacht* (mit Halbmond und Stern im Haar, mit Mohn, Eule und Maske) und *der Tag* (unvollendet) dem Giuliano, *die Morgenröte* und *die Abenddämmerung* dem Lorenzo zugeordnet sind, ob diese Bezeichnungen von Michelangelo vorgesehen waren und ob sie überhaupt als Thema zutreffen. Durch die meisterhaft aus dem Marmor gemeißelten Figuren, die gleichsam in einem Akt der Befreiung sich aus dem Stein lösen, hat der Künstler vielmehr die Gegensätze von Leben und Tod, Schlaf und Wachen, Mann und Frau, Sinnen und Handeln, Ruhe und Bewegung ausgedrückt – sechs Statuen, die in der Bildhauerkunst einzigartig sind.

Zwischen 1524 und 1533 arbeitete Michelangelo an den beiden Grabkompositionen. In derselben Zeit schuf er auch die *Madonna mit Kind,* eine Gruppe von heftiger Bewegung, die jedoch unvollendet geblieben ist; dem klaren Gesicht der

Madonna scheint der verhangene, traurige, vielleicht künftiges
Leid ahnende Blick der Augen zu widersprechen. Beachtenswert auch der Altar mit den beiden Leuchtern, ebenfalls ein
Werk Michelangelos.

Die späteren Medici

Vielleicht können wir gerade an dieser Stelle den Faden der
Geschichte der Medici wiederaufnehmen. Die ältere Linie des
Hauses, also die Nachkommen Cosimos des Älteren, hatte mit
Lorenzo dem Prächtigen in Florenz ihren Zenith überschritten. Lorenzos Sohn *Piero* (1471 geboren, 1492 Regierungsantritt) zog sich den Beinamen ›Lo Sfortunato‹ zu, der Unglückliche, oder besser, der »vom Pech Verfolgte«, weil ihm fast
alles mißlang. Der Familie vermochte er nicht das Vermögen,
der Stadt Florenz nicht die Freiheit gegenüber dem heranrückenden französischen König Karl VIII. zu erhalten; er wurde
von dem wütenden Volk vertrieben und ertrank schließlich
1503 im Garigliano-Fluß bei Gaeta.

Berühmter als Piero wurde sein Bruder *Giovanni* (1476-1521), der als *Papst Leo X.* von 1513 bis 1521 die Kirche
regierte und sich in Rom in vollen Zügen des Papsttums
erfreute. Daß sein Hang zur Verschwendung auch den Künstlern zugute kam, gereicht ihm zur Ehre, daß er von der
Notwendigkeit einer Kirchenreform und dem Auftreten Martin Luthers unter seinem Pontifikat kaum Kenntnis nahm,
charakterisiert ihn als Oberhaupt der Kirche.

Lorenzo des Prächtigen jüngster Sohn *Giuliano* (1479-1516), durch die von seinem päpstlichen Bruder eingefädelte
Ehe mit einer Prinzessin von Savoyen zum Herzog von Nemours erhoben, ist weniger durch seine kurze, einjährige
Regierungszeit in Florenz berühmt als durch Michelangelos
Marmorstatue, ebenso wie Giulianos Neffe und Piero lo Sfortunatos Sohn *Lorenzo* (1492-1519), der den Herzogstitel von
Urbino usurpierte. Dieser Lorenzo ist der Vater der Caterina
(1519-1589), die als Gemahlin des französischen Königs
Heinrichs II. Königin von Frankreich wurde.

Nur 26 Jahre alt wurde Giulianos natürlicher Sohn *Ippolito*

(1509-1535). Doch er ist eine interessante Figur. Zunächst wurde er von dem ersten Medici-Papst, Leo X., und von Kardinal *Giulio de' Medici,* dem als Clemens VII. (1523-1534) zweiten Papst der Familie, erzogen. Dann erhob ihn Papst Clemens VII., der Neffe seines Großvaters Lorenzo, zum Kardinal. Dieser Rang wurde ihm jedoch nur deshalb übertragen, damit er um so leichter von einer politischen Rolle in Florenz ferngehalten werden konnte. Warum? Weil Papst Clemens seinem natürlichen Sohn *Alessandro,* der von 1511 bis 1537, also auch nur 26 Jahre lebte, diese Stellung zugedacht hatte und ihn auch seiner Absicht gemäß zum Herzog von Florenz machen konnte, durch die Heirat mit einer natürlichen Tochter Kaiser Karls V., Margarete von Österreich-Parma (1522-1586), die später als Statthalterin der Niederlande berühmt und von Goethe in seinem ›Egmont‹ verherrlicht wurde.

Was kennzeichnet den Charakter und die Fähigkeiten des Giulio de' Medici, des *Papstes Clemens VII.,* besser, als daß er seine Verwandten mit zwei Kindern der beiden unversöhnlich verfeindeten europäischen Gegenspieler verheiraten konnte, Caterina mit dem Sohn Franz' I. von Frankreich und Alessandro mit der natürlichen Tochter Kaiser Karls V. Fatal für Clemens, den unehelichen Sohn des bei der Pazzi-Verschwörung 1478 ermordeten Giuliano, wäre freilich, wollte man an sein Pontifikat naiv-›moralische‹ Maßstäbe legen oder es danach beurteilen, was in der Kirche, in Deutschland durch die Reformation Martin Luthers oder in England durch König Heinrich VIII., geschah. Uns muß hier genügen, die Medici als Akteure auf der weltpolitischen Bühne kennengelernt zu haben. Eine Wertung müssen wir uns versagen. Daß des Papstes Sohn Alessandro, ein haltloser Tyrann, im Alter von 26 Jahren in Florenz durch Mörderhand fiel, durch die eines Verwandten aus der jüngeren Linie der Medici, des Lorenzino, der seinerseits ebenfalls im Auftrag eines Verwandten ermordet wurde, und zwar des Florentiner Herrschers Cosimos I., des Großherzogs der Toskana (1519-1574), illustriert, welches Verhältnis die Medici zur Macht hatten und unter welchen Vorzeichen sich der Übergang der Herrschaft von den älteren auf die jüngeren Medici vollzog.

Von 1492 bis 1537, vom Tod Lorenzos des Prächtigen bis zur Ermordung des Herzogs Alessandro, ist die Geschichte von Florenz und die der Medici von ständigen Machtwechseln und Schicksalswenden geprägt. Erst mit **Cosimo I.**, der seit 1537 Herzog von Florenz und seit 1569 Großherzog der Toskana war, erhält das Geschlecht der Medici und Florenz selbst noch einmal eine politische Machtstellung. Cosimos Vater, Giovanni delle Bande Nere, so genannt nach der schwarzen Rüstung, die er als Anführer der ›schwarzen Reiterschar‹ trug, hatte mit seinem fortwährenden kriegerischen Handeln das ganze Vermögen dieser Medici-Linie vertan. Mit 17 Jahren tritt Cosimo in das politische Leben von Florenz ein und unterwirft sich mit Gewalt und Grausamkeit die Stadt. Als seine Herrschaft gesichert ist, saniert er die im Argen liegende Wirtschaft und bringt noch einmal Florenz zu politischem Einfluß. Als echter Medici fördert er die Künstler seiner Zeit. Als selbstbewußter, seiner Macht sicherer Herzog von Florenz verläßt er das Stadthaus seiner Väter, den Medici-Palast, und zieht in den Palazzo della Signoria ein, der von da an Palazzo Ducale heißt. Später übersiedelt er in den Palazzo Pitti, der zum politischen, künstlerischen und geistigen Mittelpunkt von Florenz wird. Durch einen Laufgang über den Arno läßt er beide Paläste miteinander verbinden. So erfolgreich Cosimo I. als Fürst ist – Papst Pius IV. erhebt ihn zum Großherzog der Toskana –, so wenig Glück hat er in seinem privaten Leben. Sieben seiner acht Kinder erleiden einen frühen oder gewaltsamen Tod. 1574, mit 55 Jahren, stirbt Cosimo, nachdem er drei Jahre zuvor die Staatsgeschäfte seinem Sohn *Francesco* übertragen hatte. Der Vollständigkeit halber sei vermerkt, daß es neben den erwähnten beiden Medici-Päpsten später noch zwei andere gab, Giovan Angelo de' Medici als Pius IV. (1560 bis 1565) und Alessandro de' Medici als Leo XI. (10. April 1605 bis 27. April desselben Jahres; mit siebzehn Tagen also eines der kürzesten Pontifikate der Kirchengeschichte).

Im Rückblick auf die gesamte Geschichte der Medici kann vielleicht ein Urteil des Italien-Wanderers des 19. Jahrhunderts, Gregorovius, gelten. Nicht sein scharfes Verdikt über die »sittliche Barbarei dieses Hauses«, das erscheint mir zu sekundär, sondern jenes über den Bund der Medici mit Florenz: »Die Mediceer, allen an Glück und an politischer Kunst überlegen, hatten den unberechenbaren Vorteil für sich, daß sie Florentiner waren und eine Stadt beherrschten, in welcher die bildenden und redenden Künste schon seit dem 13. Jahrhundert in Blüte standen. Zeit, Ort, Reichtum, Herrscherglück und der allgemeine nationale Sinn machten aus den Medici die Kunstfürsten Italiens.« – Und das waren sie.

Arno und Ponte a Santa Trìnita. Zeichnung von Giuseppe Zocchi

Am Arno und jenseits des Flusses

Ist der Arno der Schicksalsfluß von Florenz? Weder sind die Florentiner in ihn verliebt; eher trifft manchmal das Gegenteil zu, daß sie ihn hassen, wie bei der Hochwasserkatastrophe von 1966, als er unermeßliche Schäden in der Stadt anrichtete. Noch können sie wirtschaftlichen Nutzen aus ihm ziehen; die Schiffahrt – einst mit bescheidenen Kähnen betrieben, heute ›verkehren‹ nur noch Ruderboote der Sportler – ist seit langer Zeit eingestellt. Aber natürlich sind die Bewohner der berühmtesten Arno-Stadt ihrem Fluß verbunden. So sollten auch wir den Arno nicht nur als Verkehrshindernis betrachten, dessen Brücken sich stets als wahre Flaschenhälse für die Autoströme erweisen. Ein Spaziergang am Fluß entlang, der Blick von einer Brücke aus auf die Uferstraßen und auf die sich darüber auftürmenden Häuser, Kirchen und Paläste gehören unersetzbar zu den bestimmenden Eindrücken von Florenz. Wir wollen zunächst am Fluß verweilen und dann auf die linke – stromabwärts nach Westen gesehen – südliche Uferseite des Arno gehen, um die dortigen Sehenswürdigkeiten zu entdecken. Sie treten gewiß hinter denen des Stadtzentrums am rechten, nördlichen Ufer zurück, verdienen jedoch unsere ungeschmälerte Beachtung.

Flußspaziergang

Ein Spaziergang kann etwa am *Ponte alle Grazie* auf der nördlichen Seite beginnen, nicht weit von der Biblioteca Nazionale Centrale bei Santa Croce. Wir gehen über den Ponte alle Grazie, der 1237 als eine der ersten Brücken über den Strom innerhalb der alten Stadt errichtet wurde, der 1333 einer katastrophalen Überschwemmung widerstand, doch im letzten Weltkrieg so schwere Zerstörungen erlitt, daß er in moderner Form neu errichtet werden mußte.

Nun auf dem *linken Ufer,* auf dem Lungarno Torrigiani zum **Ponte Vecchio,** der berühmtesten und, wie der Name nahelegt, ältesten Brücke von Florenz. Das Alter nimmt nicht wunder, da hier der Fluß die schmalste Stelle passierte; so hatten es möglicherweise schon die Etrusker, mit Sicherheit jedoch die Römer hier am bequemsten, eine Brücke im Zug der Konsularstraße, der Via Cassia, über den Arno zu schlagen. Dieser Ponte stürzte häufig bei Überschwemmungen ein, wurde aber immer wieder erneuert. Seit dem 13. Jahrhundert nisteten sich Läden und Wohnungen auf der Brücke ein. Auch Fleischer gingen hier ihrem Gewerbe nach. Sie konnten ihre Abfälle sogleich in den Fluß werfen, was die Fische erfreute, überdies die Florentiner Fischer – ein sinnvoller Kreislauf – und außerdem jene, die in der Stadt für Sauberkeit sorgen mußten. Die Fleischergeschäfte und ihre Gerüche nahmen indessen so überhand, daß Großherzog Ferdinando I. »zugunsten der Fremden« anordnete, nur Gold- und Silberschmiede dürften hier Läden unterhalten. Das ist bis auf den heutigen Tag so geblieben. In der Mitte der Brücke befindet sich eine Büste (von 1900) des bekanntesten Florentiner Goldschmiedes, *Benvenuto Cellini*. Über den Läden und Wohnungen verläuft der Corridoio Vasariano, der Verbindungsgang des 16. Jahrhunderts vom Palazzo Vecchio della Signoria zum Palazzo Pitti, der heute mit Sondererlaubnis wieder zugänglich ist. Durch die mutige Entscheidung eines deutschen Offiziers, der die befohlene Sprengung der Florentiner Brücken an dieser Stelle ignorierte, blieb der Ponte Vecchio im Zweiten Weltkrieg erhalten.

Über die Brücke und *rechts des Arno* – schöner Blick auf das gegenüberliegende Ufer und die Kirche *San Jacopo sopr'Arno*, ›über dem Arno‹, mit einem schönen Campanile (von 1660); sie ist die einzige Kirche aus dem 12. Jahrhundert in Florenz, die eine Vorhalle besitzt – geht es weiter zum *Ponte a Santa Trìnita*. Von 1252 datiert die erste Brücke an diesem Platz. Da sie jedoch aus Holz war, stürzte sie bald zusammen, wurde dann in Stein stabiler ausgeführt, aber bei der Überschwemmung von 1333 weggerissen. In der heutigen Form erbaute sie der Architekt Ammannati (1567-1570); wie man sagt und wie man an den höchst eleganten Bögen sieht, gab ihm Michelangelo dazu gute Ratschläge. Als die Brücke 1944 gesprengt worden war, suchten die Florentiner die Trümmer wieder zusammen und bauten den Ponte a Santa Trìnita getreulich wieder auf. An den Ecken der Brücke stehen allegorische Figuren der vier Jahreszeiten (von 1608).

Nun wieder *links des Flusses* weiter auf dem Lungarno Guicciardini – auf der anderen Seite sehen wir den Palazzo Corsini, der die bedeutendste private Gemäldesammlung von Florenz beherbergt (siehe Museen) – zum *Ponte alla Carraia,* dem nach dem Ponte Vecchio zweitältesten Arno-Übergang. Auch er mußte mehrmals wieder erneuert werden, weil er bei Überschwemmungen beschädigt wurde oder weil er einmal wegen einer zu großen Menge von Schaulustigen bei einem Wettkampf in den Fluß brach. Auch dieser Brücke gab Ammannati 1559 die jetzige Form mit fünf Bögen. Sie wurde nach der Sprengung im Zweiten Weltkrieg gänzlich wiederhergestellt.

Wir bleiben auf dem linken Arno-Ufer und kommen auf dem Lungarno Soderini an der Piazza Cestello an *San Frediano in Cestello* vorbei, der Kirche und dem Kloster der Karmeliterinnen von Florenz. Im 17. Jahrhundert erhielt die Kirche – damals mit dem Namen Santa Maria degli Angeli – ein barockes Äußeres, wie an der eleganten Kuppel und dem zierlichen Glockenturm zu sehen ist. Im Inneren befindet sich die berühmte Madonna del Sorriso, die ›lächelnde Madonna‹, eine farbige Holzstatue aus der Toskana (13./14. Jahrhundert). (Im Westen des Platzes der massive *Granaio di Cosimo III.,* der Kornspeicher Cosimos III. von 1695). Auf dem rechten Ufer liegt nach dem *Ponte Vespucci* und hinter dem *Ponte della Vittoria* der größte und beliebteste Stadtpark der Florentiner, die *Cascine,* die sich mehr als drei Kilometer entlang dem Arno erstrecken. Der Name leitet sich von alten Fabriken ab, die hier die Medici, später auch die Habsburg-Lothringer Herrscher der Toskana eingerichtet hatten. Eine Pferde- und eine Radrennbahn erhöhen die Anziehungskraft der Cascine, die besonders am Sonntag ein farbenfrohes und höchst lebhaftes Schauspiel bieten, wenn die Städter hier spazierengehen.

Santa Maria del Carmine

Vom Ponte Vespucci können wir gut zu Fuß unseren Weg fortsetzen, hin durch einige Gassen zur Kirche Santa Maria del Carmine. Eindrucksvoll erhebt sich der große Bau dieser Kirche an der gleichnamigen Piazza in dem belebten und volkstümlichen Viertel links des Arno. Sowohl romanische als auch gotische Elemente an den Seiten zeugen davon, daß der Bau der Kirche 1268 begonnen, doch erst 1476 beendet wurde. Nachdem sie im 16. und 17. Jahrhundert als viel besuchte Pfarrkirche umgestaltet worden war, wurde sie 1771 bei einem Brand schwer beschädigt, so daß sie gänzlich neugebaut werden mußte (von Ruggieri und Giulio Mannaioni, bis 1782). Santa Maria del Carmine ist vor allem ihrer Kapellen wegen berühmt, die an den weiten einschiffigen Kirchenraum angesetzt sind. Dies gilt für die barocke *Cappella Corsini* von Pier Francesco Silvani (1675-1683) mit dem Fresko in der Kuppel ›Apotheose des heiligen Andrea Corsini‹ von Luca Giordano (1682) im linken Querschiff; in der Kapelle befinden sich Gräber von Mitgliedern der Familie Corsini.

Den Hauptruhm der Kirche macht jedoch die **Cappella Brancacci** mit den Fresken des MASACCIO (am Ende des rechten Querschiffs) aus. Diese Kapelle, welche von der Familie der Brancacci gestiftet wurde und die Felice Brancacci, in seinen Geschäften erfolgreich und als Stadtpolitiker angesehen, von 1423 bis 1427 hauptsächlich von MASACCIO und MASOLINO ausmalen ließ, stellt mit ihren Fresken eine wichtige Entwicklungsstufe in der europäischen Malerei dar. Masaccio führte die Malkunst in seinen Bildern über die Formen- und Farbensprache des mittelalterlich-gotischen Stils hinaus und entwickelte die Ansätze des Giotto weiter. Bedeutende Künstler der Renaissance haben die Werke der Brancacci-Kapelle eingehend studiert und wegen ihrer perspektivischen Sicherheit, wegen des strengen Realismus der dargestellten Personen, der feinen Charakterisierung der Gesichter, der malerischen Freiheit und der Konzentration des Ausdrucks immer wieder bewundert. Masaccio ließ mit diesem Werk seinen um achtzehn Jahre älteren Meister Masolino um Generationen zurück;

beider Traditionen wurden in den Jahren 1481 bis 1485 in dieser Kapelle von FILIPPINO LIPPI (fünf Fresken in der unteren Zone) fortgeführt.

Die Fresken: Im einzelnen sehen wir, von links nach rechts, *oben* beginnend: Vertreibung von Adam und Eva aus dem Paradies und Zinsgroschen des Petrus; beides sind Meisterwerke des Masaccio, in denen »jede Figur im kompositionellen Zusammenhang steht und zugleich ihren eigenen Lebensraum, Plastizität, Luft und Licht um sich hat« (Darmstaedter). Predigt des Petrus, Petrus tauft neue Gläubige, Petrus mit Johannes heilt den Lahmen und erweckt Tabita, die Versuchung von Adam und Eva; *unten:* Petrus wird von Paulus im Gefängnis besucht, Petrus erweckt den Sohn des Theophilus, Predigt des Petrus, Petrus heilt zusammen mit Johannes die Kranken, Petrus und Johannes verteilen die Güter der Gemeinde, Kreuzigung des Petrus, Petrus und Paulus disputieren mit Simon dem Magier vor ›Nero‹, der Engel befreit Petrus aus dem Gefängnis. – Man erzählt sich, daß Künstler wie Castagno, Botticelli und Leonardo da Vinci vor diesen Fresken von Masaccio und Masolino heftig diskutierten. Die Kunsthistoriker haben lange Zeit viel Mühe auf die Klärung der Frage verwandt, welche Themen von welchem Künstler gemalt wurden.

Santo Spirito

Einem weiteren Höhepunkt der Florentiner Kunst begegnen wir ein paar Schritte weiter in der Kirche Santo Spirito an der gleichnamigen Piazza. In den ersten Jahrzehnten des 15. Jahrhunderts beschlossen einige reiche Familien von Florenz, hier an der Stelle einer durch Brand zerstörten Kirche eine neue zu errichten. Sie legten Geld zusammen und gewannen BRUNELLESCHI für diese Aufgabe. 1436 begann man; bis zum Tod Brunelleschis 1446 war der Bau bis zur Einwölbung gediehen. Dann jedoch gerieten die Arbeiten unter verschiedenen Baumeistern (der des Glockenturms ist Baccio d'Agnolo, 1503 bis 1517) ins Stocken. Die Kirche wurde nicht mehr nach den ursprünglichen Plänen vollendet. Deshalb läßt der äußerlich karge Bau nicht vermuten, daß Santo Spirito, vollkommen

SANTO SPIRITO

von harmonischen Formen bestimmt, eine der reinsten Renaissance-Kirchen der Stadt ist. Kaum ein anderer Kirchenraum atmet den Geist feierlicher Heiterkeit wie Santo Spirito. An das dreischiffige Innere – auf dem Grundriß eines lateinischen Kreuzes mit 97 Meter Länge, 32 Meter Breite im Langhaus und 58 Meter Breite im Querschiff – wurden vierzig halbrunde Seitenkapellen angebaut, die außen jedoch durch eine gerade Mauer abgeschlossen werden. Zahlreiche Kunstwerke, Grab- und Denkmäler erheben Santo Spirito zu einem Gesamtkunstwerk von hohem Rang.

Gemälde und Statuen, Reliefs und sakrale Gegenstände schmücken die Nebenaltäre im Innern. Bei einem Rundgang sind vor allem zu beachten: Die *Fensterrose* der Fassade nach einem Entwurf des PERUGINO: Herabkunft des Heiligen Geistes; im *rechten Querschiff*: Madonna mit Kind, Heiligen und Stiftern von FILIPPINO LIPPI (1490); Marmorsarkophag des Neri di Gino Capponi, der BERNARDO ROSSELLINO (1458) zugeschrieben wird; in der *Apsis* links eine innige Verkündigung (Florentinische Schule des 15. Jahrhunderts) und eine fromme Krippendarstellung der Geburt Christi aus der Schule des GHIRLANDAIO; im *linken Querschiff* die mit erlesenem künstlerischen Geschmack gestaltete *Cappella Corbinelli,* die Sakramentskapelle, die zusammen mit den Skulpturen von Andrea SANSOVINO (1492) geschaffen wurde; daneben Dreifaltigkeit, angebetet von den Heiligen Katharina und Magdalena, Francesco GRANACCI zugeschrieben; Thronende Madonna mit Kind von Raffaele de'Carli (1505) und Kalvarienberg von Michele Ghirlandaio. Vom linken Seitenschiff gelangt man in eine schöne *Vorhalle,* errichtet von CRONACA (1492-1494); von dort in die *Sakristei* (mit achteckigem Grundriß), die von Giuliano da SANGALLO (1495-1496) entworfen wurde, ein Meisterwerk der europäischen Baukunst, mit bedeutenden Skulpturen. Von der Vorhalle führt eine Tür in den ersten *Kreuzgang,* ein Werk von Giulio und Alfonso Parigi (um 1600). Der Zugang zum zweiten Kreuzgang, von Ammannati zwischen 1564 und 1569 errichtet, und der Cappella Corsini ist meist gesperrt, weil dort eine Militärbehörde ihren Sitz hat.

Links von der Kirche findet sich der Eingang zum **Cenacolo di Santo Spirito**. In dem gotischen Refektorium des alten Augustiner-Klosters ist vor allem das ›Abendmahl‹ beachtenswert, das Andrea ORCAGNA (um 1360) zugeschrieben wird. Diese Zuteilung, die schon Lorenzo Ghiberti, der Künstler der Baptisteriumstüren, aussprach, wurde von der Wissenschaft nach gründlichen Forschungen und bei Restaurierungen bestätigt. Das schwerbeschädigte Fresko ist eines der großartigsten Werke der Malerei des 14. Jahrhunderts in Florenz. Die Fondazione (Stiftung) Salvatore Romano hat in dem Refektorium sehr sorgfältig ein Museum eingerichtet, in dem die Skulpturen besondere Aufmerksamkeit verdienen.

Bevor wir jetzt unseren Spaziergang abschließen oder ihn am nahen Palazzo Pitti enden lassen, können wir noch zwei kleinen Kirchen einen Blick schenken, die auf dem Weg liegen, San Felice und Santa Felìcita. Die Geschichte der Kirche *San Felice* gegenüber dem Palazzo Pitti führt weit ins Mittelalter zurück. Die Fassade, ein klassisches Beispiel einfacher, doch wirkungsvoller Renaissance-Architektur, wurde um 1450 (vielleicht von Michelozzo) vor den älteren Kirchenraum gesetzt. Werke der Giotto-Schule (Gekreuzigter), der Schule des Filippino Lippi (Triptychon), des Ridolfo del Ghirlandaio (Madonna mit Kind), des Neri di Bicci (Triptychon) und eine Terrakotta-Gruppe aus der Schule des Giovanni della Robbia bilden die beachtenswerte Ausstattung dieser Kirche.

Die Kirche *Santa Felìcita* beim Ponte Vecchio wurde über einem frühchristlichen Friedhof errichtet, im 11. und 14. Jahrhundert erneuert und im 18. gänzlich umgestaltet. Dabei ließ man jedoch die Vorhalle und den Korridor des Vasari unberührt, jenen hier durchgehenden Laufgang, der die Uffizien und den Palazzo Pitti miteinander verbindet. Im Innern der Kirche in der *Cappella Capponi,* die Brunelleschi für die Familie der Barbadori schuf, sind zwei Meisterwerke des PONTORMO (1526-1528) zu sehen: Grablegung Christi und Verkündigung. Auch das zur Kirche gehörende Kloster (ehemals der Benediktiner-Nonnen) ist architektonisch gelungen (Kapitelsaal).

Stadttore und Aufstieg

Für jene, die motorisiert sind, ein paar Hinweise auf die Stadttore links des Arno und einige kleinere Sehenswürdigkeiten, bis wir uns dem vielleicht schönsten Kunstwerk südlich des Arnos widmen, der Kirche San Miniato al Monte.

Der Verlauf der alten Mauer um den Stadtteil auf dem linken Arno-Ufer ist auf jedem Plan – und in den Straßen – leicht zu verfolgen und durch die Tore unübersehbar markiert. Die *Porta San Frediano,* auch Porta Pisana genannt, weil dort die Straße nach Pisa hinausführt, liegt ganz im Westen und ist mit dem Arno noch mit einem Stück der alten Stadtmauer verbunden. Dieses mächtige Bauwerk wurde von 1332 bis 1334, vielleicht nach Entwürfen des Andrea Pisano, errichtet; die gewaltigen Türflügel sind 13,20 Meter hoch und 25 Zentimeter dick. Die *Porta Romana* ist das mächtigste und besterhaltene Stadttor von Florenz. Es trägt diesen Namen, weil hier die Via Cassia, aus Rom kommend, verläuft. Über dem Bogen im Innern des 1326 errichteten Festungswerkes ist ein Fresko der Florentiner Schule des 14. Jahrhunderts zu sehen: Madonna mit Kind und vier Heiligen. Die *Porta San Giorgio* neben dem Forte di Belvedere oder Forte di San Giorgio wurde 1260 fertiggestellt. Das Fresko der Madonna im Innern stammt von Bicci di Lorenzo; außen ein Relief des heiligen Georg von 1284. Daneben lädt (seit dem Ende der umfangreichen Restaurierungsarbeiten) der Forte(zza) di Belvedere oder di San Giorgio ein, zur Besichtigung des Festungskomplexes selbst und zum Schauen hinunter auf die Stadt. Unter Großherzog Ferdinando I. wohl auch nach Plänen des Giovanni de' Medici von dem Künstler Bernardo Buontalenti (1590-1595) erbaut, bietet die Anlage mit vier Haupt- und zwei kleineren Bastionen und dem Palazetto di Belvedere architektonische Höhepunkte und unvergleichliche Rundblicke über Florenz. Die *Porta a San Niccolò,* direkt neben dem Arno, war für die Landverteidigung und in Verbindung mit dem auf dem anderen Flußufer gelegenen Turm der Zecca für die Sperrung des Arno gleich geeignet. Der Turm des 1324 errichteten Bollwerks bildet das Ende der Stadtmauer im Osten auf dem südlichen Ufer.

Von der Porta a San Niccolò führen Treppen und Wege hinauf zum *Piazzale Michelangelo,* von dort weiter an der Kirche San Salvatore vorbei nach San Miniato al Monte. Wir haben – außer im Notfall – den Fußweg hinauf der Fahrt mit dem Auto stets vorgezogen. Denn wohl selten in der Welt werden Schritt für Schritt eines Aufstiegs so reich belohnt wie hier – der Blick hinunter auf die Stadt mit ihrer unvergleichlichen Silhouette und der hinauf zu dem von der Kunst verwöhnten Hügel. Es ist schade, daß die Kirche *San Salvatore al Monte* oder San Francesco al Monte wegen der naheliegenden Kirche San Miniato oft übersehen wird. Die Kirche, die Michelangelo La bella Villanella, »das schöne Landmädchen«, nannte, verdient jedoch wegen ihrer klaren Architektur innen und außen, die hauptsächlich CRONACA (seit 1499) zu verdanken ist, mehr als flüchtige Beachtung. Die Arbeiten konnten nur gegen erhebliche statische Schwierigkeiten ausgeführt werden, weil man an dem steilen Gelände umfangreiche Stützmauern einziehen mußte.

San Miniato al Monte

Die Fassade der Kirche San Miniato al Monte auf der Höhe des Monte alle Croci beeindruckt jeden. Die klassisch schöne, durch verschiedenfarbigen Marmor kunstvoll gegliederte romanische Fassade ist ein Juwel der europäischen Baukunst. Im Innern der Kirche befinden sich Kunstwerke von einzigartigem Wert. Die Kirche San Miniato bestand wohl schon zur Zeit Karls des Großen; nach 1018 ließ Bischof Hildebrand sie erneuern; Anfang des 13. Jahrhunderts war sie auch in den dekorativen Teilen zumeist fertiggestellt. Die Kirche, die ursprünglich zusammen mit dem anschließenden Kloster Benediktiner-Nonnen gehörte, war von 1373 bis 1552 in der Obhut von Olivetaner-Mönchen. Diese sind seit kurzem zurückgekehrt und beleben den ehrwürdigen Komplex. Die *Fassade* des 12./13. Jahrhunderts von vollendetem Formgefühl besteht im Untergeschoß aus fünf Blendarkaden mit drei Portalen und zwei Scheintüren mit eingeschriebenen Rechtecken; sie zeigt im Obergeschoß, das nur die Breite des Kirchenschiffs besitzt, ein Mosaik zwischen geometrischen Feldern und wird mit einem vielteilig geometrisch geschmückten Blendgiebel bekrönt. Das dreischiffige *Innere* ist einer der geglücktesten Kirchenräume. Der architektonische Aufbau, die einzelnen Bauelemente wie Säulen und Wölbungen, der Wechsel von weißem und grünem Marmor vom Fußboden mit Intarsienarbeiten bis hinauf zur Decke mit den bemalten Balken des offenen Dachstuhls, die Harmonie der Proportionen – alles bildet ein vollkommenes Ganzes, in dem kein Teil fehlen darf.

In der Mitte des Hauptschiffs geht es hinunter zur siebenschiffigen *Krypta* mit Kreuzgewölben und Fresken des Taddeo Gaddi. Davor erhebt sich der elegante *Kapellenaufbau,* den MICHELOZZO (1448) für Piero de'Medici errichtete, den LUCA DELLA ROBBIA mit Kassetten und AGNOLO GADDI mit Gemälden schmückte. Von der erhöhten Chorkapelle gelangt man rechts in die Sakristei, in der SPINELLO ARETINO (nach 1387) mit den Legenden des heiligen Benedikt sein malerisches Meisterwerk hinterließ. – Von der Sakristei öffnet sich eine Tür zum *Kreuzgang* mit Fresken von Andrea del CASTAGNO und Paolo UCCELLO.

In der *Chorkapelle* sind die Marmorschranken (1207), die Kanzel mit dem Adler des Evangelisten Johannes unter dem Lesepult und das – wenn auch restaurierte – Apsismosaik (Christus mit Maria und San Miniato) bewundernswerte Steinarbeiten von erstaunlicher Feinheit. Im linken Seitenschiff bildet die *Cappella del Cardinale di Portogallo* oder di San Jacopo einen der reichstgeschmückten und harmonischsten Räume der Florentiner Renaissance. Hier sind die Decke von LUCA DELLA ROBBIA, das Grabmal für den 1459 in Florenz verstorbenen Kardinal-Erzbischof Jacopo von Lissabon (daher der Name »des Kardinals von Portugal«) von ANTONIO ROSSELLINO (1461), zwei Fliegende Engel von den Gebrüdern POLLAIUOLO (1467), das Tafelbild der Verkündigung und zwei Propheten von BALDOVINETTI (1466/67) die künstlerischen Höhepunkte.

Der *Glockenturm* von San Miniato diente in den bewegten Zeiten des frühen 16. Jahrhunderts den Florentinern – darunter auch Michelangelo – zur Verteidigung gegen die kaiserlichen Truppen. Inmitten der Festungsbauten (Fortezza) liegt ein großer Friedhof, der *Cimitero monumentale* oder *delle Porte Sante*. Rechts von der Kirche befindet sich der massive Bau des *Bischöflichen Palastes*. Dieser Palast, den Bischof Andrea dei Mozzi 1295 neben der Kirche San Miniato begann und sein Nachfolger Antonio d'Orso 1320 beendete, diente den Bischöfen von Florenz lange Zeit als Sommerresidenz hoch über der Stadt; später wurde der Bau auch als Lazarett, als Jesuiten-Kolleg und zuweilen als Konzertsaal verwendet.

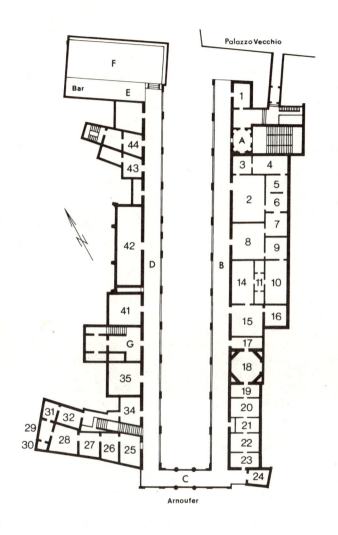

Plan der Gemäldegalerie der Uffizien

Meisterwerke der Florentiner Museen und Gemäldegalerien

Museen sind ein Kapitel für sich – hier im Buch und bei jeder Besichtigung. Wenige sind in der glücklichen Lage, einem Museum mehr als ein paar Stunden Zeit zu widmen. Deshalb will ich hier nur die Meisterwerke der Florentiner Museen und Gemälde-Galerien vorstellen, in der Meinung, daß Florenz zu viele großartige Museen und Galerien besitzt, von denen ein Inventar-Verzeichnis zu geben das Ziel dieses Buches übersteigt, daß jedoch eine Auswahl nützlich und notwendig ist. Einige Meisterwerke haben wir schon kennengelernt, in den Museen des Domes (Museo dell'Opera del Duomo), von San Marco, Santa Croce (Opera) und des Palazzo Davanzati (Museo Casa Fiorentina Antica) sowie in der Galleria dello Spedale degli Innocenti; die dort ausgestellten Objekte sind zumeist eng an den Ort gebunden; deshalb bin ich schon bei den Bauwerken auf sie eingegangen. Für die Galleria degli Uffizi und für den Palazzo Pitti, für die Akademie, den Bargello und das Archäologische Museum sollte man sich aber eigens Zeit nehmen. Sie sind zu gewichtig, als daß sie schnell während eines Rundgangs ›erledigt‹ werden könnten. Zeit braucht man auch deshalb, weil der starke Andrang von Besuchern oft zu Wartezeiten führt. Dennoch sollte man sich durch viele Touristen nicht die Laune verderben lassen. Das ist nicht immer einfach. Ich erinnere mich, einmal fluchtartig das Feld geräumt zu haben, als in der Cappella Medicea eine Stimme von links auf englisch, eine von rechts auf italienisch und eine von hinten auf deutsch die Figuren des Michelangelo in einer sich steigernden und gegenseitig überbietenden Lautstärke erklärte. Trotzdem, auf zu der Galleria dell'Accademia und dem nahegelegenen Museo Archeologico, zum Bargello und den Uffizien, zu den verschiedenen Abteilungen des Palazzo Pitti (Galleria Palatina, Galleria d'Arte Moderna, Museo degli Argenti, Museo delle Porcellane) und den kleineren Museen: Museo Bardini und Galleria Corsini, Museum für die Geschichte der Naturwissenschaften im Palazzo Castellani, Museum Horne, Museum für Einlegearbeiten in Stein (Opificio e Museo delle Pietre Dure), Museum Stibbert und Museo Storico Topografico, Florenz wie es war.

Akademie

Die ›Akademie‹, die Galleria dell'Accademia, die vor allem wegen der Skulpturen des Michelangelo berühmt ist, liegt bei der ehemaligen Kirche San Matteo und in den weiten Räumen des Hospitals St. Matthäus. Sie war 1784 von Großherzog Pietro Leopoldo als Künstlerschule gegründet worden und beherbergt heute neben den anderen berühmten Gemäldesammlungen von Florenz (Uffizien und Palazzo Pitti) bedeutende Gemälde und Wandteppiche. Viele dieser Bilder haben noch nicht ihren endgültigen Platz gefunden, doch sollte man sie sich nicht entgehen lassen: Werke aus der Frührenaissance der Florentiner Schule (im 2. Saal); im 3. Saal: eine ›Madonna‹ von BOTTICELLI; im 4. Saal: ›Madonna del Mare‹ von BOTTICELLI; im 5. Saal: ›Gekreuzigter‹ von DUCCIO oder zumindest aus seiner Schule und ›Baum des Kreuzes‹ von Pacino di Buonaguida; im 6. Saal: ›Madonna mit Kind, zwei Engeln und vier Heiligen‹ von ORCAGNA und ›Dreifaltigkeit‹ von NARDO DI CIONE; im 7. Saal: ›Krönung Mariens‹ von JACOPO DI CIONE, ›Pietà‹ von GIOVANNI DA MILANO sowie Szenen aus dem Leben Christi und des heiligen Franziskus von TADDEO GADDI.

Unter den Skulpturen des MICHELANGELO ragt der **David** hervor. Die Florentiner haben diese mächtige 4,10 Meter hohe Figur 1873 an ihrem ursprünglichen Platz auf der Piazza della Signoria wegen der Unbilden der Witterung (Spuren der Wetterschäden noch sichtbar) durch eine Kopie ersetzt und das Original hier aufgestellt.

Mit 26 Jahren nahm sich Michelangelo eines riesigen – doch als verhauen und wegen seiner unglücklichen Proportionen (mehr als 4 Meter hoch, doch wenig tief) als unbrauchbar geltenden – Marmorblocks an und schuf in drei Jahren von 1501 bis 1504 eine Figur von jugendlicher Kraft und Schönheit: den ›David‹, der nach den Worten der Bibel als Hirt für das israelitische Volk den aussichtslos scheinenden Kampf gegen den Riesen Goliath bestanden hatte. Die vollendete Harmonie des Körpers, die stolze, mutige Haltung, der wache und sichere Ausdruck des Gesichts, die Gespanntheit des in den Kampf Ziehenden und die Ruhe des künftigen Siegers, die Michelangelo dank seinem unübertroffenen handwerklichen Können und seinem künstlerischen Schöpferwillen aus dem Marmor schlug, fanden schon die grenzenlose Bewunderung seiner Zeitgenossen. Der ›David‹ wurde zum Symbol des Freiheitsdranges in Florenz, des unbändigen Unabhängigkeitswunsches seiner Bürger und ihrer politischen Vertretung, der Signoria. Bei den Unruhen in der Stadt 1527, als die Medici erneut vertrieben wurden, wurde der linke Arm des ›David‹ abgehauen und ging in Stücke: diese wurden jedoch aufgefunden und wieder zusammengefügt. – Ich erinnere mich an ein verliebtes junges Paar, das den ›David‹ tief beeindruckt lange betrachtete, bis das Mädchen ihrem Begleiter zuflüsterte: »Du siehst ihm sehr ähnlich«. Der Jüngling errötete. Der Kunst-Bann war gebrochen.

Dem Schaffensprozeß des Bildhauers Michelangelo kommt man am nächsten in den unvollendeten Figuren des Matthäus, der Gefangenen und der ›Pietà von Palestrina‹. Den nur halb aus dem Gestein geschlagenen Figuren ist anzusehen, mit welcher Mühe der Künstler die ihm vorschwebende Idee des Darzustellenden verwirklicht und aus dem Marmor befreit hat – das Gleichnis eines Künstlers, der darstellen will, wie schwer sich der Mensch aus der Erdverbundenheit, aus der Gefangenschaft seines Daseins löst und in das Reich des Geistigen, des Überirdischen aufsteigt. Figuren von Gefangenen plante Michelangelo für das Grab des Papstes Julius II. in Rom. Er arbeitete zwischen 1519 und 1536 an sechs Statuen, konnte sie jedoch nicht vollenden. Nach seinem Tod wurden sie im Boboli-Garten des Palazzo Pitti aufgestellt, deshalb auch Boboli-Sklaven genannt. Vier Gefangene befinden sich in der Akademie, der ›Erwachende‹, der ›Bärtige‹, der ›Junge‹ und der ›Alte‹, zwei im Louvre-Museum in Paris. – Als einziger der für das Julius-Grab vorgesehenen zwölf Apostel meißelte Michelangelo vor 1505 den heiligen Matthäus, der, obwohl unvollendet, von höchster Ausdruckskraft ist; die fertigen Teile des Standbilds bilden mit den unbehauenen Partien des Marmors eine stets faszinierende Einheit. Manche meinen, in dem Gesicht des Apostels habe Michelangelo seine eigenen Züge andeuten wollen.

Rechts vom ›David‹ bewahrt ein von Daniele da Volterra geschaffenes Bronzeportrait, das von den bekannten Darstellungen wohl getreueste Bild, das Antlitz Michelangelos.

Museo Archeologico Centrale dell'Etruria

Das *Archäologische Museum* in Florenz ist das bedeutendste seiner Art im nördlichen Italien. 1870 gegründet und im Palazzo della Crocetta beheimatet, beherbergt es vor allem Funde aus den etruskischen Siedlungsgebieten Italiens, daneben ägyptische, griechische und römische Altertümer. In dieses Museum wurden auch Sammlungen aufgenommen, die schon von den Medici begonnen worden waren.

Das *Ägyptische Museum,* das zweitwichtigste in Italien nach dem von Turin, zeigt Statuen, Büsten, Keramiken, Reliefs, Sarkophage, Mumien, Bilder und Gebrauchsgegenstände aus verschiedenen ägyptischen Dynastien, darunter einen sehr gut erhaltenen Wagen aus Holz (aus der Zeit Ramses' I., 1400 v. Chr.).

In dem etruskisch-griechisch-römischen *Antiquarium* sind beachtenswert: etruskische Skulpturen, darunter der Marmorsarkophag Ramta Uzenai aus Tarquinia; etruskische, griechische und römische Bronzen, darunter der berühmte ›Idolino‹, die griechische Statue eines jungen Epheben aus dem 5. vorchristlichen Jahrhundert; die berühmte ›Chimäre‹, eine etruskische Bronze in der Gestalt eines Löwen mit einem Widderkopf auf dem Rücken, ein Fabeltier, das uns in die phantastische Welt der Etrusker entführt, ebenfalls 5. Jh. v. Chr., und der ›Stehende Redner‹ (Aulus Metellus) aus dem 2. vorchristlichen Jahrhundert. Besichtigenswert sind auch das Münzkabinett, die Sammlung von Schmucksteinen mit Gläsern, Gemmen, Gold- und Silbersachen und die Vasensammlung mit der berühmten ›François-Vase‹, ein Werk des Griechen Ergotimos aus dem 6. Jahrhundert v. Chr. Beachtung verdienen zudem die etruskische Gipssammlung, die etruskische Bildergalerie und eine Sammlung von Funden aus Etrurien, die eine genaue Vorstellung von der hohen Zivilisation und dem kultivierten Leben der Etrusker geben (vielfarbiger Sarkophag der Larthia Seianti, zwischen 217 und 147 v. Chr. aus Martinella bei Chiusi).

Bargello

Wir sind bereits am Bargello, der trutzigen Stadtfestung, vorbeigekommen. Nun wollen wir ins Innere des ersten nationalen italienischen Museums, das 1859, noch vor der Vereinigung Italiens mit dem päpstlichen Kirchenstaat (1870), eingerichtet wurde und das wir – dank dem würdigen Rahmen des Bargello-Palastes mit den stilvollen Räumen der alten Zeit – als eines der besonders schönen Museen der Welt empfinden. Es gibt Museen, in die man schon wegen ihres architektonischen Rahmens gern hineingeht. Der Bargello gehört dazu, besonders an einem regnerischen Sonntagvormittag im November, als wir – kaum zu glauben – fast mit den Statuen allein waren. Seinen Ruhm verdankt er den

Skulpturen der toskanischen Künstler vom 14. bis 16. Jahrhundert. Donatello, Luca, Andrea und Giovanni della Robbia, Michelangelo und Giambologna wetteifern hier mit ihren Bildwerken um die Bewunderung des Betrachters. Gehen wir zu weit, den Bargello als das wertvollste Skulpturen-Museum der Welt zu bezeichnen? Von dem architektonisch gelungenen Innenhof – Bogengänge mit Rundbögen, achteckigen Säulen und Kreuzgewölben sowie formenreichen Wappen der Podestà – führt eine Freitreppe in die oberen Räume. Im *Erdgeschoß* befinden sich im *Saal 1* vor allem Werke von MICHELANGELO. Hätte dieser Künstler nicht noch bedeutendere Statuen geschaffen, man könnte diesen ohne weiteres das höchste Lob zollen: dem ›Brutus‹, einer Marmorbüste (um 1540, unvollendet); der ›Madonna mit dem Kind und dem kleinen Johannes dem Täufer‹, einem Rundrelief, um 1504 für Bartolomeo Pitti geschaffen; dem ›David‹, auch ›Kleiner Apoll‹ wegen seiner schönen bewegten Harmonie genannt (um 1531); und dem ›Trunkenen Bacchus‹, der ersten Großplastik Michelangelos (1497-1499). Hervorzuheben sind weiter die Statue des ›Bacchus‹ von JACOPO SANSOVINO (um 1520) sowie die Büste Cosimos I. von BENVENUTO CELLINI (1577) und andere Werke dieses Künstlers.

In der *Loggia* des ersten Obergeschosses befinden sich die berühmte, Künstler, Kunsthistoriker und normale Sterbliche stets fesselnde Bronzestatue des ›Merkur‹ von GIAMBOLOGNA (1564), ein Meisterwerk der Balance, und weitere Werke dieses Künstlers; besonders bedeutend ist die Allegorie der Architektur. In dem *großen Saal* des 1. Stockwerks sind die Standbilder des DONATELLO zu sehen: der ›Heilige Georg‹ (als Marmorstatue für eine Nische der Kirche Orsanmichele geschaffen), der marmorne ›David‹ (1408/9), der bronzene ›David‹ (1430 für Cosimo den Älteren), der ›Heilige Johannes als Kind‹ (Casa Martelli), der ›Heilige Johannes der Täufer‹ und der ›Marzocco-Löwe‹. Wandteppiche, Email- und Goldschmiedearbeiten, die Fresken in der Kapelle der Podestà, die Modelle des BRUNELLESCHI und des GHIBERTI für den Wettbewerb um das Nordportal des Baptisteriums ergänzen die Ausstellung. Im *zweiten Obergeschoß* sind beachtenswert: Werke des BENVENUTO CELLINI, des Giovanni und des Andrea DELLA ROBBIA, sowie des VERROCCHIO (›Auferstehung‹, ›David‹); außerdem die historisch interessante Medaillensammlung der Medici und eine Sammlung von kleinen Bronzefiguren.

Uffizien *Plan S. 249*

Ich habe schon ernsthafte Besucher von Florenz schwören hören, sie würden nie mehr einen Fuß in die Uffizien setzen und jedem, dessen sie habhaft werden, dringend davon abraten. Sie gehen höchstens auf die Plätze davor, wenn dort der Blumenmarkt abgehalten wird, der mit seinen Farben den Bildern im Museum nacheifert – oder vorauseilt. Die Florentiner halten hier ihre politischen Demonstrationen ab. Manchmal kann man auch beobachten, welch prächtige Geschäfte Schirmverkäufer mit ungerüsteten Besuchern der Uffizien bei einem kräftigen Regenguß machen. In der Tat stellt zuweilen der Andrang in der Galleria degli Uffizi hohe Anforderungen an die Konzentration des Betrachters. Dennoch wird man diese Anstrengung nicht scheuen, um eine der reichsten Gemäldesammlungen der Welt kennenzulernen. Wie ich bereits erwähnte, zog Cosimo I. de' Medici, seit 1537 Herzog von Florenz, seit 1569 Großherzog (Granduca) der Toskana, 1540 aus dem Familienpalast in der Via Larga, dem Palazzo Medici, in den Palazzo della Signoria um, der dadurch zum Palazzo Ducale, zum Herzoglichen Palast, wurde. Den räumlichen Ansprüchen der herzoglichen Familie mußten die Florentiner Beamten langsam weichen. Für ihre Büros, die Uffizi, wurde ein eigener Bau geplant, der sich an den Palazzo Ducale anschließen sollte. 1560 war die Grundsteinlegung, 1580 der vorläufige Abschluß der Arbeiten, die von Vasari, Buontalenti und Parigi geleitet wurden. 1565 zog man in aller Eile, in weniger als einem halben Jahr, einen Gang (Corridoio) vom Palazzo Vecchio über den Ponte Vecchio zum Palazzo Pitti. Der Palazzo degli Uffizi umschloß das alte Zollgebäude, die Zecca, in der die ›Florentiner‹, die berühmten Münzen der Stadt, geprägt wurden, und die romanische Kirche San Pietro Scheraggio. Schon früh, unter Francesco I., dem Sohn Cosimos I., nahmen die Uffizien im obersten Geschoß die bereits damals berühmte Kunstsammlung der Medici auf; zugleich wurden Künstler-Ateliers und Werkstätten eingerichtet, in denen Halbedelsteine bearbeitet wurden, die Pietre dure, denen die Medici stets viel Zeit und Geld gewidmet hatten. Ebenso wurden Laboratorien für naturwissenschaftliche und alchimistische Studien geschaffen. Selbst ein Theater fand Platz (1585/86), in dem die ersten Opern der Musikgeschichte aufgeführt wurden.

Der Palazzo degli Uffizi, der sich um die langgestreckte Piazzale degli Uffizi vom Palazzo Vecchio hinunter zum Arno und wieder zurück zur Loggia dei Lanzi hinzieht, wird architektonisch gemäß seinen verschiedenen Bestimmungen gegliedert. Im Erdgeschoß öffnen sich Kolonnaden mit Säulen und Pfeilern im Wechselspiel, die noch heute Verkaufsständen Platz bieten und seit alters her von den Florentinern und den Besuchern der Stadt belebt werden; in den oberen Geschossen sind Büroräume eingerichtet. Außerdem beherbergt der Palast das Staatsarchiv und ein Magazin für Kunstwerke. Die einheitlich streng gegliederten Fassaden verbergen ein unregelmäßiges Inneres, das durch das Zusammenwachsen von Bauteilen des 14. und 16./17. Jahrhunderts entstanden ist. Zum ersten Mal in Europa wurden hier, so heißt es, Zement und Verstrebungen aus Eisen beim Bau verwandt.

Daß die Medici Kunstwerke bei fähigen Meistern in Auftrag gaben und sammelten, gehört zu den Selbstverständlichkeiten des geschichtlichen Wissens; dieses Mäzenatentum fordert Bewunderung. Daß sie eine der ersten Herrscherfamilien waren, die dafür würdige und ausgedehnte Ausstellungsräume bauen ließen, ist ebenso bekannt. Im Lauf der Zeit entwickelte sich die Galleria degli Uffizi zur bedeutendsten Gemäldegalerie Italiens und zu einer der großartigsten der Welt mit etwa 4000 Gemälden. Meisterwerke der wichtigsten italienischen und anderer europäischer Maler vom 13. bis zum 17. Jahrhundert sind hier ausgestellt. Hinzu kommen wertvolle antike Skulpturen sowie Teppiche, Zeichnungen, Schmuckstücke, Waffen, wissenschaftliche Instrumente und archäologische Funde. Erst in diesen Jahren ist es gelungen, die Masse der Objekte, von denen ein großer Teil, der Öffentlichkeit unzugänglich, in Magazinen lagert, in einem vollständigen Verzeichnis zu erfassen. (Auch in den Uffizien hat die Überschwemmung von 1966 schwere Schäden angerichtet.)

Vor dem Besuch der Gemäldegalerie kann man kurz von der *Sala della Biglietteria* (Eintrittskarten-Verkauf) mit den Fresken von Andrea del Castagno (›Berühmte Personen‹) und der ›Verkündigung‹, einem Meisterwerk des BOTTICELLI, zum *Gabinetto dei Disegni e delle Stampe* (Kupferstichkabinett, Zeichnungen und Drucke; allein im Magazin 104 000 Exemplare) gehen. Man kommt durch zwei Vestibüle mit Statuen zu den **Galerien** im 2. Stockwerk, die sich um das ganze Geschoß (zur Piazzale degli Uffizi hin) herumziehen, mit römischen Marmorstatuen und Bronzefiguren, Teppichen und reicher Wanddekoration.

Wegen des Umfangs der Sammlung muß ich mich auf die Erwähnung der wichtigsten Kunstwerke beschränken; sonst würde aus dem Museumskapitel ein eigenes Buch. Dem Leser werden die Namen genug sagen.

Saal 2 (Werke des 13. Jahrhunderts): ›Thronende Madonna mit Kind und sechs Engeln‹ (Madonna Rucellai) von DUCCIO (1285), ›Madonna mit Kind und vier Heiligen‹ sowie ›Thronende Madonna mit Kind, Engeln und Heiligen‹ von GIOTTO (1310), ›Madonna in Maestà‹ von CIMABUE (zwischen 1280 und 1290).

Saal 3 (Sienesische Schule des 14. Jahrhunderts): ›Verkündigung mit Heiligen‹ von SIMONE MARTINI (1333) und ›Madonna in der Glorie‹ von PIETRO LORENZETTI (1340).

Saal 4 (Florentiner Schule des 14. Jahrhunderts): Triptychon ›Sankt Matthäus‹ von ANDREA ORCAGNA und seinem Bruder Jacopo di Cione (1367), ›Pietà‹ (nach Giotto) und ›San Nicola da Bari‹ von AMBROGIO LORENZETTI (Triptychon).

Saal 5 und 6 (Spätgotik): ›Anbetung der Könige‹ von LORENZO MONACO (1420), ›Kreuzigung‹ von AGNOLO GADDI, ›Madonna mit Kind‹ von JACOPO BELLINI, ›Anbetung der Könige‹ von GENTILE DA FABRIANO, sein Meisterwerk (1423), dessen Predella-Mittelbild dieses Buch schmückt, und ›Krönung Mariens‹ von LORENZO MONACO (1413).

Saal 7 (Florentinische Schule des frühen 15. Jahrhunderts): ›Reiterschlacht von San Romano‹ des PAOLO UCCELLO (1456), Portraits des Federico di Montefeltro, Herzogs von Urbino, und seiner Frau Battista Sforza von PIERO DELLA FRANCESCA (1465), ›Anna Selbdritt‹ von Masaccio und Masolino da Panicale (1420 oder 1424), ›Thronende Madonna‹ von Domenico Veneziano sowie ›Madonna mit Kind‹ und ›Krönung Mariens‹ von Fra Angelico (1430 und 1435).

Saal 8 (des FILIPPO LIPPI): die Gemälde des Filippo Lippi stellen zumeist Szenen aus dem Marienleben dar (zwischen 1440 und 1465).

Saal 9 (des POLLAIUOLO und des BOTTICELLI): ›Bildnis eines Unbekannten mit der Medaille Cosimos des Älteren‹ (vielleicht Selbstbildnis, 1470) und ›Judith und Holofernes‹ von Botticelli (1487-1492) sowie ›Tugenden‹ von Piero del Pollaiuolo und Botticelli.

Saal 10, 11, 12, 13 und 14: In diesen Sälen werden immer die Bilder neu angeordnet – was auch in anderen Räumen möglich ist. Die Hauptwerke bilden: ›Die Geburt der Venus‹ (1486) und ›La Primavera‹, der Frühling in Gestalt einer Frau (1477/78), zwei Meisterwerke des BOTTICELLI voll Anmut und Lieblichkeit; weitere Gemälde von Botticelli sind: ›Anbetung der Könige‹ (1475), ›Pallas und der Kentaur‹ (1485), ›Madonna des Magnificat‹ (1481/82), ›Madonna mit dem Granatapfel‹ (1487) und ›Die Verleumdung‹ (1494/95). Weiter verdienen Beachtung die Gemälde des GHIRLANDAIO, des FILIPPINO LIPPI (Sohn des Filippo Lippi), des HANS MEMLING (Portrait), des ROGIER VAN DER WEYDEN (Grablegung) und das bekannte Portinari-Triptychon des HUGO VAN DER GOES.

Saal 15 (Toskanische und Umbrische Schule des 15. Jahrhunderts): ›Taufe Christi‹ von ANDREA VERROCCHIO (1470), Werke von SIGNORELLI und PERUGINO, sowie ›Anbetung der Könige‹ von LEONARDO DA VINCI (1481).

Saal 16 (Saal der Landkarten): ›Verkündigung‹, Jugendwerk (1470-1475) des Leonardo da Vinci (oder des Ghirlandaio?).

Saal 17 (des Hermaphroditen): Triptychon ›Anbetung der Hirten, Beschneidung und Himmelfahrt‹ (1466/67) und ›Madonna delle Cave‹ (›Felsgrotten-Madonna‹, 1488/89) von ANDREA MANTEGNA sowie antike Skulpturen (›Hermaphrodit‹, ›Amor und Psyche‹).

Saal 18 **(Tribuna):** In der Mitte die ›Medici-Venus‹, die berühmteste und schönste Marmorskulptur der Antike in Florenz (Kopie nach einem Werk des griechischen Bildhauers Praxiteles); bedeutende Statuen sind weiter der ›Apollino‹ (nach Praxiteles), ›Arrotino‹ (›Der messerwetzende Skythe‹; Pergamon-Schule des 3. oder 2. vorchristlichen Jahrhunderts), die ›Kämpfer‹ (Pergamon-Schule) und ›Tanzender Faun‹ (Kopie des 3. vorchristlichen Jahrhunderts). Die Wände sind hauptsächlich von Portraits der Medici-Familie (Vasari, Pontormo, Andrea del Sarto, Bronzino) geschmückt.

Saal 19: Der Raum ist vor allem Bildern des PERUGINO (Bildnis des Don Biaggio Milanesi, des Mönchs Baldassarre und des Francesco delle Opere sowie ›Madonna zwischen den Heiligen Johannes und Sebastian‹, 1493), und des LUCA SIGNORELLI (›Heilige Familie‹ und ›Madonna mit Kind‹) gewidmet.

Saal 20 (Deutsche Schule): Der Raum zeigt Meisterwerke deutscher Maler. Von LUCAS CRANACH sind ›Martin Luther‹ (1529), ›Katharina von Bora‹, ›Selbstbildnis‹ (1550), ›Sankt Georg‹, noch einmal ›Martin Luther‹ (1543) sowie ›Melanchthon‹ und ›Adam und Eva‹ (1528); aus der Cranach-Schule: ›Frauenbildnis‹, ›Johannes I.‹, ›Ferdinand III. von Sachsen‹; ›Bildnis eines Jünglings‹ von JOOS VAN CLEVE. Von DÜRER: ›Madonna mit Kind‹ (Madonna mit der Birne), ›Bildnis des Vaters‹ (1490), ›Anbetung der Könige‹ (1504, ein beispielhaftes Werk); ›Die heiligen Apostel Philippus und Jakobus‹ sowie die Zeichnung ›Großer Kalvarienberg‹ (1505); von BRUEGHEL dem Älteren ebenfalls

›Der große Kalvarienberg‹. Muß man hier nicht dankbar der Anregungen gedenken, die deutsche Maler, wie etwa Albrecht Dürer, in Italien erfahren haben?

Saal 21 (Venezianer des 15. und frühen 16. Jahrhunderts): ›Heilige Allegorie‹ des GIOVANNI BELLINI, Szenen aus dem Leben des Moses von GIORGIONE und ›Gattamelata‹, wohl auch von Giorgione.

Saal 22 (Deutsche und Flämische Maler ebenfalls des 16. Jahrhunderts): Werke von GERARD DAVID (Anbetung der Könige), HOLBEIN (Richard Southwell) und ALTDORFER (Sankt Florian).

Saal 23 (des CORREGGIO): ›Madonna‹, ›Ruhe in Ägypten‹ und ›Madonna in der Glorie‹; dazu zwei Portraits, die Raffael zugeschrieben werden.

Saal 24: Miniaturen des 15. bis 18. Jahrhunderts.

Saal 25 (des MICHELANGELO): Als einzig sicheres (und vollendetes) Tafelbild Michelangelos gilt ›Die Heilige Familie‹, die der Künstler 1504/05 für die Hochzeit von Agnolo Doni mit Maddalena Strozzi schuf (deshalb auch Tondo Doni genannt). Das Rundgemälde ist charakterisiert durch klare Formen, eindringliche Farben und die spannungsreiche Bewegung. Außerdem: ›Bildnis des Perugino‹, ein Jugendwerk RAFFAELS, ›Die Jungfrau erscheint Sankt Bernhard‹ von Fra Bartolomeo (1504-1507) und ›Heimsuchung‹ von Mariotto Albertinelli (1587).

Saal 26 (des RAFFAEL und des ANDREA DEL SARTO): Meisterwerke des Raffael sind: ›Papst Leo X. mit den Kardinälen Giulio de' Medici und Luigi de' Rossi‹ (1518/19) und ›Die Madonna mit dem Stieglitz‹ (1506), sowie ›Bildnis des Francesco Maria della Rovere‹ und ›Bildnis Julius' II.‹ (unsicher); hervorragend auch Andrea del Sarto: ›Madonna delle Arpie‹ (Fabelwesen am Thron) (1517).

Saal 27 (des PONTORMO): ›Das Mahl in Emmaus‹ und ›Die Heilige Familie‹ von Pontormo (1525 und 1540).

Saal 28 (des TIZIAN): Von den Werken des Tizian ist am bedeutendsten die ›Venus von Urbino‹ (1538), daneben: ›Ludovico Beccadelli‹ (1552), ›Venus und Cupido‹ (1560), ›Eleonora Gonzaga della Rovere‹, ›Francesco Maria, Herzog von Urbino‹, ›Malteserritter‹ und ›La Flora‹, eines der schönsten Frauenbildnisse Tizians.

Saal 29: ›Madonna mit dem langen Hals‹ (1534-1540) und ›Portrait eines Mannes‹ von PARMIGIANINO.

Saal 30 (gabinetto degli Emiliani): Künstler der italienischen Region Emilia.

Saal 31 (des DOSSO): Neben Werken von Dosso Dossi ›La Fornarina‹ von Sebastiano del PIOMBO (1512) und ›Bild eines Jünglings‹ von LORENZO LOTTO (1505).

Saal 32: Werke des SEBASTIANO DEL PIOMBO, darunter ›Der Tod des Adonis‹ (1511/12).

Passage 33 (Corridoio del Cinquecento): Italienische und ausländische Meister des 16. Jahrhunderts wie Clouet, Poppi, Zucchi, Amberger, Moro.

Saal 34 (Venezianer des 16. und 17. Jahrhunderts): ›Heilige Familie mit der heiligen Barbara‹ (1575), ›Verkündigung‹ und ›Martyrium der heiligen Justina‹ von VERONESE; männliches Bildnis von TINTORETTO (1546).

Saal 35: ›Leda‹, ›Jacopo Sansovino‹, ›Christus am Brunnen‹ und ›Die Samariterin‹ von TINTORETTO, Bildnis des ›Francesco Maria della Rovere‹ und ›La Madonna del Popolo‹ von BAROCCIO (1575-1579).

Saal 41: Bildnis des ›Giovanni di Montfort‹ von ANTON VAN DYCK; Werke von RUBENS: ›Heinrich IV. in der Schlacht von Ivry‹ und ›Einzug Heinrichs IV. in Paris‹, ›Isabella Brant‹ (Rubens' erste Frau; 1620) und ›Einzug Ferdinands von Österreich in Antwerpen‹ (1635); sie gehören zu den besten Werken des vielbeschäftigten Künstlers.

In den Sälen 42 bis 50 wird eine Neuordnung vorgenommen; deshalb sei niemand durch eine andere Reihenfolge überrascht.

Saal 42 (der Niobe): In dem 1779/80 erbauten Saal hat die Niobiden-Gruppe, die römische Kopie eines griechischen Werkes des 5. oder 4. vorchristlichen Jahrhunderts, die 1583 in Rom gefunden wurde und neben der Medici-Venus die kostbarste antike Skulptur von Florenz ist, einen würdigen Platz gefunden; in der Mitte die ›Medici-Vase‹, ein Werk des 2. vorchristlichen Jahrhunderts; außerdem Standbilder der Antike und Gemälde, vor allem von Malern des 18. Jahrhunderts (CANALETTO).

Saal 43: Flämische und Holländische Maler.

Saal 44: ›Medusa‹, ›Jugendlicher Bacchus‹ (1589), ›Opferung des Isaak‹ von CARAVAGGIO (1590). Von REMBRANDT besitzen die Uffizien ein ›Selbstbildnis als Greis‹ (1664), ›Bildnis eines Alten‹ (sogenannter Rabbiner, 1658 oder 1666) und ›Jugendliches Selbstbildnis‹ (1633/34).

Zwischen dem Saal 25 und 34 befindet sich der Eingang zum *Korridor des Vasari* (Corridoio Vasariano), der beim Ponte Vecchio über den Arno hin zum Palazzo Pitti führt. Darin sind Selbstbildnisse italienischer und ausländischer Maler zu sehen.

Palazzo Pitti

Leider ist es im allgemeinen nicht möglich, durch den Corridoio Vasariano, den Laufgang des Vasari, vom Palazzo Vecchio zum Palazzo Pitti, dem Herrschersitz der Großherzöge der Toskana, zu gehen. Das wäre höchst originell. Aber vielleicht macht man eines Tages diesen Korridor der Öffentlichkeit zugänglich. So können wir seinen Lauf nur von außen verfolgen. Wir haben dann jedoch den Trost, den Palazzo Pitti in seiner ganzen ausgedehnten Pracht vor uns zu sehen. Der Palazzo Vecchio wirkt durch sein Alter, der Palazzo Medici durch architektonisches Maß; der Palazzo Pitti beeindruckt durch seine Größe, mit einer bebauten Fläche von 32000 Quadratmetern, einer Fassadenlänge von 205 Metern und einer Höhe (in der Mitte) von 36 Metern. Die Wirkung herrscherlicher Größe wird durch das leichte Ansteigen des Platzes zur Fassade hin noch erhöht. Seine wechselvolle Geschichte entspricht der von Florenz, des Großherzogtums Toskana und des Königreichs Italien. Die Gemäldegalerie im Palazzo Pitti hat ebenfalls Weltgeltung und ist an künstlerischem Rang den Sammlungen der Uffizien fast ebenbürtig.

Daneben sind das Silbermuseum (Museo degli Argenti), die Galerie der Modernen Kunst (Galleria d'Arte Moderna), das Kutschenmuseum (Museo delle Carrozze) und die Appartamenti ex Reali (ehemalige königliche Gemächer) im Palazzo Pitti und der Boboli-Garten hinter dem Palast sehenswert.

Die Pitti waren eine angesehene und reiche Florentiner Kaufmannsfamilie, die es an Stolz und Ehrgeiz mit den Medici aufnehmen wollten. Deshalb plante Luca Pitti um 1447 einen großartigen Stadtpalast auf dem linken Arno-Ufer mit Blick auf die Stadt. Der Architekt Luca Fancelli leitete – vielleicht sogar nach Entwürfen Brunelleschis – die ersten Bauarbeiten. Von 1558 bis 1570 ließ Eleonora von Toledo, die Frau Cosimos I., den Palazzo, den sie 1549 erworben hatte, durch den Baumeister Ammannati gänzlich erneuern; dabei wurde er beträchtlich vergrößert. Andere Baumeister und Innenarchitekten, Maler und Dekorateure arbeiteten an der Gestaltung des Palastes weiter. Für den Schmuck der Gemächer kauften die Besitzer, vor allem Cosimo III., wertvolle Bilder, die den Grundstock der Galleria Palatina ausmachen; Statuen, antike und ›moderne‹, kamen hinzu. Der Palazzo Pitti war zwischen 1864 und 1871 Residenz der italienischen Könige, als Florenz Hauptstadt eines noch nicht gänzlich geeinten Italiens war. König Viktor Emanuel III. schenkte 1919 den Palast dem Staat.

Höhepunkt architektonischer Gestaltungskraft ist die Schauseite des Palastes mit den mächtigen Steinquadern, den hochgewölbten Fenstern und den Stufungen der Geschosse sowie der in manieristischem Stil von Ammannati (1558-1570) angelegte Hof, der als Grotte erscheint und mit »rustikaler Phantasie« gestaltet ist. An ihn schließt sich nach der Terrasse mit Brunnen und Statuen der Boboli-Garten an. – Die verschiedenen Museen des Palazzo Pitti unterliegen seit 1970 einer Neuordnung, so daß es zu Verschiebungen in der Aufstellung der Werke kommen kann.

Galleria Pitti

Vom Eingang des Palastes geht man an der Cappella Palatina (ganz mit Fresken ausgemalt) vorbei zur Galleria Palatina oder Galleria Pitti. Ihre Bilder sind nicht nach ihrer chronologischen Entstehung, sondern nach dekorativen Kriterien angeordnet, um die einzelnen Räume zusammen mit dem Mobiliar zu schmücken.

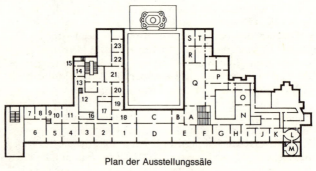

Plan der Ausstellungssäle

Galleria Palatina / Pitti
1 Sala di Venere
2 Sala di Apollo
3 Sala di Marte
4 Sala di Giove
5 Sala di Saturno
6 Sala dell'Iliade
7 Sala della Stufa
8 Sala dell'Educazione di Giove
9 Saletta da Bagno
10 Sala di Ulisse
11 Sala di Prometeo
12 Corridoio delle Colonne
13 Sala della Giustizia
14 Sala di Flora
15 Sala dei Putti
16 Galleria Poccetti
17 Sala della Musica
18 Sala Castagnoli
19 Sala delle Allegorie
20 Sala delle Belle Arti
21 Salone d'Ercole
22 Sala dell'Aurora
23 Sala di Berenice

Appartamenti Reali
A Vestibolo
B Sala degli Staffieri
C Galleria delle Statue
D Sala delle Nicchie
E Sala verde
F Sala del trono
G Sala celeste
H Cappella
I Sala dei pappagalli
J Sala gialla
K Camera da letto
L Gabinetto da toletta
M Sala da musica e da lavoro
N Camera da letto
O Salotto di ricevimento
P Sala di Bona
Q Sala da ballo
R Sala della Fede
S Sala della Carità
T Sala della Giustizia

Die Sammlung wurde um 1620 von Cosimo II. begonnen und schließlich von den italienischen Königen allgemein zugänglich gemacht. Besonderes Interesse verdienen die Werke von Raffael (1483-1520), Andrea del Sarto (1486-1530), Tizian (1490-1576), Tintoretto (1560-1635) und Rubens (1577-1640).

Von der Treppe aus kommt man durch das Vestibül, die Sala degli Staffieri, die Galleria delle Statue und die Galleria delle Nicchie zur *Sala di Venere* und findet dort die ersten Bilder: ›Das Konzert‹, lange Zeit Giorgione zugeschrieben, doch wohl von TIZIAN (1510-1513); ›Julius II.‹, Kopie durch Tizian nach dem in London befindlichen Original von Raffael; ›Marina‹ von SALVATORE ROSA; ›Odysseus im Land der Phäaken‹ von RUBENS (1635); ›Rückkehr der Bauern von der Arbeit‹ von RUBENS (1637); ›Bildnis des Pietro Aretino‹ (1545) und ›Die Schöne‹ (1536/37) von TIZIAN. Weiter sind unter den vielen bedeutenden Gemälden der Sammlung hervorzuheben:

Sala di Apollo: ›Bildnis eines Edelmanns‹ (auch Engländer oder Herzog von Norfolk genannt, 1540) und ›Maria Magdalena‹ (1530-1540) von TIZIAN; ›Karl I. von England und Henriette von Frankreich‹ von VAN DYCK; ›Kleopatra‹ von GUIDO RENI; ›L'ospitalità di S. Giuliano‹ von CRISTOFANO ALLORI; ›Heilige Familie‹ von ANDREA DEL SARTO; ›Bildnis der Vittoria della Rovere‹ von SUSTERMANS; ›Petrus erweckt Tabita‹ von GUERCINO (1618); ›Thronende Madonna mit Kind und Heiligen‹ von ROSSO FIORENTINO (1522); ›Johannes der Täufer‹ von DOSSO DOSSI; ›Bildnis des Vincenzo Zeno‹ von TINTORETTO; ›Nymphe und Satyr‹ von DOSSO DOSSI und ›Grablegung‹ von ANDREA DEL SARTO.

Sala di Marte (Mars): ›Bildnis des Luigi Cornaro‹ von TINTORETTO; ›Bildnis des Kardinals Bentivoglio‹ von VAN DYCK; ›Bildnis des Andreas Vesalius‹ und ›Kardinal Ippolito de' Medici‹ (1533) von TIZIAN; ›Die Folgen des Krieges‹ (1638) und ›Die vier Philosophen‹ (zwischen 1602 und 1614), zwei Meisterwerke des RUBENS; ›Bildnis des Daniele Barbaro‹ von PAOLO VERONESE; ›Madonna mit dem Rosenkranz‹ und ›Madonna mit Kind‹ von MURILLO.

Sala di Giove (Jupiter, auch dieser Saal mit berühmten Fresken von Pietro da Cortona): ›Die drei Lebensalter des Menschen‹ (1510; Lorenzo Lotto, Giorgione oder Bellini zugeschrieben); ›La Velata‹, auch ›La Fornarina‹ genannt, eines der schönsten Frauengemälde RAFFAELS; ›Kopf des heiligen Hieronymus‹ von PIERO DEL POLLAIUOLO; ›Verkündigung‹ von ANDREA DEL

SARTO (1513); ›Bildnis des Guidobaldo della Rovere‹ von BRONZINO; ›Grablegung‹ von FRA BARTOLOMEO; ›Johannes der Täufer‹ von ANDREA DEL SARTO und die ›Madonna mit der Schwalbe‹ von GUERCINO.

Sala di Saturno (Saturn): ›La Madonna della Seggiola‹ (1515), eines der bekanntesten Madonnenbilder RAFFAELS; die beiden Bildnisse ›Maddalena Doni‹ (1506) und ›Agnolo Doni‹ (1506) sowie die ›Vision des Ezechiel‹ (1518) und die ›Baldachin-Madonna‹ (1506), das ›Bildnis des Tommaso Inghirami‹ (1514) und ›La Madonna del Granduca: berühmte Bilder von RAFFAEL, manchmal mit Hilfe von Schülern gemalt. Außerdem: ›Verkündigung‹ von ANDREA DEL SARTO (1528); ›Bildnis des Kardinals Bernardo Dovizi da Bibbiena‹ von Raffael (1516); ›Heilige Magdalena‹ von PERUGINO; ›Grablegung‹ von PERUGINO (1495).

Sala dell'Iliade (Ilias): ›Philipp IV. von Spanien‹ von VELASQUEZ, ›Graf Waldemar Christian‹ (SUSTERMANS), ›Himmelfahrt Mariens‹, zwei Darstellungen desselben Themas von ANDREA DEL SARTO, und ›Die Schwangere‹, wohl von RAFFAEL (1506).

Der Rundgang führt weiter durch die Sala del Castagnoli (Apollo- oder ›Musen-Tisch‹, von Dupré und Papi geschaffen); die Sala delle Allegorie (mit Fresko des Volterrano); die Sala delle Belle Arti (mit Gemälden des 17. Jahrhunderts aus Florenz); den Salone d'Ercole (mit Deckengemälden von Benvenuti und einer Vase der Sèvres-Manufaktur); die Sala dell'Aurora (Vasari); die Sala di Berenice; die Sala di Psiche (Salvatore Rosa); das Rundkabinett; und das Bad der Maria Luisa; die Sala della Fama (französische Meister); die Sala dell'Arca; die Cappella delle Reliquie; die Sala della Musica (dei Tamburi); die Galleria del Poccetti (Rubens, Ribera); die Sala di Prometeo (›Madonna mit Kind‹, ein Meisterwerk des FILIPPO LIPPI, 1452, ›Heilige Familie‹ von SIGNORELLI, ›Männliches Bildnis‹ von Botticelli, ›Tanz Apolls mit den Musen‹ von Peruzzi); den Corridoio delle Colonne (flämische Meister); die Sala della Giustizia (Veronese, Moroni, Tizian, Tintoretto); die Sala di Flora (›Italienische Venus‹ von Canova, 1810); die Sala dei Putti (flämische Meister, ›Die drei Grazien‹ von Rubens); die Sala di Ulisse (›La Madonna dell'Impannata‹ von Raffael und ›Tod der Lukrezia‹ von Filippino Lippi); die Saletta da Bagno; die Sala dell'Educazione di Giove (Caravaggio, Guercino); die schöne Sala della Stufa (mit Wandmalereien, ›Die vier Lebensalter des Menschen‹, von Pietro da Cortona).

Die Sammlung der Kunstwerke in der Galleria Palatina des Palazzo Pitti wird ergänzt durch die *Appartamenti Reali,* die ehemaligen königlichen Gemächer, in denen Viktor Emanuel II., Umberto I., Königin Margherita und Viktor Emanuel III. wohnten, mit kostbaren Möbeln, Gemälden, Statuen und Gebrauchsgegenständen; das *Museum ›degli Argenti‹* mit Gold- und Silberschmuck, Gemmen, Porzellan, Gläsern und anderen Gegenständen aus dem Haushalt des königlichen Hofes; die *Galleria d'Arte Moderna,* 1860 gegründet, mit Werken italienischer und ausländischer Künstler des 19. und 20. Jahrhunderts; die *Collezione Contini-Bonacossi* mit Malereien, Skulpturen, Möbeln und Kunstgegenständen im Meridiana-Pavillon sowie dem Wagen-Museum, dem *Museo delle Carrozze,* mit einer Sammlung alter, besonders wertvoller und schöner Kutschen des 18. und 19. Jahrhunderts, vor allem der Lothringischen Großherzöge, die von 1737 bis 1859 – mit Unterbrechungen – die Toskana regierten.

Die beiden Museen, *Museo degli Argenti,* der Silbersachen, das aber auch Gegenstände aus Gold zu seinen Schätzen zählt, und *Museo delle Porcellane* (Porzellan-Museum), im Palazzo Pitti, werden mit ihren ausgestellten Objekten, Kunstwerken aus Edelmetallen und Edelsteinen, Kristall und Elfenbein, Juwelen und wertvollen Goldarbeiten, vor allem Kenner und Sammler interessieren.

Boboli-Garten

Ein wenig Erholung tut jetzt nach der Besichtigung des Palazzo Pitti mit seinen verschiedenen Sammlungen wohl gut. Da kommt der Boboli-Garten wie gerufen. Er erstreckt sich hinter dem Palazzo Pitti, zwischen dem Forte di Belvedere und der Porta Romana auf einer Fläche von 45000 Quadratmetern. Sein Name geht auf die Familie der Bogoli oder Bogolini zurück. In dem herrlichen, zu weiten Spaziergängen einladenden Park, der von Niccolò Pericolo, genannt Tribolo, dem Geplagten, zwischen 1550 und 1560 angelegt wurde, trifft man auf ebenso kuriose wie kunstvolle Sehenswürdigkeiten: die *Fontana del Bacco* (Brunnen des Bacchus), die *Grotta del Buontalenti,* die von Buontalenti (1533-1588) geschaffene Grotte mit Figuren der Ceres und des Apollo sowie Gipsabgüssen von den ›Sklaven‹ des Michelangelo und einer Venus des Giambologna, *das Amphitheater* mit seinem ägyptischen Obelisken und einem Granitbecken aus dem antiken Rom, den *Neptun-Brunnen,* die Kolossalstatue der *Dovizia* oder des Überflusses von Giambologna, den *Kavaliersgarten,* den Viottolone und den Piazzale del Isolotto, in dessen Mitte die Statue des *Okeanos* von Giambologna steht.

Wer mit dem Palazzo Pitti nicht nur Mühe verbinden will, gehe im Sommer zu den Konzerten dort. Wir haben sie in angenehmer und – wegen des Ambiente – in lebhafter Erinnerung.

Wer nun noch Lust und Kraft hat, kann sich zu dem Zoologischen Museum, *Museo Zoologico*, neben dem Palazzo Pitti in der Via Romana Nr. 17, aufmachen. Im Palazzo Torrigiani, auch La Specola, die Höhle, genannt, weil hier Großherzog Pietro Leopoldo 1775 ein astronomisches und metereologisches Observatorium einrichtete, verdient die *Sammlung der anatomischen Präparate in Wachs* besonderes Interesse.

Noch sieben kleinere Museen...

Zum Abschluß dieses für den aufmerksamen Betrachter sicher anstrengenden Kapitels will ich noch kurze Hinweise auf sieben kleinere Museen anfügen. Vielleicht liegt das eine oder andere davon einmal am Weg. Zuweilen kann ein Besuch von wenigen Minuten einen ersten Eindruck verschaffen und den Appetit wecken auf die Wiederkehr.

Bardini-Museum (Museo Bardini)

Das Museo Bardini an der Piazza de'Mozzi gegenüber dem gleichnamigen Palazzo beim Ponte alle Grazie beherbergt Skulpturen, Gemälde, Möbel, Keramiken, Teppiche, Waffen und andere Kunstgegenstände aus verschiedenen Epochen vom Altertum bis zur Renaissance und dem Barock, die der Kunsthändler Stefano Bardini 1923 der Stadt Florenz überließ. Seine Sammlung ist nun in dem alten Palast Bardini der Öffentlichkeit zugänglich. Beachtenswert ist eine ›Caritas‹, eine Allegorie der Liebe, von TINO DI CAMAINO. Im Obergeschoß befindet sich eine Kunstsammlung, die Fortunata Carobbi 1937 der Stadt schenkte.

Museum für die Geschichte der Naturwissenschaften

Daß Florenz auch für die Naturwissenschaften eine wichtige Rolle spielte, bringt der Palazzo Castellani mit dem Museo di Storia della Scienza an der Piazza dei Giudici in Erinnerung. In dem strengen mittelalterlichen Bau des Palazzo Castellani hatte von 1574 bis 1841 die Gerichtsbehörde der ›Ruota‹ (daher der Name des Platzes, Giudici: Richter) ihren Sitz. Seit 1930 beherbergt der Palast das Museum. Gesammelt sind Instrumente und wissenschaftliche Objekte, teils aus dem Besitz der Medici, teils aus Florentiner Instituten: optische und mathematische Instrumente, darunter ein mechanischer Schreibapparat, elektrische Geräte, Instrumente für Astronomie und Kosmographie sowie physikalische und anatomische Modelle. Oftmals stehen nicht nur die praktischen Zwecke eines Instrumentes oder Modells im Vordergrund, sondern auch ihre handwerklich kunstvolle Ausführung. Besonderes Interesse weckt ein Raum, der Galilei und seinen Entdeckungen gewidmet ist.

Galerie Corsini

Der Palazzo Corsini (mit der heutigen Galleria Corsini) am rechten Arno-Ufer wurde von Pier Francesco Silvani und Antonio Ferri (1648-1656) im Stil des 16. Jahrhunderts erbaut. In den Palazzo wurden sparsam einige barocke Elemente eingesetzt. Er beherbergt die bedeutendste Privatsammlung von Florenz (im ersten Stock), die 1765 von Lorenzo Corsini, einem Neffen Papst Clemens' XII., gegründet wurde. Im Unterschied zu anderen Museen – doch ebenso wie im Palazzo Pitti – sind die Bilder nicht nach ihrer Entstehungszeit geordnet, sondern nach dem alten Kriterium der Dekoration und Symmetrie; das Gemälde sollte sich als Schmuck in den Raum einfügen, nicht um seiner selbst willen betrachtet werden. Einige Standbilder und Büsten erinnern an den Corsini-Papst Clemens XII. (1730-1740). Die Gemälde zeigen schöne Beispiele der italienischen und ausländischen Schulen des 17. Jahrhunderts und der Florentiner Malkunst des 15. und 16. Jahrhunderts.

Museum Horne (Museo della Fondazione Horne)

Kunstbegeisterte Ausländer haben Florenz nicht nur kurz besucht, sondern sind häufig auch dort geblieben. Der reiche englische Kunstkritiker Herbert Percy Horne (1864-1916) schenkte der Stadt eine wertvolle Sammlung von Gemälden, Skulpturen, Zeichnungen, Möbeln sowie antiken Schmuck- und Gebrauchsgegenständen, die jetzt in dem Palazzetto Horne in der Via de' Benci Nr. 6 ausgestellt sind. Dieses Gebäude, ebenfalls der Stadt überlassen, war Ende des 15. Jahrhunderts für die Familie der Alberti wahrscheinlich von Simone del Pollaiolo errichtet worden, dann gehörte es der Familie der Corsi. Die Sammlung erlitt bei der Überschwemmung von 1966 schwere Schäden.

Museum für Einlegearbeiten in Stein
(Opificio e Museo delle Pietre Dure)

Wer die Gebäude in Florenz genau betrachtet, wird für naheliegend halten, daß es in dieser Stadt Werkstätten für Steinarbeiten gab und gibt. Das sogenannte Florentiner Mosaik, Einlegearbeiten von kostbaren Steinen in Stein, hat hier eine lange und einzigartige Tradition. Vor allem für die Fürstenkapelle von San Lorenzo wurden tüchtige Meister benötigt, die zunächst in den Uffizien arbeiteten, seit 1796 in dem Konvent San Niccolò, wo dieses Florentiner Kunsthandwerk noch heute betrieben wird. In dem Konvent befindet sich auch das Museum für Einlegearbeiten in Stein mit interessanten, künstlerisch wertvollen Beispielen dieser auf handwerklichem Können beruhenden Kunst.

Museum Stibbert

Ähnlich wie der englische Kunstkritiker Horne sammelte der schottische Offizier Frederik Stibbert in der Villa Montughi vor der Stadt Kunstschätze, die er 1906 der Stadt Florenz schenkte. Die Waffensammlung verdient besondere Aufmerksamkeit (im großen Kavalkadensaal ein Reiterzug mit Uniformen und Waffen aus verschiedenen Ländern); doch auch die anderen Gegenstände, Möbel, Gemälde, Stoffe und weitere künstlerisch wertvolle Stücke, zeigen den Kunstsinn und den Geschmack des Privatsammlers.

Museum ›Florenz wie es war‹

In der Via dell'Oriulo Nr. 24, gegenüber der Kirche Santa Maria Nuova, liegt das Museo di Firenze com'era, Museo Storico Topografico Fiorentino. In dem alten Konvent der Oblaten mit einem schönen Kreuzgang aus dem 15. Jahrhundert erhält man an Hand von Gemälden, Zeichnungen, Drucken und Fotografien einen Überblick über die Entwicklung der Stadt Florenz seit dem 15. Jahrhundert bis heute. Darüber hinaus wird das Leben der Florentiner in ihren alltäglichen Bräuchen, bei ihren verschiedenen Festen und großen Prozessionen deutlich gezeigt.

Umgebung von Florenz

Es kann der Moment kommen, wo man genug hat von Florenz, wo der hektische Verkehr der Stadt, das Gedränge der Passanten in den Straßen, Bars und Läden, die Ansammlungen der Touristen in den Kirchen, Palästen und Museen zu viel werden, wo man keine Steine mehr sehen möchte, und seien sie noch so schön. Ich sage das nicht nur deshalb, weil ich Herr eines Hundes bin, und der schwarze Pudel in Florenz oft flehentliche Blicke emporsandte, die nur bedeuteten: ein Königreich für einen Baum. Auch der Mensch kann sich aus anderen, ganz ehrenwerten Motiven zur grünen Natur ohne Motorenlärm, zur Ruhe eines leeren Platzes ohne das Grau der Stadt sehnen. Das wäre die rechte Zeit für einen Ausflug in die Umgebung von Florenz, und wir wären mit diesem Bedürfnis in bester Gesellschaft: den Medici ging es ebenso.

Villa di Poggio a Caiano

Deshalb ließen sie in der Nähe ihrer Residenzstadt für die immer größer werdende und sich weiter verzweigende Familie Landsitze errichten. In diesen Villen durften berühmte Architekten ihr Geschick und ihre Phantasie frei entfalten; Maler und Bildhauer fanden Gelegenheit, an Gebäuden und in den Gärten die heiteren Seiten ihrer Kunst in tausend Varianten vorzustellen. Ein Besuch dieser Villen darf nie zur lästigen Pflicht werden. Wir sollten daraus mehr eine heitere Kür gestalten, verbunden mit einem erholsamen Picknick oder

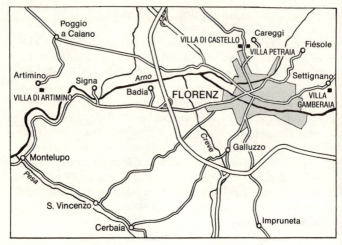

Umgebung von Florenz mit Medici-Villen

dem labenden Mahl in einer ländlichen Trattoria. Dann werden wir bald die wogenden Hügel und Weinberge des Florentiner Umlandes nicht mehr missen wollen, dessen Zauber sich uns für immer mit dem Bild der Toskana verbindet.

Die Medici-Villen

Die schönsten dieser ›Ville‹ finden sich rings um Florenz, eingebettet in die sanfte, weichgerundete Hügellandschaft. So ganz nahe, die **Villa Medicea di Careggi,** die Cosimo der Ältere 1457 von dem Architekten MICHELOZZO instandsetzen und erweitern ließ und in der er die Platonische Akademie gründete; sie gilt als die Lieblingsvilla Cosimos. Hier starben Cosimo selbst (1464) und Lorenzo der Prächtige (1492); es ist freilich nur ein schlechter Scherz, daß die Villa heute aus diesem Grund der Medizinischen Fakultät der Florentiner Universität angehört und Teil des großen Klinikkomplexes ist.

Nicht weit von Careggi lockt die **Villa Medicea della Petraia,** von BUONTALENTI im Auftrag des Kardinals Ferdinando de'Medici nach 1575 restauriert und verschönert, zu müßigem Verweilen: mit einer klargezeichneten Fassade, einem wuchtigen Wehrturm, einem schönen Innenhof, bemerkenswerten Fresken im Innern, einem herrlichen Panorama weit über Florenz von den hängenden Gärten aus und mit einem Marmorbrunnen, der von einer weiblichen Statue (›Florenz‹ oder ›Venus‹) von GIAMBOLOGNA bekrönt wird. Die prachtvolle Villa war die Residenz König Viktor Emanuels II., als Florenz von 1865 bis 1871 Hauptstadt Italiens war.

Die dritte besuchenswerte ist die **Villa Medicea di Castello,** die von Lorenzo und Giovanni di Pier Francesco de'Medici erworben und unter Herzog Cosimo I. umgestaltet wurde; es wirkten hier die Künstler TRIBOLO, der in dem Garten mit Brunnen und Wasserspielen, Grotten und Labyrinthen, Bronzen und Marmorstatuen (Brunnen: Herkules im Kampf mit dem Riesen Antäus) den klassischen Typ des italienischen Parks schuf, weiter BUONTALENTI, AMMANNATI (Brunnen) und GIAMBOLOGNA (Statuen). Die Villa ist heute Sitz der Accademia della Crusca, der italienischen Sprachakademie.

Weiter im Westen, über die Autostrada del Sole hinaus, liegt in **Poggio a Caiano** vielleicht die architektonisch prächtigste Villa Medicea. Lorenzo der Prächtige – daß er seinen Beinamen verdient, wird hier aufs neue bewiesen – erwarb um 1480 den Landsitz und ließ den Architekten Giuliano da SANGALLO das Anwesen ganz im Stil der Renaissance verschönern und erweitern. Beachtenswert sind besonders die Eingangsloggia, die von einem Giebel gekrönt und mit einem Majolika-Fries geschmückt ist, und der über zwei Geschosse gehende Salone (mit Fresken von Franciabigio, Allori und Andrea del Sarto und vor allem mit Meisterwerken von PONTORMO, ›Vertumnus und Pomona‹). Von der Terrasse aus erfaßt der Blick Florenz, Prato, Pistoia und die weite Hügellandschaft.

Die landschaftlich so prächtig gelegene **Villa Medicea La Ferdinanda** des benachbarten Artimino wurde von BUONTALENTI 1594 für Großherzog Ferdinando I. als Jagdhaus errichtet und gilt mit der elegant geschwungenen Freitreppe und ihrer hübschen Loggia manchen als die schönste Medici-Villa.

Etwa 30 Kilometer nach Norden in die Berge hinauf führt uns der Weg zur **Villa Medicea di Cafaggiolo,** in der Cosimo der Ältere gern weilte; man kann seine Vorliebe für diesen kühlen Ort im Sommer gut nachempfinden, wenn die Hitze in Florenz 40 Grad im Schatten erreicht. Dem Architekten MICHELOZZO (ab 1451) gelang es, mit und trotz einer klaren Renaissance-Struktur den Charakter einer mittelalterlichen Festung zu erhalten. In Cafaggiolo sind wir bereits im Mugello-Gebiet, durch das der Sieve-Fluß fließt, der dann bei Pontassieve (= Brücke über den Sieve) in den Arno mündet.

Hauptort des *Mugello,* der durch den Apennin nach Norden hin geschützt ist und deshalb ein besonders mildes Klima hat, ist *Borgo San Lorenzo.* In seinem Wappen führt das Städtchen den heiligen Laurentius mit dem Rost, der, wie wir von San Lorenzo in Florenz wissen, der Familienheilige der Medici war: eine Huldigung an die Medici, die gern im Mugello zwischen Cafaggiolo, Trebbi und Bosco ai Frati weilten. Die hiesige, dem heiligen Laurentius geweihte Kirche ist ein interessanter Bau des 13. Jahrhunderts, der jedoch im 17. Jahrhundert nicht zum Besseren erneuert wurde und noch dazu durch ein Erdbeben von 1919 schwere Schäden erlitten hat. Es lohnt sich von hier aus ein Besuch der 3,2 Kilometer nach Norden Richtung Faenza liegenden Kirche *San Giovanni Maggiore* mit einem schönen Portikus, einem achteckigen Glockenturm aus dem 11. Jahrhundert und einer feierlich wirkenden Kanzel aus Marmor mit wertvollen Intarsien-Arbeiten (Symbole) im florentinisch-romanischen Stil.

Ausflug in den Süden...

In unmittelbarer Nähe von Florenz (fünf Kilometer), direkt neben der Autobahn, liegt die *Certosa del Galluzzo,* das Kartäuserkloster im Florentiner Vorort Galluzzo. Es wird im Kapitel ›Klöster‹ ausführlicher behandelt.

Impruneta, etwa 13 Kilometer südlich von Florenz im Hügelland versteckt, ist seit altersher berühmt wegen seiner Keramik. Einige unserer schönsten Schüsseln – außen in rohgebranntem Ton, innen mit feiner Glasur überzogen, haben wir in diesem Städtchen erstanden. Es regnete damals, und die Kauflust war gar nicht sehr groß. Aber die Töpferware bot sich in so gelungenen Formen an, daß wir nicht widerstehen konnten. In Impruneta werden geschmackvolle Terrakotta-Erzeugnisse oft noch von Hand hergestellt. In den Fabriken wird industriell vor allem der berühmte ›Cotto‹, der ›gekochte‹ oder besser gebrannte Ziegel für Fußböden gefertigt. Ein Besuch in den Herstellungsstätten, wo man die verschiedenen Cotto-Arten und -Formen betrachten kann, lohnt sich. In dieser langen Kunsttöpfer-Tradition stehen auch die Werke von LUCA DELLA ROBBIA in der Hauptkirche *Santa Maria*. Diese Basilika, die alten Ursprungs ist, im 14. und 15. Jahrhundert erneuert und mit Mauern und Türmen umgeben wurde, erlitt während des Zweiten Weltkriegs schwere Beschädigungen, die jedoch behoben sind. Im Innern sind zwei reichverzierte *Altaraufbauten* (Ädikula) des MICHELOZZO (1453-1456), die dem Ädikulum in der Kirche Santissima Annunziata zu Florenz verblüffend ähnlich sehen, die *Cappella della Croce*, deren Altarbild LUCA DELLA ROBBIA schuf, und die Cappella della Madonna, die ebenfalls mit Werken von Luca della Robbia geschmückt ist, beachtenswert.

... und nach Osten

Erholsam und interessant ist auch ein Ausflug nach Osten zu dem Städtchen **Settignano,** acht Kilometer von Florenz entfernt, auf dem uns der Dichter Boccaccio begleiten kann. Boccaccio ließ seine Geschichten des ›Decamerone‹ ausdrücklich »zum Trost und zur Linderung der liebenden Frauen – denn für die anderen reicht die Nadel, die Spindel und der Haspel hin – von einer ehrbaren Gesellschaft von sieben Damen und drei jungen Herren zur Zeit der verderblichen Pest innerhalb zehn Tagen« erzählen. Die Tradition will, daß sich diese »ehrbare Gesellschaft« im Jahr 1348 in die *Villa di Poggio Gherardo,* wenige Kilometer nordöstlich von Florenz, vor dem Ort San Martino a Ménsola, flüchtete. In diesem findet man die Kirche *San Martino* mit einem Triptychon des TADDEO GADDI und nicht weit davon die *Villa I Tatti,* die nach dem Tod des Kunstkritikers Bernard Berenson (1959) Sitz des Centro per la Storia del Rinascimento (Zentrum für die Geschichte der Renaissance) der amerikanischen Harvard-Universität und der Collezione Berenson mit wertvollen Kunstwerken wurde. Weiter trifft man auf das *Castello Vincigliata* der Visdomini und bei *Ponte a Ménsola* auf das kleine *Oratorio della Vannella*. In Settignano lohnt ein Besuch der Pfarrkirche der *Assunta,* eines mehrfach erneuerten Baus des 15. Jahrhunderts; in der Nähe des Ortes liegt die **Villa Gamberaia,** eine der schönsten Villen des 16. Jahrhunderts in der Toskana, die jedoch im Zweiten Weltkrieg Schäden erlitt.

Fiesole

Dienten die im vorigen Kapitel beschriebenen Ausflüge mehr der freiwilligen Stadtflucht und Erholung, so ist die Fahrt nach Fiesole, dem Nachbarstädtchen von Florenz, in acht Kilometern Entfernung die Hügel im Norden hinauf, 240 Meter über dem Arno (295 Meter über Meereshöhe) gelegen, fast ein Obligo. Aber das soll nicht zur sauren Pflicht ausarten. Das lockendste an Fiesole ist für uns stets, im Römischen Theater zu sitzen, die ruhige Harmonie der halbrunden Steinmuschel und der aufsteigenden Ränge aufzunehmen, die Zypressen und Olivenbäume zu betrachten und weit in das Hügelland zu schauen. In diesem Bogen aus der Vergangenheit – überall am Mittelmeer haben die Römer der Antike ihre Theater wie untilgbare Spuren einer angenehmen Lebensart hinterlassen, die nahen etruskischen Mauern künden von noch älterer Besiedlung – in die mit intensivem Lebensgefühl angefüllte Gegenwart erschließt sich die Toskana; sie ist nicht nur sehenswürdig, sondern auch lebenswürdig. Es muß wohl an dieser Hochstimmung gelegen haben, daß wir auf dem Rückweg vom Römischen Theater in einem halb Antiquitäten-, halb Einrichtungsgeschäft einen riesigen toskanischen Holztisch kaufen wollten, der, sauber gezimmert, für Jahrhunderte geschaffen schien. Erst die doch etwas umständlich zu lösenden Transportprobleme ließen uns von dem Erwerb dieses festen Holzstücks Abstand nehmen. Schade! Wo wird ›unser‹ Tisch wohl stehen?

So sehr jedoch das Städtchen oberhalb von Florenz zum Spazierengehen und Schauen geeignet ist, soll doch die Kunst nicht unterschlagen werden:

Siedlung der Etrusker und Römer

Fiesole war, wie wir im Römischen Theater an den Mauern haben sehen können, bereits von den Etruskern (7. bis 6. Jahrhundert v. Chr.) und nach diesen von den Römern besiedelt. Die letzteren statteten Faesulae mit einem ansehnlichen Forum, mit Tempeln, Theater und Thermen aus. Von den Wirren der Völkerwanderung erholte sich die Stadt wieder, aber von der Niederlage gegen Florenz im Jahr 1125 nicht mehr. Fiesoles Bedeutung ging seit dem Mittelalter immer weiter zurück, sein Reiz aber blieb erhalten.

Stadtrundgang

Wo fangen wir an? Man kann sich den Ausflug nach Fiesole so einrichten, daß der eine Weg über die *Badia Fiesolana* und die Kirche *San Domenico,* der andere über die *Villa Medici* (Belcanto oder Il Pelagio) führt (Beschreibung am Ende dieses Kapitels). In Fiesole jedenfalls endet jede Autofahrt und beginnt jeder Rundgang auf der weiten *Piazza Mino da Fiesole* – benannt nach dem hier wirkenden Bildhauer (1430-1484) –, dem Platz an der Stelle des alten Forum aus römischer Zeit. Von der Terrasse aus bietet sich ein in der Tat unübertreffliches, großartiges *Panorama:* das Tal von Florenz. Ringsherum sehen wir einige schöne Bauwerke, vor allem den Dom mit dem hoch aufragenden Glockenturm, dahinter das Museo Bandini, den Palazzo Vescovile, den Bischofspalast, der bis auf das 11. Jahrhundert zurückgeht, doch mit einer Fassade des 17. Jahrhunderts abgeschlossen ist, das große Priesterseminar, die Kirche Santa Maria Primerana und den Palazzo Pretorio.

Die Kirche San Romolo in Fiesole wurde zur Bischofskathedrale, zum **Dom** – kirchlich hat sich Fiesole als Sitz eines Bischofs also die Selbständigkeit bewahrt, die es im Politischen an Florenz abtreten mußte –, als man die zwischen Florenz und Fiesole gelegene Badia den Benediktinermönchen übertrug. Das mittelalterliche Aussehen hat sich der Dom – 1028

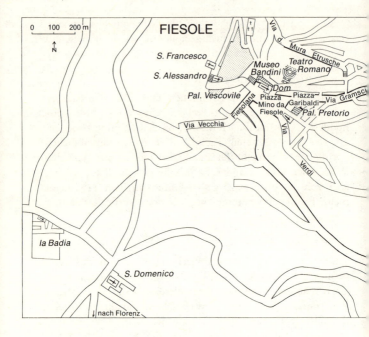

begonnen, im 13. Jahrhundert im Grundriß und um den 42,30 Meter hohen, zinnenbewehrten Glockenturm erweitert – eindrucksvoll erhalten. Beachtenswert sind im Innern einige Kunstwerke, vor allem Fresken und Skulpturen in der *Cappella Salutati* (im Presbyterium rechts) und in der *Krypta*.

Das Museum hinter dem Dom, **Museo Bandini,** gehört zu jenen vielen kleinen Museen in der Toskana, die hinter den berühmten zurückstehen müssen, doch in einer ruhigen Stunde großen Reiz durch ihre liebevoll ausgesuchten Schätze ausüben können. Der Kanoniker Angiolo Maria Bandini, Bibliothekar der Laurenziana in Florenz und bedeutender Wissenschaftler, sammelte seit 1795 Kunstwerke. Nach seinem Tod wurden sie dem Domkapitel von Fiesole zur Verfügung gestellt. Die religiöse Kunst hat in dieser Galerie mit vielen ursprünglich-frommen Heiligenbildern einen würdigen Platz.

Der Weg von der Piazza Mino da Fiesole zu den Kirchen

Sant'Alessandro und San Francesco führt uns über die *alte Akropolis* von Fiesole, deren Hügelkuppe wir uns ehemals mit Tempeln bekrönt vorzustellen haben. Von hier aus bietet sich wiederum ein eindrucksvolles Panorama der Landschaft. Die Kirche **Sant'Alessandro** neben dem Stadtpark, den Giardini Pubblici, ist dem heiligen Bischof Alessandro von Fiesole geweiht. Sie steht über einem alten etruskischen Tempel, der später von einem römischen Tempel zu Ehren des Bacchus ersetzt wurde. Theoderich der Große wandelte zu Beginn des 6. Jahrhunderts dieses Bauwerk in eine Kirche um, das Christliche wuchs auf den Grundmauern des Heidnischen weiter. Von 1815-1819 wurde Sant'Alessandro etwas unglücklich mit einer klassizistischen Fassade erneuert.

Einige Meter über Sant'Alessandro liegt auf der Höhe des Hügels in beherrschender Position die Kirche **San Francesco,** ein Bau des 14. Jahrhunderts, der 1407 den Franziskanern anvertraut wurde. Liebenswürdige Strenge, welche die Mönche des heiligen Franziskus auszeichnet, drückt sich auch in dem Kloster aus. Das gotische einschiffige Innere der Kirche ist durchaus sehenswert.

Von San Francesco aus können wir über den Stadtpark oder wieder zurück über die Piazza Mino durch die Straße an der Rückseite des Domes zum **Römischen Theater** gelangen. Es wurde im 1. nachchristlichen Jahrhundert angelegt und unter den Kaisern Claudius und Septimius Severus verschönert. In dem halbrunden Theater mit einem Durchmesser von 34 Metern finden 3000 Personen Platz. Die Schauspiele wurden auf einer Bühne von 26,40 Meter Länge und 6,40 Meter Tiefe aufgeführt. Seit einigen Jahren hat man diese Tradition wieder aufgenommen; man sollte sich, wenn möglich, im Sommer die Gelegenheit nicht entgehen lassen, hier einem Schauspiel oder einem Konzert beizuwohnen. Aufmerksamkeit verdienen die weiteren Ausgrabungen aus römischer Zeit hinter dem Römischen Theater, die Ruinen der Thermen, die zu Beginn der Kaiserzeit errichtet und unter Kaiser Hadrian erweitert wurden. Obwohl die von mächtigen Pfeilern getragenen Bögen immer sichtbar waren, legte man den Komplex erst 1891/92 wieder frei.

Das **Museo Civico** am Eingang des Theaters enthält zahlreiche Funde aus etruskischer und römischer Zeit, die bei den Ausgrabungen in der Umgebung zu Tage gefördert wurden oder durch Schenkungen zusammenkamen. Besonders wertvoll sind eine Grabstele (470-460 v. Chr.), auf der ein Totenmahl, Tanz und Kampf von Tieren dargestellt sind, weiter der Kopf des Kaisers Claudius (41-54 n. Chr.) und eine Dionysius-Statue (römische Kopie eines griechischen Originals).

Auf dem Weg von Florenz nach Fiesole oder umgekehrt kann man an der Badia und der Kirche San Domenico vorbeifahren und – mit einem kleinen Abstecher – zur Villa Medici Il Palagio gelangen. **San Domenico,** Kirche und Kloster des heiligen Dominikus, ein Bau, der im 15. Jahrhundert begonnen und im 17. Jahrhundert auch um den Campanile erweitert wurde, ist uns teuer als Wirkungsstätte des *Fra Angelico,* bevor dieser Maler von Cosimo dem Älteren entdeckt und 1437 in das Florentiner Dominikanerkloster eingeladen wurde. Das einschiffige Innere zieren in der ersten Kapelle links ein Altarbild von Fra Angelico und ein Holztabernakel im Chor (17. Jahrhundert). – Die **Badia Fiesolana** war bis ins 11. Jahrhundert Kathedralkirche von Fiesole. Dann wurde sie Benediktinermönchen überlassen und erhielt den Namen ›Abtei‹. In der Renaissance wurden Kirche und Kloster gänzlich neu gestaltet. So sehen wir in die unvollendet gebliebene Fassade die marmorne romanische Schauseite der kleineren alten Kirche eingelassen. Das Innere im Stil Brunelleschis beeindruckt durch seine strengen architektonischen Formen.

Der heiter-klassische Reigen der Medici-Villen in der Umgebung von Florenz wird durch die genau südlich von Fiesole liegende **Villa Medici** (Il Palagio oder Belcanto) anmutig erweitert. Der Architekt MICHELOZZO baute sie von 1458 bis 1461 für Cosimo den Älteren. Hier bot Lorenzo der Prächtige den befreundeten Literaten und Philosophen der Platonischen Akademie großzügige Gastlichkeit: Polizian, Pico della Mirandola oder Cristoforo Landino. Ein Schatten fällt auf dieses freundliche Ambiente. Denn die Pazzi-Verschwörer planten zunächst hier die Ermordung der Brüder Lorenzo und Giuliano de' Medici, die sie aber im Dom zu Florenz ausführten.

Prato

Natürlich steht Prato im Schatten von Florenz. Das sollte nicht davon abhalten, die Kunstwerke der nur zwanzig Kilometer von Florenz entfernten Stadt zu besuchen. Stören darf dabei auch nicht, daß Prato, das schon im Mittelalter wegen seiner Wollweber und der Stoffe verarbeitenden Handwerker bekannt war, heute durch die Textilindustrie (Verarbeitung von Lumpen) so sehr geprägt ist, daß es das ›Manchester der Toskana‹ genannt wird. Das ist kein Lob für das äußere Erscheinungsbild, aber ein Hinweis auf den gediegenen Wohlstand der etwa 160 000 Einwohner der Stadt. Den Namen begreift, wer auf der Autostrada del Sole von Norden kommt und von Prato nur Industrieanlagen sieht. Sie scheinen zunächst wie ein mittelalterliches Kastell, dann offenbaren sie ihre Bestimmung. Der Reichtum verlieh Prato trotz einer von Lucca und Florenz häufig eingeschränkten politischen Autonomie seit dem Mittelalter wirtschaftliche und finanzielle Bedeutung. Ein aktuelles Beispiel für das Selbstbewußtsein der Pratesi sind die unermüdlichen Bemühungen, sich in der Verwaltung von Florenz zu lösen und selbst Provinzhauptstadt zu werden, ein Unterfangen, das die Florentiner mit aus der Geschichte genährtem Stolz zurückweisen. Das historische Zentrum von Prato wartet mit Bauten auf, die zeigen, daß in der Stadt die Künste gepflegt wurden, obwohl sie kein politisches Machtzentrum war, daß Prato trotz der dominierenden Nachbarstadt nicht zum Aschenputtel-Dasein verkümmert ist.

Ein Rundgang in Prato könnte mit dem Dom an der Piazza del Duomo beginnen, hinüberführen zum Castello dell'Imperatore und zur Kirche Santa Maria delle Carceri und an der Piazza del Comune mit dem Palazzo Pretorio (Galleria Comunale) enden.

Dom

Der Duomo Santo Stefano wurde erst Kathedrale, als Prato 1653 die Stadtrechte und den Bischofssitz erhielt. Die Kirche des heiligen Stefan mit dem Beinamen Borgo al Cornio – so der Name Pratos, als es noch ein kleiner Landort war und bei der Wiese (prato) eine Festung lag – wurde von Guidetto da Como ab 1211 über einer älteren Pieve (Pfarrkirche) errichtet, später erweitert und umgestaltet (1317-1368 Querschiff mit fünf Kapellen). Die *Fassade* bietet sich prächtig in weißen und grünen Marmorstreifen dar; im Bogen über dem Hauptportal eine Majolika-Gruppe von ANDREA DELLA ROBBIA (1489), Madonna mit Kind und Heiligen. Die berühmte **Außenkanzel** rechts (Pergamo del Sacro Cingolo, Kanzel des heiligen Gürtels) schufen DONATELLO und MICHELOZZO zwischen 1434 und 1438, wobei wohl Michelozzo der architektonische Aufbau und Donatello die Runde der tanzenden Putten zukommt (die Originale befinden sich im Dom-Museum und sind an der Kanzel durch Kopien ersetzt). Dieses Meisterwerk der Bildhauerkunst des 15. Jahrhunderts wirkt besonders durch die Harmonie der Schmuckformen und die Heiterkeit der künstlerisch vorbildlich gestalteten Figuren. Beachtenswert erscheint auch der *Campanile* (1340-1356) mit nach oben sich erweiternden Fensteröffnungen und zwei Seitenportalen (schöne Intarsienarbeiten im Florentiner Stil).

Im *Innern,* einem von Säulen flankierten romanischen Langhaus, in das die Gewölbe erst 1676 einbezogen wurden, und einem Querschiff mit Rippengewölben (Marmorstreifung wie in Pisa und Lucca) vedienen folgende Kunstwerke unsere Aufmerksamkeit:

Die *Kanzel* von MINO DA FIESOLE und Antonio ROSSELLINO; die Bronzeleuchter vor dem Presbyterium von MASO DI BARTOLOMEO; auf dem Hauptaltar ein bronzenes Kruzifix von Ferdinando TACCA (1653); und besonders im Hauptchor an den Wänden zwei **Freskenzyklen,** die FRA FILIPPO LIPPI von 1452 bis 1466 malte und in denen er seine volle künstlerische Reife erreichte, ein Meisterwerk der Malerei der Frührenaissance. Rechts sehen wir in drei Zonen Szenen aus dem Leben Johannes des Täufers. Bewundernswert ist vor allem das ›Gastmahl des Herodes‹ mit der anmutig tanzenden Salome. In dieser hübschen Frau sieht die Überlieferung die Nonne Lucrezia Buti, die der Künstler, der zuerst Mönch war, heiratete und von der er den Sohn Filippino bekam. Links ›Geschichten des heiligen Stephanus‹, des Kirchenpatrons, her-

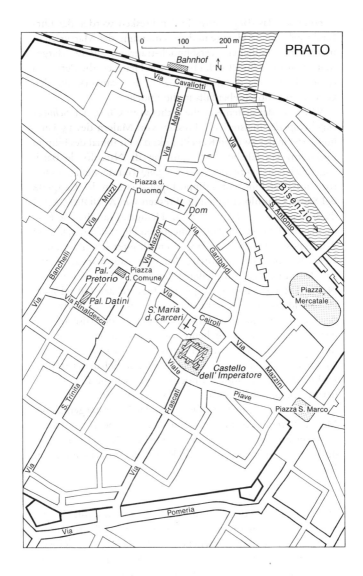

von Architekten aus Süditalien. Sie ist die einzige Festung dieser Art in ganz Nord- und Mittelitalien. In den damaligen Festungsbau wurden sehr geschickt zwei Türme miteinbezogen, die zur Burg der Grafen Alberti gehörten. Der Ruf dieser Grafen als Herren von Prato und mächtige Feudalbesitzer in der Toskana ging im Mittelalter weit über Italien hinaus.

Santa Maria delle Carceri

Ein architektonisch besonders interessantes und gelungenes Bauwerk ist die Kirche Santa Maria delle Carceri gegenüber der Kaiserburg. Für ein wundertätiges Marienbild, das an die Wände eines hier bestehenden Gefängnisses (daher der Name ›delle Carceri‹) gemalt worden war, errichtete Giuliano da SANGALLO von 1484 bis 1495 einen schönen Kirchenbau von klassischen Formen, dessen Grundriß ein griechisches Kreuz bildet. Die tragenden Strukturen und die Dekorationselemente sind außen und innen mit meisterhafter Überlegenheit eingesetzt. Die Harmonie der zweigeschossigen Fassade mit einem Giebel, deren weiß-grüne Marmoranordnung sich am florentinischen Stil orientiert, die Proportionen der Bögen und der Kuppel im Innenraum erscheinen von stimmigen Maßen. Sangallo nahm für diesen Bau Vorbilder auf, wie etwa die Werke von Brunelleschi, doch so meisterhaft, daß die Kirche Santa Maria delle Carceri ihrerseits zum Muster für andere Kirchen wurde. Im Innern ein bedeutender Majolika-Fries von ANDREA DELLA ROBBIA (um 1490).

Mit einem kleinen Umweg können wir an der Via Rinaldesca, Ecke Via Ser Lapo Mazzei, den **Palazzo Datini,** aufsuchen, den Palast des Prateser Kaufmanns und Bankiers Francesco di Marco Datini (1330-1410), der zu seiner Zeit einer der reichsten Männer Europas war. Er ließ seinen Palast höchst kostbar einrichten und mit wertvollen Gemälden und Fresken schmücken. Leider ist davon nur wenig erhalten geblieben.

Nun zur Piazza del Comune. Hier entstand aus einem Konglomerat von Häusern und Türmen vom Anfang des 13. bis zur Mitte des 14. Jahrhunderts der **Palazzo Pretorio,** der frühere Palazzo Comunale, also das Rathaus. Die verschiedenen Bauperioden sind noch heute gut an dem unterschiedlichen Material zu ersehen. Der Capitano del Popolo Fresco dei Frescobaldi hatte den Komplex 1284 erworben, um dort den Sitz der Stadtregierung einzurichten. Die Freitreppe (16. Jahrhundert), der Balkon und die alte, gänzlich unregelmäßige Fassade geben dem Palast ein strenges Aussehen. Zinnen und der kleine Glockenturm kamen im 16. Jahrhundert hinzu. Im Innern befindet sich die *Galleria Comunale*. Diese 1850 gegründete städtische Gemäldegalerie enthält eine bedeutende Sammlung von Bildern und anderen Kunstwerken, vor allem der florentinischen Schule des 14. und 15. Jahrhunderts, die durch ihren künstlerischen Wert hervorragen. Hervorzuheben sind der Tabernacolo di Santa Margherita von FILIPPINO LIPPI (1498; nach einem Bombenangriff 1944 aus Fragmenten wieder zusammengesetzt); die Fontana del Bacchino (Brunnenskulptur) von Ferdinando Tacca, 1665; die ›Legende des Heiligen Gürtels‹, Bernardo Daddi zugewiesen; eine ›Madonna mit Kind und Heiligen‹, Polyptychon von Bernardo DADDI (um 1328); eine ›Thronende Madonna mit Heiligen‹ von GIOVANNI DA MILANO (um 1354); die ›Madonna del Ceppo‹ von FILIPPO LIPPI; die ›Madonna und Heilige‹ von Francesco BOTTICINI; die ›Maria mit Kind‹ von FILIPPINO LIPPI (1503); und ein Fresko von FRA BARTOLOMEO.

Gegenüber dem Palazzo Pretorio steht der jetzige Palazzo Comunale, der durch Restaurierungsarbeiten im vergangenen Jahrhundert sein altes Aussehen fast ganz verloren hat.

Provinz Florenz

Getreu unserem Prinzip, die Toskana nach Provinzen zu ›erobern‹, will ich hier einen Ausflug zu vier Orten, Empoli, Castelfiorentino, Certaldo und Barberino Val d'Elsa und weiter in das Chianti-Gebiet vorschlagen, das sich bis in die Provinz Siena erstreckt. Häufig fährt man von Florenz auf der Schnellstraße nach Siena. Da kann man gut unterwegs anhalten, in Barberino etwa, dann im Chianti-Gebiet und auf dem Rückweg über die Nationalstraße Certaldo, Castelfiorentino und das industriereiche Empoli passieren. (Der kundige Leser möge hier einen Hinweis auf die Aussprache des »C« im Italienischen verzeihen, der mir bei Chianti in den Sinn kommt. Ein C vor e und i wird wie tsch ausgesprochen, also Tschembalo und Tschinzano; Ch vor e und i jedoch wie »k«, also Kianti.) Wie auch immer:

Chianti

Das ›Chianti‹ benannte Hügelland im Herzen der Toskana zwischen Siena und Florenz ist vor allem seines Rotweines wegen berühmt. Das heutige Anbaugebiet dieses in aller Welt getrunkenen Chiantiweines geht über das ursprüngliche Chianti-Gebiet links und rechts der Staatsstraße 222, der Via Chiantigiana, vom Arno-Tal bei Florenz bis zum Ombrone-Fluß bei Siena hinaus. Der Chianti Classico, der klassische Chianti-Rotwein mit dem schwarzen Hahn (Gallo nero) im Wappen auf dem Flaschenetikett, wächst in den Gemeinden Castellina, Gaiole, Radda und Greve sowie in Teilen der Gemeinden von Barberino Val d'Elsa, Castelnuovo Berardenga, San Casciano, Tavarnelle und Poggibonsi (in den Provinzen Siena und Florenz). Zu ihm gesellt sich der Chianti Putto, mit einem Engelchen im Wappen. Unter diesem Namen werden die Rotweine des Rúfina-Gebietes, der Colli Fiorentini, der Hügel bei Florenz, von Montalbano, die der Colli Senesi, der Hügel um Siena, der Colli Aretini, der Gegend bei Arezzo, und der Colline Pisane bei Pisa zusammengefaßt. Im Gebiet des Chianti Classico ist die Erde besonders gut für den Weinanbau geeignet; die Höhe der Hügel zwischen 250 und 600 Metern und die Sonnenlagen der Hänge tragen zu der viel gerühmten Qualität des Rotweines bei. Leider hat der Wunsch nach größeren Produktions- und Absatzmengen bei billigen Preisen zuweilen zu einer Verschlechterung des Weines geführt, der häufig in Korbflaschen (Fiasco – ein Wort, das der deutschen ›Flasche‹ nachgebildet ist und sich wohl seit dem Ersten Weltkrieg mit der Feldflasche der Soldaten verbreitete) abgefüllt wird. Eine Fahrt oder ein geruhsamer Spaziergang durch die Hügellandschaft mit ihren Weinbergen, Olivenhainen und Wäldern von Eichen, Steineichen und Kastanien ist äußerst erholsam. Die Farben im Herbst, vom goldenen Gelb bis zum flammenden Rot, erfreuen nicht nur die Fotografen.

EINIGE LANDSTÄDTE ALS VORSCHLAG

Barberino Val d'Elsa

Das Städtchen Barberino Val d'Elsa, an der alten Via Cassia zwischen Florenz und Siena, bewahrt noch den Gürtel der Festungsmauern, die den Florentinern im Kampf gegen Siena als Schutz und oft als Angriffsbasis dienten. Paläste (Palazzo Pretorio, Municipio) und Kirchen (San Bartolomeo) machen den Ort anziehend. Auch als Ausgangspunkt für Ausflüge in die Umgebung voller Weinberge und Olivenhaine zu den Kirchen Santa Maria a Bagnano (7,6 Kilometer) und Sant'Appiano (4,5 Kilometer) ist Barberino empfehlenswert.

Certaldo

Aus den Hügeln, sanft bestanden mit Weizen, Zypressen und Olivenbäumen, erhebt sich im Elsa-Tal das Städtchen Certaldo mit einem modernen Borgo und einem mittelalterlichen Viertel, ›Castello‹ genannt, dessen rote Ziegel weithin leuchten. Im Mittelalter Sitz der Grafen Alberti, wurde Certaldo 1293 florentinisch und Verwaltungszentrum der Umgebung unter dem Kommando von Vikaren aus Florenz. In Certaldo starb 1373 der Dichter *Giovanni Boccaccio;* in der Kirche Santi Michele e Jacopo (aus dem 14. Jahrhundert, doch Anfang dieses

Jahrhunderts erneuert; mit kleinem Kreuzgang) ist er begraben. Der Weg zum *Haus des Boccaccio,* in dem dieser die letzten Jahre seines Lebens verbrachte, führt an gut erhaltenen mittelalterlichen Häusern und Palästen vorbei. In Boccaccios Haus, mit Turm und Loggia, erinnert ein kleines Museum an den großen Dichter. Nur wenige Schritte weiter steht der *Palazzo Pretorio* oder del Vicariato, bis Ende des 13. Jahrhunderts Sitz der Grafen Alberti, dann der Florentiner Podestà und Vikare. Das Gebäude ist reich mit den in Terrakotta gearbeiteten Wappen der Herrscher und mit Fresken geschmückt und trägt eine Loggia, von der aus auch Gerichtsurteile verkündet wurden. Architektur und Ausschmückung des Inneren lohnen eine Besichtigung. Vom Turm aus bietet sich ein herrlicher Blick in die Hügellandschaft. Ein Gang durch die Gassen von Certaldo führt um Jahrhunderte zurück in die Vergangenheit. Auch von Certaldo aus sind noch immer Entdeckungen von Kirchen und Klöstern, kleinen Dörfern und Weilern möglich, wie etwa der Pfarrkirche von San Lazzaro a Lucardo und des Castello di Lucardo.

Castelfiorentino

Die Burg der Florentiner, so der Name Castelfiorentino übersetzt, zwischen Empoli und Poggibonsi, diente im Mittelalter den Streitkräften von Florenz zur Abwehr der Sienesen. Als Castel Timignano kam sie schon im 12. Jahrhundert zu Florenz. Beachtenswert sind in der heutigen Stadt die *Kirche San Francesco* (begonnen 1213) mit schönen Wappen an der Fassade und einem würdigen einschiffigen Innern; dahinter steht die Kirche San Verdiana, die über der alten Pfarrkirche Sant'Antonio errichtet, doch Anfang des 18. Jahrhunderts gänzlich neu geschaffen wurde, mit lebhafter Barockfassade (Plan von Bernardo Fallani) und barocker Ausschmückung im dreischiffigen Innern; schließlich neben der Kirche San Verdiana die *kleine Pinakothek* mit Gemälden vornehmlich mittelalterlicher Künstler, deren Anmut und fromme Innigkeit beeindruckt. Es lohnt sich auch ein kurzer Gang in die Via Benozzo Gozzoli, Nr. 55, zur *Cappella della Visitazione,* der Kapelle der Heimsuchung, aus der Mitte des 15. Jahrhunderts. Hier schuf Benozzo Gozzoli (1420-1497) zusammen mit Schülern einen Freskenzyklus mit Darstellungen aus dem Marienleben. Von Castelfiorentino sind Ausflüge nach Varna (Burg, Kirche San Giovanni), Gambassi (Glaskunst, Kirchen), Montaione (Befestigungsmauern, Kirche, Palast) und zum Franziskaner-Konvent von San Vivaldo empfehlenswert.

Empoli

Den Italienern ist Empoli vor allem aus dem Buchstabier-Alphabet, E wie Empoli, bekannt. Daß die moderne Industriestadt als Produktionsstätte bedeutender Glasbläsereien auch wertvolle Kunstschätze birgt, erkennt man schon bei einem kurzen Besuch. Im Zentrum, an der *Piazza Farinata degli Uberti,* einem von Arkaden umgebenen und mit einem Najaden-Brunnen geschmückten Platz, erhebt sich die *Collegiata Sant'Andrea,* die Kollegskirche des heiligen Andreas, deren Bau bis ins 5. Jahrhundert zurückgeht. Besonders schön ist die Fassade mit weiß-grüner Marmorstreifung. Die untere Zone stammt vom Ende des 11. Jahrhunderts, der obere Teil und der Campanile wurden im 17. und 18. Jahrhundert hinzugefügt. Lohnenswert ist ein Besuch im nahegelegenen *Museo della Collegiata,* das kostbare Gemälde und Skulpturen beherbergt. Von Empoli aus können Ausflüge zur Kirche Santa Maria a Ripa (1,3 Kilometer Richtung Pisa); nach Monteráppoli (Kirche San Lorenzo, Pieve San Giovanni); nach Santa Croce sull'Arno (Pfarrkirche); nach Castelfranco di Sotto (Palazzo Pretorio, Collegiata); nach Santa Maria a Monte (Collegiata San Giovanni Evangelista; nach Fucecchio (Collegiata San Giovanni Battista); nach Cerreto Guidi (Pfarrkirche San Leonardo mit Taufbecken von Giovanni della Robbia); vor allem jedoch nach Vinci, dem malerisch am Abhang des Monte Albano gelegenen Geburtsort Leonardos mit dem Museo Vinciano in der ehemaligen Burg, unternommen werden.

SIENA

Was kommt nach Florenz in der Toskana? Die Fragen, welche Stadt man nach dem Hauptort der Toskana zuerst aufsuchen soll, welche Stadt nach Florenz den Vorrang vor den anderen behaupten darf, ob man gar eine Reihenfolge unter den schönen Städten des Landes aufstellen und seine Schritte danach lenken kann, sind nicht einfach zu beantworten. Aber um der Orientierung willen riskieren wir einen ungefähren Bescheid, der keinen Kanon darstellen soll und durchaus Widerspruch vertragen kann. Siena, Pisa und Lucca fallen uns dann zuerst ein, wobei wir Siena, auch wegen seines Umlandes, den Vorzug geben, weil hier vielleicht am leichtesten unsere Vorstellungen von ›der Toskana‹ erfüllt werden. Es trifft sich, daß alle drei wegen ihres geschichtlichen Ranges und ihrer Größe zugleich Provinzhauptstädte sind; deshalb wird sich die Beschreibung der Orte in der Provinz an die der Provinz-Hauptstädte anschließen. Provinzhauptorte sind auch Arezzo und Pistoia, die dann folgen, nicht jedoch San Gimignano und Volterra. Ohne ›Qualitäts-Unterschied‹ ginge es weiter mit Cortona, Sansepolcro, Chiusi, Montepulciano, Pienza, San Miniato, Massa Marittima und Pitigliano. Die restlichen Provinzhauptorte Massa und Carrara (eine einzige Provinz), Livorno und Grosseto sind zum Meer hin orientiert und durch die Schönheit ihres Umlandes vielleicht reizvoller als wegen ihrer Kunstwerke. Daß wir bei dieser Aufzählung vieles nicht erwähnt haben, die Abteien und Villen, die Dorfkirchen und Etruskerstätten, bedeutet keinen geringschätzigen Ausschluß. Wir beginnen also mit Siena.

Schon immer hatten wir Schwierigkeiten, an die richtige Einfahrt in die Hügelstadt zu gelangen und dann uns in den auf- und abführenden Straßen mit den Einbahn-Geboten und -Verboten zurechtzufinden. Daß man sich als Fremder und auch noch als kundiger Besucher in Siena verfährt, ist angesichts des gänzlich unregelmäßigen Stadt-Grundrisses nicht verwunderlich. Es gibt kaum einen wilderen Stadtplan als den von Siena, mit so wenigen Orientierungshilfen, ohne Fluß oder markante Berge, und doch hat alles seine historisch gewachsene, Gesetzen unterworfene Richtigkeit. Irrfahrten kann man vermeiden, wenn man mit der Eisenbahn – über das Zugfahren in der Toskana siehe das eigene Kapitel – ankommt und Hotel oder Pension mit Taxi oder Bus ansteuert. Zumindest sollte man das Auto bald auf einem Parkplatz oder in der Garage lassen. Denn zu Fuß kennt man sich recht schnell aus in dem Dreieck zwischen den Kirchen des Domes, von San Francesco und San Domenico, mit dem Hauptplatz, dem Campo, in der Mitte.

Voll Bewunderung erlebt man in Siena, zu welch großen Leistungen die Bürger einer einzigen Stadt für Freiheit und Unabhängigkeit, für die Schönheit und den Wohlstand ihres Gemeinwesens fähig waren. In den Jahrhunderten der Blüte, vom 12. bis zum 16., schufen die Sienesen eine Stadtrepublik, die es mit anderen großen Städten Europas aufnehmen konnte. Die List der Geschichte und die Lage der Stadt abseits neuer Handelswege und Heerstraßen hat uns diesen mittelalterlichen Stadtorganismus mit seinen Kirchen und Palästen, den Türmen und zinnengekrönten Mauern, den Bürgerhäusern und Werkstätten, Straßen und Plätzen, Brunnen und Treppen in fast ungestörter Reinheit bis auf den heutigen Tag bewahrt. Daraus erklärt sich die Anziehung, die von Siena ausgeht.

In den Jahrzehnten der größten Kunstentfaltung brachten in Siena nicht nur Architektur, Malerei und Bildhauerei erstaunliche Werke hervor, sondern auch das Handwerk, dessen Traditionen bis heute weitergeführt werden. Die Produkte der Eisenschmiede und Tischler, der Töpfer und Goldschmiede aus Siena sind weltberühmt. Dazu schätzen Einheimische und Besucher die sienesischen Süßigkeiten (Panforte). Den Sienesen rühmen die Italiener außerdem nach, daß in ihrem Mund die italienische Sprache weicher, reiner, klarer und reicher klingt als anderswo.

Geschichte

Von Etruskern und Römern in Siena wissen wir wenig. Die Gründungslegende, daß die Söhne des Rom-Gründers Remus, Senius mit einer weißen und Aschinus mit einer schwarzen Pferdedecke (daher das schwarz-weiße Stadtwappen) vor ihrem Onkel Romulus mit einer Wölfin (deshalb das Wahrzeichen) hierher geflohen seien, ist eine schöne Erfindung. Erwähnt wird diese Stadt erst in der späten römischen Kaiserzeit als Sitz eines Bischofs. Bekannt wird sie, als sie sich im Mittelalter immer mehr über den drei Hügelrücken ausbreitet, in der Form eines Ypsilon, das heute von den Straßen Via di Città, Banchi di Sopra und Banchi di Sotto, mit der Kreuzung an der Croce del travaglio über dem Campo gebildet wird und die drei Stadtdrittel (Terzi), Terzo di Città, Terzo di Camollia und Terzo di San Martino teilt. Der Handel auf der durchlaufenden Frankenstraße und das kaufmännische Geschick der Sienesen bringen der Stadt Reichtum und Ansehen. Schließlich gehen die Bürger, »die Ritter und Kaufleute von Siena«, als Sieger aus den Auseinandersetzungen zwischen Bischöfen und weltlichen Herren hervor. Diese Bürger handeln mit Textilien und Geld in Europa und im Orient. Sie sind die privilegierten Bankiers des Heiligen Stuhls; die Exkommunikation durch den Papst hilft ihnen bei säumigen Schuldnern, bringt sie jedoch auch selbst (1260) als Exkommunizierte in Bedrängnis. Mit Geschick und auf republikanisch-demokratische Art erhalten die Sienesen ihr inneres Macht-Gleichgewicht. Das aufstrebende Florenz muß jedoch unvermeidlich zum Konkurrenten werden. Von 1144 bis 1555, unterbrochen von kurzen friedlichen Zeiten des Waffenstillstands, wird diese Rivalität ausgefochten. Auch im Innern der Stadt kommt es zu Streitigkeiten, verschärft durch den Gegensatz zwischen Ghibellinen und Guelfen, Kaisertreuen und Papstanhängern. 1260 erringt das ghibellinische Siena in der Schlacht bei Montaperti, 12 Kilometer südlich der Stadt, den Sieg über das guelfische Florenz und weiht sich dann durch die Übergabe der Stadtschlüssel an die Gottesmutter Maria als ›Civitas Virginis‹, als Stadt der Jungfrau. Neun Jahre später jedoch werden die sienesischen Truppen von Florenz bei Colle di Val d'Elsa geschlagen. Nun bestimmen die Guelfen mit dem Rat der Neun die Geschicke der Stadt. Sie bescheren Siena in bemühtem Einvernehmen mit Florenz Sicherheit und Wohlstand und ziehen große Künstler in die Stadt, die Maler Duccio di Buoninsegna, Simone Martini, Pietro und Ambrogio Lorenzetti, die Bildhauer und Baumeister Nicola und Giovanni Pisano. In diesen Jahrzehnten, von 1287 bis 1355, gewinnt die Stadt ihr heutiges Aussehen, bestimmt von gotischen Architektur- und Schmuckformen. Die furchtbare Pest von 1348 macht freilich hochfliegende Pläne, wie die Erweiterung des Domes, zunichte.

Damit ist die Hochblüte Sienas dahin, der politische Freiheitswille der Bürger erlahmt, sie unterstellen sich 1399 einem ›Signore‹, Gian Galeazzo Visconti, und 103 Jahre später Pandolfo Petrucci (1502-1512), einem vielgesichtigen Renaissance-Menschen. In dieser Zeit wirken die großen, aus Siena stammenden Heiligen, Katharina (1347-80) und Bernhardin (1380-1444), wird der ›Sienese‹ Enea Silvio Piccolomini Papst (1458-1464). Siena zieht sich neben der gewohnten Rivalität von Florenz die Abneigung des Florentiner Medici-Papstes Clemens VII. und Kaiser Karls V. zu, dem die Streitereien im Innern der Stadt zuviel werden. Die kaiserlichen Truppen belagern 1553 und 1554 die Stadt und nehmen sie ein, nach verzweifelter Gegenwehr und unter fürchterlichen Opfern der Belagerten – drei Frauenbataillons wurden aufgestellt, Beweis für die verzweifelte Entschlossenheit der Bewohner. So erleidet Siena dasselbe Geschick wie andere toskanische Städte und geht drei Jahrhunderte nach dem Sieg über Florenz in dem Großherzogtum Toskana der Florentiner Medici (1559) auf.

Piazza del Campo

In manchen Städten wird man wie von einem Magneten zum Hauptplatz gezogen. So auch in Siena. Man kann nicht anders, als zuerst zu dem Campo zu eilen, wo sich der Superlativ »schönster Platz« von Siena über die Toskana, Italien, Europa bis zur Welt steigern könnte und darf. Denn diese Piazza ist überwältigend, der Campo eine riesige Muschel, die sich inmitten des Gewirrs der Gassen und Treppen im Zentrum der Stadt öffnet. Wie ein Amphitheater lädt der Platz die Bürger (und Besucher) ein, nicht nur zum Zuschauen, sondern dazu, selbst Hauptdarsteller auf der Bühne des Stadtlebens zu werden. So feiern (und ›verewigen‹) sich die Sienesen auf dem Campo selbst, am eindringlichsten bei dem hier zwei Mal im Jahr stattfindenden Palio, doch auch ganz alltäglich in ihrem Rathaus, dem stattlich-schönen gotischen Palazzo Pubblico, der als Bühnenwand dem dorthin leicht abfallenden Platz seinen ausgewogenen Charakter und mit dem Turm seinen stolzen selbstbewußten Höhepunkt gibt. Überflüssig zu bemerken, daß der Campo, zu römischer Zeit ›Campus Fori‹, Platz des Forum genannt, genau zwischen den drei Hügeln Sienas leicht unterhalb des Zusammentreffens der drei Hauptstraßen gelegen, nicht zufällig entstand, sondern nach genauen Plänen gestaltet und durch gestrenge Vorschriften in seinem Aussehen geschützt wurde. Nicht eine Elle durfte die Fassade eines Hauses hervorragen; unbarmherzig ließen die Stadtbehörden solche Verstöße korrigieren, durch Abriß und empfindliche Strafen obendrein. Davon liegen einige Zeugnisse im Stadtarchiv, wie drakonisch man Sünden gegen die Stadtordnung ahndete. Schon Dante rühmte den Platz mit der würdigen Kulisse alter Häuser ringsum, der geschickten Einteilung des Ziegelpflasters in neun Sektoren und des zugleich feierlichen und ›fröhlichen‹ Brunnens – daher der Name **Fonte Gaia** –, dessen Original-Reliefs, von Jacopo della Quercia (1409-1419), sich im Palazzo Pubblico befinden.

Auf dem Campo sind wir zugleich im Zentrum des weltlichen Siena. Selten lassen sich ›Welt‹ und ›Kirche‹, Profan- und Sakralbauten, so deutlich trennen wie in dieser Stadt. Beide

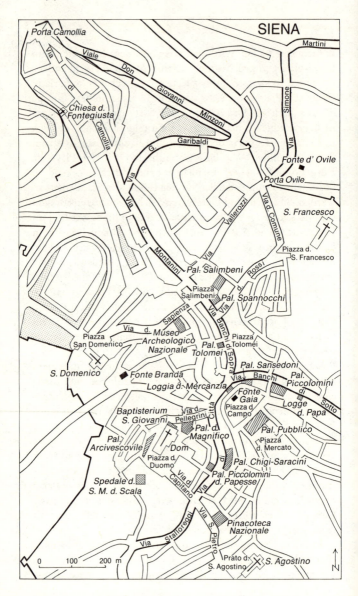

Traditionen laufen nebeneinanderher, der weltliche Bürgerstolz, der sich in den Palästen für die Stadtrepublik und für die vornehmen Familien ausdrückt, und die selbstbewußte Frömmigkeit, die ihren Glauben in nicht weniger prächtigen Werken beweisen will. Wir werden diesen beiden Strängen nachgehen, doch zuvor muß von jenem Ereignis die Rede sein, in dem die Sienesen sich selbst hochleben lassen und das stets das Interesse der Italiener und Tausender von Besuchern auf sich zieht: vom *Palio,* einem besonderen Pferderennen, das zu Ehren der Jungfrau Maria, der Schutzherrin Sienas, jedes Jahr am 2. Juli (seit dem 17. Jahrhundert) und am 16. August (seit 1147) stattfindet, wenn es nicht wegen Startschwierigkeiten auf den nächsten Tag verschoben werden muß. Dieses Pferderennen auf der Piazza del Campo ist ein Wettstreit der Contrade, der 17 Stadtbezirke, die das Leben der Sienesen von der Wiege bis zum Grab auch heute noch bestimmen. Zehn der 17 Contrade sind jeweils zum Wettkampf zugelassen, die sieben, die bei dem vorigen Mal nicht dabei waren und drei, die vom Los bestimmt werden. Die Pferde werden ebenfalls verlost; die Contrada bestimmt den Fantino, den Reiter, meist einen von auswärts stammenden ›Söldner‹. Der Pfarrer jeder Contrada betet und segnet Pferd und Reiter. Nach einem Umzug in historischen Gewändern beginnt das Rennen, oft unter großen Schwierigkeiten. Es wird ohne Sattel geritten, Behinderungen sind erlaubt. Entscheidend ist, wessen Pferd nach drei Umläufen auf dem glatten Pflaster – Stürze sind unvermeidlich – als erstes das Ziel erreicht, auch ohne Reiter. Die siegreiche Contrada erhält als Trophäe das Pallium (daher der Name) – früher ein Schultergewand und Ehrenzeichen – und feiert überschwenglich und demonstrativ den Triumph.

Palazzo Pubblico

Steingewordener Stolz der Sienesen ist, wir wiederholen es, der Palazzo Pubblico, eines der schönsten, künstlerisch vollendetsten gotischen Rathäuser, das nach seiner Fertigstellung (Bauzeit von 1297-1310) ebenso die hochgemute Macht Sienas verkörperte, wie es noch heute Ausdruck einer geschichtsmächtigen Kultur ist, die aus dem ungebrochenen Willen der Bürger nach Freiheit und Selbstbestimmung erwuchs. Wie er einst Palast der Stadtregierung war, der Signoria und des Podestà, des Neunerrats und des Obersten Gerichts, so hat jetzt die bescheidene Verwaltung der Comune di Siena hier ihren beneidenswerten Amtssitz.

Für den großen Bau des Palazzo Pubblico waren zunächst Aufschüttungen und Subkonstruktionen inmitten der Hügel notwendig, was man auf der Rückseite des Palastes leicht ersehen kann. An den zuerst fertiggestellten Mittelteil wurden 1307 die Seitenflügel, im leichten Winkel versetzt, angefügt, so daß der Palazzo dem Platz entgegenkommt und ihn zu umfassen scheint. Auf das Erdgeschoß aus Travertin-Blöcken setzte man in der Mitte drei, links und rechts zwei Backsteingeschosse. Die flache Fassade wird durch fein gegliederte Fensterreihen, Blendbogenfriese und einen Zinnenkranz aufgelockert und gewinnt dadurch an plastischer Wirkung. Fenster und Portale sind im Untergeschoß von dem ›Sienesischen Bogen‹ überwölbt (über einen flachen Bogen – in den Obergeschossen über die drei Spitzbögen der Fensteröffnungen mit Säulen – spannen sich vorspringende Spitzbögen). In den Bogenfeldern ist stets das weiß-schwarze Wappen der Stadt, die Balzana, angebracht. Im Mittelbau wird die Zinnenreihe an den Seiten durch zwei leere Glockentürme unterbrochen; die Mitte des obersten Geschosses nimmt ein riesiges Christus-Monogramm ein, Wappenzeichen des heiligen Bernhardin, der wegen der großen Schar der Gläubigen auch auf dem Campo predigte. Darunter sehen wir im 2. Geschoß das Wappen der Medici, der Großherzöge der Toskana, daneben zwei Schilde mit der Balzana und dem Florentiner Löwen. An der Fassade und auf einer freistehenden Säule rechts davor, finden sich mehrere Darstellungen der legendären Wölfin, des Wappentieres von Siena.

Links über der wie eine Loggia zum Platz hin offenen *Cappella di Piazza,* die 1352 zum Dank für die Befreiung von der Pest des Jahres 1348 errichtet wurde (Fresko von SODOMA, 1539), erhebt sich in dem Bauwerk wurzelnd der Turm, die

Torre del Mangia (so benannt nach einem Mangiaguadagni, kurz Mangia, heißenden Glöckner, der in Siena populär war). Er ist einer der kühnsten Turmbauten des Mittelalters, ein Werk der Brüder Minuccio und Francesco di Rinaldo (1338-1348). Sie mußten das Risiko ihres Unternehmens selbst tragen, als so waghalsig galt der 88 Meter, heute bis zur Spitze des Blitzableiters 102 Meter hohe Turm. Der Schaft des Turmes besteht aus Ziegeln, die zinnenbewehrte Plattform mit den Konsolen und den Aufbauten aus Travertin. Die Glocke (von 1666) wird nur bei besonderen Anlässen und Festen geläutet. Von der Höhe des Turmes aus (Besteigung vom Portikus) bietet sich ein prächtiges, höchst lohnenswertes Panorama von Siena und Umgebung.

Im *Innern des Palazzos* ist das Erdgeschoß fast ganz von Amtsstuben des Rathauses besetzt, in denen auch wertvolle Bilder hängen. Im ersten Geschoß berührt ein Rundgang mehrere Säle mit herausragenden Kunstwerken: In der *Sala del Mappamondo,* so genannt nach einer alten Weltkarte, sehen wir das großartige Fresko ›Maestà‹ von SIMONE MARTINI (1315), die Muttergottes auf dem Thron, umgeben von Heiligen und Engeln; an den Wänden Fresken mit Darstellungen von Heiligen und von Schlachten aus der sienesischen Geschichte, unter anderem von Simone Martini ›Guidoriccio da Fogliano bei der Belagerung von Montemassi‹ (1328). Die *Sala della Pace,* der Sitzungssaal des Neunerrats, ist durch die meisterhaften Fresken des AMBROGIO LORENZETTI berühmt, den größten Zyklus der mittelalterlichen Profanmalerei. Er ist von hohem zeitgeschichtlichen und dokumentarischen Wert, obwohl die Fresken zum Teil nur noch schlecht erhalten sind: Die allegorische Darstellung der ›Guten Regierung‹, einer bärtigen sitzenden Gestalt mit Szepter und Schild, die von den drei christlichen und vier anderen Tugenden umgeben ist, spielt in allem auf Siena an. Das Fresko ›Auswirkungen der **Guten Regierung** in Stadt und Land‹ zeigt das Alltagsleben und die Feste des 14. Jahrhunderts in Siena und Umgebung mit sensibler Genauigkeit und feinem Stil. Die ›Schlechte Regierung‹ ist von Lastern umgeben und – wie es ihr offenbar als Strafe gebührt – stark zerstört. In der *Sala dei Pilastri* finden sich verschiedene kleine Kunstgegenstände, in der ›Anticappella‹ eine schöne gemalte Dekoration. In der *Cappella* mit elegant gearbeitetem Eisengitter sind beachtenswert ein wertvolles Chorgestühl, auf dem Hochaltar das Gemälde die ›Heilige Familie mit dem heiligen Leonardo‹ von SODOMA (um 1536); in der *Sala dei Cardinali* ein Kruzifix aus dem 14. Jahrhundert; in der *Sala del Concistoro* ein kunstvoll gefertigtes Marmorportal von Rossellino (1448); an den Wänden der *Sala di Balía* oder dei Priori schuf Spinello Aretino 1407 mit Hilfe seines Sohnes Parri einen Freskenzyklus über das Leben Papst Alexanders III., des Rolando Bandinelli aus Siena. Neben dem *Museo Civico* (reiche Münzensammlung) führt eine Treppe auf die große Loggia, in der jetzt die meisterhaften Statuen und Reliefs der Fonte Gaia, des Brunnens der Piazza del Campo, aufgestellt sind, wie schon erwähnt, ein Werk von Jacopo della Quercia (1409-1419).

Brunnen und Paläste

Die Brunnen oder Brunnenhäuser in Siena verdienen überhaupt bei unseren Spaziergängen besondere Beachtung: außer der Fonte Gaia auf dem Campo etwa die Fonte Branda bei der Kirche San Domenico und in der Nähe des Heiligtums der heiligen Katharina die etwas versteckte, schon 1081 erwähnte, alte Fonte di Follonica mit drei schönen Bögen (von 1249);

BRUNNEN UND PALÄSTE

die Fonte Nuova, nicht weit von der Porta Ovile, bei der sich auch die Fonte d'Ovile befindet; die Fontana dei Pispini (1534) bei der Kirche Santo Spirito und die alte Fonte di Pantaneto in der Nähe der Logge del Papa mit ihrer einfallsreichen Architektur. An den Brunnen und Brunnenhäusern erfreuen wir uns mehr im Vorübergehen. Unsere ungeteilte Aufmerksamkeit verdienen jedoch die anderen weltlichen Bauten von Siena. Vielleicht mag es umständlich und mühsam erscheinen, eine Scheidung zwischen den profanen und kirchlichen Bauwerken vorzunehmen. Aber wenn irgendwo, so ist sie hier in dieser Stadt angebracht; lernen wir doch dadurch zunächst kennen, was die Sienesen für sich selbst schufen, und dann, womit sie ihrem Glauben Ausdruck verliehen. Angesichts der geringen Entfernungen ist das getrennte Aufsuchen von Palästen und Kirchen auch gut zu Fuß zu bewältigen. Ich schlage deshalb der Bequemlichkeit halber auch einen Weg vor, der nicht der Chronologie der Entstehung folgt, sondern die Nähe der Palazzi zueinander berücksichtigt und übrigens auch das Ypsilon der Stadtanlage. Denn überall in Siena finden sich schöne mittelalterliche Bürgerhäuser, die hie und da zu stolzen Palazzi bekannter und verdienter Sieneser Familien emporwuchsen. Keiner von ihnen kann es freilich an Stattlichkeit mit dem Palazzo Pubblico, dem Rathaus des Gemeinwesens, aufnehmen. So steht auch der gotische *Palazzo Sansedoni* im Schatten des Palazzo Pubblico, verdient jedoch unter den Häusern der Piazza del Campo besonders hervorgehoben zu werden. 1216 wurde der Backsteinbau begonnen, 1339 von Agostino di Giovanni erneuert und erweitert. Seine leicht gebogene Fassade mit den stolzen Fensterreihen der Gotik – ähnlich dem Palazzo Pubblico –, dem zinnenbewehrten Dachrand und einem Turm paßt sich vorschriftsmäßig der Form des Platzes an.

An bedeutender Stelle in der Stadt, an der einen Ecke des Campo, auf der anderen Seite an der Hauptstraße Banchi di Sotto, Ecke Via Rinaldini, steht der *Palazzo Piccolomini*, ein 1469 von Porrina nach Plänen von Rossellino im Stil der Florentiner Renaissance für Nenni Piccolomini, den Vater Papst Pius' II., errichteter Bau. In seiner aus sorgfältig gehauenen Steinen gefügten Fassade drückt sich der Stolz der zu höchstem Ansehen gelangten Familie der Piccolomini aus. Der Palast, der an den Palazzo Rucellai in Florenz von Alberti erinnert, ist heute Sitz des Archivio di Stato, des Staatsarchivs, mit kostbaren historischen Dokumenten, wertvollen Pergamenten (60000 insgesamt) und zahlreichen alten Büchern. Beachtenswert die Sammlung der Biccherna-Täfelchen, bemalter Täfelchen der sienesischen Finanzverwaltung für die Rechnungsbände. Gegenüber dem Palazzo Piccolomini befindet sich der Eingang zur Università degli Studi, der schon im Jahr 1321 urkundlich erwähnten Universität von Siena.

Wenige Schritte in der Via Banchi di Sotto (nach Südosten) öffnen sich die *Logge del Papa,* die Säulenhallen des Papstes. Papst Pius II., Enea Silvio aus der sienesischen Familie der Piccolomini, ließ zu Ehren seiner Verwandten – wie die lateinische Inschrift auf dem Fries besagt – diese dreibogige Loggia im Jahr 1462 von dem Architekten Antonio Federighi errichten.

Durch die Gassen hindurch und die Hauptstraße Banchi di Sopra gelangen wir zur Piazza Salimbeni. Der an der Nordostseite des Platzes stehende stattliche *Palazzo Salimbeni,* heute Zentralsitz einer der ältesten Banken der Welt, des ›Monte dei Paschi di Siena‹, die bereits 1624 gegründet wurde und seitdem ununterbrochen eine erfolgreiche Geschäftspolitik betrieb, wurde im 14. Jahrhundert errichtet. Mit seiner schönen Fassade in drei Geschossen wirkt er besonders eindrucksvoll, weil man ihn aus dem Abstand eines Platzes – bei anderen Palazzi in Siena selten – betrachten kann. Der *Palazzo Spannocchi* an der Südostseite wurde für Ambrogio Spannocchi, den Schatzmeister des Piccolomini-Papstes Pius' II., von Giuliano da Maiano im Jahr 1470 als eleganter Renaissance-Palast erbaut; erst 1880 vollendete ihn Giuseppe Partini durch hübsche Loggien und Säulenkapitele.

Wir gehen die belebte Straße Banchi di Sopra zurück (nach Süden) – die Bars dort sind uns in angenehmster Erinnerung – und stehen an der Piazza Tolomei vor dem gleichnamigen *Palazzo Tolomei.* Er ist der älteste der privaten Stadtpaläste Sienas, ein ganz in Stein ausgeführtes, mit Spitzbogen versehenes Bauwerk, das schon 1205 bestand, doch wohl um 1267 umgestaltet wurde. Ein paar Schritte weiter stoßen wir neben dem Zentrum der Stadt, in dem die drei Hauptstraßen Via di Città, Banchi di Sotto und Banchi di Sopra zusammentreffen, an der städtebaulich wichtigen Kreuzung Croce del Travaglio, auf die *Loggia della Mercanzia,* eine Säulenhalle des 15. Jahrhunderts, im Stil zwischen Gotik und Renaissance, von 1417 bis 1444 von Sano di Matteo und Pietro del Minella errichtet. An den vier Pfeilern, über denen sich hohe Bogen wölben, stehen Figuren von Heiligen, Sankt Petrus (mit dem Schlüssel) und Sankt Paul (mit dem Schwert) von Vecchietta (1458-1460), an den Seiten Statuen von berühmten Römern (rechts) und Allegorien der Tugenden (links).

Die rechts von der Via di Città (nach Westen) abgehende Via dei Pellegrini führt uns zum Baptisterium tief unten an der Rückseite des Doms und zum *Palazzo del Magnifico* gegenüber der Dom-Taufkirche. Pandolfo Petrucci, der Stadtherr Sienas, genannt Il Magnifico, der Prächtige, ließ sich im Jahr 1508 nach Plänen von Cozzarelli diesen Palast mit einer höchst elegant gearbeiteten Fassade errichten.

Die Via di Città nach Süden haben wir nicht nur wegen der Paläste in Erinnerung. Hier säumen viele Souvenirgeschäfte die Straße. Unter den gewiß hübschen, doch meist industriell gefertigten Keramik-Tellern finden sich ab und zu auch ein paar alte wertvolle Stücke, die auch dem Nicht-Experten sofort durch ihre Farben und Formen auffallen. Einige davon konnten wir nicht in Siena lassen; sie mußten nach einer mehr oder weniger langwierigen Verständigung über den ›vernünftigen‹ Preis mitgehen. An der Nummer 89 der Via di Città liegt, an einer sanften Biegung der Straße, der ebenfalls in einer Kurve verlaufende gotische *Palazzo Chigi-Saracini,* der im 14. Jahrhundert über einem Vorgängerbau errichtet, 1787 vergrößert und in diesem Jahrhundert restauriert wurde, mit einer schönen Fassade und einem zinnengekrönten mächtigen Turm. Seit 1932 ist der Palazzo Sitz der Accademia Musicale Chigiana, die im Sommer berühmte Konzerte und Meisterkurse für Musiker veranstaltet. Im Innern sind ein hübscher Hof und eine Galerie mit Gemälden von Botticelli, Martini, Neroccio, Pinturicchio, Sodoma und Spinello Aretino beachtenswert. Besichtigung des Innern auf Anfrage bei der Direzione Generale del Monte dei Paschi, Piazza Salimbeni Nr. 3.

Etwas respektlos wird der dem Saracini-Palast gegenüberliegende Palazzo Piccolomini, der zweite dieser Familie in Siena, auch *Palazzo delle Papesse,* der Päpstinnen, genannt, weil er nach Plänen von Rossellino von 1460 bis 1494 für Katharina Piccolomini, die Schwester Papst Pius' II., errichtet wurde. Er ist ein schönes Beispiel der Florentiner Renaissance in Siena.

Noch ein letzter Palast, der *Palazzo del Capitano del Popolo* in der Via del Capitano, die von der Via di Città rechts abzweigt. Der Oberkommandierende der Sieneser Streitkräfte (Capitano di Guerra) und der oberste Richter (Capitano di Giustizia) hatten in dem Ende des 13., Anfang des 14. Jahrhunderts erbauten, 1854 erneuerten Palazzo del Capitano di Giustizia, heute *Palazzo Piccolomini-Clementini,* ihren Sitz. Es lohnt sich, die Fassade genau zu betrachten.

Die Neugierde auf das kirchliche Siena ist vermutlich inzwischen groß geworden. Wir können sie sofort befriedigen. Denn wir stehen auf der Piazza del Duomo. Dort sehen wir zunächst anschließend an den Palazzo del Capitano di Giustizia ein Krankenhaus (gegenüber dem Dom), *Spedale di Santa Maria della Scala,* so genannt nach der Domtreppe oder, wie es eine Legende will, nach der Gründung durch einen Schuster (Calzolaio). Das Hospital bewahrt im Äußeren noch vorzüglich die ursprüngliche Gestalt des 13. und 14. Jahrhunderts und bildet mit seiner ausgeglichenen, einfach gegliederten Fassade ein durchaus würdiges Pendant zu dem reichgeschmückten Dom. Im Innern können wir an Fresken mit Darstellungen der Krankenpflege im 15. Jahrhundert etwas über die damaligen Heilmethoden lernen. Im Westen des Domes steht das Erzbischöfliche Palais, der *Palazzo Arcivescovile.* Der Palast hat ein würdiges Äußeres, ist jedoch in historisierenden Formen der Gotik des 14. Jahrhunderts von 1718-1723 erbaut.

Der Dom

Dann aber nimmt uns das Marmorgebirge des Domes von Siena gefangen. Der mächtigste Sakralbau von Siena ist das Ergebnis einer wechselvollen Geschichte mit mehrfachen Änderungen der Pläne. Die Bauarbeiten wurden im 12. Jahrhundert an der Stelle einer alten Kirche zu Ehren der Maria Assunta aufgenommen und im 13. Jahrhundert weitergeführt. Am Ende des 13. Jahrhunderts schuf Giovanni Pisano einen Teil der Fassade. Wenige Jahre später wurde der Dom zum Chor hin verlängert, was Stützkonstruktionen notwendig und die Taufkirche (Baptisterium) möglich machte. Das Anwachsen der Bevölkerung weckte den Wunsch nach einem größeren Dom. Der schon fertige Bau sollte – ganz einfach – das Querschiff der neuen riesigen Kathedrale werden. Doch die gewaltigen Kosten, die furchtbare Pest von 1348 und die ungünstige politische Entwicklung für Siena vereitelten den Plan. So blieb es bei den Mauern, die noch heute rechts vom Dom sichtbar sind, und bei Unregelmäßigkeiten und Asymmetrien an dem bestehenden Dom.

Die Fassade, ein Werk GIOVANNI PISANOS zwischen 1284 und 1299, ist durch die Kontraste von dunkelgrünen (aus Prato) und roten (aus der Umgebung Sienas) Steinen eine sehr lebhafte und einfallsreiche Schöpfung der italienischen Baukunst. Dieser Eindruck wird bestätigt durch die vielgeschmückten Flanken der Seitenschiffe, die mächtige Vierungskuppel und den hohen Campanile (1313), dessen Fensteröffnungen in sechs Geschossen von einer einzigen bis zu sechs nach oben hin zunehmen und der in einen Spitzturm mit vier Seitentürmchen ausläuft. Die erste italienische Fassade mit reichem Skulpturenschmuck, ähnlich den Kathedralen der französischen Gotik, zeigt eine verwirrende Vielfalt von Marmorsäulen und Ornamentbändern, von ausdrucksstarker Darstellung menschlicher und tierischer Gestalten, von Blumen und Blattvariationen, von Giebeln und Vorsprüngen, von horizontalen, vertikalen, schräg und rund laufenden Bauelementen. Viele der Skulpturen sind, um sie vor der Witterung gegen Zerfall zu schützen, durch Kopien ersetzt. Vor der

Fassade steht auf einer Säule das Wappentier Sienas: die römische Wölfin mit den Zwillingen Romulus und Remus, die in der Geschichte der Stadt auch als Senius und Aschinus gelten.

Das Dom-Innere über einem lateinischen Kreuz von 89 Meter Länge und einer Breite von 24 Metern in den Seitenschiffen und 54 Metern im Querschiff beeindruckt durch seine Strenge, die durch den Wechsel von hellen und dunklen Steinen gesteigert und zugleich durch die Vielfarbigkeit der Wand- und Pfeilerbemalung mit Goldsternen auf blauem Untergrund gemildert wird. Das Langhaus ist durch hohe Rundbögen, die auf hervortretenden quadratischen Säulen ruhen, in drei Schiffe geteilt. Unter dem Gesims befinden sich gleichsam als Konsolen-Absatz die Büsten von Christus und 171 Päpsten (bis zum Ende des 12. Jahrhunderts geführt) sowie 36 Büsten römischer Kaiser, die im 15. und 16. Jahrhundert hinzugefügt wurden. An den ersten Pfeilern sehen wir zwei schöne Weihwasserbecken von Federighi (1462/63). Der *Marmorfußboden* mit seinen in den Stein eingeritzten und mit verschiedenfarbigem Marmor gestalteten Bildern ist nur ein Teil der prächtigen Ausstattung der Kirche mit Kunstwerken ersten Ranges. In den 56 Feldern auf dem Fußboden, von denen einige ständig oder zeitweise bedeckt sind, finden sich von verschiedenen Künstlern meisterlich gefertigte Darstellungen der Propheten und Sibyllen, biblische Szenen, Allegorien sowie die Wappen italienischer Städte.

Von der überreichen *Ausstattung* des Domes seien hervorgehoben: (1) Die prachtvolle Innenfassade mit sorgfältig ausgeführten Reliefs (Marienleben). (2) Am Ende des rechten Seitenschiffs vor dem Querschiff neben dem Eingang zum Glockenturm das Grab des Bischofs Tommaso Piccolomini del Testa von Neroccio (1484/85). (3) Rechts, zwischen Querschiff und rechtem Seitenschiff, die mit Marmor, Bronze und Dekorationen verschwenderisch verzierte Cappella Chigi, die im Auftrag Papst Alexanders VII. (Fabio Chigi aus Siena) zu Ehren des Votivbilds der Madonna del Voto (1260) (deshalb auch Cappella del Voto) wohl nach Entwürfen Berninis erbaut wurde; Bernini schuf hier die Bronzeengel und die Marmorfiguren des Hieronymus und der Madonna. (4) Das Presbyterium mit dem Hochaltar in Marmor von Peruzzi (1532), dem Bronze-Ziborium von Vecchietta (1467-1472) und zwei Leuchter tragenden Bronzeengeln von Giovanni di Stefano (1489) weist im Fußboden besonders lebhafte Darstellungen auf. (5) Das Rundfenster in der Apsis, ›Tod, Aufnahme und Krönung Mariens, Evangelisten und vier Heilige‹, nach Entwürfen von Duccio aus dem Jahr 1288 ist die älteste italienische Glasmalerei; das hölzerne Chorgestühl stammt aus dem 14. Jahrhundert (mit Ergänzungen). (6) Das berühmteste Einzel-Kunstwerk des Domes ist die weiße *Marmorkanzel* (1266-68), ein Meisterstück der Bildhauerkunst von NICOLA PISANO (mit Hilfe seines Sohnes Giovanni, des Arnolfo di Cambio und anderer). Die Figuren folgen antiken Skulpturen, sind jedoch nach dem Vorbild der Domkanzel in Pisa lebendiger herausgearbeitet. Die achteckige Kanzel ruht auf neun Säulen aus Granit, Porphyr und grünem Marmor, von denen vier auf Löwen und Löwinnen, vier frei stehen und die mittlere von den Figuren der acht Künste getragen wird. Außen an der Kanzel sollten wir die Darstellungen aus dem Leben Christi genau betrachten: Geburt Jesu, Heimsuchung, Anbetung der Könige, Darstellung im Tempel, Josef, Flucht nach Ägypten, Kindermord zu Bethlehem, Kreuzigung und Jüngstes Gericht, unterbrochen von Propheten und Engeln. (7) Links im Querschiff, in der Cappella di San Giovanni Battista, 1482 von Giovanni di Stefano erbaut, eine schöne Bronzestatue Johannes des Täufers von Donatello (1457) und eine liebliche Statue der heiligen Katharina von Alexandrien von Neroccio (1487). (8) Ein Höhepunkt des Dombesuches ist die Besichtigung der *Libreria Piccolomini* (geöffnet von 9-13/14.30-18.30 Uhr), gegründet um 1495 von Kardinal Francesco Todeschini Piccolomini, dem späteren Papst Pius III., zur Erinnerung an seinen Onkel (mütterlicherseits), Pius II., Enea Silvio Piccolomini, und zur Aufnahme von dessen Bibliothek bestimmt. Die dekorativen und anmutigen Fresken von Pinturicchio und dessen Schülern zeigen – angefangen am Fenster rechts – Szenen aus dem Leben des Enea Silvio Piccolomini aus Siena: Aufbruch zum Konzil von Basel – als Botschafter vor dem schottischen König Jakob I. – bei der Dichterkrönung durch Kaiser Friedrich III. in Frankfurt am Main – bei Papst Eugen IV. zur Bischofsweihe – als Erzbischof von Siena mit dem Kaiserpaar – Empfang des Kardinalshutes – Krönung zum Papst – Aufruf zum Kreuzzug – Heiligsprechung der Katharina von Siena – Tod in Ancona bei der Vorbereitung eines Kreuzzugs. Mitglieder der Piccolomini-Familie begegnen uns in Europa immer wieder, ob in einer Inschrift auf einem Grabmal in der Johannes-Kathedrale der Johanniter-Ritter in La Valetta auf Malta oder in Friedrich Schillers Schauspiel-Trilogie ›Wallenstein‹.

Das Baptisterium

Unterhalb der Domapsis liegt an der Piazza San Giovanni das Baptisterium, als Unterkirche des Chores, natürlich Johannes dem Täufer geweiht. Es entstand zwischen 1316 und 1325, als der Dom zum Chor hin wegen des steil abfallenden Hügels durch Subkonstruktionen verlängert wurde. Die 1382 geschaffene, durch die bescheidene Verwendung von farbigem Marmor klar gegliederte und gegenüber der Hauptfassade des Domes strenger und zurückhaltender wirkende Fassade des Baptisteriums überdeckt auch einen großen Teil der Domapsis. Drei Portale führen in harmonischer Ordnung ins rechteckige, dreischiffige Innere. Die Gewölbe ruhen auf mächtigen Pfeilern, da sie auch die Last des Domchors tragen müssen. An den Gewölben sehen wir schmuckreiche Fresken: Propheten, Sibyllen, allegorische Darstellungen und Heiligenszenen von Vecchietta. In der Mitte steht, zwei Stufen erhöht, das *Taufbecken,* ein Werk zwischen Gotik und Renaissance, von Jacopo della Quercia (ab 1417), Donatello, Lorenzo Ghiberti und anderen Künstlern, mit Szenen aus dem Leben Johannes des Täufers. Jacopo della Quercia (Zacharias wird aus dem Tempel vertrieben, Verkündigung der Geburt des Täufers), Donatello (die ausdrucksstarken Figuren der ›Hoffnung‹ und des ›Glaubens‹, ›Herodes Gastmahl und Enthauptung des Täufers‹) und Ghiberti (›Taufe Jesu‹, ›Gefangennahme‹) haben in dem Taufbecken und seinen Reliefs ein Meisterwerk des 15. Jahrhunderts geschaffen.

Museo dell' Opera

Wie wir wissen, scheiterte die in der ersten Hälfte des 14. Jahrhunderts begonnene Erweiterung des Domes während der Bauarbeiten. An den erhaltenen Teilen rechts von der bestehenden Kathedrale läßt sich die Größe des geplanten ›Neuen Domes‹ (Duomo Nuovo) ermessen (Plan: Länge 109,56 Meter); an der Bearbeitung des Steins und einigen Skulpturen seine erwünschte Schönheit. In den ersten drei Bögen des rechten Seitenschiffs des abgebrochenen Dombaus wurde das Museum des Erzbischöflichen Dombauwerks (Museo dell' Opera Metropolitana) eingerichtet, mit Werken, die zumeist Originale der Domskulpturen sind. Im Erdgeschoß sind daher Skulpturen beachtenswert: Die *Drei Grazien* (römisch, 3. Jahrhundert n. Chr.), Maria, Maria di Mose, Simeon und die Erythräische Sibylle von GIOVANNI PISANO um 1290, hervorragende Beispiele der italienischen Gotik. Im 1. Stock finden wir unter anderem ein schönes vergoldetes Silberreliquiar mit dem Kopf des heiligen Galganus und einen ›Gekreuzigten‹ aus Holz von GIOVANNI PISANO. Im zweiten Stock sind beherrschend die Madonna mit den großen Augen, ein Bild aus der ersten Hälfte des 13. Jahrhunderts, vor dem die Sienesen sich vor der Schlacht von Montaperti (1260) der Muttergottes weihten, und ›Die Geburt der Jungfrau‹, ein Triptychon von Pietro Lorenzetti (1342), vor allem jedoch die **Maestà** von DUCCIO di Buoninsegna (1308-1311). Von dieser ›Maestà‹ schreibt Jacob Burckhardt begeistert: »Wenn die Hervorbringung des Einzelschönen das höchste Ziel der Malerei wäre, so hätte Duccio das 13. und das 14. Jahrhundert, selbst Orcagna nicht ausgenommen, überholt. Es muß ihn sehr beglückt haben, als er vor seinen erstaunten Zeitgenossen die Schönheit des menschlichen Angesichts und die abgewogene Anmut holder Bewegungen und Stellungen aus eigenen Mitteln (nicht nach antiken Vorbildern wie Nicola Pisano) wiederzugeben vermochte. Seine Technik aber ist noch die der Byzantiner und in den geschichtlichen Kompositionen hat er, genau betrachtet, mehr die üblichen Motive derselben mit seinem Stil vom Tode auferweckt als neue geschaffen. – Wie viel oder wenig er außer diesem Altarwerk schuf, immerhin hat er für ein Jahrhundert der Schule seiner Vaterstadt den Ton angegeben.«

Treffend beschreibt der Kunsthistoriker Wolfgang Braunfels die Maestà: »Maria wird thronend als Königin dargestellt, die die vier Stadtpatrone im Kreise zahlreicher anderer Heiliger und Engel verehren. Für ein solches Marienbild würden in dem kaiserlichen Byzanz die politischen Voraussetzungen fehlen. Das Hauptfeld allein maß ursprünglich 2,17 x 4,31 Meter. Es wurde getragen von einer Predella mit sieben Darstellungen aus der Jugendgeschichte Christi, auf denen jeweils Maria hervorgehoben worden ist, und zwischen ihnen fünf Propheten, die das Kommen des Messias vorausgesagt hatten. Über dem Hauptfeld waren in einigen Tafeln zehn der zwölf Apostel wiedergegeben, noch weiter oben aber die Mariengeschichte nach Christi Tod bis zur Himmelfahrt Mariens, welche letztere selbst verlorengegangen ist. Ebenso wie die Vorderseite war die Rückseite mit zahlreichen Bildszenen von minutiöser Genauigkeit bemalt, die jetzt freilich nicht von Maria, sondern von dem Leben, dem Leiden und den Erscheinungen Christi nach der Auferstehung handeln. Die Darstellung der drei Frauen am Grab hält sich mit besonderer Treue an ihr byzantinisches Vorbild und besitzt dennoch einen neuen, in dieser Abtönung allein in Siena möglichen Farbklang. Duccio schuf hier eine Summe des Glaubens und gestaltete sie mit einer Eindringlichkeit und Klarheit, die dieses Werk als ein ebenbürtiges, wenngleich völlig verschiedenartiges Gegenstück zu der Bilderfolge in Giottos Arena-Kapelle [in Padua] erscheinen lassen, die sogar wenige Jahre älter ist. Der ganze Gegensatz der Kultur der beiden Städte ist schon in diesen frühen und größten Malerwerken der Florentiner und der Sieneser Kunst festgehalten: Hier eine Malkultur von der zartesten Lyrik, dort eine Gestaltungskraft voller Zucht und Dramatik.«

Vom Obergeschoß des Dom-Museums aus hat man einen weiten Blick über die Stadt.

Sienas Kirchen

Die Innenstadt von Siena ist nicht arm an Kirchen, dennoch liegen die großen Gotteshäuser der Ordensgemeinschaften außerhalb des Zentrums. Wahrscheinlich fanden Franziskaner, Dominikaner und Augustiner nicht genügend ausgedehnte Bauplätze für ihre Pläne. So errichteten sie auf Hügelkuppen ihre stattlichen Kirchen- und Klösterkomplexe, was deren Anblick noch eindrucksvoller macht. Natürlich können diese Bauwerke nicht mit dem Dom mithalten. Deshalb sollte man nach der Besichtigung der Kathedrale, des Baptisteriums und des Dom-Museums mit seinen Fresken, Gemälden und Skulpturen nicht enttäuscht sein. Der Besuch von San Domenico mit dem Heiligtum der Katharina (im Westen des Campo), von San Francesco mit dem Oratorium des heiligen Bernhardin (im Nordosten) und von Sant' Agostino (im Süden) sowie der Kirchen Fontegiusta (im Norden) und Santa Maria dei Servi (im Süden) ist bei einem längeren Aufenthalt in Siena durchaus lohnenswert.

Der strenge und mächtige Backsteinbau von *San Domenico* an der Piazza San Domenico ist noch heute die Ordenskirche der Dominikaner. 1226 begann man mit dem Bau im Stil der Zisterziensergotik, veränderte diesen dann aber durch manche Zusätze und Erweiterungen. Der schlanke Campanile kam 1340 hinzu. Im Innern birgt die Cappella di Santa Caterina zwei Hauptwerke von SODOMA: ›Ekstase‹ und ›Ohnmacht der Katharina‹ (1526). Auf dem Hochaltar ein schönes Marmorziborium von BENEDETTO DA MAIANO, der auch die zwei Leuchter tragenden Engel (um 1475) geschaffen hat. Aus einem Fenster der Apsis heraus bietet sich ein herrliches Panorama der Stadt. Neben dem Hauptaltar wird in einem Reliquiar das Haupt der heiligen Katharina bewahrt.

Von der Kirche San Domenico sind es nur wenige Schritte zum *Santuario Cateriniano* im engen Vicolo del Tiratoio Nr. 15. Um das Haus, in dem Caterina Benincasa (1347-1380), die 1461 heiliggesprochene und in diesem Jahrhundert zur Kirchenlehrerin erhobene Katharina von Siena lebte, wurde schon 1464 zu ihren Ehren ein kleines Heiligtum eingerichtet.

Auch der Franiskaner-Orden, die Gemeinschaft der Minderbrüder, ließ wie die Dominikaner eine stattliche gotische Basilika im Stil der Bettelordenarchitektur (im Grundriß ohne ausgedehnten Chor oder Apsis) errichten: *San Francesco*. 1326 begonnen, war der Bau an der Piazza di San Francesco erst 1475 beendet. Den Campanile setzte man 1765 hinzu. Im Innern sind an den Wänden die Standarten der alten Handwerkszünfte aufgestellt. Im linken Querschiff ein großartiges Fresko von PIETRO LORENZETTI: ›Gekreuzigter‹; von AMBROGIO LORENZETTI ›Ludwig von Anjou zu Füßen Papst Bonifaz VIII.‹ und ›Martyrium der Franziskaner in Ceuta‹ (um 1331). An der Stelle, an der der heilige Bernhardin von Siena aus dem Franziskaner-Orden zu predigen pflegte, wurde im 15. Jahrhundert ein *Oratorium* errichtet, neben der Kirche S. Francesco, nicht weit von der Porta Ovile. Der 1380 in Massa di Carrara geborene Bernardino wuchs in Siena auf und erfuhr hier seine prägenden Erlebnisse. Mit 17 Jahren pflegte er freiwillig Pestkranke, mit 22 Jahren trat er in den Orden des Franziskus ein. Vor allem durch seine flammenden Predigten wurde er in ganz Italien berühmt. 1438 zum Generalvikar des Ordens gewählt, verzichtete er bald auf dieses Amt. Der stets hager und bartlos dargestellte Bernhardin wandte sich besonders an die Volksfrömmigkeit. Er starb während einer seiner Predigtreisen in L'Aquila in den Abruzzen und wurde einer der in Italien am meisten verehrten Heiligen. Im 1. Stock des Oratorio di San Bernardino sind einige Bilder von SODOMA, darunter ›Franz von Assisi‹, beachtenswert.

In der weiten und lichten Kirche *Sant'Agostino,* der Ordenskirche der Augustiner, am Prato Sant'Agostino, die 1258 erbaut und Ende des 15. Jahrhunderts sowie 1755 umgestaltet wurde, sind vor allem einige Gemälde beachtenswert: ›Gekreuzigter‹ von PERUGINO (1506), ›Kindermord zu Bethlehem‹ von MATTEO DI GIOVANNI, ›Epiphanie‹ von SODOMA und ›Seliger Agostino Novello‹ von SIMONE MARTINI.

In der Nähe der Porta Romana im Süden des Campo liegt an der Piazza Alessandro Manzoni über einer hohen Treppe *Santa Maria dei Servi,* die Kirche des Serviten-Ordens aus dem 13. Jahrhundert. Der einfachen, rohen Fassade entspricht der mächtige romanische Campanile. Im Innern, im rechten Seitenschiff, die ›Madonna del Bordone‹ von COPPO DI MARCOVALDO (1261); in der zweiten Kapelle rechts vom Presbyterium an der rechten Wand ein berühmtes Fresko von PIETRO LORENZETTI: ›Kindermord von Bethlehem‹, am Altar die ›Madonna del Popolo‹ von LIPPO MEMMI (um 1317).

Nicht weit von der Porta Camollía im Norden der Stadt liegt die *Chiesa di Fontegiusta,* 1482-1484 von Franceso Fedeli und Giacomo di Giovanni erbaut. Ihre Backsteinfassade trägt ein wertvolles Marmorportal von Urbano da Cortona (1489). Im Inneren der dreischiffigen Hallenkirche finden wir einen schönen Marmortabernakel und an der linken Seitenwand ein Fresko von Baldassarre Peruzzi (1528).

Archäologisches Museum und Pinakothek

Die Besichtigung der Stadt Siena können wir ausklingen lassen oder geruhsam unterbrechen durch den Besuch zweier Museen, des Museo Archeologico Nazionale, des Archäologisch-Etruskischen Museums, und der Pinacoteca Nazionale, der Staatlichen Gemäldegalerie.

Die in der Umgebung von Siena einschließlich der südlichen Toskana ausgegrabenen archäologischen Funde aus der Zeit der Etrusker und der Römer waren zunächst über verschiedene Sammlungen verstreut, bis sie 1956 in dem *Museo Archeologico Nazionale* vereinigt wurden. In elf Sälen gewinnt man einen eindrucksvollen Einblick in das Alltagsleben und die Kunst der Etrusker an schönen Gegenständen des Handwerks, beachtenswerten Skulpturen und Münzen.

Der zinnenbewehrte gotische Palazzo Buonsignori aus dem 14. Jahrhundert gilt als der eleganteste private Palazzo Sienas. Er beherbergt heute die **Pinacoteca Nazionale,** die einen geschichtlichen Überblick über die Sieneser Malerei vom 12. bis zum 16. Jahrhundert und fast alle großen Maler Sienas bietet.

Die Sieneser Malerei nimmt einen besonderen Platz in der Kunstgeschichte Italiens ein. Vor allem die vier großen Sieneser Maler, Duccio di Buoninsegna (etwa 1255 bis 1319), Simone Martini (etwa 1285 bis 1344), Pietro Lorenzetti (geboren um 1280, tätig zwischen 1305 und 1348) und Ambrogio Lorenzetti (tätig zwischen 1319 und 1348) sichern ihr diesen Rang, zwischen 1260 und 1500 nicht weit hinter Florenz und Venedig. Rom nimmt erst ab 1500 die erste Stelle in Italien ein. Doch auch jene Maler, die der Sieneser Schule zuzurechnen sind, wie etwa Ugolino da Siena oder Lippo Memmi, Simone Martinis Schwager, sind nicht gering zu schätzen. Drei Jahrhunderte lang entstehen so im Herrschaftsgebiet von Siena und, von sienesischen Künstlern geschaffen, in anderen toskanischen Städten und Nachbarstaaten Meisterwerke; die Zeit von 1260, als die Sienesen bei Montaperti über die Florentiner siegten, bis 1348, dem Jahr der furchtbaren Pest, glänzt in dieser Epoche besonders.

Es ist leichter, Sieneser Bilder wiederzuerkennen, nachdem man einige kennengelernt hat, als zu beschreiben, was allen gemeinsam ist. In ihnen sind noch die Einflüsse der byzantinischen Kunst und der französischen Gotik sichtbar. Doch zugleich haben sie sich davon schon gelöst und gehen eigene Wege aus dem Mittelalter hinaus mit seinem festen Kunstkanon, wie er sich vor allem in der Darstellung des Heiligen zeigte. Die vier großen Sieneser wagen es, in die Präsentation des Heiligen, der Geschichten Jesu und der Maria, ›Menschliches‹ hineinzubringen – man möge nur etwa die byzantinischen Mosaiken oder die gotischen Skulpturen dagegen halten –, zögern nicht, die hierarchische Strenge durch phantasievolle Einfälle aufzulockern, den Jahrhunderte lang starren Zügen der Heiligen Ausdruck und Empfindungen zu verleihen, die allbekannten biblischen Szenen fast lyrisch anzureichern und Geschichten vom alltäglichen Leben der Menschen zu erzählen. Duccios Maestà (im Dom-Museum von Siena), Simone Martinis Heiligenlegenden und Historien, Pietro Lorenzettis Madonnen und Ambrogio Lorenzettis Darstellungen der ›Guten‹ und der ›Schlechten Regierung‹ (im Rathaus von Siena) sind vorbildlich für die Malkunst in Italien und Europa geworden.

Unter den vielen wertvollen Bildern sind hervorzuheben (wobei wir in der Reihenfolge dem angegebenen Rundgang,

37 ›Arco Etrusco‹, Stadttor von Volterra

38 Der tote Patroklus. Urnendetail im Museo Etrusco in Volterra

39 Michelangelo, Pietà von Palestrina, Florenz, Akademie

40 Florenz, Dommuseum, Johannes der Täufer, von Donatello

41 Fiesole, Dom, Madonna, von Mino da Fiesole

42 Florenz, Bibliothek von San Marco

43 Florenz, Santo Spirito

44 Florenz, San Lorenzo, Verkündigung, von Filippo Lippi, Detail

45 Florenz, Baptisterium, Detail aus der Paradiestür von Ghiberti

46 Florenz, Santa Croce, Verkündigung, von Donatello

47 Florenz, Orsanmichele, Christus und der ungläubige Thomas, von Verrocchio

48 Florenz, Palazzo Rucellai

49 Florenz, Palazzo Pitti, Erdgeschoßfenster

50 Florenz, Dommuseum,
Sängerkanzel aus dem Dom, von Luca della Robbia

51 Florenz, Uffizien, Engel aus der Marienkrönung von Botticelli

52 Florenz, Innenhof des Palazzo Pazzi, von Giuliano da Maiano

53 Florenz, Loggia des Findelhauses, von Brunelleschi

54, 55 Florenz, Pazzikapelle, von Brunelleschi

56 Landschaft bei San Gimignano
→

57 Ruine der Klosteranlage von Sant'Antimo

58 Weingut bei Castellina in Chianti

59 Sant'Antimo

60 Madonna di San Biagio bei Montepulciano

61 Livorno, Graben an der Fortezza Vecchia

62 Pitigliano, Palazzo Orsini und Aquädukt

63 Vallombrosa, die Benediktiner-Abtei an den Hängen des Pratomagno

64 La Verna, Franziskanermönche auf dem Weg zum Gebet

65 Pienza, das Renaissance-Musterstädtchen Papst Pius' II.

66 Arezzo, Piazza Grande

67 Florenz, Michelangelos Madonna mit Kind
in der Neuen Sakristei von San Lorenzo

68 Florenz, Michelangelos Genius des Sieges im Saal der Fünfhundert des Palazzo Vecchio

69 Florenz, Michelangelo, Grabmal für Giuliano de' Medici in der Neuen Sakristei von San Lorenzo

70 Florenz, Aufgang zur Biblioteca Laurenziana,
nach Entwürfen von Michelangelo

71 Florenz, Loggia der Uffizien zum Arno

72 Villa Gamberaia bei Settignano

73 Villa Torrigiani bei Camigliano, Lucca

74 Blick aus dem Kartäuserkloster von Galluzzo
auf die Florentiner Hügellandschaft

beginnend im 2. Stock, folgen): Von GUIDO DA SIENA (um 1240): ›Auferweckung des Lazarus‹, ›Einzug in Jerusalem‹ und ›Verklärung‹ sowie ›Petrus auf dem Thron‹; von DUCCIO: ›Madonna mit Kind‹, ›Madonna der Franziskaner‹; von AMBROGIO LORENZETTI: ›Madonna mit Kind‹, ›Grablegung‹, ›Madonna auf dem Thron mit dem Kind, sechs Engeln und sechs Heiligen‹ und ›Verkündigung‹; von PIETRO LORENZETTI: ›Johannes der Täufer‹, ›Vier Apostel‹ und ›Allegorie von Sünde und Erlösung‹; von GIOVANNI DI PAOLO: ›Flucht nach Ägypten‹ und ›Kreuzigung‹; von PINTURICCHIO: ›Heilige Familie‹; von SODOMA: ›Christus an der Geißelsäule‹, ›Judith‹ und ›Abstieg Jesu‹; von LORENZO LOTTO: ›Geburt Christi‹; und von BECCAFUMI: ›Geburt der Madonna‹.

Ausflüge in die nähere Umgebung

Geht es uns in Siena auch so wie in Florenz, daß eine Ausfahrt aus der Stadt mit ihren vielen Steinen uns lockt? In der unmittelbaren Umgebung Sienas, für die trotz der Zersiedelung liebliche Hügel und Täler noch immer charakteristisch sind, lohnt die Kirche *dell'Osservanza* einen Abstecher. Nach 1476 über einer älteren Kirche (dem heiligen Bernardino und einem Eremiten geweiht) nach Plänen von Cozzarelli errichtet, wurde sie im Zweiten Weltkrieg durch Bomben der Alliierten schwer beschädigt, doch getreu wiederaufgebaut. Im Innern des einschiffigen Langhauses mit acht Seitenkapellen und einer Kuppel über dem Presbyterium befinden sich in der dritten Kapelle rechts ein Reliquiar des heiligen Bernardino von Francesco di Antonio und in der vierten das schöne Triptychon eines unbekannten Meisters von 1438: ›Madonna mit den Heiligen Ambrosius und Hieronymus‹. Auf den Pfeilern des Bogens ›Madonna und Engel‹ (Verkündigung), eine Terrakottagruppe von Andrea della Robbia; in der Sakristei ›Pietà‹ von Giacomo Cozzarelli. In dem danebenliegenden *Museo Aurelio Castelli* sind Gemälde, Skulpturen, Drucke, Siegel, Choralbücher und Inkunabeln ausgestellt.

Für weitere Ausflüge in die Umgebung Sienas sind als Ziele empfehlenswert:

Castello di Belcaro, eine 359 Meter hoch gelegene Burg, 5 Kilometer entfernt;

Castello delle Quattro Torri bei Montaperti, 9,5 Kilometer;

Certosa di Pontignano, Kartause, 8 Kilometer;

Kirche und Kloster der Augustiner-Eremiten in San Leonardo al Lago, 8,5 Kilometer;

Kloster der Augustiner-Eremiten in Lecceto, 8,4 Kilometer;

Kirche San Giovanni Battista in Sovicille, 11,5 Kilometer;

Castello di Brolio (20,4 Kilometer), ein Name, der bei Kennern des Chianti-Rotweines einen guten Klang und ein Wein, der für die meisten einen vortrefflichen Geschmack hat.

Provinz Siena

Nach der Provinz Florenz ist die von Siena mit 3821 Quadratkilometern die ausgedehnteste, zugleich mit Grosseto die am wenigsten besiedelte, weil die bevölkerungsreichen Städte fehlen. Vielleicht finden wir hier die Toskana noch am ursprünglichsten, Wege, die zum Wandern, Hügel und Täler, die zum Beschauen einladen. Ganz gewiß jedoch lockt uns eine Vielzahl von wichtigen Zielen, bekannte Kunststätten und weniger bekannte Orte, die fast immer durch eine alte Kirche, ein besonderes Gemälde oder eine bemerkenswerte Statue überraschen können. Für solche Entdeckungen kann ich nur kleine Hinweise (meist am Schluß der Ortsbeschreibungen) geben, möchte aber immer dazu ermutigen.

Wegen ihrer geographischen Nähe werden in einem ersten Teil *Südöstlich von Siena* die Landschaft Crete, das Städtchen Asciano, die Abbazia di Monte Oliveto Maggiore, die Städtchen San Quírico d'Orcia, Pienza, Montepulciano, Chianciano Terme und Chiusi zusammengefaßt; in einem zweiten *Südlich von Siena* die Orte Buonconvento und Montalcino, die Abtei Sant'Ántimo, das Bergmassiv des Monte Amiata und das Städtchen Abbadia San Salvatore; in einem dritten *Nordwestlich von Siena* der Ort Colle di Val d'Elsa und die

Stadt San Gimignano (das nicht weit entfernt liegende Volterra gehört zur Provinz Pisa). Die Abtei von San Galgano können wir am besten auf dem Weg nach Grosseto kennenlernen, das Chianti-Gebiet – auf dem Weg von oder nach Florenz (siehe Provinz Florenz).

SÜDÖSTLICH VON SIENA

Einer Mondlandschaft gleichen die Hügelwellen der Crete, die wir von Siena aus nach dem Verlassen der Hauptstraße N 326 (Richtung Perugia) bei Taverne d'Arbia finden. Die Crete (wahrscheinlich von dem lateinischen Wort Creta = Kreide) sind einer der eindrucksvollsten und vor allem überraschendsten Landstriche der Toskana, südöstlich von Siena zwischen Taverne d'Arbia und Asciano. Je nach Licht zeigen die kahlen Kegel und Krater, die Erdrutschen und Erosionen verstärkt ausgesetzt sind, weiße, aschgraue, blaßgrüne oder gelbbraune Farben. Die spärliche Vegetation erlaubt keine Landwirtschaft, sondern nur Viehzucht. Schafherden weiden die kurzen Gräser und Kräuter ab. Die Crete haben schon im Mittelalter den Malern einen bevorzugten Hintergrund für ihre Bilder abgegeben. Ein auffälligerer Kontrast zu den sonst so lieblichen Hügeln in der Toskana läßt sich kaum vorstellen.

Asciano

Im oberen Teil des Ombrone-Flusses, an den südöstlichen Ausläufern der kahlen Landschaft der Crete, liegt das Städtchen Asciano mit einem charakteristischen mittelalterlichen Zentrum. Im Mittelalter im Besitz der Grafen Scialenga, wurde es 1285 von Siena erworben und bis 1554 gegen Florenz hartnäckig verteidigt. Besichtigenswert sind die aus Travertin erbaute romanische Kirche der *Collegiata,* das Museo d'Arte Sacra, das Museum für religiöse Kunst mit religiösen, tieffrommen Bildern mittelalterlicher Maler, vor allem das Museo Etrusco, das Etruskische Museum, in der kleinen gotischen ehemaligen Kirche San Bernardino (mit Funden aus fünf etruskischen Kammergräbern, die 1957 auf dem nahen, östlich des

Städtchens gelegenen Poggiopinci entdeckt wurden; Goldschmuck, Bronzefibeln, Aschenurnen) und die etwas verfallene Kirche San Francesco.

An der Straße zwischen Asciano und Buonconvento, südlich der ›Mondlandschaft‹ der Crete, liegt auf einem Bergrücken, versteckt zwischen Bäumen und Buschwerk, das vielleicht schönste Kloster der Toskana, die *Abbazia di Monte Oliveto Maggiore,* Abtei zum großen Ölberg, Sitz des Generalabtes der Benediktinerkongregation der Olivetaner. Im späteren Kapitel der ›Klöster‹ wird die Abtei ausführlich besprochen.

Buonconvento

Der Ort Buonconvento an der Via Cassia, 28 Kilometer von Siena entfernt, führt uns tief in die mittelalterliche Geschichte der Toskana und in die des Heiligen Römischen Reiches. Der deutsche König und Kaiser Heinrich VII. starb hier am 24. August 1313. Er wird von Dante im ›Paradies‹ der Göttlichen Komödie (30. Gesang) besungen; von ihm erhoffte der italienische Dichter den Frieden in dem zerrissenen Italien durch die Wiederherstellung der kaiserlichen Macht und nicht zuletzt auch die Rehabilitierung seiner eigenen parteipolitischen Position als Ghibelline, als Kaisertreuer in Florenz. Dantes Erwartungen erfüllten sich nicht. Zwar kam Heinrich VII., im Jahr 1308 als Graf von Luxemburg zum deutschen König gewählt und nach dem Urteil seiner Zeitgenossen eine gewinnende, eindrucksvolle Persönlichkeit, doch ohne politischen Rückhalt und vor allem ohne eine starke Hausmacht, zwei Jahre nach seiner Wahl (1310) nach Italien, wurde hier von den Ghibellinen freudig begrüßt und 1312 im Lateran zu Rom zum Kaiser gekrönt. Aber Heinrich VII. hatte seine Kräfte überschätzt, und der Feinde gab es zu viele: Die Franzosen, der Papst, der König von Neapel und die italienischen Guelfen standen gegen ihn. Auf dem Weg von Rom nach Pisa starb er hier an der Via Cassia, beweint von den Ghibellinen, die ihn im Dom zu Pisa begruben, von den Guelfen vergessen. Buonconvento, im 14. Jahrhundert über den Ruinen des römischen Kastells Percenna erbaut, besitzt eine sehenswerte Pfarrkirche (San Pietro e Paolo, Sankt Peter und Paul) aus dem 15. Jahrhundert (Anfang des 18. Jahrhunderts neu wiederhergestellt), die im Innern schöne Gemälde aufweist, und eine ansehnliche Pinakothek mit mittelalterlichen Gemälden der toskanischen Schulen. Das Städtchen ist von einer Ringmauer nach sienesischem Vorbild umgeben (14. Jahrhundert).

San Quírico d'Orcia

Weiter südöstlich an der Via Cassia, Richtung Rom, liegt über den Flußtälern von Orcia und Asso das Städtchen San Quírico d'Orcia, das aus einer Siedlung von Etruskern und Römern im Mittelalter als San Quírico hervorging, lange Zeit wichtiger Sitz eines kaiserlichen Vikars war, dann (1256), unter die Herrschaft Sienas kam und schließlich im Großherzogtum Toskana aufging. Besonders die *Collegiata,* die bedeutende Kollegkirche, auch Pieve di Osenna genannt, den Heiligen Quírico und Giulitta geweiht, verdient Beachtung. Bereits im 8. Jahrhundert in Urkunden erwähnt, Ende des 12. Jahrhunderts im romanischen Stil errichtet, stammt der heutige Bau aus dem 13. Jahrhundert. Die einfache Fassade ist von einem stattlichen romanischen Portal aus dem 12. Jahrhundert geschmückt (im Türsturz: Kampf der Ungeheuer). Ein anderes Portal, am Querschiff, wird von gotischen Elementen bestimmt (von 1298). Von besonderer Schönheit ist das *Portal* der rechten Seite: kräftige Atlanten, die auf Löwen stehen, tragen eine kleine Vorhalle; es ist wahrscheinlich ein Werk des GIOVANNI PISANO oder seiner Schule. Im einschiffigen Innern (Grundriß nach dem lateinischen Kreuz) befindet sich ein sorgfältig gearbeitetes Chorgestühl von ANTONIO BARILI (1482 bis 1502), das früher in Siena stand. Beachtenswert sind weiter die *Palazzi Chigi* – erstaunlich ein so großer, architektonisch bemerkenswerter Palazzo in einem kleinen Ort – und *Pretorio* und die Kirche Santa Maria di Vitaleta.

Pienza

Wer Pienza besucht, wird stets überrascht sein, ob der ›großen‹ Kunst, die er hier findet. Es sind Werke ersten Ranges. Die Kathedrale, die Palazzi Piccolomini, Ammannati, Comunale und Vescovile, an der kleinen Piazza Pio II. – das konnte man kaum erwarten in einer Stadt abseits der großen Verkehrswege. In der Tat, daß Pienza eine der reizvollsten Kunststädte der Toskana ist, verdankt es einem einzigen Mann, Enea Silvio Piccolomini (1405 geboren), der als Papst Pius II. (Pontifikat von 1458 bis 1464) seinen unbekannten Geburtsort Corsignano (im Besitz der Familie Piccolomini) unter Leitung des Architekten Rossellino zu einer Musterstadt des 15. Jahrhunderts nach klaren urbanistischen Leitbildern und in einem einheitlichen Stil umbauen lassen wollte. Die Arbeiten begannen 1459 und waren drei Jahre später bereits so weit gediehen, auch indem der Papst die Kardinäle drängte, ebenfalls dort zu bauen, daß Pius II. den Ort mit der Bulle vom 13. August 1462 zur Stadt Pienza (nach seinem Papstnamen Pius) und zum Sitz

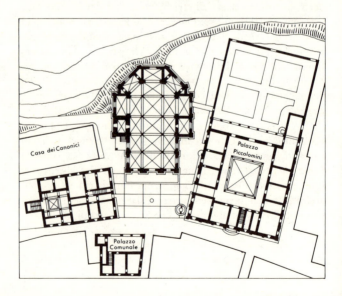

eines Bischofs erhob. Es ist, als ob sich Pienza nach dem Tod Pius' II. wieder zum Schlafen gelegt hätte.

Die Wirkung der trapezförmigen **Piazza Pio II.**, auf der rechts ein origineller Brunnen (von Rossellino, 1462) steht, ist nicht zufällig. Der Palazzo Piccolomini rechts und der Palazzo Vescovile links von der Kathedrale stehen schräg zueinander; sie ›fliehen‹ vor dem Betrachter und steigern so den zugleich monumentalen und harmonischen Eindruck des rechten Maßes auf dieser kleinstädtischen und künstlerisch so bedeutsamen Bühne. Die der Maria Assunta, der in den Himmel aufgenommenen Gottesmutter, geweihte *Kathedrale* wurde über und neben einer alten romanischen Marienkirche von 1459 bis 1462 nach Entwürfen von BERNARDO ROSSELLINO erbaut. Ihre kraftvolle, aus Travertin-Quadern gefügte Fassade, die von einem Giebel mit dem päpstlichen Wappen abgeschlossen wird, wirkt streng und feierlich. Das mit gotischen Elementen durchsetzte lichte Innere – nach dem Vorbild der Hallenkirchen, die Enea Silvio Piccolomini nördlich der Alpen kennengelernt hatte – wird von Pfeilern in drei gleich hohe Schiffe geteilt. Der Grundriß zeigt deutlich, daß der vordere Teil der Kirche von einem Kranz aus Kapellen umschlossen wird, die über das Querschiff hinausgreifen. Wegen des abfallenden Geländes waren dafür umfangreiche Stützkonstruktionen unter der Apsis notwendig, die in diesem Jahrhundert erneuert wurden. Von der Ausstattung sind zwei besonders schöne Stücke hervorzuheben: das Chorgestühl aus Holz in gotischem Stil (1462) und in der Kapelle links vom Chor, ein Meisterwerk von Vecchietta, Himmelfahrt der Jungfrau zwischen Heiligen (ein wegen der Schönheit der Madonna berühmtes Bild). In der Kathedrale von Pienza gehen die italienische Renaissance und die Gotik Mitteleuropas eine glückliche Verbindung ein. Beachtenswert noch der kleine achteckige Glockenturm und in der Krypta das Taufbecken (nach einer Zeichnung Rosselinos).

Links von der Kathedrale, rechts neben dem Palazzo Vescovile, dem Bischofspalast, den Kardinal Rodrigo Borgia, der spätere Papst Alexander VI. bauen ließ, ist in der *Casa dei Canonici*, dem in einfachen Formen der Renaissance errichteten Palast mit den Wohnungen der Kanoniker des Domkapitels das Diözesanmuseum für religiöse Kunst (Museo Diocesano di Arte Sacra oder *Museo della Cattedrale* genannt) untergebracht. Von den interessanten Gegenständen sind zwei Pluviale (Segensmäntel für liturgische Feiern) zu erwähnen, das eine von Alessandro Piccolomini, das andere, das berühmtere, von Pius II., ein Geschenk des byzantinischen Despoten von Mistra, Thomas Palaiologos, der 1459, sechs Jahre nach dem Fall von Konstantinopel, vor den Türken fliehen mußte; eine englische Arbeit des 14. Jahrhunderts mit lebhaften Darstellungen von Heiligenlegenden.

Gegenüber dem Dom steht, etwas versetzt, der *Palazzo Comunale* mit einer offenen Loggia; so wurde im 14. Jahrhundert häufig das Erdgeschoß eines Stadtpalastes gestaltet. Auch für den mächtigen Turm mit Aufsatz und Wehrgang (1599 beendet) gibt es Vorbilder.

Im *Palazzo Piccolomini*, dem Palast seiner Familie, die Papst Pius II. besonders am Herzen lag, hat der Architekt Rossellino ein Meisterwerk geschaffen, das sich an das Vorbild des Palazzo Rucellai von Alberti in Florenz anlehnt und selbst das Modell für andere Profanbauten abgab. Die Außenseiten sind in sorgfältigem Bossenwerk ausgeführt, durch regelmäßige Fenster unterbrochen und von waagerechten Gebälklinien und senkrechten Pilasterstreifen gegliedert. Um den quadratischen Innenhof zieht sich ein Portikus. Die Gartenfront an der Südseite wird von drei übereinanderliegenden Säulenloggien gebildet (Aussicht in die Landschaft des Orcia-Tales). Davor befinden sich auf Stützkonstruktionen die »Hängenden Gärten«.

Der Kardinal Giacomo Ammannati aus Pavia, ein Freund des Piccolomini-Papstes, ließ sich von Pius II. bewegen, ebenfalls einen Palast in Pienza zu errichten, gegenüber dem Papstpalast. Dieser ist viel einfacher als jener der Piccolomini.

Von Pienza aus sind folgende *Ausflüge* unternehmenswert: zur *Pieve Santi Vito e Modesto* (1 Kilometer), der alten Pfarrkirche von Corsignano und Taufkirche Enea Silvio Piccolominis, einem romanischen Bau des 11./12. Jahrhunderts mit einem zylindrischen Campanile;

zum *Kloster Sant'Anna in Camprena* (7 Kilometer), mit etwas beschädigter Kirche und einem von Fresken des Sodoma geschmückten Refektorium;

nach *Monticchiello* (5 Kilometer), einem mit Mauern, Turm und Burg befestigten Ort, in dem die Kirche Santi Leonardo e Cristoforo, ein Bau des 13. Jahrhunderts mit gotischer Fassade, steht (Madonnenbild von Pietro LORENZETTI).

Montepulciano

Montepulciano, eine Stadt von rund 15 000 Einwohnern, auf dem Kamm eines Hügels zwischen den Flußtälern der Orcia und der Chiana gelegen, bewahrt in seinen Mauern Kunstwerke von hohem Rang aus der Zeit der Renaissance und des Barock. Die Überlieferung, der Ort sei von dem Etruskerkönig Porsenna gegründet, legt nahe, daß er von Etruskern besiedelt worden sei. Von dem frühmittelalterlichen Namen Mons Politianus, der zum ersten Mal urkundlich im Jahr 715 erwähnt wird, leitet sich die heutige Bezeichnung ab; die Einwohner nennen sich daher Poliziani. Im Mittelalter war die Stadt abwechselnd mit Siena und Florenz verbündet oder einer von beiden Republiken unterworfen. Adelsfamilien, die länger als in anderen Städten der Toskana den Ton angaben, holten bedeutende Künstler von weit her. So überrascht Montepulciano mit stattlichen Renaissance-Palästen und prächtigen Barockkirchen. Zwei Päpste stammen aus Montepulciano: Giovanni Maria del Monte als Julius III. (1550-1555), den allerdings auch die Römer wegen alter Familienbande für sich beanspruchen, und Marcello Cervini als Marcellus II., der nur 20 Tage regierte.

Mitte und höchster Punkt der Stadt ist die **Piazza Grande** oder Vittorio Emanuele, an der sich der Dom, der Palazzo Comunale, der Palazzo Ricci, der Palazzo Tarugi, der Palazzo della Pretura (früher Palazzo del Capitano del Popolo; daneben der Palazzo Neri Orselli) und der Palazzo Contucci erheben.

Der *Dom* wurde an der Stelle der alten Pfarrkirche errichtet, als der Bischof von Chiusi wegen der zunehmenden gefährlichen Versumpfung des Chiana-Tals seinen Sitz nach Montepulciano verlegte. Nach Plänen des Architekten Ippolito Scalza führte man den Bau von 1592 bis 1630 aus. Die roh gemauerte Fassade mit drei Portalen und drei Fenstern über einer mehrstufigen Treppe, der Campanile der alten Pieve und das einfache harmonische Innere der Kathedrale mit drei Schiffen über dem Grundriß eines lateinischen Kreuzes sind die Hauptmerkmale der Bischofskirche. Im Innern sind die auf einem Grabmal liegende Figur des Bartolomeo Aragazzi, des Sekretärs Papst Martins V. (Pontifikat von 1417 bis 1431), ein Werk MICHELOZZOS aus der Frühzeit der Renaissance (Teile des später zerlegten Denkmals an anderen Stellen des Doms) und ein Triptychon über dem Hochaltar von Taddeo di Bartolo, ›Himmelfahrt Mariens‹, um 1403, beachtenswert.

Der strenge, wuchtige Bau des *Palazzo Comunale* gegenüber dem Dom wurde Ende des 14. Jahrhunderts begonnen, bekam jedoch seine heutige Gestalt erst nach den Plänen des Florentiner Renaissance-Baumeisters Michelozzo im Jahr 1424, wie 1965 entdeckte und veröffentlichte Baupläne dieses Architekten zeigen. Die einfache, in den Steinen flüchtig behauene Fassade mit dem Zinnenkranz und der Turm mit dem Aufsatz erinnern an den Palazzo Vecchio in Florenz, wenn jener auch viel ungleichmäßiger wirkt gegenüber der Symmetrie des hiesigen von Montepulciano. Vom Turm (Besteigung möglich) bietet sich ein weiter Blick ins Land.

Baumeister des *Palazzo Contucci* nordöstlich des Domes ist, wie bei vielen anderen Palazzi von Montepulciano, Antonio da Sangallo der Ältere; Auftraggeber war Kardinal Giovanni Maria del Monte, der spätere, aus Montepulciano stammende Papst Julius III. (1550-1555). Mit dem zweiten Obergeschoß schloß der Architekt Baldassarre Peruzzi den Bau.

Der gewaltige, architektonisch gelungene, wenn auch in Einzelheiten unvollkommene *Palazzo Tarugi*, gegenüber dem Palazzo Comunale, wird ebenfalls dem Baumeister Antonio da Sangallo dem Älteren zugeschrieben. Entstehungszeit nach 1519. An den Palazzo Tarugi schließt sich der einfach gegliederte, von gotischen Bauelementen mitbestimmte *Palazzo della Pretura* an, ehemals Palazzo del Capitano del Popolo.

Vor den Palästen ein Brunnen von 1520; auf dem Steingebälk, das auf zwei Säulen ruht, halten zwei Löwen das Medici-Wappen.

Der *Palazzo Cervini* in der Via Cavour Nr. 21, dessen Mittelteil an der Via Cavour zurücktritt und dadurch Platz für zwei Seitenflügel schafft, wurde im Auftrag von Kardinal Marcello Cervini, dem späteren, aus Montepulciano stammenden Papst Marcellus II., von Antonio da Sangallo dem Älteren zwischen 1518 und 1534 errichtet; er blieb jedoch unvollendet.

Beachtenswert sind weiter die Kirchen Sant'Agnese (der heiligen Agnese Segni aus Montepulciano geweiht; ein Vorgängerbau war an derselben Stelle noch von der Heiligen selbst errichtet worden); Sant'Agostino (nach Plänen Michelozzos: schöne Fassade; von demselben Künstler eine Terrakotta-Gruppe ›Mutter Gottes und die Heiligen Johannes der Täufer und Augustinus‹); die Chiesa del Gesù (eleganter Zentralbau des Barock) und Santa Maria dei Servi (mit gotischer Fassade und barockem Innern); außerdem die Paläste Palazzo Avignonesi (von Vignola), Palazzo Cocconi (wohl von Antonio da Sangallo) und der Palazzo Neri Orselli (Backsteinbau des 14. Jahrhunderts; Sitz des Museo Civico mit Majoliken von Andrea della Robbia und mit einigen wertvollen Gemälden).

Madonna di San Biagio

Außerhalb von Montepulciano (2,2 Kilometer westlich) steht eindrucksvoll am Ende einer langen Allee feierlich aufragender Zypressen die Kirche Madonna di San Biagio. Nach Plänen von Antonio da Sangallo dem Älteren wurde die Kirche zwischen 1518 und 1545 als Wallfahrtskirche für ein verehrtes Madonnenbild auf dem Grundriß eines griechischen Kreuzes mit einer Zentralkuppel ausgeführt. San Biagio gilt wegen der einfachen, allseitig harmonisch wirkenden Formen und der Fassade des in warmem Goldgelb schimmernden Travertingesteins als ein besonders gelungenes Bauwerk der Renaissance. Der Eindruck von San Biagio kann freilich auch trüberer Art sein, was von der persönlichen Stimmung abhängen mag oder vom Wetter. Dann scheinen die Zypressen ein düsteres Spalier zu bilden, einem Begräbnisgeleit gleich, und das bei sonnigem Wetter freundlich schimmernde Travertingestein wirkt schwermütig und traurig. Dann ähnelt San Biagio weniger einem Wallfahrtsort als einer Totenstätte, einem Friedhof, auf dessen Kirche die Zypressen steif zuschreiten. Man erinnert sich dabei an die in der Kunst als Toten-Topos bekannten Zypressenalleen, die von dem Schweizer Maler Böcklin fast mystisch dargestellt wurden. Wie auch immer, schöner ist San Biagio bei hellem, freundlichem Wetter. Von den geplanten zwei Türmen der Kirche wurde nur einer bis zur Spitze fertiggestellt. Auch das nahe gelegene Pfarrhaus (Canonica), das – wie auch der Brunnen davor – ebenfalls nach Plänen von Sangallo, doch erst nach dessen Tod, errichtet wurde, zählt zu den eleganten und heiteren Schöpfungen der Renaissance.

Chianciano Terme

Eines der vielen Thermalbäder der Toskana, doch zusammen mit Montecatini das wohl bekannteste, ist Chianciano Terme. Das weitgezogene Städtchen, das sich sanft in die Hügel über dem Valdichiana legt, lädt mit zahlreichen Hotels, Pensionen und Ristoranti zu einer Kur ein. Besonders bei Lebererkrankungen versprechen die Quellen (Acqua Santa, Acqua di Sillene, Sorgente di Sant'Elena) Linderung und Heilung. Die medizinische Wirkung des Wassers von Chianciano war schon den Etruskern und den Römern der Antike bekannt. Reichen Gebrauch machte man davon auch im Mittelalter. 1915 überließ die Gemeinde einer Privatfirma die Nutzung der Quellen, und der systematische Aufbau von Unterkünften, Forschungsstätten, Kliniken und Badeanlagen begann.

Chiusi

Die Stadt Chiusi, nur wenige Kilometer von der Autostrada del Sole entfernt, liegt auf einem breiten Tuffsteinhügel im Süden des Chiana-Tals. Umbrischen Ursprungs wurde sie im 6. vorchristlichen Jahrhundert eine bedeutende Stadt der Etrusker, als Mitglied des Zwölfstädtebundes anderen Städten wie Tarquinia, Populonia oder Vetulonia durchaus ebenbürtig. Von diesem Rang zeugen bedeutende Kunstwerke in den archäologischen Museen von Florenz, Siena und Chiusi. Porsenna, König von Chiusi, bekriegte als Verbündeter des Tarquinius Superbus selbst Rom. Von den Römern wurde Chiusi zuerst bekämpft, dann als Clusium dem Imperium Romanum einverleibt. Im 5. Jahrhundert n. Chr. Sitz eines Bischofs, unterstand die Stadt Goten und Langobarden, im Mittelalter den Städten Orvieto, Siena und Florenz.

Die Anfänge des *Domes* (San Secondiano) gehen bis in das 7. Jahrhundert zurück. Seine heutige Gestalt erhielt er im 13. und bei Restaurierungen im 19. Jahrhundert. Der Glockenturm, im 16. Jahrhundert verändert, wurde über einem zweischiffigen, in den Tuff gehauenen und verkleideten, von zwei Kuppeln überwölbten Wasserbecken aus römischer Zeit errichtet. Die dreischiffige Basilika mit 18 verschiedenen Säulen, die aus römischen Häusern der Umgebung stammen, birgt viele einzelne Kunstwerke von Rang (Marmorarbeiten an den Säulen, Gemälde, Taufbecken). Im Kapitelsaal (rechts von der Apsis, Zugang durch die Sakristei) befinden sich 22 Choralbücher mit Miniaturen aus dem Kloster Monte Oliveto Maggiore.

In dem berühmten **Museo Archeologico Nazionale** sind etruskische Kunst- und Gebrauchsgegenstände sowie griechische Keramik ausgestellt, die man bei Ausgrabungen in der Umgebung Chiusis fand. Beachtenswert sind Aschenurnen, Sarkophage, Masken aus Bronzeblech oder Ton, Grabsteine, Amphoren und Krüge. Besonders interessant sind die ›Kanopen‹, Aschenurnen mit Köpfen als Deckel, und die ›Cippi‹, reliefverzierte Grabsteine. Ohne einzelne Objekte hervorheben zu wollen, bietet das kleine Museum einen guten Einblick in das Leben und den Totenkult der Etrusker, vermittelt anschaulich ihr handwerkliches Können und ihr künstlerisches Empfinden. Im Museum kann man auch einen Kustoden als Begleiter zu einigen der 384 bekannten *etruskischen Gräber* der Umgebung gewinnen, zur Tomba della Pellegrina etwa, dem Grab der Pilgerin, oder der Tomba della Scimmia, dem Grab des Affen, zur Tomba del Granduca, Grab des Großherzogs, oder zur etwas weiter entfernten Tomba del Colle, (Bonci Casuccini), Grab des Hügels. In diesen Gräbern, mit Nischen und Zellen, Haupt- und Nebenräumen, finden sich noch Aschenurnen, Sarkophage, Wandmalereien mit Darstellungen von Spielen und Wettkämpfen, Gastmählern und Tanzfesten.

SÜDLICH VON SIENA

Montalcino

Wir folgen dem Lauf der Via Cassia nach Süden, Richtung Rom, durchqueren nach 28 Kilometern Buonconvento und biegen kurz dahinter nach rechts in eine Nebenstraße nach Montalcino ab. Das auf einem Berg gelegene Städtchen Montalcino, hoch über den Tälern der Flüsse Ombrone und Asso, war schon in etruskischer und römischer Zeit eine bekannte Ortschaft, im Mittelalter lange Zeit freie Kommune, die in ihrer Politik zwischen Siena und Florenz schwankte. Nach der Niederlage von Siena gegen die kaiserlichen Truppen Karls V. im Jahr 1555 zogen Hunderte von Sienesen sich hierher zurück und bildeten eine Exilregierung der Republik Siena. Sie hatte nur vier Jahre Bestand; der Großherzog Cosimo I. löste sie auf und Montalcino war nur noch eine unter vielen anderen Städten der Toskana. In letzter Zeit ist Montalcino wegen des in dem hiesigen Hügelgebiet angebauten Rotweins immer berühmter geworden. Manche Kenner halten den Brunello di Montalcino für einen der besten Rotweine Italiens, was wohl seinen Preis rechtfertigt – er ist nämlich auch einer der teuersten. Deshalb verwundert fast, daß im Stadtwappen ein Ölbaum steht; er müßte durch eine Weinrebe ersetzt werden. Wer außer oder trotz der Weinprobe noch Kraft und Zeit hat, sollte eine Besichtigung Montalcinos nicht scheuen. Es ist ein sehr hübsches Städtchen. Sehenswert sind:

der *Palazzo Comunale* in der Via Matteotti aus dem 13./14. Jahrhundert mit einem weiten Portikus und einem hohen Turm;

das kleine *Museo Civico* an der Piazza Cavour Nr. 10 mit kleinen schönen Tafelbildern und wertvollen Keramiken;

die Kirche *Sant' Egidio* an der Piazza Garibaldi, 1325 von den Sienesen erbaut, mit einem einschiffigen Inneren;

die mächtige Burg *Rocca* auf der Spitze des Hügels, 1361 angelegt, mit stattlichen Türmen;

das im Bischöflichen Seminar, Seminario Vescovile, in der Via Ricasoli Nr. 31, untergebrachte *Museo Diocesano di Arte Sacra* (Diözesanmuseum für religiöse Kunst) mit bedeutenden Gemälden;

ein anderes kleines Museum, *Museo Archeologico* bei der Porta Castellana, befindet sich im Spedale di S. Maria della Croce, in der von Sodoma mit Fresken geschmückten Apotheke des ehemaligen Krankenhauses.

Sant' Antimo

Unterhalb des Dorfes Castelnuovo dell'Abate, 10 Kilometer südlich von Montalcino, bietet sich dem Besucher ein besonders schöner Blick auf die Abtei von Sant'Ántimo in ihrem gelbbraunen Travertin- und Alabastergestein, die, in die Hügellandschaft eingebettet, wie für die Ewigkeit ruht. Nach der Überlieferung von Karl dem Großen Anfang des 9. Jahrhunderts gegründet, 813 zum ersten Mal erwähnt, erhielt die Abtei bald reiche Schenkungen, so daß sie im Mittelalter zu einem der wohlhabendsten Klöster und landreichsten Großgrundbesitzer der Toskana avancierte. Ende des 13. Jahrhunderts verlor sie an Einfluß; die Klostergebäude verfielen, allein die Kirche blieb erhalten. 1462 wurde der Konvent aufgehoben. Neben dem gewichtigen Glockenturm und der einfach gefügten Apsis (auf der Ostseite zwei Flachreliefs: geflügelter Stier mit Frauenkopf und eine Madonna mit Kind) beeindrucken außen die einfache, wenig geschmückte Fassade und zwei Seitenportale. Das dreischiffige Innere in der typischen romanischen Basilikaform mit Empore, insgesamt 42,40 Meter lang, wird im Wechsel gesäumt von Säulen und Kreuzpfeilern. Beachtenswert sind die Kapitelle, fast alle aus Alabaster, mit sorgfältig ausgeführten Darstellungen von Tierschädeln, Pflanzen, Schachbrett- und Flechtbandmustern, besonders wertvoll ist an der zweiten Säule rechts die Darstellung von Daniel in der Löwengrube. Der Chorumgang mit drei Kapellen, die Kreuzgratgewölbe über den Seitenschiffen, die relative Steilheit des Innenraumes und der Wechsel von Säulen und Pfeilern, weisen auf ›ausländische‹, wohl oberitalienische und französische Einflüsse hin, bei einem internationalen Orden, wie es die Benediktiner sind, nicht verwunderlich. Die sogenannte Karolingische Kapelle rechts an der Kirche stammt wahrscheinlich aus der Gründungszeit der Kirche; ihre rohbehauenen, unregelmäßig gesetzten Quader unterscheiden sich sichtbar von den glatten Steinen der Kirche des 12. Jahrhunderts.

13 Schiffe unterteilt und wird von 40 monolithischen Säulen geprägt, die, kanneliert und an den Kapitellen vielfach reich verziert, sauber gearbeitete Kreuzgratgewölbe tragen.

Beachtenswert in dem Städtchen sind weiter das Kastell, das 1347 von den Grafen von Santa Fiora an die Stadt Siena und von dieser an die Medici überging, und das Centro storico insgesamt, das sich seinen mittelalterlichen Charakter gut bewahrt hat.

NORDWESTLICH VON SIENA

Colle di Val d'Elsa

Entweder auf der Schnellstraße Richtung Nordwesten nach Florenz oder auf der Via Cassia mit der Abfahrt bei Monteriggioni gelangen wir schnell nach Colle di Val d'Elsa. Der Ort besteht aus einer modernen Unterstadt in der Ebene, Colle Bassa oder Piano (137 Meter über dem Meer) und der alten Oberstadt, Colle Alta oder Borgo (223 Meter), die zusammen rund 15000 Einwohner zählen und als Bischofssitz eines der kleinsten italienischen Bistümer bilden. In der mittelalterlichen Oberstadt sind besuchenswert: ein kleines Museo Civico, der Palazzo Campana und der Dom mit dem Bischofspalast (Palazzo Vescovile). Von hier aus sind Ausflüge nach Casole d'Elsa mit der Collegiata (Assunta), nach Radicóndoli mit Festung und Pfarrkirche, und zu dem Thermalbad Bagni delle Gallerie möglich.

San Gimignano

San Gimignano ist die ›mittelalterlichste‹ der toskanischen Städte. Daß sie das Aussehen des 13. und 14. Jahrhunderts bewahrt hat, daß besonders die Geschlechtertürme, die trutzigen Hochbauten der adligen Familien, erhalten blieben, ist einer für San Gimignano ungünstigen Entwicklung zuzuschreiben, die jedoch heute dem Städtchen, abseits der großen Straßen auf einem Bergrücken inmitten von Olivenhainen und Weinbergen über dem Val d'Elsa gelegen, viele Besucher beschert. Diese kommen, um in den 15 (von ehemals 72)

Türmen die ›Wolkenkratzer‹ des Mittelalters zu bewundern und in den engen Gassen und auf den verwinkelten Plätzen, an den schmalen Häusern und hohen Palästen, eingeschlossen von einem doppelten Mauerring, dem Leben der alten Zeit nachzugehen. Darüber hinaus bietet »die Stadt der schönen Türme«, die nie die offiziellen Stadtrechte oder einen Bischofssitz erhielt und auch heute nicht mehr als 8000 Einwohner zählt, Kunstwerke von einzigartigem Rang.

Der Berg, über den sich die heutige Stadt zieht, war schon von Etruskern besiedelt. Doch in der bezeugten Geschichte zeigt sich San Gimignano, benannt nach dem heiligen Bischof Gimignano von Modena, erst im Mittelalter mit einer urkundlich erwähnten Burg und einer Kirche. Die durch den Ort führende ›Frankenstraße‹ vom Norden nach Rom bescherte einträglichen Handel, der Anbau von Safran für das Färben von Seidenstoffen Wohlstand bis zum Luxus. Die selbständige Regierung der freien Kommune durch Konsuln (1199), dann durch einen Podestà, gab der Gemeinde politische Unabhängigkeit vom Ende des 12. bis zum Anfang des 14. Jahrhunderts. Künstler aus Siena und Florenz, Lucca und Pisa wurden eingeladen, an Auftraggebern mangelte es nicht. Als jedoch bequemere Straßen durch die entwässerten Flußtäler angelegt wurden, vernachlässigte der Handel die Frankenstraße. Die Stadt verarmte. Nur mit Mühe konnten die Bürger die Bauten vor dem Verfall retten. So wurde San Gimignano nicht nur in Einzelbauten, sondern auch als ganzer Stadtorganismus ›konserviert‹, wofür schon 1602 Verordnungen erlassen wurden. In letzter Zeit haben von der Unesco geförderte Restaurierungen wertvolle Substanz gerettet.

Die *Piazza della Cisterna,* das Zentrum der Stadt, erhielt ihren Namen nach der hier 1273 angelegten Zisterne, die mit ihren Stufen den Besucher zum Meditieren und Sonnen geradezu einlädt. Das Pflaster des 1346 erweiterten, dreieckigen Platzes besteht – sehr originell – aus Ziegelsteinen, die im Fischgrätenmuster angeordnet sind. Die Piazza umgeben (von rechts nach links, am Bogen beginnend) im Süden die Casa Razzi (Nr. 28) mit einem Turmstumpf, die Casa Salvestrini (Nr. 9), ehemals Ospedale degli Innocenti (jetzt Albergo Cisterna), der Palazzo Tortoli mit einem Turmstumpf des Palazzo del Capitano del Popolo; im Norden der Palazzo dei Cortesi mit dem hohen ›Teufelsturm‹ und im Westen die Zwillingstürme der Ardinghelli. Wir sitzen immer gern auf den Brunnenstufen oder in einem der Cafés der Piazza, lassen die alten Bürgerhäuser mit ihren trutzigen Türmen auf uns wirken und werden unmerklich um Jahrhunderte in das mittelalterliche Stadtleben zurückgeführt. Vielleicht gefallen uns deshalb die Keramik und die alten Kupfergefäße in den Antiquitätengeschäften von San Gimignano besonders gut. Es ist ganz erstaunlich, wieviel Nützliches – Bronzeleuchter, Zinnbecher oder Kaminbestecke – man bei angeregtem guten Willen in den Antichità, vor allem in der Via San Giovanni und der Via San Matteo, finden kann und dazu immer ein munteres Schwätzchen mit den gesprächigen Inhabern.

An der Piazza del Duomo ist die **Collegiata** *Santa Maria Assunta* das beherrschende Bauwerk; die Kirche wird auch Dom genannt, doch ohne daß sie die Cathedra eines Bischofs besitzt. Einfach, fast abweisend erhebt sich der Bau über einer breiten Treppe. Die dreischiffige romanische Kirche des 12. Jahrhunderts wurde 1460 von Giuliano da Maiano in der Form eines lateinischen Kreuzes um Querschiff und Seitenkapellen erweitert. Während des letzten Krieges erlitt die Kirche Schäden durch Artilleriebeschuß. Die Fassade ist nie verkleidet worden; es fehlt der mittlere Eingang. Wände und Decken im Innern sind mit wertvollen Fresken geschmückt, die schwarzweiße Streifung ist aufgemalt; das zeigt den Unterschied zu dem reicheren und mächtigeren Siena. Von der Ausstattung sind hervorzuheben: an der Innenseite der Fassade

SAN GIMIGNANO

ein Fresko von BENOZZO GOZZOLI (1465), Martyrium des heiligen Sebastian und zwei Holzstatuen der Verkündigung von JACOPO DELLA QUERCIA (um 1421); im rechten Seitenschiff ein monumentaler Freskenzyklus von BARNA DA SIENA mit Darstellungen aus dem Neuen Testament in drei Reihen; in der ersten von der Verkündigung bis zur Flucht nach Ägypten, in der zweiten vom Jesusknaben im Tempel bis zum Triumph in Jerusalem, in der dritten vom letzten Abendmahl bis Pfingsten (Beschädigungen!). Barna da Siena, der Künstler dieser Fresken, sei, so berichtet Vasari, beim Malen der ›Kreuzigung‹ vom Gerüst gefallen und gestorben (1381); das Werk sei dann von seinem Neffen und Schüler Giovanni d'Asciano zu Ende geführt worden. Entsprechend zu dem Zyklus des Neuen Testaments sind im linken Seitenschiff Szenen aus dem Alten Testament dargestellt, eine ebenso grandiose Serie von BARTOLO DI FREDI (um 1367; starke Restaurierung und Übermalungen); am Ende des rechten Seitenschiffs die *Cappella di Santa Fina* (Serafina), der Stadtheiligen von San Gimignano (1238-1253), ein Juwel der Renaissance-Architektur, das Giuliano und Benedetto da Maiano 1468 schufen; auf dem Altar ein schönes Antependium von Benedetto da Maiano; unter den Seitenbögen zwei Meisterwerke von Domenico GHIRLANDAIO (1475) mit Darstellungen von Leben und Tod des in der Stadt wegen seiner Wundertätigkeit besonders verehrten Mädchens Fina, das schon mit 15 Jahren starb und hier begraben liegt.

In dem *Museo d'Arte Sacra,* neben der Collegiata, verdienen einige Kunstwerke Beachtung, vor allem Gemälde und Skulpturen, darunter ein Kruzifix aus Holz von Giuliano da Maiano, außerdem ein orientalischer Teppich in der Form eines griechischen Kreuzes aus dem 16. Jahrhundert. Interesse weckt auch eine Sammlung von Gebrauchsgegenständen, Urnen und Grabbeigaben aus etruskischer und römischer Zeit.

Da San Gimignano kein Bischofssitz war, konnten Hauptkirche und Rathaus zusammenrücken. Geistliche und weltliche Macht kamen sich offenbar nicht ins Gehege; so hielt man gute Nachbarschaft. In anderen Städten wurde auf strikte Trennung und räumliche Entfernung zwischen Bischof und

Stadtregierung geachtet. So steht unmittelbar neben der Collegiata der *Palazzo del Popolo* (Südseite der Piazza). Viele Wappen an der Palastfassade weisen darauf hin, daß der Palazzo del Popolo oder Palazzo Nuovo del Podestà, 1288 begonnen, 1323 erweitert, seit dem Ende des 13. Jahrhunderts Sitz der Stadtregierung ist. Jetzt ist er als Palazzo Comunale das Rathaus von San Gimignano. Sein Turm, die *Torre Grossa* (um 1300 errichtet), ist mit 54 Meter Höhe der höchste der Stadt (schöner Blick von oben auf die Stadt und in die Landschaft hinein). Eine alte Verordnung schrieb vor, daß kein anderer Turm in San Gimignano diese Höhe überschreiten dürfe.

Im Palazzo del Popolo befinden sich auch die *Musei Civici*. Durch einen malerischen Innenhof (schöner Blick hinauf) mit einer Zisterne (von 1361) gelangt man in die Sala Dante (so benannt nach einem Aufenthalt des Dichters hier wohl im Jahr 1300, obwohl die Inschrift 1299 angibt). Dort sehen wir an der rechten Wand eine ›Maestà‹ von LIPPO MEMMI (nach Simone Martinis ›Maestà‹ in Siena), 1467 von Benozzo Gozzoli restauriert. In der *Pinakothek* sind das gewaltige Kruzifix von Coppo di Marcovaldo; die ›Madonna mit Kind‹ von PINTURICCHIO (1512) und die ›Verkündigung‹; zwei Tondi, Rundtafeln, von FILIPPINO LIPPI (1483) neben anderen hervorragenden Werken der Florentiner und Sieneser Schulen des 13. bis 15. Jahrhunderts beachtenswert.

Gegenüber der Domfront ragt der alte *Palazzo del Podestà* empor, der 1239 auf den Häusern der Mantellini-Familie errichtet und 1337 vergrößert wurde. Die Fassade wird unten von einer Loggia aufgebrochen. Aus dem Palast wächst der 51 Meter hohe Turm Rognosa heraus. Links davon, am Anfang der Via San Matteo, die zwei Torri des *Palazzo Salvucci*, Zwillingstürme, die mit ihren Proportionen uns irgendwie an die riesigen Wolkenkratzer des World-Trade-Centers in New York erinnern. Weiter in der Via San Matteo die *Casa-Torre Pesciolini* (Nr. 32) und der *Palazzo Tinacci* (Nr. 60/62).

Ein kurzer Spaziergang führt vom Domplatz rechts an der Collegiata vorbei auf die Burg *(Rocca)*, die 1353 an der höchsten Stelle des Stadthügels von den Florentinern angelegt, doch 1558 auf Befehl Cosimos I. geschleift wurde. Teile der Mauern und ein Turm blieben erhalten. Von oben aus bietet sich ein eindrucksvoller Blick über die Stadt mit ihren Türmen und die Umgebung von San Gimignano.

Nicht weit von der *Porta San Matteo* im Nordwesten, an welche die von und zu der Piazza della Cisterna führende Hauptstraße Via San Matteo stößt, erhebt sich über einer Treppe die von Augustiner-Chorherrn von 1280 bis 1298 errichtete Kirche **Sant'Agostino.** Sie schwankt im Stil der mittelalterlichen Bettelordenarchitektur zwischen Romanik und Gotik, mit ihrem einfachen Äußeren und dem schmalen Glockenturm. Im einschiffigen Innern mit offenem Dachstuhl finden wir rechts in der *Cappella di San Bartolo* einen prachtvollen Marmoraltar von BENEDETTO DA MAIANO (1494), darin in einer Urne die Gebeine des heiligen Bartolo aus San Gimignano; auf dem Hochaltar das Tafelbild ›Krönung Mariens‹ von PIERO DEL POLLAIUOLO.

An den Wänden der Chorkapelle ist ein Freskenzyklus unserer höchsten Aufmerksamkeit wert. Es sind 17 Darstellungen aus dem Leben des heiligen Augustinus von BENOZZO GOZZOLI, von 1464 bis 1465 geschaffen, die zu den bedeutenden Werken des Künstlers gehören. Mit großem handwerklichen Geschick und phantasievoller Freude erzählt Gozzoli die Lebensstationen des lateinischen Kirchenlehrers in drei Reihen.

Von links, erste Reihe: Augustinus als Kind in Tagaste – Aufnahme in die Akademie von Karthago – seine Mutter Monika betet für ihn – auf dem Schiff nach Italien – an Land – als Lehrer in Rom – Abfahrt nach Mailand;

zweite Reihe: Audienz bei dem Mailänder Bischof Ambrosius und Kaiser Theodosius – Augustinus hört eine Homilie des Abrosius, Monika bittet den Heiligen um Bekehrung des Sohnes, Augustinus diskutiert mit dem Heiligen – beim Lesen der Heiligen Schrift – Taufe durch Ambrosius – mit dem Jesuskind am Meer – mit Schülern, bei Eremiten – Tod der heiligen Monika;

oberste Reihe: Augustinus als Bischof von Hippo – Predigt – in Verzückung – sein Begräbnis.

Liebenswürdig und unbefangen stellt sich der Künstler Gozzoli den Berichten des Heiligenlebens und gewinnt ihm detailreiche Empfindungen ab. Ein Meisterwerk des oft unterschätzten Renaissancemalers (1420 in Florenz geboren, 1497 in Pistoia gestorben).

Ein kleiner Rundgang könnte uns von der Kirche Sant' Agostino zu dem nordöstlichen Stadttor Porta San Jacopo führen. Dort erhebt sich die kleine romanische Kirche *San Jacopo*, die im 13. Jahrhundert von Templer-Rittern errichtet wurde. Die Fassade, unten in Backstein, oben in Travertin, ist von einem Portal im pisanischen Stil und einer schönen Rosette bestimmt. Im einschiffigen Innern mit Kreuzgratgewölben ist besonders eindrucksvoll das Fresko der ›Kreuzigung‹ von Memmo di Filippuccio.

Bei vielen Abstechern in der Toskana kann man oft nicht entscheiden, was schöner ist, das Ziel oder die Fahrt dorthin. So auch bei der *Pieve di Céllole* (Pieve = Tauf-, Pfarr- oder Landkirche) im Nordosten von San Gimignano (4,3 Kilometer Entfernung). An einem von Zypressen umgebenen Platz erhebt sich die Pieve, ein in Travertin ausgeführter, 1238 vollendeter romanischer Bau mit einer einfachen Fassade, jedoch schönen dekorativen Elementen an der Apsis außen. Würdiges dreischiffiges Inneres mit einem beachtenswerten Taufbecken!

Von der Pieve di Céllole kann man auf landschaftlich reizvollen Straßen auch direkt nach Volterra fahren. Ein Besuch dieses Städtchens empfiehlt sich von hier aus, auch wenn Volterra zur Provinz Pisa gehört und deshalb in dem Kapitel über die Provinz Pisa beschrieben wird. Die Verbindung von Volterra zum Meer nach Cècina ist zum großen Teil schnell befahrbar.

Eine Beschreibung der *Abbazia di San Galgano*, die etwas abseits in dem Hügelland zwischen Siena und Grosseto an der Straße von Massa Marittima nach Siena liegt, findet sich in dem Kapitel ›Klöster‹.

PISA

Ob man mit dem Auto von Lucca kommt und nach dem Tunnel bei San Giuliano Terme die Stadt Pisa im Sonnenglanz vor sich ausgebreitet sieht oder mit dem Flugzeug auf dem Aeroporto Galileo Galilei, dem nach dem größten Sohn der Stadt benannten Flughafen, einschwebt und unter sich die Stadt zum Greifen nahe hat, wohl immer fällt das Auge zuerst auf den Schiefen Turm. Diese Torre Pendente gehört untrennbar zu Pisa. Der Turm ist nicht nur Wahrzeichen dieser Stadt am Arno, heute zehn Kilometer von der Flußmündung am Tyrrhenischen Meer entfernt, sondern auch Symbol ganz Italiens, eines Landes, das, wie man manchmal sagt, »schief steht, doch nie einstürzt«. Der Campanile gehört darüber hinaus zu einem der schönsten Kunstbezirke der Welt, dem in weißer Marmorpracht frei daliegenden Dreigestirn von Dom, Baptisterium und Turm, dem der Camposanto, der Friedhof, die Begrenzung gibt. Daneben zeugen Kirchen und Paläste in Pisa von der einstigen Bedeutung der Stadt. Die Universität, eine der ältesten Italiens, an der Galileo Galilei, der große Physiker und einer der Begründer der modernen Naturwissenschaften, lehrte, hat ihren wissenschaftlichen Rang bis in die heutige Zeit bewahrt. Volksfeste wie die historische Regatta di San Ranieri auf dem Arno (am 16./17. Juni) und der Gioco del Ponte, der Kampf um die Brücke, führen uns in die Vergangenheit zurück.

Pisa wurde wohl von Griechen in einem Gebiet gegründet, das von Ligurern und später von Etruskern besiedelt war. Bereits die Römer legten in der verbündeten, damals noch direkt am Meer liegenden Stadt einen Hafen an, der für das römische Reich militärisch und wirtschaftlich bedeutsam war. Diese Stellung als Hafenplatz konnte Pisa auch gegen die Sarazenen später halten. Die Siege der Pisaner zusammen mit den Normannen über die Sarazenen in Sizilien (bei Messina und Palermo, in den Jahren bis 1063) bestimmte den Aufstieg der Stadt zur Herrin über das westliche Mittelmeer. An dem ersten Kreuzzug nahmen die Pisaner mit einem starken Flottenverband teil und kehrten mit ungeheurer Beute heim. Ebenso wichtig war, daß Pisa im Jahr 1092 zum Erzbistum erhoben wurde, dessen Jurisdiktion über Korsika und später auch über Sardinien ausgedehnt wurde. Handel und Handwerk blühten auf; in der Kunst erbrachten Baumeister, Bildhauer und Maler bedeutende, in ganz Europa anerkannte Leistungen. Die Pisaner waren Ende des 11. Jahrhunderts die ersten Bürger südlich des Apennin in Mittel- und Süditalien, die frei über das Geschick ihrer Stadt entscheiden konnten. Die politische Selbstbestimmung wurde von einem Zwölferrat ausgeübt. Kaiser Friedrich Barbarossa gab der Ghibelline, der kaiserlichen Stadt, weite Landstriche an der Küste zwischen Portovenere im Norden und Civitavecchia im Süden. Doch immer mußte sich Pisa der Rivalität anderer Republiken erwehren, der Landmächte Lucca und Florenz, der Seestädte Amalfi und Genua. Auf dem Höhepunkt ihrer Macht, die sich bis in den Nahen Osten, nach Nordafrika und Griechenland, Sizilien, Sardinien und die Balearischen Inseln erstreckte, wurde die Republik Pisa am 6. August 1284 in der Seeschlacht bei Meloria von den Genuesen besiegt. Der Abstieg als Großmacht begann; demokratische und autoritäre Regierungen wechselten »unter der Parteien Zwist und Hader« ab. Pisa mußte Besitzungen und einträgliche Handelsbeziehungen aufgeben, kam zeitweilig unter die Herrschaft der Mailänder Visconti, bis es 1406 von Florenz eingenommen und den Medici unterstellt wurde. Das Florentiner und spätere toskanische Herrschergeschlecht wandte Pisa seine Aufmerksamkeit zu und unterstützte zahlreiche große Bauvorhaben wie die Regulierung der Flüsse Arno und Serchio sowie den Bau von Brücken und Kanälen. Pisa stand im Schatten von Florenz, konnte jedoch den Niedergang aufhalten. Im Zweiten Weltkrieg erlitt die Stadt beträchtliche Schäden.

›Platz der Wunder‹

Ein Wunderwerk zum Bewundern und Sich-wundern ist der Campo dei Miracoli, der Platz der Wunder – wo sonst als hier sollten wir unseren Rundgang durch Pisa beginnen. Frei erheben sich an diesem Platz Baptisterium, Dom und Campanile, Taufkirche, Bischofskathedrale und Glockenturm; in anderen Städten der Toskana umstehen Gebäude den Platz. Die Piazza wird von den Mauern der Stadtbefestigung, des Camposanto, des Kirchhofs und des Hospitals im Norden begrenzt. Selten auf der Welt bilden drei Kunstwerke allerhöchsten Ranges eine so monumentale, harmonische Einheit, die in ihrer gleichmäßigen Schönheit aus einer anderen Welt zu stammen scheint. Der Schiefe Turm fügt dieser Vollkommenheit einen waghalsigen Aspekt hinzu, kurioses Wahrzeichen und Höhepunkt des ›Wunderplatzes‹.

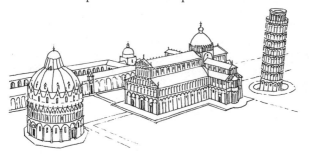

Der Schiefe Turm

In aller Welt bekannt, fasziniert dieser Schiefe Turm von Pisa, der Glockenturm des Domes, sowohl durch seine statische Eigenschaft als auch durch die architektonische Schönheit. Mit seinem Bau wurde 1173 oder 1174 begonnen, 110 Jahre nach dem des Doms, 20 nach dem des Baptisteriums. Der Baumeister Bonanus (Sarkophag-Inschrift links vom Eingang) arbeitete jedoch nur bis zum 3. Geschoß, weil sich der Turm wegen des Schwemmlandbodens nach einer Seite stark neigte, obwohl die Pisaner für den Dombezirk eigens einen trockenen, festen Grund ausgewählt hatten. Erst nach mehr als hundert Jahren führte Giovanni di Simone den Turmbau weiter und suchte das Einsinken der Fundamente, das auch bei anderen Türmen in Pisa, wie dem von San Nicola und San Michele degli Scalzi, zu beobachten ist, durch eine Neigung des Turmes in die Gegenrichtung auszugleichen. 1301 wurden die Glocken im 6. (heute im 7.) Stockwerk aufgehängt. Erst in der zweiten Hälfte des 14. Jahrhunderts waren die Arbeiten abgeschlossen (Andrea da Pontedera, 1372). Die maximale Neigung des Turmes beträgt heute 4,54 Meter, die mittlere Einsinktiefe 2,20 Meter; auf der Nordseite ist er 55,22 Meter, auf der Südseite 54,52 Meter hoch. Jährlich sinkt er um 7 bis 10 Millimeter tiefer. Doch muß man vorerst nicht um ihn fürchten, dank auch der modernen Zement-Injektionen in den Boden. – Der Campanile in der Form eines Zylinders ist in acht Geschosse gegliedert, die unten im Erdgeschoß und oben im Glockenhaus von Blendarkaden auf Halbsäulen, dazwischen von offenen Säulenloggien in vollkommen harmonischen Maßen umzogen werden. Im Inneren steigt man, stets die Schwerkraft spürend, wie in einer Spirale 294 Stufen zur oberen Plattform empor. Auf jedem Stockwerk befindet sich ein Ausgang; doch Vorsicht, kein Geländer! Von oben aus unternahm Galilei seine berühmten Experimente, mit denen er auf die Fallgesetze der Physik kam. Wir verzichten auf Experimente und genießen die schöne Aussicht auf den Dom und die Stadt.

Der Dom

Das Marmorgebilde des Domes ist eine einzigartige Schöpfung der italienischen Architektur in der Verbindung von romanischer Strenge mit frühchristlichen, byzantinischen und islamischen Bauelementen. Durch die Vielzahl der stilistischen Einflüsse ist es nicht leicht, die Leistungen der einzelnen Baumeister zu würdigen; doch der Dom überzeugt insgesamt durch seine Schönheit. Bei einem Rundgang um die der Maria Assunta, der in den Himmel aufgenommenen Gottesmutter, geweihten Kirche, erschließen sich Details und das Ganze am leichtesten. Der Bau wurde 1063, dank den bei Palermo von den Sarazenen erbeuteten Reichtümern, von dem Architekten Buscheto begonnen; schon 1118 weihte man den noch unvollendeten Dom ein. Gegen Ende des 12. Jahrhunderts verlängerte man den Bau nach vorn. Der Architekt Rainaldo setzte die Fassade davor; die Hauptapsis schloß das Werk ab.

Die prachtvolle *Fassade* ist klar gegliedert und reich geschmückt, mit Säulenreihen, Bögen und Loggien in vier Stockwerken über den festen Steinquadern des Erdgeschosses, dazu in farbigem Marmor. Auf ihrer Spitze steht die Madonna, ein Werk von Andrea Pisano, an den Seiten zwei Evangelisten und Engel. Die Seiten mit den Blendarkaden fügen sich der Fassade gut an. Das Querschiff ragt rechts und links weit hinaus und wird jeweils von kleinen Apsiden abgeschlossen. Das Halbrund der Hauptapsis ist außen besonders sorgfältig gestaltet. Alles überragt die hoch aufsteigende ovale Kuppel.

Folgenden Einzelkunstwerken des Domes widmen wir uns besonders: Der *Porta di San Ranieri*, dem Eingangstor im rechten Querschiff gegenüber dem Campanile, durch das man jetzt gewöhnlich die Kirche betritt, mit schön gearbeiteten bronzenen Türflügeln, die von Bonanus um 1180 gegossen wurden und Szenen aus dem Leben des Erlösers zeigen; links davon das *Grabmal* des von Dante in der Göttlichen Komödie besungenen *Kaisers Heinrich VII.*, dem wir in dessen Todesort Buonconvento an der Via Cassia unsere Aufmerksamkeit geschenkt haben, von TINO DI CAMAINO (nach 1313); rechts vor der Apsis die Sagrestia dei Cappellani mit dem Kirchenschatz; an den Pfeilern des Chores rechts ›Heilige Agnes‹ von Andrea del Sarto, links ›Madonna‹ von Sogliani; in der Apsis das Mosaik ›Thronender Christus zwischen der Jungfrau und Johannes dem Evangelisten‹, das Cimabue 1302 mit der Figur des Johannes fertigstellte; in der Mitte der bronzene Kronleuchter, an dem, wie es die Überlieferung will, Galilei die Pendelbewegungen studiert hat.

Vor allem ist jedoch die *Kanzel* des GIOVANNI PISANO berühmt, das bedeutendste Werk der gotischen Bildhauerkunst in Italien und die schönste und am reichsten geschmückte

Kanzel des Künstlers. Sie wurde von 1302-1311 geschaffen, 1599 zerlegt und 1926 nicht ganz authentisch wieder zusammengesetzt. Mit seinem kraftvollen, von der Phantasie beflügelten Stil löste Giovanni die strengen Formen seines Vaters Nicola mehr und mehr auf, was sich leicht an dem Unterschied zwischen der eckigen, flächigen Kanzel des Vaters im gegenüberliegenden Baptisterium und der nun gerundeten des Giovanni hier im Dom erkennen läßt. – Die Kanzel wird von Säulen getragen – die kürzeren stehen auf Löwen – und von Figuren, dem heiligen Erzengel Michael und dem Herkules aus der griechischen Mythologie, von Christus, an dessen Sockel sich die vier Evangelisten befinden, und der Allegorie der Kirche mit den vier Kardinaltugenden. Die mittlere Säule wird von den drei Figuren der theologischen Tugenden, Glaube, Hoffnung und Liebe, gebildet. Über den Kapitellen Sibyllen, Propheten, Evangelisten und Heilige. In den Rundreliefs lebhafte, bewegungsreiche Darstellungen: Geburt des Täufers, Verkündigung, Heimsuchung, Geburt Jesu und Verkündigung an die Hirten, Anbetung der Könige, Darstellung im Tempel, Flucht nach Ägypten, Kindermord zu Bethlehem, Judaskuß und Passion Christi, Jüngstes Gericht. Dramatik des Geschehens, Ausdruckskraft der Personen und Fülle der Ornamente charakterisieren dieses Meisterwerk.

Schließen wir mit der Zusammenfassung des Bauwerks durch den Cicerone Burckhardt: »Die schöne isolierte Lage, der edle weiße Marmor mit schwarzen und farbigen Inkrustationen, die klare Absicht, ein vollendetes Juwel hinzustellen, die gleichmäßige Vollendung des Baues und der benachbarten Prachtgebäude – dies alles bringt schon an sich einen großen Eindruck hervor; es gibt nicht eben viele Kirchen, welche diese Vorbedingungen erfüllen. Außerdem aber tut die Kunst hier einen ihrer ganz großen Schritte. Zum erstenmal wieder seit der römischen Zeit sucht sie den Außenbau lebendig und zugleich mit dem Innern harmonisch zu gliedern; sie stuft die Fassade schön und sorglich ab und gibt dem Erdgeschoß Wandsäulen und Wandbogen, den oberen Teilen durchsichtige Galerien, zunächst längere, dann dem Mittelschiff und dem Giebel entsprechend kürzere.«

Das Baptisterium

Im Westen des nach 1063 errichteten Domes begann man 1153 – also fast ein Jahrhundert später, aber noch immer in der machtvollen Zeit Pisas zwischen 1063 und 1284 – unter der Leitung des Architekten Diotisalvi (Gott rette Dich; Inschrift auf dem Pfeilerpaar links und rechts vom Eingang) mit dem Bau der Taufkirche, die wie in anderen italienischen Städten getrennt von der Kathedrale steht. Man folgte dabei dem Vorbild des Domes, in der Grundlage und in den Einzelheiten. Die Ähnlichkeiten zwischen Baptisterium und Dom treten daher deutlich hervor: Verwendung desselben Baumaterials – weiße Marmorblöcke aus Carrara, der Transport mit dem Schiff war ja nicht weit, Kontraste mit verschiedenfarbigem Gestein, Schmuckformen und Dekorationsmuster, endlose Galerien, Säulen, Bögen und Arkadenreihen mit dahinter liegenden Laufgängen (Zwerggalerien) und krönende Figuren, Kapitelle und Giebel, Portale und Fenster. Aufgrund der durch Unterbrechungen zwei Jahrhunderte dauernden Bauzeit wechselt das Baptisterium von unten nach oben, von romanischen zu gotischen Formen. 1260 wurde Nicola Pisano, 1285 sein Sohn Giovanni (bis 1293) mit der Bauleitung beauftragt. 1358 wurde die Wölbung vollendet. Die 3,30 Meter hohe Statue Johannes des Täufers auf der 55 Meter hohen Taufkirche kam Ende des 14. Jahrhunderts hinzu. Die meisten der Außenfiguren sind durch Kopien ersetzt; die Originale befinden sich in Museen.

Im Innern des feierlichen und lichten Rundbaus, dessen Kuppel auf vier Pfeilern und acht Säulen ruht, verdienen das *Taufbecken* (1246), Altar und Heiligenfiguren von Schülern des Nicola und Giovanni Pisano und vor allem die freistehende **Marmorkanzel** eingehende Betrachtung. Sie ist ein Meisterwerk NICOLA PISANOS, der sich an antiken Vorbildern aus römischer und etruskischer Zeit (vom nahe gelegenen Camposanto) orientierte und der in der Ausarbeitung der Tiere (säulentragende Löwen) und Figuren (Allegorie der Stärke als Herkules, Propheten und Evangelisten) sein ganzes Können entfaltete. Von künstlerischer Intensität sind die großen Reliefs

in den Feldern: Geburt Christi mit Verkündigung und Anbetung der Könige, Darstellung im Tempel, Kreuzigung, Jüngstes Gericht. Die 1260 begonnene Kanzel bildet das Meisterwerk der romanischen Bildhauerkunst des Mittelalters in Italien.

Camposanto

Nach einer pisanischen Tradition soll Erzbischof Ubaldo dei Lanfranchi bereits im Jahr 1203 von einem Kreuzgang nach Palästina auf Schiffen Erde aus dem Heiligen Land für den Friedhof der Stadt neben Dom und Baptisterium gebracht haben. Die Bauten des Camposanto wurden jedoch erst ab 1278 unter der Leitung von Giovanni di Simone ausgeführt. Dieses Friedhofsbauwerk ist ein großer langer Kreuzgang, der nach außen an allen vier Seiten von einer Mauer umschlossen wird und sich zum Innenhof in Rundbögen und Arkaden öffnet. In den Boden des Kreuzgangs sind Grabplatten eingelassen, an den Seiten stehen römische Sarkophage. Im 14. und 15. Jahrhundert wurden die Wände mit Malereien geschmückt, die im Zweiten Weltkrieg, am 21. Juli 1944, durch eine Artilleriekanonade der Alliierten Truppen zum Teil gänzlich zerstört wurden, zum Teil schwere Beschädigungen und wegen der Hitze des schmelzenden Bleidachs erhebliche Farbveränderungen erlitten. Die Gemälde wurden dann von den Wänden abgenommen; dabei kamen die Vorzeichnungen mit dem Rötelstift (Sinopien) zum Vorschein. Von den Gemälden, von denen einige in den Museumsräumen nördlich vom Kreuzgang ausgestellt sind und die wieder an ihren ursprünglichen Platz zurückkehren sollen, sind bemerkenswert: ›Der Triumph des Todes‹, wahrscheinlich von Bonamico Buffalmacco oder Francesco Traini, eine beeindruckende Großmalerei des 14. Jahrhunderts, und das ›Jüngste Gericht‹. Außer den genannten Malern haben auch Benozzo Gozzoli, Antonio Veneziano, Spinello Aretino, Lippo Memmi und Taddeo Gaddi hier gearbeitet.

Erster Stadtrundgang

Wenn wir die Piazza dei Miracoli mit Dom, Baptisterium, Schiefem Turm und Camposanto eingehend betrachtet haben, kennen wir das wichtigste von Pisa, aber natürlich nicht die ganze Stadt. Wenn wir Lust und Zeit haben, sie uns etwas besser zu erschließen, sollten wir Spaziergänge nicht scheuen. Auch in Pisa erleichtern uns die geringen Entfernungen die Fußwege. Unser Ziel sind die Kirchen der Romanik und Gotik, die hinter den ›Wundern‹ des Dombezirks zurücktreten, doch bei einem längeren Aufenthalt den Besuch lohnen, und die vielen schönen Palazzi. Erst die Stadtpaläste vervollständigen das Bild der Stadt als der reichen und mächtigen Seerepublik des Mittelalters und eines Hauptortes der Toskana in den späteren Jahrhunderten. Einige mittelalterliche Turmhäuser sind zum Beispiel noch in der Via delle Belli Torri erhalten.

Ausgangspunkt einer Wanderung ist die **Piazza dei Cavalieri,** der Hauptplatz der Pisaner – auf dem Campo dei Miracoli herrschen die Besucher und nur einige pisanische Händler vor. Der ›Platz der Ritter‹ ist nach dem Orden der Ritter des hl. Stephanus benannt. Diesen wehrhaften Ordine dei Cavalieri di San Stefano gründete Großherzog Cosimo I., um die bedrohten Seewege des Mittelmeeres gegen Piraten zu verteidigen –, auch dies ein Zeichen für die alte Geltung Pisas als Seemacht. An der weiten Piazza, dem weltlichen Zentrum der mittelalterlichen Stadt, den die Paläste der Stadtregierung umgaben und der nach alter Überlieferung die Stelle des römischen Forums angibt, erhebt sich im Osten die Kirche *Santo Stefano dei Cavalieri*. Sie wurde nach Plänen von Giorgio Vasari zwischen 1565 und 1569 errichtet, mit einer Marmorfassade des auch als Architekten tätigen Giovanni de Medici (1594-1606), flankiert von zwei Gebäudeflügeln, den ehemaligen Umkleideräumen der Ritter, die von Silvani zu Seitenschiffen umgebaut wurden. Auch der Glockenturm stammt von Vasari (1570-1572). Das weite Innere besitzt eine wertvolle Ausstattung, darunter einen reichgeschmückten Hochaltar, eine berühmte Orgel, früher ein vergoldetes Bronzereliquiar von Donatello (1427, heute im Pisaner Nationalmuseum), zahlreiche Fahnen und Siegestrophäen aus den Türkenkriegen der Pisaner.

1562 begann Giorgio Vasari den bestehenden Palazzo degli Anziani, das Stadthaus der Ältesten im Norden der Piazza, in einen prächtigen Palast umzubauen, den *Palazzo dei Cavalieri,* der auch Palazzo della Carovana heißt, nach dem ›Karawane‹ genannten, hier abgehaltenen Ausbildungsgang der Ritter. Die eindrucksvolle Fassade ist mit Sgraffito-Büsten der Großherzöge der Toskana von Cosimo I. bis zu Cosimo III. geschmückt. Das weit vorspringende Dach und die Freitreppe mit zwei Aufgängen bestimmen das Äußere des Palastes, der seit der Gründung durch Napoleon im Jahr 1810 die berühmte Eliteschule Scuola Normale Superiore als Universitätskolleg beherbergt.

Ebenfalls nach Plänen von Vasari wurde 1607 der *Palazzo dell'Orologio,* früher Gherardesca, im Westen der Piazza dei Cavalieri errichtet. Vasari stellte mit diesem Bau sehr geschickt die Verbindung her zwischen dem Staatsgefängnis (Torre delle Sette Vie, nach den sieben Straßen, die auf den Platz mündeten) und dem Palazzotto dei Gualandi, auch »Hungerturm« genannt, weil – wie Dante in der Göttlichen Komödie (Hölle 33) beklagt – hier Graf Ugolino della Gherardesca, nach einem politisch anfechtbaren Urteil im Gefolge der Niederlage Pisas in der Seeschlacht von Meloria dem Hungertod ausgeliefert worden sein soll. Andererseits blieb die Straße zwischen den beiden Gebäuden gemäß dem Entwurf Vasaris bestehen.

Wir gehen von der Piazza dei Cavalieri nach Süden zum Fluß hinunter durch die Via San Frediano. Dort steht an der gleichnamigen Piazza die Kirche *San Frediano.* Sie wird bereits im Jahr 1061 erwähnt, wurde wohl schon im 11. Jahrhundert errichtet und spätestens im 12. Jahrhundert fertiggestellt. Die Ausstattung im Innern stammt aus dem 16. und 17. Jahrhundert. Fassade und Seiten sind mit den pisanischen Architekturelementen (Rhomben und Blendarkaden) gegliedert. An der berühmten Universität von Pisa (Via XXIX. Maggio) vorbei kommen wir zum Arno. Die Uferstraßen entlang dem Arno, die Lungarni, die ihren Namen im Verlauf wechseln, prägen das Stadtbild und scheiden zugleich die ältere Stadt von den neueren Vierteln. Die Häuserreihen in dem weiten Arno-Bogen bilden zusammen mit den Palazzi ein Ensemble gelungener Stadtarchitektur, die in dieser Geschlossenheit nicht häufig in den an einem Fluß gelegenen Städten anzutreffen ist.

Auf der gegenüberliegenden linken Seite des Arno finden wir flußabwärts die Kirche **Santa Maria della Spina**. Da sie direkt am Arno lag, wurde die Kirche wegen der häufigen Überschwemmungen im Jahr 1871 Stein für Stein abgetragen und mehrere Meter über dem Flußniveau wieder aufgebaut. Ursprünglich ein kleines Oratorium, baute man 1322-1335 Santa Maria zu einem Schmuckstück der pisanischen Gotik aus, da es einen Dorn aus der Dornenkrone Jesu Christi (daher der Name ›della Spina‹) bewahrte. Die überreichen, gespitzten Formen der Tabernakel und Kapellen des 14. Jahrhunderts transponierten die Baumeister dabei mit verschiedenfarbigem Marmor, Streifung der Mauern und Rundbögen auf eine Kirche. Viele der berühmten Außenfiguren (›Madonna mit Kind‹ auf der Spitze des Giebels von Nino Pisano, ›Erlöser und Apostel‹ von Schülern des Giovanni Pisano) und im Innern (›Madonna del latte‹, Stillende Madonna, von Nino Pisano) sind durch Kopien ersetzt; die Originale befinden sich im Nationalmuseum in Pisa.

Weiter flußabwärts auf der linken Seite des Arno liegt *San Paolo a Ripa d'Arno*. Die Kirche des heiligen Paulus besteht seit dem Jahre 805. Sie wurde jedoch im 11. und 12. Jahrhundert umgestaltet und vergrößert. Die Ähnlichkeit mit dem Dom ist unübersehbar; daher besticht auch diese Kirche durch ihre architektonische Gliederung und den Reichtum der Formen im romanisch-pisanischen Stil. Das dreischiffige Innere der Basilika über dem Grundriß eines ägyptischen Kreuzes (T) mit Kuppel und Apsis birgt beachtenswerte Kunstwerke. Im Zweiten Weltkrieg wurde die Kirche schwer beschädigt. Vor der Kirche das kleine Oratorium S. Agata aus dem 12. Jahrhundert.

Wir kehren über den *Ponte Nuovo* wieder auf das rechte Arno-Ufer zurück, gehen an der Torre Guelfa, dem guelfischen Stadttor, und dem Arsenale delle Galee vorbei zur Via

Santa Maria. Dort finden wir zunächst neben dem Palazzo Reale die Kirche *San Nicola*. Auch der Glockenturm von San Nicola (13. Jahrhundert) neigt sich wie der Campanile des Domes, wenn auch viel weniger stark. Der ursprüngliche Bau des 12. Jahrhunderts wurde mehrfach verändert. Im Innern des unten zylinderförmigen, oben achteckigen Glockenturms zieht sich eine Treppe spiralförmig nach oben, ähnlich wie die Treppe des Bramante im Belvedere des Vatikan. In der Via Santa Maria ehrt in dem Haus Nr. 26 die Stadt Pisa das Andenken ihres berühmtesten Sohnes, des großen Naturwissenschaftlers und Mathematikers Galileo Galilei, der am 15. Februar 1564 in Pisa geboren wurde und am 8. Januar 1642 in Arcetri bei Florenz starb, in der Domus Galilaeana.

Zweiter Stadtrundgang

Dieser führt uns von der Piazza dei Cavalieri durch die Via Carducci nach Norden und durch die Via S. Caterina zur Kirche *Santa Caterina*. Der Dominikanerorden ließ zwischen 1251 und 1300 diese Kirche über einem älteren Gebäude errichten. Um 1330 kam die Fassade im pisanischen Stil mit Rosette und Zwerggalerien hinzu; später der schöne Campanile, wahrscheinlich ein Werk Giovanni di Simones. 1651 erlitt die Kirche der heiligen Katharina schwere Brandschäden. Das Innere (zum Teil mit unglücklicher Ausstattung) weist zwei Marmorstatuen von hohem künstlerischen Rang auf: Erzengel Gabriel und Verkündigung von NINO PISANO, um 1350 (Spuren von Bemalung und Vergoldung).

Ein Stück weiter nach Nordosten durch die Via San Zeno, doch noch innerhalb der alten Stadtmauern, treffen wir auf die Kirche *San Zeno*. Sie ist eine der älteren Kirchen von Pisa, da sie als romanische Klosterkirche zwischen 1100 und 1180 erbaut wurde. Die würdige, dem Benediktinerorden gehörende Basilika zeigt einen schlichten Wandaufbau und einen offenen Dachstuhl im Innern. Die Kapitelle der Säulen stammen zum Teil aus römischer Zeit.

Von der Kirche San Zeno geht es wieder südwärts durch die Via Valdagno und die Via Vicenza zur *Piazza San Fran-*

cesco. Die Gründung einer kleinen Kirche der Franziskaner ist schon für das Jahr 1211 bezeugt, also noch zu Lebzeiten des heiligen Franz von Assisi, doch geht der heutige Bau wohl auf Giovanni di Simone (1265-1270) zurück; die Fassade wurde 1603 davorgesetzt. Im Innern *bedeutende Malereien* (Darstellungen aus dem Leben des heiligen Franziskus), unter anderem von Taddeo Gaddi und Barnaba da Modena; außerdem ein marmornes *Polyptychon* (Jungfrau, Kind und Heilige) von Tommaso Pisano.

Etwas weiter entfernt und vielleicht zu Fuß ein wenig mühsam zu erreichen, liegen die Kirchen *San Michele in Borgo* und *San Pietro in Vinculis* (San Pierino). Die kleine Kirche San Michele bestand schon 990, sie war möglicherweise über einem römischen Mars-Tempel errichtet worden. Die Fassade, im pisanischen Stil mit dem Wechsel von romanischen und gotischen Formen, ist ein meisterliches Werk des Pisaners Guglielmo (14. Jahrhundert). Beim Wiederaufbau eines Teils der 1944 durch Bombenangriffe der Alliierten schwer beschädigten Kirche und bei der Restaurierung kam im Innern über dem linken Portal ein Fresko, ›Heiliger Michael‹, zum Vorschein. Der Campanile der Kirche *San Pietro in Vinculis* bestand als Turm eines älteren Gebäudekomplexes schon, bevor die Kirche von 1072 bis 1119 errichtet wurde. Beachtenswert im dreischiffigen Inneren über dem Portal eine ›Verkündigung‹ (13. Jahrhundert) sowie hinter dem Hauptaltar ein ›Gekreuzigter‹ (13. Jahrhundert); ebenso die Krypta, die sich unter der gesamten Kirche erstreckt.

Nationalmuseum

Unser Weg kann in dem Museo Nazionale di San Matteo in dem am Arno gelegenen Pisanischen Nationalmuseum zu Ende gehen. Ein ehemaliges Benediktinerkloster (San Matteo), 1866 aufgehoben, ist heute Sitz des Museums. Es beherbergt vor allem Skulpturen und Malereien der toskanischen Schulen vom 12. bis zum 15. Jahrhundert. Von den über fünfhundert Werken der Künstler aus Pisa, Lucca und Siena sind hervorzuheben: Außenskulpturen des Domes zu Pisa aus der

Schule von GIOVANNI PISANO: Tanzende und Heilige mit Reliquienschrein; von demselben Künstler, doch vom Baptisterium: zwei weibliche Heilige; weiter eine Verkündigung aus Holz, ANDREA PISANO zugeschrieben; ein gemaltes Kreuz von GIUNTA PISANO; Erlöser, Büste in Terrakotta von VERROCCHIO (Schule); Kreuz aus Bergkristall (13. Jahrhundert); der Festschmuck für das Äußere des Domes bei Feierlichkeiten; Heilige und profane Liebe, von GUIDO RENI (17. Jahrhundert); Madonna mit Kind und Heiligenlegenden, ein Meisterwerk der pisanischen Malerei des 13. Jahrhunderts; Madonna mit Kind und Heiligen, von SIMONE MARTINI (1319); San Paolo, von MASACCIO; Madonna mit Kind, von GENTILE DA FABRIANO; Erlöser, von FRA ANGELICO; Verkündigung, von GIOVANNI DA MILANO; Kreuzigung und Heiliger Eremit, von ANTONIO VENEZIANO.

Von den vielen sehenswerten Profanbauten sollen drei weitere wenigstens erwähnt werden: Der *Palazzo Gambacorti* aus dem 14. Jahrhundert, der Palast des Stadtherrn von Pisa, der 1393 hier ermordet wurde, heute Rathaus; die *Logge di Banchi* in der Nähe des Arno, der ehemalige Tuchmarkt vom Anfang des 17. Jahrhunderts; und der *Palast der Medici*, der bis ins 11. Jahrhundert zurückgeht, doch im 13. und 14. Jahrhundert umgestaltet wurde und zeitweise Wohnsitz von Lorenzo dem Prächtigen war, heute Sitz der Präfektur.

Ausflüge in die nähere Umgebung

Ein erster Ausflug von Pisa aus kann uns nach *San Piero a Grado* bringen (5,3 Kilometer von Pisa, Richtung Meer, am Arno entlang). Der christlichen Legende zufolge wurde der Apostelfürst Petrus auf der Fahrt nach Rom an die Mündung des Arno verschlagen. Über einem steinernen Altar errichtete er für die erste christliche Gemeinde Italiens die ›Ecclesia ad gradus‹, die Kirche an den Stufen. – Die heutige romanische Basilika, unter der man bei Ausgrabungen Reste eines Vorgängerbaus fand, stammt wohl aus dem 11. Jahrhundert. Sie beeindruckt durch ihr schlichtes Äußeres aus Tuffgestein und

Marmor und durch das würdige Innere. Die Wände des Hauptschiffs sind nach allgemeiner, doch vielleicht unbegründeter Ansicht von Deodato Orlandi um 1300 mit Fresken ausgemalt, welche in der unteren Zone Portraits, in der mittleren Szenen aus dem Leben des heiligen Petrus und in der oberen die Mauern des Himmlischen Jerusalem zeigen, aus dessen Fenstern freundliche Engel schauen.

Weitere Ausflüge sind lohnenswert zur *Certosa di Pisa,* der großen Anlage des Kartäuser-Klosters mit Kirche, Zellen, stattlichen Sälen, Kreuzgängen und Gutshaus, das 1366 gegründet, doch im 17. Jahrhundert umgebaut wurde, und zu der nahen *Pieve di Calci,* der berühmten Pfarrkirche von Calci. Olivenbäume bestimmen neben den kleinen Fabriken das Land bei Calci in der Muschel von Valgraziosa. Die berühmte Pfarrkirche (Pieve) vom Ende des 11. Jahrhunderts mit einer schönen Fassade und einem festgegründeten, doch nie fertiggestellten Glockenturm, steht in der Mitte des Ortes. Im dreischiffigen Innern, das durch alte, doch restaurierte Säulen geteilt wird, fordern das Taufbecken (unvollendet) und zwei Madonnenbilder links und rechts in den Seitenkapellen Beachtung.

Provinz Pisa

Die Landschaften der Provinz von Pisa sind noch nicht recht entdeckt. Das Hügelland links und rechts des Era-Flusses, der bei Pontedera in den Arno mündet, hat seine großen Reize; doch, da die berühmten Namen kunstreicher Ortschaften fehlen, laufen ihr die anderen Provinzen der Toskana den Rang ab. Zwei Städte aber gewinnen für das Pisanische Territorium wieder Beachtung zurück: *San Miniato* über dem Arno-Tal, auf halbem Weg zwischen Florenz und Pisa, und *Volterra*. Die letztere freilich besucht man häufig von San Gimignano oder Siena aus; die Fahrt von Pisa nach Volterra ist weit (64 Kilometer) und die Straße zum Teil kurvenreich.

San Miniato

Den Beinamen, ›al Tedesco‹ (zum Deutschen, auf deutsche Art), verdankt San Miniato seiner engen Beziehung zur deutschen Geschichte. Der auf einem sich gabelnden Höhenzug angelegte Ort war wegen seiner militärisch-strategischen und verkehrsgünstigen Lage oberhalb des Arno, des Elsa- und des Egola-Tals – daher herrlicher Blick auf die Stadt und von oben in die toskanische Hügellandschaft – schon in der Zeit der Römer (als Quartum) und später den Langobarden bekannt. Unter dem deutschen Kaiser Otto I. wurde San Miniato Amtssitz der kaiserlichen Vikare. Die Markgräfin Mathilde von Tuszien wurde hier im Jahr 1046 geboren. Kaiser Friedrich II. habe, wie Dante in der ›Hölle‹ seiner Göttlichen Komödie berichtet, seinen Berater Pier delle Vigne in dem Turm auf der Spitze des Hügels einsperren und blenden lassen. Als kaiserliche Pfalz errang San Miniato Bedeutung. Unter der Regierung durch stadteigene Beamte schwankte die Stadt zwischen Guelfen und Ghibellinen, dann zwischen Pisa und Florenz. Aus San Miniato stammt ein Zweig der Familie Buonaparte, der Vorfahren Napoleons.

In der ganz mittelalterlich wirkenden, langgezogenen Stadt sind sehenswert: an der Piazza del Popolo die Kirche *San Domenico,* auch den Heiligen Jacopo und Lucia de Foris portam geweiht; Bau von 1330 mit einer unverkleideten Fassade und einem einschiffigen Innern (schöne Gemälde); der *Palazzo Vescovile,* der Bischöfliche Palast, in dem die Markgräfin Mathilde von Tuszien 1046 geboren wurde; vor dem Dom der ›Prato del Duomo‹ mit schöner Aussicht; der *Dom* selbst (der Assunta und S. Genesio geweiht) aus dem 13. Jahrhundert, doch mehrfach verändert, mit einem mächtigen Campanile (aus der alten Burg) und einem dreischiffigen Innern über dem Grundriß eines lateinischen Kreuzes; der mächtige Backsteinbau der Kirche *San Francesco,* der 1276 über einer älteren, dem heiligen Miniatus geweihten Kirche errichtet, im 15. Jahrhundert erweitert und verändert wurde; schließlich der *Palazzo Comunale* (Municipio, Rathaus) aus dem 14. Jahrhundert mit einer modernen Fassade (im Innern Fresken ebenfalls des 14. Jahrhunderts).

Volterra

Ich möchte mir nicht Ihren Unmut zuziehen. Aber wenn überhaupt in einer kunstreichen Stadt, dann kann man es sich in Volterra leisten, auch zu Fuß eine chronologische Besichtigung vorzunehmen, in schöner Reihenfolge der Epochen, der Etrusker, Römer, des Mittelalters und der Renaissance. Abschließend kann man die Kunst- und Bauperioden noch einmal rekapitulieren in den Museen oder sich bei der Ausfahrt zu den ›Balze‹, den wilden Hügelabbrüchen in der Nähe der Stadt erholen.

Volterra ist eine geheimnisvolle Stadt, die sich oft dem ersten Ansturm der Neugierde verschließt. Inmitten eines strengen, von schroffen Abhängen durchzogenen, von Geröll, Erdrutschen und Verwitterung bedrohten Hügellandes wirkt die Stadt zunächst abweisend, bis sie sich in ihrer etruskischen und mittelalterlichen Vergangenheit, deren Zeugen wie kaum in einer anderen Stadt in den Kirchen und Palästen sichtbar sind, dem verweilenden Besucher öffnet.

Schon in der Villanova-Kultur, der nach dem Ort Villanova östlich von Bologna benannten früheisenzeitlichen (9.-5. Jahrhundert v. Chr.) Kultur Oberitaliens, war der Hügel zwischen den Tälern des Cècina- und des Era-Flusses, wie Ausgrabungen

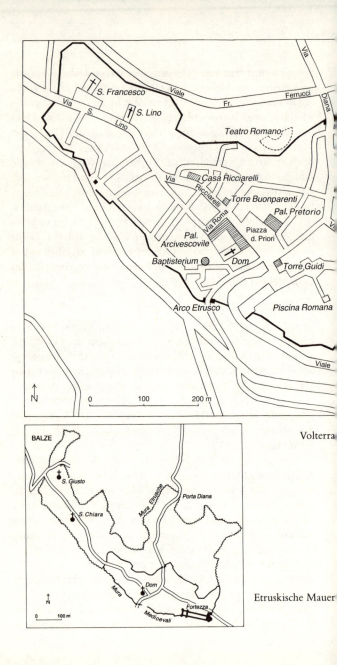

Volterra

Etruskische Mauer

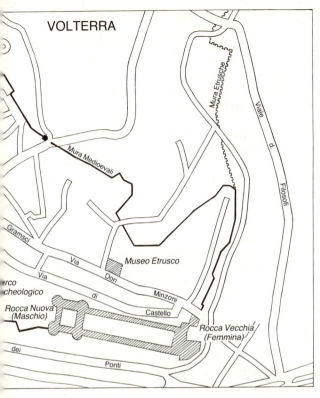

Innenstadt

Piazza dei Priori

ergeben haben, besiedelt. Als Velathri der Etrusker entwickelte die Stadt dank ihrer Landschaft und dem Abbau von Bodenschätzen Wohlstand und Macht, die mit einer sieben Kilometer langen Mauer und der Zugehörigkeit zum Zwölfer-Bund verschiedener etruskischer Städte gesichert wurden. Die Römer waren jedoch stärker, und die Geschichte des etruskischen Volterra verliert sich, um erst im Mittelalter, im 12. Jahrhundert, wieder lebendig zu werden, im Kampf der freien Kommune mit Bischöfen und Feudalherren, dann mit San Gimignano und Florenz. Der Freiheitsdrang der Bürger rebellierte immer wieder gegen die Unterdrückung durch Fremde und eigene Herren. Doch gegen die Übermacht der Florentiner war schwer anzukommen.

Von den Mauern, welche die Etrusker in alter Zeit zur Verteidigung ihrer wohlhabenden Stadt anlegten, finden sich überall Reste, malerisch von Efeu, Steineichen und kleinen Zypressen überwachsen. Der kilometerlange Verteidigungsring umgab eine weitaus größere und wegen der Höhenunterschiede äußerst unregelmäßige Fläche, als sie das damalige Stadtgebiet und das spätere des Mittelalters ausmachten. An manchen Stellen ragt die Mauer bis zu 11 Metern empor. Eines der wenigen gut erhaltenen Bauwerke aus etruskischer Zeit ist, in der Nähe der Piazza dei Priori, der **Arco Etrusco** (der Etruskische Bogen oder auch die Porta dell'Arco), der zu dem alten Mauerring gehörte. Aus dem 4. vorchristlichen Jahrhundert stammen die Quadersteine der Seiten und die drei Köpfe (Siegestrophäen? Köpfe berühmter Persönlichkeiten? Häupter von Gottheiten?), Bogen und Gewölbe aus der Zeit der Römer und das Mauerwerk aus dem Mittelalter. (Auf einer Aschenurne aus dem 1. Jahrhundert, die sich im Etruskischen Museum befindet, ist dieses Tor mit den drei Köpfen dargestellt.) Eine Gedächtnistafel erinnert daran, daß im letzten Weltkrieg das Tor vor der Sprengung bewahrt wurde. In der vom Arco Etrusco ausgehenden Via Porta all'Arco sind viele Alabaster-Werkstätten. Wenn Sie nicht zu Fuß durch die Toskana wandern und alle Mitbringsel schwer auf dem Rücken schleppen müssen, sondern etwa mit der Eisenbahn oder mit dem Auto sich und Ihr Gepäck durch das Land fahren, können

Sie den überall in der Stadt angebotenen Gegenständen aus Alabaster freundliche Beachtung schenken. Es gibt manche geschmackvolle Arbeit darunter. Denn die Gewinnung und Verarbeitung von Alabaster sind seit dem 18. Jahrhundert wieder ein charakteristischer Wirtschaftszweig Volterras.

Aus der römischen Epoche finden sich Überreste des Theaters aus der Kaiserzeit unterhalb der Stadtmauer im Norden der Piazza dei Priori, des Stadtzentrums; es ist in den Hügel hineingebaut. Die Thermen etwas oberhalb des Theaters stammen aus dem 3. nachchristlichen Jahrhundert. – Auf der anderen Seite der Stadt, westlich von der *Rocca Nuova,* für deren Bau 1472 die mittelalterliche Burg mit Häusern und Türmen (darunter dem Bischofspalast) abgerissen wurde, fand man bei Ausgrabungen 1926 Reste der etruskischen Akropolis, Fundamente von zwei Tempeln des 2. Jahrhunderts v. Chr. und eine Zisterne, die sogenannte Piscina.

An der Piazza dei Priori, dem schönen mittelalterlichen Stadtplatz, stehen mehrere Paläste, teils erneuert, wie die Fassaden des Palazzo Incontri und des Palazzo del Monte, teils noch in ihrer ursprünglichen mittelalterlichen Gestalt, wie der *Palazzo Pretorio,* ehemals bis 1511 Sitz des Capitano del Popolo, der aus mehreren Gebäuden besteht und von einem zinnenbewehrten Turm, Torre del Podestà, überragt wird (oben eine Tierfigur, im Volksmund ›Porcellino, Schweinchen‹, genannt), und der **Palazzo dei Priori,** der älteste Stadtpalast der Toskana, der von 1208 bis 1254 errichtet wurde. Der Palazzo dei Priori, der in seiner jetzigen Form Vorbild für andere toskanische Rathäuser wurde, war Amts- und Wohnsitz des Podestà, dann der Prioren und Kommissare aus Florenz. Die Wappen an der Fassade zeugen davon. Die Fassade mit wenigen, zum Teil unregelmäßigen Fenstern wird an den Seiten von zwei Löwen bewacht. In der *Sala del Consiglio,* im Ratssaal, im Innern des Palastes, tagt der Rat der Stadt seit 1257; kaum eine andere Stadt in Europa dürfte diese Tradition aufweisen. Von dem fünfeckigen *Turm* aus bietet sich ein herrlicher Blick über die Stadt und bei klarem Wetter über einen weiten Teil der Toskana.

Von dem ursprünglichen romanischen *Dom* des 12. Jahrhunderts ist wenig erhalten. Der Neubau wurde im 13. Jahrhundert im pisanischen Stil vorgenommen. Der rechteckige Campanile des Domes, von dessen Spitze aus man gleichfalls einen weiten Ausblick genießt, wurde nach einem Einsturz 1493 neu errichtet und nachträglich aus statischen Gründen um ein Geschoß verkürzt. Der Dom schließt sich direkt an den Palazzo dei Priori an, ist nur durch einen Seiteneingang von der Haupt-Piazza aus zugänglich und bildet zusammen mit dem Palazzo Arcivescovile ein ineinander übergehendes Gebäudegeviert um einen Innenhof.

Im dreischiffigen *Innern* des Domes über dem Grundriß eines lateinischen Kreuzes beachten wir: an der Innenfassade ein schönes Antependium des romanischen Altars mit acht Feldern; in der ersten Kapelle des rechten Querschiffs der Reliquienschrein des heiligen Oktavian von Raffaele Cioli (1522); *im Chor* an den Seiten des Hochaltars zwei Leuchter tragende Engel von Mino da Fiesole und auf dem Altar ein großartiges Marmorziborium; links zwischen der 7. und 8. Säule eine eindrucksvolle Kanzel, die aus Arbeiten verschiedener Jahrhunderte zusammengesetzt ist und sorgfältig gearbeitete Szenen aus dem Alten und Neuen Testament zeigt; in der Cappella dell'Addolorata Fresko der ›Anbetung der Könige‹ von Benozzo Gozzoli.

Gegenüber und getrennt vom Dom erhebt sich der achteckige, mehrfach restaurierte Bau des *Baptisteriums* aus dem 13. Jahrhundert. Die Front zur Kathedrale hin weist eine weißgrüne Marmorstreifung auf und ist von einem romanischen Portal mit Figuren geschmückt. Im einfachen Innern mit der Kuppel (in der heutigen Form aus dem 16. Jahrhundert) ist ein schönes *Taufbecken* beachtenswert, ein Werk von ANDREA SANSOVINO (1502).

Von den übrigen Kirchen sind bei einem längeren Aufenthalt sehenswert: *Santa Chiara* (in der Nähe der etruskischen Mauer), *San Francesco* (13. Jahrhundert, stark erneuert), *San Girolamo* (15. Jahrhundert, vielleicht von Michelozzo), *San Giusto* (ganz im Norden an der etruskischen Mauer) und *San Lino* (1480 errichtet an der Stelle, wo nach der Legende der heilige Linus, der 2. Bischof von Rom, gewohnt haben soll).

An der Kreuzung Via Roma/Via Ricciarelli – von den Bewohnern Volterras wird sie ›Quadrivio‹ oder ›Incrociata dei Buonparenti‹ genannt – bietet sich der schönste Blick in das ›profane‹ mittelalterliche Volterra, auf die Turmhäuser, die Türme und Straßenbögen ringsum. Die Torre Martinoli aus dem 13. Jahrhundert, das Turmhaus der Buonparenti mit einem der höchsten Türme Volterras, ebenfalls aus dem 13. Jahrhundert, und die Casa Nannetti e Miranceli (Nr. 2) neben dem Turm Buonaguidi aus dem 12. Jahrhundert stehen dicht nebeneinander. Weiter in der Via Ricciarelli der Palazzetto dello Sbarba (Nr. 24) und die Casa Ricciarelli (Nr. 34-36) mit den kleinen Fenstern für die Kinder unter den Fenstern in Normalgröße.

Auf dem höchsten Punkt des Berghügels von Volterra, hinter dem *Parco Archeologico* mit der sogenannten Piscina Romana, den man bei einem Spaziergang nicht auslassen sollte, erhebt sich die gewaltige Festung, eines der mächtigsten Bollwerke der Renaissance-Architektur in Italien. Der als Herzog von Athen in Florenz regierende Herrscher ließ die *Rocca Vecchia* im Osten anlegen, Lorenzo de' Medici zwischen 1472 und 1475 die *Rocca Nuova* im Westen. Der mittlere Rundturm der neuen Burg, von Lorenzo dem Prächtigen nach 1472 errichtet, wird ›Maschio‹ (Männchen) oder ›Mastio‹ genannt; der halb elliptische Turm der alten Burg, von Lorenzo il Magnifico verändert, heißt ›Femmina‹ (Weibchen). Die Festung dient als Gefängnis; doch wird in der Nähe von Volterra ein neues gebaut, so daß die Fortezza bald einer liebenswürdigeren Bestimmung übergeben werden kann.

Es kann nicht verwundern, daß in und um Volterra bei Ausgrabungen und zuweilen auch durch Zufall erstaunliche Funde aus der etruskischen Zeit gemacht werden. Es ist jedoch das Verdienst der Priester Franceschini und Guarnacci (1701-1785), die Archäologie gefördert und ihre Sammlungen der Stadt zur Verfügung gestellt zu haben. So kann man in dem **Etruskischen Museum** (Museo Etrusco in der Via Don Minzoni) wie kaum in einem anderen Einblick in die Kultur und das Leben der Etrusker gewinnen. Dazu kommen Fundstücke aus vorgeschichtlicher und römischer Zeit. Das Museum enthält mehr als 600 etruskische Aschenurnen, zumeist vom 4. bis zum 1. Jahrhundert v. Chr., aus Tuffgestein, Alabaster oder Terrakotta. Von den Urnen sind besonders zwei mit Darstellungen der ›Belagerung von Theben‹, Assedio di Tebe, beachtenswert. Auf der einen sieht man sie ›con Capaneo‹, auf der anderen mit der Porta all'Arco von Volterra; außerdem ›Odysseus mit den Sirenen‹; daneben ein Krater aus Athen, Grab-Stelen, Masken, Schmuckgegenstände und Münzen. – Das Museum wird ständig durch neue Funde erweitert.

Im Palazzo dei Priori sind neben der Stadtverwaltung die Ausstellungssäle der 1905 gegründeten *Galleria Pittorica*, einer Sammlung bedeutender Gemälde von berühmten Künstlern aus Florenz, Siena und Volterra eingerichtet.

Beachtenswert sind: Kreuzabnahme, von ROSSO FIORENTINO (1521); Verkündigung und Madonna mit Kind und Heiligen, von LUCA SIGNORELLI; zwei Triptychen von Taddeo di Bartolo (1362/63-1422); Geburt Jesu, von Benvenuto di Giovanni (1470); Jesus mit Heiligen, von Domenico Ghirlandaio; im 2. Saal zwei Fresken (Engel) von Daniele da Volterra.

Das *Museum für religiöse Kunst* (Museo Diocesano d'Arte Sacra) in der Via Roma Nr. 1 enthält kirchliche Gegenstände aus dem Bistum Volterra, darunter:

Majolika-Büste des heiligen Linus von ANDREA DELLA ROBBIA; Silber-Büste des heiligen Oktavian von Antonio del POLLAIUOLO; Tabernakel aus Holz, umbrische Schule des 15. Jahrhunderts; Reliquienbüste des heiligen Viktor aus Silber mit Emaille; vergoldetes Bronze-Kruzifix von GIAMBOLOGNA (16. Jahrhundert); und kostbare Meßgewänder.

Höchst eindrucksvoll sind die **Balze** in unmittelbarer Umgebung im Nordwesten der Stadt. Der Ausdruck bezeichnet die Hügelabbrüche und Geröllhalden, die von Erosion und Korrosion geprägt sind und besonders im Licht des Sonnenuntergangs bedrohlich und faszinierend wirken. Die Verwitterung, die bereits etruskische Nekropolen, einen Abschnitt der Mauern und eine Kirche des Mittelalters in den Abgrund gerissen hat, schreitet fort.

LUCCA

Von Lucca, einer Stadt von rund 90 000 Einwohnern und Hauptort der gleichnamigen Provinz mit etwa 400 000 Einwohnern, geht auf uns immer ein eigentümlicher Reiz aus. Es mag an den gewaltigen Festungswällen liegen, die, zu einem grünen Gürtel umgewandelt, die Stadt umgeben und auf denen man unter hoch aufragenden Bäumen die alte Stadt im Kreis teils umgehen, teils mit dem Auto umfahren kann; oder an den wohlerhaltenen, mit reichen Fassaden und mächtigen Türmen geschmückten Kirchen des Mittelalters, den Palästen, den engen Gassen oder einzigartigen Plätzen. Jedenfalls gehört ein Besuch Luccas – von Stunden oder besser Tagen – zu den bestimmenden Erlebnissen in der Toskana. Nicht wenige nehmen Lucca, das »Freilichtmuseum der Toskana«, auch als Ausgangspunkt für Fahrten zu den anderen bedeutenden Kunststätten und zu den Badeorten der Toskana. Die Stadt, die in einer fruchtbaren Ebene, umgeben von nahen Hügeln und Bergen, liegt, und deren Bewohner in Italien im Ruf sprichwörtlicher Munterkeit stehen, hat sich aus ihrer stolzen Vergangenheit – sie bewahrte als einzige Gemeinde der Toskana bis 1847 ihre Unabhängigkeit gegenüber Florenz und dem Großherzogtum – Wohlstand erhalten.

Geschichte

Beschäftigen wir uns ein wenig mit dieser stolzen Vergangenheit. Der Name ›Lucca‹ geht wohl auf die *Etrusker* zurück, deren Wort ›luk‹ den Sumpf bezeichnet, der in alter Zeit hier zwischen den Armen des Serchio-Flusses lag und in dem schon die Ligurer siedelten. Dank ihrer entwickelten Technik konnten ihn die Etrusker durch Entwässerung besser bewohnbar machen. Die Römer übernahmen den Namen für ihre 180 v. Chr. gegründete Kolonie Luca, die militärisch und wirtschaftlich günstig an einem Kreuzungspunkt der verlängerten Via Cassia und einer Abzweigung der Via Aurelia lag. Noch heute ist der Grundriß der römischen Anlage (Municipium um 89 v. Chr.), sind das Forum (bei San Michele) und das Amphitheater (Piazza del Mercato) leicht in der Altstadt herauszufinden. Im Jahr 56 v. Chr., so wird überliefert, trafen sich Cäsar, Pompeius und Crassus in Luca, um die Herrschaft ihres Triumvirats zu vereinbaren.

Nach den Wirren der Völkerwanderung erhoben die *Langobarden* Lucca, nicht Florenz, wegen der günstigen Verkehrsbedingungen über den Cisa-Paß zu ihrer Hauptstadt, Pavia zum Hauptort eines Herzogtums. Seit der Zeit der Karolinger wandten die *deutschen Kaiser* Lucca ihre Gunst zu, so daß die Stadt noch vor Florenz und Pisa lange Zeit im Mittelalter die größte und wichtigste Gemeinde der Toskana blieb. Handwerk, in besonderer Weise die Herstellung von Seidenstoffen, Brokat und Blattgold, Bankgeschäfte und Handel brachten Lucca Wohlstand und den Bürgern ein stolzes Selbstbewußtsein. Schon um 1080 erkämpften sie sich ihre *Unabhängigkeit* von den kaiserlichen Grafen und errangen die Freiheit der Stadt unter gewählten Konsuln. Damals begann die Blütezeit Luccas, von der die romanischen Kirchen, vor allem San Michele in Foro, das dem kämpfenden Erzengel Michael geweihte Gotteshaus und zugleich Sitz des Bürgerrats, und die Werke der Bildhauerkunst und Malerei zeugen. Dank der wirtschaftlichen Prosperität wuchs auch die Bevölkerung, so daß die Stadt über die römischen Mauern hinausgriff; neue Befestigungen wurden angelegt. Die zunehmende ökonomische Macht weckte jedoch auch Rivalitäten. Während die Lucchesen gegenüber Pisa nach langen Auseinandersetzungen mit wechselndem Kampfglück die Oberhand behielten, da Genua die Pisaner besiegte (1284), mußten sie sich mit der wachsenden Stärke von Florenz abfinden, auch weil Streitigkeiten im Innern, die Kämpfe zwischen Guelfen und Ghibellinen, den Papsttreuen und kaiserlich Gesinnten, die Stadt schwächten. Vorübergehend unter der Herrschaft von Condottieri, eigenen (so dem Lucchesen Castruccio Castracani) oder fremden, erhielt Lucca 1369 von Kaiser Karl IV. die Selbständigkeit wieder. Die anbrechende Zeit unter kaiserlichem Schutz und der Regierung des Adligen Paolo Guinigi (1400-1430) wurde zur Mehrung des Wohlstands genutzt. Die Republik Lucca konnte ihre Eigenständigkeit verteidigen, dank den bestehenden Stadtmauern und durch den Bau eines neuen Verteidigungsringes vom Anfang des 16. Jahrhunderts bis 1645. Diese Wehranlagen mußten freilich nie einer Belagerung standhalten, aber schützten die Stadt 1812 gegen ein drohendes Hochwasser des Serchio-Flusses. Die Luccheser betrieben eine geschickte Politik im Schatten der damaligen Großmächte. Die Republik bestand bis 1799, als Napoleon sie in ein Fürstentum umwandelte, das 1815 zum Herzogtum Lucca wurde und erst *1847 zur Toskana* kam.

Stadtwanderung

Wie in keiner anderen Stadt der Toskana empfinden wir gerade in Lucca das Bedürfnis, uns treiben zu lassen, durch die engen Gassen und über die Plätze zu streifen. Man kann sich dabei ruhig einmal verlaufen; an irgendeinem bekannten Punkt kommt man schon wieder heraus. Nichts Schlimmeres kann passieren, als daß man an den grünen Stadtwällen landet. Ist es ein verwegener Vorschlag, dasselbe auch Ihnen zu empfehlen? Das kann ich freilich mit gutem Gewissen erst tun, nachdem ich meine Pflicht erfüllt und Ihnen die wichtigsten Sehenswürdigkeiten von Lucca vorgestellt habe. Ich will mich dabei jedoch ganz auf die herausragenden beschränken, also auf *San Giovanni,* den *Dom, San Francesco, San Pietro Somaldi,* die *Case dei Guinigi,* das *Amphitheater, San Frediano* und *San Michele in Foro.* Die anderen Kirchen und Stadtpaläste sollen erwähnt werden, damit bei den ziellosen Muße-Gängen eine kleine Orientierung helfen kann. Daß die berühmten Stadtwälle von Lucca im doppelten Sinn nicht – und doch – übergangen werden, versteht sich von selbst.

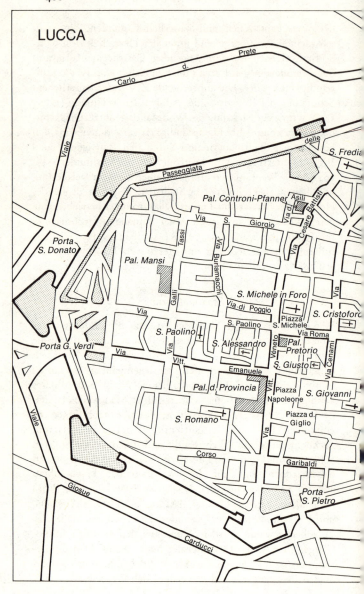

407

Mit der Besichtigung der bedeutenden Sehenswürdigkeiten kann man an jedem Punkt anfangen. Wir beginnen unseren Rundgang auf der Piazza Napoleone, dem Verkehrsknotenpunkt von Lucca, und beenden ihn an der Piazza San Michele, weil man dort am besten noch etwas in aller Ruhe verweilen kann. Wir halten dabei eine Reihenfolge ein, die zugunsten der Bequemlichkeit die räumliche Nähe der ›Monumenti‹ berücksichtigt.

Die *Piazza Napoleone* bildet zusammen mit der *Piazza Giacomo Puccini* (auch del Giglio, nach dem Theater), die nach dem am 22. Dezember 1858 in Lucca geborenen und am 29. November 1924 in Brüssel gestorbenen berühmten Opernkomponisten benannt ist, den größten Platz der Stadt, deshalb auch als Piazza Grande bezeichnet. Im Westen des von Platanen bestandenen Napoleon-Platzes erhebt sich der *Palazzo Ducale,* der je nach der jeweiligen Stadtregierung auch Palazzo della Prefettura (jetzt Amtssitz des Präfekten der Provinz) oder *Palazzo della Provincia* heißt und früher Palazzo della Signoria genannt wurde. Der stattliche Bau wurde ab 1578 nach Plänen von Ammannati über einem alten Gebäude errichtet, das an der Stelle der Festung Augusta (Mitarbeit von Giotto) stand. Der Palast war von 1400 bis 1430 Amtssitz des Stadtherrn Paolo Guinigi, später der des Ältestenrates der Republik (Palazzo degli Anziani). Seine mächtige Hauptfassade wendet er der Piazza Napoleone zu. Der größere Innenhof und der ›Schweizer Hof‹, so genannt nach der von Lucca gehaltenen ›Schweizer Garde‹, sind unvollendet.

Von der Piazza Puccini gelangt man Richtung Osten nach 100 Metern zur Kirche des heiligen Johannes. **San Giovanni** wird die Kirche genannt, die ursprünglich zu Ehren der heiligen Reparata und des heiligen Pantaleone errichtet worden war, mit dem dahinter liegenden, Johannes dem Täufer geweihten Baptisterium. Die ehemalige Bischofskirche, ganz in der Nähe des heutigen Domes, wurde im 12. Jahrhundert gänzlich erneuert und dann noch einmal 1622 wiederum völlig umgestaltet. Das romanische Mittelportal blieb glücklicherweise erhalten. Das Innere in der Form der Basilika wird von Säulen mit einem römischen Kapitell und weiteren romanischen Kapitellen in drei Schiffe unterteilt. Neben dem linken Querschiff steht das Baptisterium aus dem 14. Jahrhundert mit einer hohen spitzbogigen Kuppel.

Von San Giovanni aus sehen wir schon die heutige Bischofskirche von Lucca, den **Duomo**. Vermutlich war es der heilige Frediano, der im 6. Jahrhundert diese Kirche gründete, die im 8. Jahrhundert Bischofssitz, 1060 von Bischof Anselmo da Baggio, dem späteren Papst Alexander II. umgebaut und im 13. Jahrhundert gänzlich erneuert wurde. So finden wir an der dem heiligen Martin geweihten Kirche vornehmlich romanische, doch auch einige gotische Stilelemente.

Die romanische, stark asymmetrische *Fassade* ist in ein Untergeschoß gegliedert, das sich in drei Bögen zu einer Vorhalle öffnet, und in drei von Säulengalerien bestimmte Obergeschosse, deren zweites abgeschrägt ist und zu denen vielleicht noch ein viertes als Giebel hätte kommen sollen. Die mit reichem Schmuck versehene Fassade ist das Werk des lombardischen Bildhauers Guidetto da Como (1204), so die Inschrift in der ersten Galerie. Die Vorhalle wurde in der Mitte des 13. Jahrhunderts von lombardischen Bildhauern (Guido Bigarelli aus Como und anderen) mit beachtenswerten Skulpturen ausgestattet: so im Hauptportal vier ›Darstellungen aus dem Leben des heiligen Martin‹; am rechten Portal im Tympanon ›Enthauptung des heiligen Regulus‹ und im linken Türsturz ›Verkündigung‹, ›Geburt Jesu‹, ›Anbetung der Könige‹ sowie im Tympanon ›Grablegung‹ – herausragende Werke des NICOLA PISANO (1260-1270). Auf der rechten Seite der Fassade erhebt sich der mächtige, in Backstein und Travertin ausgeführte, also zweifarbige Campanile, der in seiner oberen Hälfte unter dem zinnenbewehrten Abschluß in fünf Geschosse geteilt ist. Deren Fensteröffnungen werden von unten nach oben größer und wachsen von einem Bogen auf vier. Die Außenseiten des Domes sind der späteren, deshalb schon gotischen Bauphase des Domes im 14. Jahrhundert zuzurechnen.

Das Ehrfurcht gebietende *Innere* zeigt ein dreischiffiges Langhaus, dessen Arkaden durch Pfeiler mit vorgelegten Pilastern gegliedert sind, und ein zweischiffiges Querhaus. Über den Arkaden verlaufen fensterlose Emporen, die sich zu doppelten Triforien öffnen. Der Kirchenraum bekam seine heutige Gestalt Ende des 14., Anfang des 15. Jahrhunderts. Von der Ausstattung sind hervorzuheben: Gleich am Eingang rechts die berühmte Gruppe **St. Martin zu Pferde mit dem Bettler,** ein bedeutendes Werk der romanischen Bildhauerkunst aus lombardisch-lucchesischer Schule vom Anfang des 13. Jahrhunderts, das früher an der Außenfassade stand; am 5. Pfeiler rechts die *Kanzel* von MATTEO CIVITALI (1494-1498); in der *Sakristei* ein schönes Madonnenbild, wohl von Bartolomeo di Giovanni, und Altarbilder von Domenico Ghirlandaio (Bekehrung des Paulus); im rechten *Querschiff* das Grabmal des Pietro da Noceto, des Sekretärs von Papst Nikolaus V., von Matteo CIVITALI (1472) und gegenüber das Grabmal des Domenico Bertini, ebenfalls von Matteo Civitali; beide sind künstlerisch bedeutsame Beispiele der Florentiner Grabmal-Skulptur des 15. Jahrhunderts; in der *Sakramentskapelle* zwei Engel, ebenso von Civitali (1477) wie in der Kapelle links daneben der Altar; die Glasfenster des *Presbyteriums* in der Apsis wurden von Pandolfo di Ugolino um 1485 geschaffen; links vom Altarraum eine Statue Johannes des Täufers von JACOPO DELLA QUERCIA; in der *Cappella del Santuario* ein wirkungsvolles Madonnenbild von FRA BARTOLOMEO (1509).

Ein Meisterwerk der Bildhauerkunst ist das **Grabmal der Ilaria del Carretto,** der Gemahlin des Lucchesers Herrschers Paolo Guinigi, links im Querschiff, von JACOPO DELLA QUERCIA (1408). Die jung verstorbene Frau ruht mit friedlichem Gesicht in einem kunstvoll in Falten gelegten Gewand auf einem Sarkophag; zu ihren Füßen ein Hündchen, Symbol der Treue. Ebenso bedeutend ist der **Tempietto del Volto Santo** im linken Seitenschiff, ein achteckiges Marmortempelchen von Matteo CIVITALI (1482-84), dem größten Bildhauer Luccas. Es enthält das im Mittelalter in ganz Europa berühmte ›Volto Santo‹, ein Heiliges Antlitz genanntes Holzkruzifix. Nach der Legende wurde es vom heiligen Nikodemus mit Hilfe eines Engels aus dem Holz einer Zeder des Libanon geschnitzt und kam auf abenteuerlichen Wegen nach Lucca, wo man es hoch verehrte.

Noch heute wird es jedes Jahr am 13. September in einer feierlichen Prozession durch die Stadt getragen.

Am Dom sind wir ganz in der Nähe der *Stadtwälle*. So können wir unsere Schritte über dieses Bollwerk lenken, bevor wir durch die stimmungsvolle Via del Fosso – die Kanalstraße gibt den Verlauf des Grabens vor der alten Stadtmauer an, als Lucca noch kleiner und die Mauern noch enger gezogen waren – zur Piazza **San Francesco** kommen. Am Ende dieses unregelmäßigen, langgezogenen Platzes steht – ebenso langgezogen – die Kirche des heiligen Franziskus, die, bereits zwei Jahre nach dem Tod des Heiligen von Assisi begonnen, im 14. Jahrhundert erneuert und im 17. Jahrhundert wieder instandgesetzt wurde. Die Fassade ist von drei Arkaden, doch nur einem Portal und einer Rosette gegliedert. Neben dem Portal links und rechts zwei alte Grabhäuschen. Im einschiffigen *Inneren* ein wertvolles Chorgestühl mit Intarsienarbeiten, Fresken der Florentiner Schule des 15. Jahrhunderts und Grabmäler (zum Beispiel der Kenotaph des Condottiere Castruccio Castracani). Neben der Kirche befindet sich ein kleiner Kreuzgang.

Nicht weit von San Francesco – wir gehen über die Piazza zurück, dann nach Westen durch die Via della Fratta – öffnet sich ein dreieckiger Platz zu der Kirche *San Pietro Somaldi,* benannt nach dem Gründer der Kirche Anfang des 8. Jahrhunderts, dem Langobarden Sumuald. Der heutige Bau mit der weiß-grau gestreiften Marmorfassade (von 1248; zwei fein gegliederte Loggien-Geschosse) stammt aus dem 12. Jahrhundert. Das mittlere Portal zeigt im Türsturz die ›Schlüsselübergabe an Petrus‹ von Guido da Como (1203). Neben der Kirche ein einfacher, robust und harmonisch wirkender Campanile aus Backstein.

Bevor wir die Piazza del Mercato an der Stelle des alten römischen Amphitheaters aufsuchen, tauchen wir in die engen Gassen der Innenstadt ein. In der Via dei Guinigi zieht ein mächtiger, auf der Spitze mit Steineichen bewachsener Turm die Aufmerksamkeit auf sich. Er gehört zu den einander gegenüberliegenden **Case dei Guinigi,** den Stadthäusern der

Adelsfamilie Guinigi, unter deren Herrschaft Lucca Anfang des 15. Jahrhunderts eine friedliche, von Wohlstand geprägte Zeit erlebte. Die beiden gegenüberliegenden Paläste wurden im 14. und 15. Jahrhundert erbaut, später verändert, und zeichnen sich durch mehrbogige Fensterreihen in den einzelnen Geschossen aus. An der Ecke Via dei Guinigi und Via S. Andrea sehen wir die *Loggia dei Guinigi,* eines der seltenen noch erhaltenen Beispiele einer mittelalterlichen Loggia, die Mittelpunkt der Familie, des alltäglichen Lebens und der Feste war.

Dem Grundriß des alten römischen Amphitheaters aus dem 2. nachchristlichen Jahrhundert entspricht die heutige **Piazza del Mercato,** auf der nun Markt abgehalten wird und die am Nachmittag – nicht immer schon ganz sauber – Schauplatz munteren Treibens ist. Im Mittelalter wurden über den Mauern der Aufbauten – Spuren der zwei Zuschauerränge mit 54 Arkadenbögen im weiten Ring lassen sich noch finden – Häuser errichtet. Die Arena gestaltete Lorenzo Nottolini von 1830 bis 1839 zum heutigen Marktplatz um.

Wenige Schritte nordwestlich des Amphitheaters sehen wir **San Frediano** vor uns. Der Campanile der Kirche diente nicht nur friedlichen Glocken, sondern war auch in das Verteidigungssystem der nahe gelegenen Mauern und der Bastion San Frediano einbezogen. In sechs Geschossen erweitern sich die Öffnungen des aus dem 14. Jahrhundert stammenden Glockenturms; die Zahl der Fenster vermehrt sich jeweils von einem auf vier bis zu den Zinnen, wobei die Bögen der Dreier- und Viererfenster sich vergrößernd wiederholen. Die Basilika zu Ehren des heiligen Fredianus, eines Bischofs von Lucca, wurde von 1112 bis 1147 an der Stelle einer Kirche des 8. Jahrhunderts errichtet. Reste der Mauern fand man bei Ausgrabungen 1950. Zunächst war die Kirche, wie alle anderen in Lucca auch, mit dem Altar nach Osten gerichtet, wie man noch heute aus der Stellung des Turmes ersieht. Im 13. Jahrhundert wurde sie aufgestockt; die schon bestehende Taufkapelle und die Cappella di Santa Croce, rechts und links vom heutigen Eingang, verband man mit der Basilika. Der Altar mit der Apsis wurde nach Westen ausgerichtet, um die Eingangsfassade nicht gegen die inzwischen erstellten Stadtmauern zu kehren.

Die *Fassade* wird von dem prächtigen Mosaik der ›Himmelfahrt Christi‹ – zwei Engel tragen Christus in der Glorie, darunter die Zwölf Apostel – beherrscht, ein Werk im italienisch-byzantinischen Stil, das Berlinghiero Berlinghieri zugeschrieben wird (im 19. Jahrhundert stark restauriert). Ein vergleichbares Mosaik findet sich nur noch an der Kirche San Miniato in Florenz. Das *Innere* wird von Säulen mit teils romanischen, teils antiken Vorbildern nachgeformten Kapitellen in drei Schiffe geteilt. An diese Schiffe wurden in der Renaissance Kapellen angebaut. Das Mittelschiff ist doppelt so hoch wie breit. So wirkt die Kirche streng und feierlich. In der ersten Kapelle des rechten Seitenschiffs finden wir ein besonders schönes, einzigartiges *Taufbecken* aus der Mitte des 12. Jahrhunderts, das im 18. Jahrhundert zerlegt und erst 1952 wieder zusammengefügt wurde. Das untere Rundbecken trägt außen Darstellungen aus dem Leben Moses (von einem Meister Robertus) und zeigt Christus als den Guten Hirten mit Aposteln (oder Propheten). Das obere Becken ist als Tempelchen besonders originell gestaltet; auf ihm sind die allegorischen Figuren der Monate dargestellt. – In der Cappella della Madonna del Soccorso, im Presbyterium, und in der Cappella di Sant'Agostino (2. Seitenkapelle links) verdient die schöne Ausstattung besondere Beachtung. – Die 4. Kapelle des linken Seitenschiffs, die *Cappella Trenta,* 1413 erbaut, schmückt ein reiches, in Marmor ausgeführtes gotisches Polyptychon, an dem JACOPO DELLA QUERCIA in Flachreliefs sein ganzes Können als Bildhauer zeigt (Madonna mit Kind, Heiligenlegenden). Auffallend sind die stark abgetretenen Platten der Gräber des Kaufmanns Lorenzo Trenta und seiner Gemahlin.

Das eindrucksvollste an der Kirche **San Michele in Foro** an der gleichnamigen Piazza, zu der wir durch die Via Fillungo und die Via Roma gelangen, ist die einzigartige *Fassade* mit der überproportional großen Statue des Erzengels Michael. Sie ist eine ›Schauwand‹ im doppelten Sinn: Mit ihrem reichen Schmuck, den vier Obergeschossen mit kunstvollen Säulengalerien, den Marmorinkrustationen, den wechselnden geometrischen Formen, den zahlreichen Figuren lädt sie zu langem Betrachten ein. Zum zweiten hat ihre Höhe keine Entsprechung im Mittelschiff, die Schauwand dient dem Schein. Das Hauptschiff ist wesentlich tiefer, seine Aufstockung war jedoch beim Bau der Fassade Anfang des 13. Jahrhunderts geplant. Immer wieder gibt es an der Fassade, an der vom 12. bis zum 14. Jahrhundert gearbeitet wurde, etwas Neues zu entdecken: die strenge Konturierung des Untergeschosses mit drei Portalen, die Intarsienarbeit in den Säulen der Obergeschosse, von denen zwei nach oben führend abgeschrägt sind, die Vielfalt der Tiere und Symbole an den Wänden, die in unendlicher Phantasie variierten Kapitelle der Säulen, das feierliche Gesicht des über den teuflischen Drachen siegenden Erzengels, dem zwei Engel an den Seiten zuposaunen. Rechts am Eckpfeiler eine Strahlenkranz-Madonna von MATTEO CIVITALI, als Dank für die Rettung der Stadt von der Pest der Jahre 1476 bis 1480.

Die Kirche selbst ist bereits im 12. Jahrhundert errichtet worden, an der Stelle des altrömischen Forums (daher in Foro) und dazu über den Resten eines älteren Gotteshauses. Der ganz in Marmor ausgeführte Bau beeindruckt durch seine Pracht, nicht nur durch die der Fassade, sondern auch die der anderen Außenseiten, die von Blendarkaden und Zwerggalerien umzogen sind, und des Campanile am rechten Querschiff, dessen flaches Obergeschoß den alten Zinnenkranz ersetzt. Im dreischiffigen *Inneren* wurde im 16. Jahrhundert die Holzdecke durch Gewölbe ersetzt. Dadurch verlor die Kirche ihren reinen romanischen Charakter. Im rechten Seitenschiff eine Terrakotta-Figur von ANDREA DELLA ROBBIA, ›Madonna mit Kind‹. Im linken Querschiff ein Tafelbild mit vier Heiligen, ein schönes Werk von FILIPPO LIPPI, zwischen 1480 und 1500 entstanden.

Wenige Schritte von der Fassade der Kirche San Michele entfernt befindet sich in der Via del Poggio das **Geburtshaus von Giacomo Puccini** (1858-1924), des berühmten Komponisten der ›Frauen-Opern‹ Manon Lescaut, La Boheme, Tosca, Madame Butterfly, Das Mädchen aus dem goldenen Westen und Turandot.

Für Ihre weiteren Streifzüge nur noch ein paar kurze Hinweise auf Luccas **weitere Kirchen und Paläste**. Die Stadt ist reich an Palazzi, an stattlichen Stadthäusern, die im Lauf der Jahrhunderte nicht nur als bequeme Wohnungen, sondern auch als Zeichen des Wohlstandes und des Selbstbewußtseins der Luccheser Bürger gebaut wurden und die erhalten blieben. Hervorzuheben sind neben den Case (Palazzi) dei Guinigi, den Häusern der Anfang des 15. Jahrhunderts herrschenden Adelsfamilie, die wir bereits kennengelernt haben, folgende Stadthäuser:

Der großartige *Palazzo Bernardini* vom Anfang des 16. Jahrhunderts an der Piazza Bernardini, nach Plänen Nicolao Civitalis erbaut, beeindruckt durch eine regelmäßige, dem Stil der Renaissance entsprechende Fassadengliederung in drei Geschosse, ein schönes Portal und einen eleganten Innenhof. – Die Freitreppe des *Palazzo Controni-Pfanner* in der Via degli Asili Nr. 33 – im Jahre 1667 für die Familie Controni erbaut, dann in den Besitz der Familie Pfanner gelangt – besticht durch ihre architektonische, dem Renaissancestil verpflichtete Harmonie; der Garten aus dem 17. Jahrhundert birgt einige beachtenswerte Statuen. Der *Palazzo Mazzarosa* in der Via della Croce besitzt in seinem Innenhof eine Sammlung von Skulpturen verschiedener Epochen, darunter einen römischen Sarkophag mit der Darstellung von ›Venus und Adonis‹ und ein Relief ›Einzug in Jerusalem‹ von Biduinus (12. Jahrhundert). – Gegenüber der Kirche San Michele, auf dem Platz des römischen Forum, befindet sich der *Palazzo Pretorio,* 1492 nach Entwürfen Matteo Civitalis begonnen, bis 1589 im Renaissancestil vollendet, früher Sitz des Podestà und seines Gerichts, heute Amtssitz der Pretura, des Amtsgerichts.

Immer wieder stößt man in Lucca an einen plötzlich sich öffnenden Platz oder in einer engen Gasse auf die schöne Fassade oder den stattlichen Campanile einer Kirche. Von den zahlreichen Gotteshäusern Luccas, deren Fassaden fast alle nach Westen gerichtet sind und deshalb in der Nachmittagssonne am strahlendsten wirken, seien erwähnt:

Sant'Alessandro, in einer Quergasse der Via Vittorio Emanuele, eines der wenigen gut erhaltenen Beispiele des frühen romanischen Stils in Lucca, aus dem 11. Jahrhundert, wenn auch im 12. Jahrhundert überarbeitet, mit einer einfachen weiß-grau gestreiften Marmorfassade, auf der ein Relief den Papst Alexander darstellt (13. Jahrhundert). – In der Via Fillungo, einer der Hauptstraßen Luccas, in der viele Kirchen und Paläste stehen, *San Cristoforo,* deren jetzige Gestalt auf das 13. Jahrhundert zurückgeht; der obere Teil der Fassade mit einer großen Rosette aus dem 14. Jahrhundert. – Die Kirche *San Giusto* aus dem 12. Jahrhundert, an der Piazza S. Giusto, wird von einer einfachen strengen Fassade in Sandstein und Marmorstreifen bestimmt, das Hauptportal gehört zu den am reichsten geschmückten der Stadt; im Innern barocke Ausstattung. – Wie der Name besagt, lag die Kirche *Santa Maria Forisportam* an der gleichnamigen Piazza, auch Santa Maria Bianca, zur Zeit ihres Baus im 13. Jahrhundert vor dem Stadttor (Forisportam), außerhalb der römischen Mauern; die Fassade im pisanischen Stil blieb unvollendet, das dreischiffige Innere birgt einige Kunstwerke von Wert (Sarkophag, Fresken, Ziborium, Hochaltar). In dem kleinen, niedrigen dreischiffigen Innern der Kirche *Santa Maria della Rosa,* in der Via della Rosa, sind an der linken Wand große Quadern des alten römischen Mauerrings zu sehen; die Università dei Mercanti ließ das Kirchlein mit schön verzierten vierbögigen Fenstern 1309 errichten; später wurde es vergrößert.

Wahrscheinlich über einem römischen Tempel wurde die Kirche *San Paolino* in der Via San Paolino von 1522 (Baccio da Montelupo) bis 1536 (Bastiano Bertolani) errichtet, die einzige Kirche Luccas aus der Zeit der Renaissance, mit einer Fassade im klassischen Stil des 16. Jahrhunderts. – Dem Dominikaner-Orden ist die Kirche *San Romano,* am Ende der Via Burlamacchi, nicht weit von der Piazza Napoleone, anvertraut, die 1280 in ihrer heutigen Gestalt entstand und 1373 um die Apsis erweitert wurde, mit unverkleideter Fassade und einem teils aus Steinquadern, teils aus Ziegeln gefügten Campanile.

Museen

Es bleiben uns noch zwei Museen: das Museo Nazionale di Villa Guinigi und die Pinacoteca Nazionale im Palazzo Mansi. Die für den Stadtherrn von Lucca, Paolo Guinigi, errichtete Villa in der Via della Quarquonia am Rande der Stadt, wenige Schritte von der Bastion San Salvatore entfernt, beherbergt heute das Nationalmuseum, **Museo Nazionale di Villa Guinigi.** Von den ausgestellten Werken sind beachtenswert: Skulpturen aus etruskischer und römischer Zeit, Figuren von den Außenseiten und aus dem Innern mittelalterlicher Kirchenbauten Luccas (so vor allem von San Michele und dem Dom) sowie wertvolle Tafelgemälde, darunter eine berühmte Kreuzigung von Berlinghieri, die den Gekreuzigten als Triumphierenden zeigt (um 1210 bis 1220) und Werke von Francesco di Giorgio Martini, Beccafumi und Pontormo.

Das Äußere des *Palazzo Mansi* (aus dem 17. Jahrhundert) in der Via Galli Tassi ist schlicht, das Innere jedoch wurde im 18. Jahrhundert prächtig mit wertvollen Gemälden und kostbaren Stilmöbeln eingerichtet. Der Palazzo ist seit einigen Jahren Sitz der **Pinacoteca Nazionale,** einer sehenswerten Gemäldesammlung mit Bildern aus dem Mittelalter, doch vor allem der Renaissance bis zum 19. Jahrhundert, die zum größten Teil von Großherzog Leopold II. 1847 der Stadt bei ihrer Aufnahme in das Großherzogtum Toskana geschenkt wurden. Sie befanden sich früher lange Zeit im Palazzo della Provincia. Beachtenswert sind unter anderem Werke von Berlinghiero Berlinghieri (Gekreuzigter), Fra Bartolomeo (Gott Vater mit Maria Magdalena und Katharina), Beccafumi, Tintoretto, Veronese, Lorenzetti und Andrea del Sarto.

Spaziergang auf den Wällen

Nach der Besichtigung der Sehenswürdigkeiten im historischen Zentrum sollte man, wenn die Zeit es erlaubt, einen Spaziergang auf den 4195 Meter langen Wällen unternehmen, oder, wo es möglich ist, wenigstens ein Stück mit dem Auto fahren. Denn von der Höhe der baumbestandenen Stadtmauer aus hat man unvergleichliche Einblicke in die Stadt, auf die Kirchen und Paläste. Das Festungswerk, das von 1504 bis 1645 zum Schutz des 1,5 Kilometer langen und 900 Meter breiten Rechtecks der Altstadt von flämischen Ingenieuren errichtet und mit elf Bastionen (Baluardi) bewehrt wurde, ließ Maria Luisa von Bourbon in eine Parkanlage umwandeln. Die zwölf Meter hohe und im Fundament dreißig Meter breite Mauer ist jedoch nicht die einzige Befestigung der Stadt gewesen. Schon im 2. vorchristlichen Jahrhundert war Lucca von einer bis zu neun Meter hohen Ringmauer aus Kalksteinblöcken umgeben, deren Überreste heute noch in den Gebäuden der Stadt zu finden sind. Die Mauern des Mittelalters die vom Ende des 12. Jahrhunderts bis 1265 aufgeschichtet wurden, mußten einen größeren Kreis ziehen, ebenso wie nochmals ihre Erweiterungsbauten Ende des 15. Jahrhunderts.

Bei einem Rundgang verdienen auch die *Stadttore* Beachtung, vor allem die 1566 von Alessandro Resta erbaute *Porta San Pietro;* die *Porta Gervasio,* die zum älteren Mauerring gehört und daher im Innern der Stadt, in der Via del Fosso, dem früheren Graben liegt, ist ein mächtiges Bauwerk aus dem 13. Jahrhundert mit zwei Wehrtürmen; der *Portone dei Borghi,* ebenfalls Teil der älteren Befestigung (13. Jahrhundert), und die *Antica Porta di San Donato* (15. Jahrhundert) liegen nicht weit vom heutigen Festungswerk mit der *Porta di San Donato.*

In der näheren Umgebung Luccas lohnen die Orte *Arliano* (Pieve, eine der ältesten der Toskana), *Massarosa* (Kirche Santi Jacopo e Andrea) und *Segromigno Monte* (Villa Mansi) einen Besuch.

Provinz Lucca

In zwei Richtungen von Lucca aus liegen die schönsten Orte der Provinz, nach Norden in den Tälern des *Serchio-* und des *Lima-Flusses* und nach Nordwesten am Tyrrhenischen Meer.

EINIGE REISEVORSCHLÄGE

Landstädte

Etwa zwanzig Kilometer nördlich von Lucca das Serchio-Tal hinauf, in der Nähe des Städtchens *Borgo a Mozzano,* überspannt eine malerische Brücke den Serchio-Fluß, der Ponte della Maddalena. Die Brücke ist nach der heiligen Magdalena benannt, weil früher hier eine Statue der Heiligen stand, die sich heute jedoch in der Pfarrkirche von Borgo a Mozzano befindet. Der bekanntere Name lautet **Ponte del Diavolo,** Teufelsbrücke, wegen der gewagten Konstruktion aus dem 15. Jahrhundert. Der größte Bogen der Brücke überspannt 37 Meter.

Die **Bagni di Lucca** (Bäder von Lucca), in Deutschland nicht zuletzt durch Heinrich Heines ›Reisebild‹ bekannt, sind die seit dem Mittelalter bekannten, auf mehrere Gemeinden verstreuten und in der Zeit Napoleons in Mode gekommenen Thermalbäder am Ufer des Lima-Flusses vor der Einmündung in den Serchio. Berühmt sind die *Bagni Caldi* (warmen Bäder), der Hauptkomplex des Kurortes, und die Hauptgemeinde *La Villa.* Spaziergänge oder Spazierfahrten kann man unternehmen nach Lugliano (4,5 Kilometer, Panorama), Benabbio (5 Kilometer, Pfarrkirche), Monti di Villa (8 Kilometer, romanische Kirchen San Michele und die Pieve, die Pfarrkirche) und San Cassiano (9,5 Kilometer, Kirche). Möglich sind auch Bergbesteigungen in der Umgebung.

Daß man es mit dem Bewundern in Italien nicht ganz so genau und eifrig nehmen muß, lehrt Heinrich Heine, wenn er in seinem Reisebild ›Die Bäder von Lucca‹ im Spätherbst des Jahres 1829 ironisch schreibt: »Italien aber geht über alles. Wie gefällt Ihnen hier diese Naturgegend? Welche

Schöpfung! Sehen Sie mal die Bäume, die Berge, den Himmel, da unten das Wasser – ist nicht alles wie gemalt? Haben Sie es je im Theater schöner gesehen? Man wird sozusagen ein Dichter! Verse kommen einem in den Sinn, und man weiß nicht mehr woher:

> Schweigend, in der Abenddämmerung Schleier
> Ruht die Flur, das Lied der Haine stirbt;
> Nur daß hier im alternden Gemäuer
> Melancholisch noch ein Heimchen zirpt.«

Im Tal des Serchio-Flusses, an den südlichen Abhängen des Apennin, liegt das Städtchen **Barga** mit etwa zehntausend Einwohnern, einem neuen und einem alten Viertel. Um die Festung stritten sich im Mittelalter die Bewohner des nahen Lucca, Pisaner und Florentiner, auch um sich der Ansprüche der Fürstenfamilie Este aus Modena im oberen Serchio-Tal mit Castelnuovo zu erwehren. Enge und steile Gassen bestimmen das mittelalterliche Zentrum. Beachtenswert vor allem der mächtige *Dom San Cristofano,* im 9. Jahrhundert begonnen, im 15. Jahrhundert beendet (bei dem Erdbeben von 1920 beschädigt), mit einer lombardisch-romanischen Fassade (reicher Schmuck mit Darstellungen von Tieren und Menschen). Im Innern des dreischiffigen, von Pfeilern gesäumten Domes sehen wir eine schöne, gut erhaltene *Marmorkanzel* aus der zweiten Hälfte des 13. Jahrhunderts; zwei rote Marmorsäulen stehen auf Löwen, eine andere auf einem barocken Bärtigen; die Kanzel zieren feingearbeitete Darstellungen der ›Anbetung der Könige‹, der ›Geburt Jesu‹, der ›Verkündigung‹ und des ›Propheten Isaias‹.

Das Städtchen **Castelnuovo di Garfagnana** im Tal des Serchio-Flusses unterstand im Lauf der Geschichte länger dem Herrschergeschlecht der Este von Modena und Ferrara als Florenz oder Lucca. Zeuge der kriegerischen Auseinandersetzungen um diesen fest bewehrten Ort ist die Burg, die *Rocca,* deren ältester Teil aus dem 13. Jahrhundert stammt, die später jedoch erweitert wurde. Der *Dom* – dreischiffiges, von Säulen geteiltes Inneres mit schönem Kruzifix und einer wertvollen Terrakotta-Gruppe (heiliger Josef und zwei Engel) – erlitt wie andere Gebäude der Stadt schwere Schäden während des letzten Krieges. Im Norden der Stadt Überreste der alten Burg San Nicolao. – Ausflüge in den schön gelegenen Ort *San Romano in Garfagnana* mit weitem Blick in die Apuanischen Alpen, nach Villa Collemandina, Corfino, Pieve Fosciana und Castiglione di Garfagnana sind empfehlenswert.

Küstenstädte

Nun zu den drei Städten am Meer, die man natürlich auch von Norden, von der Provinz Massa-Carrara aus besuchen kann.

Was den Brasilianern der Karneval von Rio bedeutet, ist den Italienern der Carnevale di Viareggio mit kilometerlangen Umzügen auf der breiten Küstenpromenade, in denen Tausende von maskierten Personen auf Hunderten mit bunten Stoffen ausgeschlagenen Karren sich lustigem Treiben hingeben, um sich und andere zu amüsieren. Schon im Sommer können die Touristen in den Werkstätten und Hallen von **Viareggio** die Vorbereitungen dafür begutachten. Während der Monate Juni bis September erhöht sich die Einwohnerzahl von Viareggio beträchtlich, weil dann Zehntausende von Erholungssuchenden die breiten Sandstrände und gut geführten Badeeinrichtungen (Stabilimenti) Viareggios bevölkern. Der größte Badeort der Toskana am Tyrrhenischen Meer zieht Jahr für Jahr immer mehr Touristen an, die hier neben vielen Unterhaltungsmöglichkeiten Hotels und Pensionen aller Kategorien, gepflegte Blumenanlagen, Sportplätze, Pinienwälder und Kinderspielplätze finden. Vom Hafen aus kann man Schiffsausflüge an der Küste entlang unternehmen. Die Berge im Hintergrund bieten eine abwechslungsreiche Kulisse. Im Norden geht Viareggio in den Badeort *Lido di Camaiore* über, im Süden lohnt ein Abstecher nach *Torre del Lago Puccini* am Lago di Massaciúccoli. Der in Lucca geborene Komponist Giacomo Puccini (1858-1924) hat hier lange gelebt.

Am Abhang der Apuanischen Alpen, umgeben von Olivenhainen und Weinbergen, liegt **Pietrasanta**, Zentrum der Versilia, eines 165 Quadratkilometer großen Küstenstreifens, der durch seine gepflegten Badeorte und die zum Teil luxuriösen touristischen Einrichtungen viele Besucher im Sommer anzieht. Bis 1590 wurden hier Silberminen abgebaut, heute konzentriert man sich neben dem Tourismus auf die Verarbeitung von Marmor. Sehenswert sind in der zwischen 1242 und 1255 von Guiscardo Pietrasanta, dem Podestà von Lucca, gegründeten Stadt (von ihm der Name), der *Dom San Martino* (1256/58 erbaut, 1330 erweitert) mit einem unvollendeten Campanile und einem Baptisterium, und die Kirche *Sant' Agostino* (aus dem 14. Jahrhundert). Etwas außerhalb des Städtchens liegen in Valdicastello (mit dem Zusatznamen Carducci, nach dem italienischen Dichter) die alte Pieve Santi Giovanni e Felicità und in Vallecchia die Kirche Santo Stefano.

Ein eleganter Badeort am Tyrrhenischen Meer ist **Forte dei Marmi** (Marmorfestung). Seinen Namen trägt das Städtchen, in dem viele luxuriöse Villen, gepflegte Badeanlagen, ausgedehnte Alleen und zahlreiche Hotels und Pensionen aller Kategorien zu finden sind, wegen der Marmorbrüche in den Apuanischen Alpen (siehe Carrara), der Marmorlager im Ort selbst sowie der Festung, die Großherzog Leopold I. 1788 hier anlegen ließ. Von der aus der Strandmitte 300 Meter ins Meer ragenden Brücke sind Dampferausflüge zu den toskanischen Inseln möglich.

AREZZO

Arezzo, eine Stadt von rund 90 000 Einwohnern, den Aretinern, und zugleich Hauptort der gleichnamigen Provinz mit 320 000 Bewohnern, muß wohl hinter Florenz, Siena und Pisa zurücktreten. Dennoch sollte uns ein Besuch möglich sein; dazu liegt Arezzo nahe der Autostrada del Sole und genießt eine zentrale Lage inmitten der fruchtbaren Ebenen der Flußtäler Valdarno und Valdichiana, nicht weit vom Val Tiberina, dem Tiber-Tal (Sansepolcro und Città di Castello), unterhalb des Casentino-Gebirgszuges (mit Bibbiena, Camáldoli, La Verna, Caprese Michelangelo). So kann die Stadt auch als Ausgangspunkt für Ausflüge dienen. Natürlich laden vor allem ihre Kunstschätze ein.

Vielleicht ist Arezzo für den Besucher auch deshalb nicht so anziehend, weil es von seinen Sehenswürdigkeiten wenig hermacht. Das liegt daran, daß es im Unterschied zu anderen toskanischen Städten wirtschaftlich nicht auf Touristen angewiesen ist und die Fremden mit dem normalen Getriebe einer mittelgroßen italienischen Stadt fast etwas vor den Kopf stößt. Aber Arezzo hat seine schönen Seiten; vielleicht braucht es etwas Geduld, sie zu entdecken.

Geschichte

Zur Geschichte: Bereits Umbrer und Etrusker siedelten an diesem fruchtbaren und verkehrsgünstigen Platz auf einem leicht ansteigenden Hügel, bevor die Römer 294 v. Chr. in einem Seitenzug der Via Cassia eine Militärstation anlegten, Arretium, das man später um Forum, Theater und Thermalbäder prächtig erweiterte. Hier wurde Maecenas, Freund des römischen Kaisers Augustus geboren, der Dichter und Künstler so nachdrücklich förderte, daß man diese Gunst künftig Mäzenatentum nannte. Seit den Zeiten der Etrusker ist Arezzo berühmtes Zentrum für hochentwickeltes Handwerk (Metallverarbeitung), Keramik (Aretiner Vasen), Architektur, Skulptur und Malerei. Diese Bedeutung steigerte sich, als die Stadt um 270 n. Chr. Bischofssitz wurde und als vom Ende des 11. Jahrhunderts an die Bischöfe und die Bürger der freien Stadt Arezzo, bestärkt durch Reichtum und Wohlergehen, regiert durch gewählte Konsuln, neue Kirchen und Paläste errichteten. Arezzo konnte lange Zeit seine Freiheit gegenüber Florenz und Siena behaupten. Erst in der Schlacht von Campaldino im Jahr 1289 erlitt Arezzo als kaisertreue Ghibellinenstadt durch die Florentiner eine Niederlage, deren Folgen für die Stadt jedoch hundert Jahre lang aufgeschoben werden konnten; erst 1384 unterwarfen sich die Aretiner – gegen einen Verkaufspreis von 40000 Goldflorentinern – Florenz.

Der Musiker Guido Monaco d'Arezzo (um 900 bis 1050), der die Notenschrift vervollkommnete, der Dichter Petrarca (1304-1374), der Maler und Architekt Giorgio Vasari (1511-1574), der Schriftsteller und Satyriker Pietro Aretino (1492-1557) stammen aus Arezzo. Schon im 13. Jahrhundert erhielt die Stadt eine Universität; sie gehört also zu den ältesten Hochschulstädten Europas. Die ›Giostra del Saracino‹, das Sarazenenturnier, das seit 1593 nachgewiesen ist, jährlich am ersten Sonntag im September auf der Piazza Grande stattfindet und bei der als Preis ein Reiter die »Lancia d'oro«, die goldene Lanze, für sein Stadtviertel gewinnt, ist mehr als eine bloße Erinnerung an eine glänzende, doch versunkene Geschichte.

Gehen wir zuerst weit in die Geschichte zurück. Zeuge für die Bedeutung Arezzos in römischer Zeit ist das Amphitheater, das im 2. nachchristlichen Jahrhundert erbaut wurde, doch im Lauf der Zeit verfiel, weil man Ziegel, Marmor und andere wertvolle Materialien für die Errichtung von Gebäuden (Seminar, Kirche San Bernardo, Stadtmauer) herausbrach. Es konnte 8000 bis 10000 Zuschauer fassen und maß in der Längsachse 121, in der Querachse 68 Meter. Die Überreste, neben dem heutigen Archäologischen Museum gelegen, bilden zusammen mit Pinien und Zypressen ein malerisches Bild.

Das ehemalige Kloster San Bernardo in der Via Margaritone 10, das von Olivetaner-Mönchen 1547 auf den Ruinen des römischen Amphitheaters in einem Teil der Tribünenkonstruktionen errichtet und im letzten Krieg schwer beschädigt wurde, beherbergt seit 1934 die Sammlungen des *Museo Archeologico Mecenate*. In dem nach dem großen Sohn der Stadt, Maecenas, benannten Museum sind Funde aus der vorgeschichtlichen Epoche (Steinzeit und Bronzezeit), der etruskischen und der römischen Zeit ausgestellt, die man in Arezzo und Umgebung entdeckt hat. Hervorzuheben sind vor allem die etruskischen Vasen und Bronzen und die ›Aretiner Vasen‹, die wegen ihres Aussehens auch Korallengefäße genannt werden. Sie waren in der römischen Kaiserzeit ein begehrter Exportartikel der Stadt. Bedeutend sind auch etruskische Reliefs in Terrakotta, Graburnen, Sarkophage, Spiegel, Kratere, Amphoren und römische Mosaiken.

Piazza Grande

Nach dieser Ouvertüre ›all'antiquità‹ suchen wir ohne Verweilen den Hauptplatz von Arezzo auf, die Piazza Grande. Gewiß, es gibt großartigere Plätze in der Toskana, dennoch sind wir gern auf dieser Piazza, weil sie Atmosphäre und Charakter hat. Aber die sind schwer zu beschreiben, wohl eher eine Frage des Gefühls, der Stimmung, die sich hier trotz oder gerade wegen der Unregelmäßigkeit des Platzes und der ihn einfassenden Gebäude einstellen kann. Die heutige Gestalt der Piazza Grande besteht fast unverändert seit dem 13./14. Jahrhundert. Den stärksten Akzent setzt die Chorseite der Kirche Pieve di Santa Maria mit ihrem mächtigen ›Turm der hundert Löcher‹. Daran schließen sich der Palazzo del Tribunale mit einer kegelförmigen Freitreppe und der Palazzo della Fraternita dei Laici an. Die Nordflanke wird vom Palazzo delle Logge gebildet. An den beiden übrigen Seiten sind im Osten Haus und Turm der Lappoli (Nr. 37) und im Süden der Palazzo Cofani Brizzolari mit dem Turm ›Faggiolana‹ hervorzuheben.

Von der Piazza Grande wären es nur wenige Schritte zum Prato, dem gepflegten Stadtpark, und der Fortezza Medicea, die von dem Großherzog Cosimo I. im 16. Jahrhundert auf einer Anhöhe der Stadt an der Stelle alter Befestigungsmauern unter Leitung der Baumeister Giuliano und Antonio da Sangallo angelegt wurde. Aber dahin zu gehen, heben wir uns für den Schluß auf.

Besonderer Beachtung sind in Arezzo die Paläste des Mittelalters wert, auch wenn sie, wie viele Kirchen in der Stadt, umfangreichen Restaurierungen ausgesetzt waren. Ihre strenge Architektur, ihre einfache, durch Bauelemente bestimmte Gliederung, der auf wesentliche Formen beschränkte Schmuck führen in die Blütezeit der Stadt zurück, als reiche Familien und die Bürgerschaft der Stadt als gemeinsamer Bauträger ihre Stellung und ihr Selbstbewußtsein auch äußerlich ausdrücken wollten. Das zeigt sich an der Piazza Grande etwa in dem *Palazzo della Fraternita dei Laici,* einem von der karitativen, 1262 von Dominikanern gegründeten Laienbruderschaft ›Santa Maria della Misericordia‹ im 14. und 15. Jahrhundert errichteten, eleganten Bau mit einer auffälligen Fassade, die in Formen der Gotik (1375 von Baldino di Cino und Niccolò di Francesco) begonnen und in denen der Renaissance beendet wurde (1433 durch B. Rossellino: Obergeschoß und Skulpturen; Glockenturm von Giorgio Vasari im 16. Jahrhundert); und in dem *Palazzo delle Logge,* der 1573-1581 nach Plänen des Giorgio Vasari mit weit sich öffnenden Loggien errichtet wurde; vor dem Palazzo eine Nachbildung des Petrone, der Schandsäule, an der Übeltäter öffentlich zur Schau gestellt wurden; oder auch an dem *Palazzo Pretorio,* wenige Schritte von der Piazza Grande entfernt, am Ende des Corso Italia, Ecke Via dei Pileati. Der Palazzo Pretorio, einst im Besitz der Familie Albergotti, der in seiner heutigen Gestalt aus dem 17. Jahrhundert stammt, geht bis in das 13. Jahrhundert zurück. Die Fassade trägt zahlreiche Wappen der Florentiner Podestà und Kommissare. Von 1904 bis 1926 diente dieser eindrucksvolle Palast auch als Gefängnis. Heute ist in ihm die Stadtbibliothek mit einem reichen Buchbestand, darunter auch Handschriften und Inkunabeln, untergebracht.

Pieve di Santa Maria

Am Corso Italia, mit der Apsis an der Piazza Grande, steht die älteste und bekannteste Kirche der Stadt, die Pieve di Santa Maria, die schon früh, früher als der heutige Dom, als Pfarr- und Taufkirche die wichtigste von Arezzo war und das bedeutendste romanische Bauwerk der Stadt bildet. Sie bestand schon im 12. Jahrhundert, wurde zerstört, im 13. Jahrhundert wieder aufgebaut und im 15., 16. und 17. Jahrhundert sowie 1863 wesentlich erneuert.

Die Fassade ist neben dem Glockenturm, dem Campanile der 100 Löcher (wegen seiner in fünf Geschossen angeordneten, vierzig doppelbogigen Fenster; eigentlich nur achtzig Öffnungen) das Auffälligste der Pieve. Fassade und Glockenturm stehen hier auch aus statischen Gründen auseinander; man wagte nicht, beide zu verbinden. Die *Fassade,* die im 13. Jahrhundert einer älteren vorgesetzt wurde, besteht aus einer unteren Zone mit fünf Blendarkaden, in der sich drei Portale öffnen, und drei darüberliegenden Geschossen mit Galerien. Während im ersten Stock 12 Säulen die Galerie bilden, sind es im nächsten 24 und im obersten 32, woraus sich von unten nach oben eine dynamisch emporwachsende Ordnung ergibt. Im obersten Geschoß tragen die Säulen statt Bogen einen durchgehenden Architrav. Dem entspricht, daß die Fassade im Gegensatz zu ähnlichen Kirchen keinen Giebel trägt, sondern horizontal abgeschlossen wird. So entsteht ein erhaben wirkendes, vollkommenes Rechteck. Das mittlere Portal zeigt im Türsturz und im Tympanon zwei Mariendarstellungen und in der Bogenlaibung in vier Feldern Flachreliefs mit den allegorischen Darstellungen der zwölf Monate von einem unbekannten Künstler des 13. Jahrhunderts aus der Lombardei. Im rechten Portal sehen wir eine ›Taufe Christi‹, im linken Weinreben. Beachtenswert sind der Reichtum und die Vielfalt der Säulenformen, der Ornamente und Kapitelle. Leider sind die Skulpturen der Fassade durch den zerbröckelnden Sandstein stark gefährdet und daher zum Teil zugedeckt.

Jacob Burckhardt geht zu weit, wenn er nach der Betrachtung der Fassaden des Baptisteriums und der Kirche San Mi-

PIEVE SANTA MARIA

niato in Florenz schreibt: »Man sollte kaum glauben, daß auf ein System von Kirchenfassaden wie die genannten noch eine Mißbildung habe folgen können wie die Vorderseite der sogenannten Pieve vecchia zu Arezzo vom Anfang des 13. Jahrhunderts. Mit einer solchen Anstrengung ist kaum irgendwo jeder Anklang an Harmonie, an vernünftige Entwicklung durchgehender Motive vermieden worden wie hier. Das Innere ist bei weitem besser und durch die fast antiken korinthischen Kapitelle interessant; das Äußere der Chornische dagegen wieder der Fassade würdig.« Wir sind hier anderer Ansicht. Nun, »Kunst-Meinungen« – wir wissen es und deshalb vermeiden wir die extremen Urteile – können sehr unterschiedlich ausfallen.

Das dreischiffige *Innere* über einem unregelmäßigen, leicht verzogenen Grundriß ist einfach und streng. Das basilikale Langhaus bildet mit einem kaum wahrnehmbaren Querschiff eine Vierung, über der sich eine Holzkuppel wölbt. Auf Treppen steigt man zum höher liegenden Presbyterium, unter dem sich eine Krypta befindet. Über dem *Hochaltar* ein schönes Polyptichon ›Madonna mit Kind und Heiligen‹ von Pietro LORENZETTI (1320). Rechts in der Taufkapelle ein beachtenswertes *Taufbecken* mit drei Reliefs (Szenen aus dem Leben Johannes des Täufers, von GIOVANNI DI AGOSTINO, vor 1345).

Petrarca

Arezzo nennt sich auch Città di Petrarca nach dem großen Dichter des 14. Jahrhunderts, der am 20. Juli 1304 in Arezzo in der Via dell'Orto geboren wurde (und 1374 in Arqua bei Padua starb). Das Haus in der Via dell' Orto Nr. 28, auf dem Weg zum Dom, wird als Petrarcas Geburtshaus angegeben – fälschlicherweise, denn es wurde erst im 17. Jahrhundert errichtet. Im letzten Weltkrieg zerstört, ist es heute Sitz der berühmten ›Accademia Petrarca di Lettere, Arti e Scienze‹. Im Kapitel ›Galerie berühmter Toskaner‹ ist Petrarcas Leben ausführlicher geschildert (S. 58-59).

Der Dom San Donato

Der Dom San Donato auf der Kuppe des Aretinischen Hügels – von der Pieve di Santa Maria ist es bei unserem Rundgang nicht weit, wenn auch ansteigend – ist ein mächtiges Bauwerk romanischer und gotischer Formen, dem der sechseckige Campanile einen kräftigen Akzent aufsetzt. Bis zum 13. Jahrhundert lag der alte Dom mit dem Bischofspalast außerhalb der Stadt im Süden auf dem Colle di Pionta; der Machtbereich des Bischofs war von dem der Bürger getrennt. Als dann die Bürger die geistliche Herrschaft in die Stadt aufnahmen, wurde der neue Dom an der Stelle errichtet, an der vorher die Benediktinerkirche San Pietro Maggiore stand. Der Bau wurde im Jahr 1277 begonnen, 1313 und noch einmal 1510 weitergeführt und schließlich im 20. Jahrhundert beendet; so haben ihn verschiedene Stile geprägt. Der Glockenturm wurde von 1857 bis 1859 errichtet, die *Fassade* mit großer Rosette und drei Portalen Anfang dieses Jahrhunderts eingesetzt.

Das großartige und strenge dreischiffige *Innere* (am besten im Vormittagslicht zu betrachten), das von der Bettelordenarchitektur (der Franziskaner und Dominikaner) bestimmt ist, weist einige bedeutende Einzelkunstwerke auf: Rechts im *Seitenschiff* Glasfenster von GUILLAUME DE MARCILLAT (1518-1524) (Berufung des Matthäus, Ehebrecherin, Tempelreinigung, Auferweckung des Lazarus); das Grabmal (nach 1320) Papst Gregors X. (1271-1276), Grabkapelle des Ciuccio Tarlati von 1334 mit Marmorschmuck und Fresken. Im *Presbyterium* steht der Hochaltar mit dem Grab und den Reliquien des heiligen Donatus, eines Märtyrerbischofs aus der Zeit des Diokletian; dieses Werk verschiedener Künstler aus Florenz und Arezzo (1369) sticht durch seine Marmorreliefs mit Erzählungen aus dem Leben der Heiligen hervor. – Im linken *Seitenschiff* ebenfalls Glasfenster von Guillaume de Marcillat; in der *Sakristei* beachtenswerte Fresko- und Terrakotta-Werke; ein Fresko von PIERO DELLA FRANCESCA (Heilige Magdalena, 1459); das Grab des Bischofs Guido Tarlati mit 16 bedeutenden Flachreliefs (um 1330), Orgelempore (Vasari, 1535); die große dreischiffige, teils gotisierende, teils klassizistische Seitenkapelle der Madonna del Conforto, eher ein Anbau als eine Kapelle; und schließlich die Taufkapelle.

Weitere Kirchen und Paläste

In der Via Ricasoli erhebt sich der **Palazzo dei Priori,** jetzt Palazzo Comunale; einst, 1333, als Regierungspalast für die Vorsteher der Zünfte erbaut. Später, nach 1384, residierten hier die Verwaltungskommissare aus Florenz, welche die Palastfront überreich mit ihren Wappen schmückten.

Durch die Via Ricasoli am Palazzo delle Statue vorbei und die Via Sasso Verde gelangen wir an der Piazza Fossombroni zu der schlichten einschiffigen Kirche **San Domenico,** die zu den eindrucksvollen Bettelordenkirchen des 13. Jahrhunderts gerechnet wird. Der einfache gotische Bau wurde von der Familie der Tarlati 1275 begonnen und, wie Vasari schreibt, von Nicola Pisano vollendet, erlitt jedoch Veränderungen. Außergewöhnlich die nackte Fassade und der originelle Glockenturm mit zwei Glocken aus dem 14. Jahrhundert. In dem langgezogenen Inneren finden wir beachtenswerte Fresken von Aretiner Malern (Parri di Spinello: Maria, Johannes, Dominikus und Nikolaus; Spinello Aretino: Philippus und Jakobus); rechts in der Mitte ein gotischer Tabernakel (›Dragomanni‹) von Giovanni Fetti um 1350; vorn ein gemaltes Kruzifix von Cimabue (zwischen 1260 und 1265).

Unser häufiger Gewährsmann Giorgio Vasari lebte lange Jahre nicht weit von San Domenico in der heutigen Via XX Settembre Nr. 55, der **Casa Vasari.** Der begabte Maler und Architekt des 16. Jahrhunderts (1511-1574) ist einer der großen Söhne Arezzos, der mit seinen theoretischen und historischen Werken die Kunstgeschichte begründete. Der Künstler und Wissenschaftler erwarb das zweistöckige Haus in der Via XX Settembre im Jahr 1540 und malte es bis 1548 mit stattlichen, sehenswerten Fresken aus. Die Casa di Giorgio Vasari ist heute Sitz des Museo e Archivio Vasariano.

Am Ende der Via XX Settembre, in der Via San Lorentino Nr. 8, steht der **Palazzo Bruni-Ciocchi,** auch Palazzo della gana genannt, ein elegantes Renaissance-Bauwerk, in dem sich die *Pinacoteca Comunale* und das Museum für mittelalterliche Kunst, *Museo d'Arte Mediovale,* befinden, mit Werken von Margaritone d'Arezzo (Heiliger Franziskus), Parri di Spinello (Engel und Heilige), Bartolomeo della Gatta (San Rocco), Luca Signorelli (Anbetung des Kindes), Andrea della Robbia (Madonna und Heilige), Rosso Fiorentino (Madonna) und anderer, außerdem finden wir schöne Majoliken, Skulpturen und Kunstgegenstände des Mittelalters, der Renaissance und des Barock.

Von der Pinacoteca sind es nur wenige Meter zu der Kirche **Santissima Annunziata.** Sie ist ein Bauwerk der Renaissance, von 1491-1517 an der Stelle eines Oratoriums aus dem 14. Jahrhundert errichtet (Architekten: Della Gatta und Antonio da Sangallo). Die ungeschmückt gebliebene Fassade zeigt drei Portale; das rechte stammt noch vom Oratorium, ebenso das darüberliegende Fresko ›Verkündigung‹ – daher der Name der Kirche – von Spinello Aretino (1370). Eindrucksvolles Inneres.

Durch die Piaggia del Murello, eine der ältesten Straßen der Stadt, kommen wir an der Piazza Santa Maria in Gradi zu der Kirche **Santa Maria in Gradi,** die ihren Namen von der davorliegenden Treppe (gradi) hat. Der heutige Bau von Bartolomeo AMMANNATI, einem Florentiner Architekten und Bildhauer, wurde 1592 an der Stelle einer romanischen Kirche aus dem 13. Jahrhundert errichtet. Neben dem Glockenturm (1631) verdienen im Innern eine Terrakotta-Gruppe von ANDREA DELLA ROBBIA, einige Bilder und die Krypta der ursprünglichen Kirche Beachtung.

Noch zwei Ordenskirchen bleiben uns in Arezzo, die der Benediktiner und die der Franziskaner. Die erste erhebt sich in der Via Isidoro del Lungo über einer hohen Freitreppe. Diese **Chiesa di Badia,** die von Benediktinern aus Cassino im 14. Jahrhundert gegründete und von Vasari erweiterte und ausgeschmückte Abteikirche, ist den Heiligen Flora und Lucilla geweiht. Das Innere ist von einfachem Grundriß, doch belebt von eleganten Formen der Renaissance und vielen Bögen und Kuppeln. Die drei Schiffe werden von Pfeilern geteilt.

Es bilden sich zwei zentrale Räume, die von flachen Kuppeln überwölbt werden. Erstaunlich ist der Effekt, der in der zweiten Scheinkuppel durch das Scheinarchitekturbild von ANDREA POZZO (1703) erzielt wird.

San Francesco

Die zweite Ordenskirche soll Höhepunkt und Abschluß der Besichtigung sein. An der Piazza San Francesco, in der Mitte der Altstadt, dominiert die rohe Fassade der Kirche San Francesco des heiligen Franziskus und des Franziskanerordens, mit deren Bau 1290 begonnen, an deren Umgestaltung, Erweiterung (Glockenturm um 1600) und Renovierung jedoch ständig gearbeitet wurde, zuletzt zwischen 1900 und 1920. Die nackte, aus bloßen Ziegeln gefügte Fassade außen und das weite, großartige Innere von 53 Meter Länge und 17 Meter Breite in strengem gotischen Stil lenken die ganze Aufmerksamkeit des Besuchers auf die herausragende Ausschmückung der Kirche. So finden wir zunächst im *Innern* über dem Portal ein Rundfenster von Guillaume de Marcillat: ›Papst Honorius III. billigt die Ordensregel des Franziskus‹ (1524). Vor allem sind es jedoch die Fresken, die den Ruhm der Kirche ausmachen; auf der rechten Seite ›Zwei Heilige‹ von ANDREA DEL CASTAGNO und eine ›Verkündigung‹ von SPINELLO, in der rechten Vorkapelle (Guasconi) Heiligenszenen von Spinello und in der linken (Tarlati) eine ›Kreuzigung‹ desselben Künstlers sowie eine ›Verkündigung‹, wohl von LUCA SIGNORELLI.

Die stärkste Wirkung übt jedoch die Hauptchorkapelle mit den **Fresken von Piero della Francesca** aus: ›Die Geschichte des Kreuzes Jesu Christi‹, die den Franziskaner-Mönchen besonders am Herzen lag. Der Hauptmeister der italienischen Frührenaissance nahm die Goldene Legende vom lebensspendenden Kreuzholz Christi auf und schuf von 1452 bis 1466 in diesem Zyklus die berühmtesten Bilder Arezzos und eines der ausdrucksvollsten Werke der italienischen Malerei. Die feierlichen, vor dem heiligen Geschehen fast innehaltenden Figuren auf dem weiten Hintergrund von Bergen, Tälern, Blumen und Palasträumen, die treffliche Perspektive, die regelmäßigen geometrischen Formen, der bedachte Wurf der Gewänder, der Ernst der Gesichter, die überlegte Linien- und Lichtführung, all das strahlt Schönheit und Ruhe aus.

Folgen wir also der *Legende vom heiligen Kreuz* Bild für Bild, so wie sie einfallsreich und anschaulich von Piero della Francesca erzählt wird:

1 (rechts oben) Der sterbende Adam, sein Haupt von Eva gestützt, bittet seinen Sohn Seth, zum Engel ins Paradies zu gehen und das Öl der Heilung zu erbitten – der Engel gibt Seth einen Zweig aus dem Baum der Sünde – Begräbnis des Adam, in dessen Mund der Zweig eingepflanzt wird – ein großer Baum wächst aus dem Zweig.
2 (darunter) Die Königin von Saba kniet sich, durch plötzliche Offenbarung erleuchtet, vor einer Brücke nieder, die aus dem Holz des Baumes geschlagen wurde, das nicht für den Tempelbau verwendet werden konnte – die Königin erklärt Salomon ihre Offenbarung.
3 (links daneben) Die Juden nehmen das Holz aus dem Wasser und fertigen daraus das Kreuz Jesu.
4 (darunter) Der Traum des Konstantin, in dem dem Kaiser im Zeichen des Kreuzes der Sieg geweissagt wird.
5 (rechts unter 2) Sieg Konstantins über seinen Rivalen Maxentius an der Milvischen Brücke in Rom.
6 (links neben 3) Ein Jude namens Judas gesteht der Kaisermutter Helena, wo das Kreuz Jesu vergraben liegt.
7 (links von 6) Man findet drei Kreuze; dasjenige Christi erweckt einen Toten (die Stadt im Hintergrund ist Arezzo und soll Jerusalem darstellen).
8 (darunter) Niederlage des Perserkönigs Chosroes, der 300 Jahre nach Konstantin und Helena das Kreuz geraubt, daraus einen Thron anfertigen und sich als Gott hatte verehren lassen.
9 (über 7) Der siegreiche byzantinische Kaiser Heraklius bringt das Kreuz nach Jerusalem zurück.

Zwei Propheten in den oberen Feldern der Mitte und eine ›Verkündigung‹ (links unten in der Mitte) schließen den Bilderzyklus ab. Das früher hier hängende gemalte Kruzifix ist jetzt in einer linken Seitenkapelle zu sehen. Zur Zeit werden

San Francesco
Anordnung der Fresken
in der Hauptchorkapelle

große Anstrengungen unternommen, diese berühmten Fresken vor dem fortschreitenden Verfall durch gründliche und sorgfältige Restaurierungen zu schützen.

Die Kirche *Santa Maria delle Grazie* liegt außerhalb der Stadt, von der Piazza della Repubblica über den Viale Michelangelo und den Viale Mecenate in etwa zwanzig Minuten zu Fuß zu erreichen. 1428 kam der heilige Bernardino von Siena an diesen Ort, an dem sich schon in alter Zeit bei einer Wasserquelle ein Heiligtum befand. Er ließ die Spuren des heidnischen Kults tilgen und eine Kapelle errichten. 1449 begann man zu Ehren der Schutzmantelmadonna (Madonna delle Grazie; Bild von Parri di Spinello) den heutigen Bau, dem 1478 ein graziler Portikus vorgesetzt wurde. So entstand ein anmutiges Werk der Frührenaissance. Ende des 15. Jahrhunderts schuf ANDREA DELLA ROBBIA den Altar aus Marmor und Terrakotta. Rechts neben der Kirche finden wir ein dem heiligen Bernardin geweihtes Oratorium.

Provinz Arezzo

In Arezzo bieten sich fast zu viele Ziele für Ausflüge in alle Himmelsrichtungen an. Der eine nach Süden wird sich nach Castiglion Fiorentino, zu dem Castello di Montecchio Vesponi und der Stadt Cortona wenden; der zweite in östlicher Richtung nach Sansepolcro, der nach Norden fortgesetzt werden kann, um sich zu einer Rundfahrt über Caprese Michelangelo, das Kloster La Verna der Franziskaner, den »rohen Felsen« (Dante), den Ort, an dem nach der Legende der heilige Franziskus die Stigmata erhielt, Camáldoli, das Kloster der Kamaldulenser-Mönche, und weiter über die Orte Poppi und Bibbiena zu schließen, wohin man freilich auch in umgekehrter Richtung fahren kann. Nordwestlich von Arezzo, auf dem Weg von und nach Florenz, finden sich San Giovanni Valdarno und die Pieve von Gropina. Der Leser möge seine eigene Wahl treffen.

ERSTE RUNDFAHRT

Castiglion Fiorentino

Die zwischen Arezzo und Cortona am Abhang eines Hügels über dem Chiana-Tal gelegene Stadt geht vielleicht auf das alte Castula der Antike zurück. Arezzo und Perugia, der Papst und Florenz stritten sich um die Herrschaft dieses wohlhabenden Gemeinwesens, dessen Wappen den heiligen Georg mit dem Drachen trägt.

Am Hauptplatz, der Piazza del Municipio, mit schönen Loggien (altes Fresko der ›Verkündigung‹) steht der *Palazzo Comunale,* vom Anfang des 16. Jahrhunderts, doch 1935 gründlich wiederhergestellt, der die *Pinacoteca Civica* beherbergt, eine Gemäldegalerie mit beachtenswerten Gemälden, Reliquien und Skulpturen (Gekreuzigter) von toskanischen Künstlern. Die romanische Kirche *San Francesco* (mit gotischen Einflüssen) aus der 2. Hälfte des 13. Jahrhunderts zeigt außen eine schöne Fassade und im Innern in den Seitenkapellen wertvolle Gemälde und Fresken. Nicht weit von der Porta Fiorentina, einem Stadttor des 14. Jahrhunderts, erhebt sich die *Collegiata di San Giuliano,* von 1840-1853 im klassizistischen Stil restauriert, mit einem grandiosen Inneren, in dem auch einzelne Kunstwerke von Rang nicht fehlen (Terrakotta-Verkündigung).

Wenige Schritte von der Porta di San Michele entfernt befindet sich die achteckige Kirche *Madonna della Consolazione,* 1607 im Stil der Renaissance vollendet; in dem eleganten Inneren mit achteckigen Pfeilern sehen wir ein vom Volk sehr verehrtes Madonnenfresko (Luca Signorelli zugeschrieben), für das man die größere Kirche baute.

Etwa 3 Kilometer südlich an der Straße nach Cortona ragt aus den fruchtbaren Feldern und Hainen eine mächtige Burg auf, *Castello di Montecchio Vesponi,* das Castrum Montis Guisponi des 11. Jahrhunderts. Man sieht schon von weitem den 30 Meter hohen Mittelturm. Eindrucksvoll die Zinnenmauern mit einer Länge von 263 Metern und die gewaltigen Wehrtürme.

Cortona

In aussichtsreicher Lage zum Hinauf- und Hinabschauen, umgeben von Olivenhainen, Pinien und Zypressen, liegt Cortona am Hang des Casentinischen Apennin, der das Chiana-Tal vom Tiber-Tal trennt. Die Stadt auf dem Berg, die ihr mittelalterliches Aussehen bewahrt hat und mit ihren Kirchen und Konventen, den Palästen und Bürgerhäusern wie in einer Prozession den Hügel hinansteigt, wurde bereits von Umbrern und Etruskern (Curtuns) bewohnt, kam dann unter römische Herrschaft und wechselte nach kurzer politischer Selbständigkeit von 1200-1258 (Besetzung und Brandschatzung durch die Aretiner) häufig ihren Besitzer, bis sie 1538 im Herzogtum Toskana aufging. Bildhauer und Maler fanden hier stets ihre Auftraggeber.

Das Faszinierende an Cortona sind die Einheit und Geschlossenheit des Stadtorganismus. Ein Spaziergang durch die steilen Straßen und Gassen im Auf und Ab der Höhenunterschiede erschließt am besten die Schönheit dieses Städtchens, das einer anderen Zeit anzugehören scheint. Zentrum der Stadt ist die eindrucksvolle Piazza della Repubblica, deren Rückseite ganz von dem *Palazzo Comunale* eingenommen wird. Er bestand schon 1241, wurde 1275 umgebaut, im 16. Jahrhundert erweitert und 1896 etwas leichtsinnig restauriert; die Front des Palastes wird von einem mit Zinnen gekrönten Uhrenturm (1509) beherrscht. Rechts erhebt sich der *Palazzo del Popolo* aus dem 14. Jahrhundert (nach 1514 umgebaut). Eine kleine Gasse führt auf die Piazza Signorelli zum *Palazzo Pretorio*, einst Residenz der Familie Casali, im 13. Jahrhundert errichtet, in der Renaissance umgestaltet (Filippo Berrettini), heute Sitz des **Museo dell'Accademia Etrusca** und der Stadtbibliothek. Zu den besonders beachtenswerten Stücken des Museums gehören ein frühchristlicher Glaskelch, der berühmte sechzehnarmige etruskische **Bronzeleuchter** aus dem 5. vorchristlichen Jahrhundert, der in der Nähe von Cortona gefunden wurde, die kleine Statue eines doppelköpfigen Janus neben etruskischen Kleinbronzen sowie etruskische und griechische Vasen, etruskische und römische Münzen und Bucchero-Gefäße. Eine Sammlung mittelalterlicher und neuerer Gemälde sowie Werke der ägyptischen Kunst bereichern das Museum.

Ein paar Schritte weiter stehen an der Piazza del Duomo: der *Dom*, ein Bau von Schülern des Giuliano da Sangallo, über einer alten romanischen Kirche (Pieve), zu dem 1566 der Glockenturm hinzukam; daneben der alte Bischofspalast und gegenüber das Diözesanmuseum, **Museo Diocesano** (geöffnet: wochentags 9–13 und 14.30–17.30), ursprünglich die Chiesa del Gesù, die aus zwei übereinanderliegenden Kirchen gebildet war. Das Museum beherbergt Meisterwerke italienischer Maler, darunter eine ›Verkündigung‹, das Triptychon ›Madonna mit Kind, Engeln und vier Heiligen‹ und ›Szenen des heiligen Dominikus‹ von FRA ANGELICO, Bilder des ›Gekreuzigten‹ und der ›Madonna‹ von Pietro LORENZETTI, Madonnenbilder der Duccio-Schule sowie Altartafeln von Luca SIGNORELLI und SASSETTA, einen schönen römischen Sarkophag (2. Jahrhundert n. Chr.) und ein kostbares Reliquiar (›Vagnucci‹; 1457).

Vom Museo Diocesano geht man über die malerische Via del Gesù und die Via Roma zurück zur Piazza della Repubblica und von dort in östlicher Richtung durch enge Gassen und über steile Treppen zur Kirche *San Francesco*, einer der ersten Franziskanerkirchen und seit altersher Mittelpunkt der Altstadt, mit einem byzantinischen Reliquienschrein aus dem 10. Jahrhundert (Holzsplitter des Kreuzes Christi), weiter zur Kirche *San Nicolò* aus dem 15. Jahrhundert (Tafelbilder von Luca Signorelli) und zum *Santuario di Santa Margherita*, der Kirche der Stadtheiligen Margherita, mit einem prachtvollen Grab der Heiligen aus dem 14. Jahrhundert, unterhalb der *Fortezza Medicea*, der 1556 erbauten, 651 Meter hoch gelegenen Festung. Besuchenswert sind auch die Kirche *San Domenico* aus dem 15. Jahrhundert mit schönen Gemälden aus demselben Jahrhundert und, etwas außerhalb, die Kirche *Santa Maria Nuova*, ein quadratischer Zentralbau mit halbkugelförmiger Kuppel.

Empfehlenswert ist ein Besuch der 30 Gehminuten (2,5 Kilometer vom Zentrum, Richtung Camucia) entfernten Kirche der *Madonna del Calcinaio*. An dem Bau von 1485-1513 nach Plänen von Francesco di Giorgio Martini werden Einfachheit und Harmonie des Renaissancewerkes gerühmt. Der Grundriß zeigt ein lateinisches Kreuz, die Seitenansicht einen Zentralbau mit achteckiger Vierungskuppel. Die Kirche wurde zu Ehren eines wundertätigen Marienbildes erbaut, das sich ursprünglich an den Wänden einer Kalkgrube (Calcinaio) befand und heute den Hochaltar schmückt.

Weitere Exkursionen sind lohnend zur *Tanella di Pitagora*, zum Grab des Pythagoras, einer etruskischen Gruft aus der Zeit zwischen dem 4. und 1. Jahrhundert v. Chr., mit gewaltigen Ausmaßen (23 Meter im Umfang, im Innern 2,05 x 2,53 Meter); zur *Villa Passerini*, genannt der Palazzone, erbaut von dem Architekten Caporali für den Kardinal Passerini um 1515, mit einem mächtigen, hohen zinnengekrönten Turm (es heißt, Luca Signorelli sei bei der Arbeit an einem Fresko vom Gerüst gefallen und an dem Sturz 1523 gestorben); und schließlich zum Kapuziner-Kloster *Convento delle Celle*, das von dem heiligen Franziskus zwischen 1211 und 1221 gegründet wurde, und von dem aus man einen herrlichen Blick hinüber nach Cortona hat.

ZWEITE RUNDFAHRT

Sansepolcro

Die Stadt Sansepolcro, ein Industrie- und Handelszentrum im oberen Tibertal, an der gut ausgebauten Schnellstraße von Perugia (und Rom) in die Romagna gelegen, ist nicht zufällig zu ihrem frommen Namen (Heiliges Grab) gekommen. Nach der Überlieferung hatten die Pilger Arcano und Egidio aus Palästina Reliquien vom Grab Christi mitgebracht und hier ein Oratorium zu ihrer Aufbewahrung und Verehrung gestiftet; daraus habe sich der Borgo (Ort) Sansepolcro entwickelt, der zuerst den Kamaldulenser-Mönchen von Camáldoli unterstand; diese gründeten auch eine Abtei. Dann war Sansepolcro rasch wechselnd verschiedenen Herren untertan. Die Stadt ist die Heimat berühmter Maler, vor allem Piero della Francescas, den wir in der Kirche San Francesco zu Arezzo kennengelernt haben, und beherbergt außerdem bedeutende Bauten und Kunstwerke.

Beachtenswert sind vor allem die Kirche *Santa Maria dei Servi* (erbaut von 1294-1371, doch mehrfach verändert); der *Dom* San Giovanni Evangelista, die ehemalige, schon 1012 bis 1049 errichtete, später mehrfach veränderte Abtei der Kamaldulenser, mit einer schönen ›Himmelfahrt‹ im dreischiffigen Innern, die Perugino oder Gerino da Pistoia zugeschrieben wird; der *Palazzo delle Laudi* (1591-1609, heute Rathaus); der *Palazzo Comunale* mit der durch berühmte Meisterwerke von **Piero della Francesca** (1415-1492) ausgezeichneten *Pinacoteca Comunale* (Auferstehung, Madonna della Misericordia, Schutzmantelmadonna mit Heiligen, Fresko eines Heiligen und Heiliger Ludwig); die Kirche *San Francesco* (1258) mit einem gotischen Portal, und die *Fortezza Medicea,* das Festungswerk der Medici aus Florenz.

Wenn uns etwas Zeit bleibt, so können wir einen kleinen Ausflug zum nahen Ort *Monterchi,* etwas in den Bergen, südlich von Sansepolcro, unternehmen. Die dortige **Madonna del Parto** von Piero della Francesca, in einer Kapelle beim Friedhof, gehört zu den schönsten Marienbildern und wird von den Einheimischen hoch verehrt.

Caprese

Wohl selten würde ein Besucher nach Caprese kommen, wenn es nicht der Geburtsort Michelangelo Buonarrotis wäre. Allerdings ist man dessen erst seit 1875 sicher, als eine Kopie der Geburtsurkunde des Künstlers gefunden wurde, die Michelangelos Vater Lodovico, zur damaligen Zeit Bürgermeister von Caprese, eigenhändig geschrieben hat. Damit war der Streit zwischen Caprese und dem Städtchen Chiusi della Verna, das ebenfalls Anspruch auf die Geburt des Meisters erhob, entschieden. Die *Casa Comunale* aus dem 14. Jahrhundert, zuvor Casa del Podestà, wird als das Haus angegeben, in dem am 6. März 1475 Michelangelo geboren wurde. Verschiedene Tafeln, Erinnerungsstücke und einige mit Mobiliar versehene Zimmer weisen an und in dem schmucken Gebäude darauf hin. Über dem Ort erhebt sich eine verfallene Burg aus dem Mittelalter, als hier heftige kriegerische Auseinandersetzungen ausgetragen wurden. Wäre das nicht eine gute Stelle zum Verweilen, mit dem weiten Blick über die bewaldeten Hügelketten, um das Werk Michelangelos Revue passieren zu lassen und seiner Größe – anhand unserer ›Galerie‹ (Seite 68-71) – zu gedenken?

La Verna

Für die kurvenreiche Fahrt zu dem Konvent der Franziskaner La Verna oder dem Kloster der Kamaldulenser im Eremo di Camáldoli sollte man sich Zeit nehmen. Dann überträgt sich auch die Ausstrahlung dieser verehrten Orte auf den Besucher. Im Kapitel über die Klöster der Toskana (Seite 516) ist darüber zu lesen. Die Rückfahrt nach Arezzo kann dann über Poppi und Bibbiena führen.

Poppi

Zwei Löwen strecken sich über einer Lilie die Zungen heraus – das ist das Wappen des kleinen, aber sehenswerten Städtchens Poppi im Herzen des Casentinischen Apennin. Die schon 1169 als ›Pupium‹ erwähnte, lange Zeit von Florentiner Kommissaren und Vikaren verwaltete Stadt weist bedeutende Bauwerke auf: Den *Palazzo Pretorio,* die ehemalige Burg der Grafen (Castello dei Conti) mit einer trutzigen Fassade außen und einem mächtigen Turm, einem hübschen Innenhof und stattlichen Säulen im Innern (schöne Gemälde); daneben die *Torre dei Diavoli,* den Teufelsturm, und eine große Zisterne; ferner die Kirche *San Fedele* vom Ende des 12. Jahrhunderts.

Bibbiena

Nur noch ein Löwe – im Gegensatz zu den zweien von Poppi –, mit einer Fahne in der Hand, ist das Wappen der Stadt Bibbiena. Sie liegt an der Mündung des Archiano in den Arno, ist das Zentrum des Casentino und Platz eines lebhaften landwirtschaftlichen Marktes in einer fruchtbaren Gegend. Vielleicht etruskischen Ursprungs mit dem Namen Vipena, wurde Bibbiena im Mittelalter und noch im 15. Jahrhundert heiß umkämpft, da die Stadt eine strategisch wichtige Lage einnahm. Beachtenswert sind der *Palazzo Dovizi,* ein rustikaler toskanischer Bau vom Anfang des 16. Jahrhunderts, und weitere schöne Paläste sowie die Kirchen San Lorenzo (dreischiffig, 1474) und *Santi Ippolito e Donato* (einschiffig in der Form des lateinischen Kreuzes, schöne Gemälde). Von Bibbiena sind Ausflüge zur Kirche *Santa Maria del Sasso* (1,3 Kilometer), auf den Berg La Verna (265 Meter; landschaftlich schöne Fahrt), zum Konvent der Franziskaner, zu dem Dorf *Raggiolo* (10,2 Kilometer), dessen Bewohner sich als Korsen fühlen und bezeichnen, und nach **Camáldoli** (13 Kilometer), zum Kloster der Kamaldulenser, einem der berühmtesten der Toskana, möglich (Siehe Kapitel ›Klöster‹, Seite 511).

Grópina

Es ist immer wieder überraschend, auch in kleinen Orten der Toskana große Kunstwerke zu finden. So in Grópina, einem Weiler oberhalb des Arno-Tales zwischen Florenz und Arezzo (Autobahn-Ausfahrt Valdarno, dann nordöstlich über Terranuova und Loro), die romantische *Pieve di San Pietro,* die auf römischen Mauern, vielleicht sogar auf etruskischen – es fin-

LANDSTÄDTE

den sich Spuren von beiden Kulturen – im 12. Jahrhundert errichtet wurde. Fassade, Apsis und Campanile (von 1232) außen sowie das dreischiffige Innere sind von großartiger Geschlossenheit und unmittelbar ansprechender Schönheit. Monolithische Säulen – ein Pfeilerpaar unterbricht die Reihe – mit interessanten, sorgfältig gearbeiteten Kapitellen (Schwein mit Ferkeln, Kampf der Tugenden und Laster, kämpfende Tiere, Weinreben, triumphierender Christus, Samson) und eine Kanzel mit bedeutenden Flachrelieffiguren (Evangelistensymbole) und reichem Schmuck heben die Kirche in den Rang eines versteckten Kleinods in der Toskana (Seite 494).

San Giovanni Valdarno

Unmittelbar neben der Autostrada del Sole liegt im Arno-Tal (Valdarno) auf halbem Weg zwischen Arezzo und Florenz die Stadt San Giovanni Valdarno, mit rund 20 000 Einwohnern, bekannt durch die Braunkohlevorkommen in der Umgebung (Castelnuovo), die Stahl- und Glasfabriken, die Keramik- und Ziegelproduktion. Die Stadt, die in der Vergangenheit einen beträchtlichen Wohlstand erlebte und diesen in Kirchen und Plätzen ausdrückte, hat heute viel von ihrer industriellen Bedeutung verloren und zeigt diese Verarmung auch im Stadtbild. Sehenswert sind in der Mitte des Hauptplatzes der mittelalterliche *Palazzo Pretorio* mit zahlreichen Wappen der Florentiner Podestà und Vikare des 15. und 16. Jahrhunderts, davor auf einer Säule der Marzocco, das Wappentier von Florenz; im Hintergrund die Pfarrkirche *San Giovanni Battista* mit einem schönen Portikus; hinter dem *Palazzo Pretorio* die Basilika *Santa Maria delle Grazie* aus dem 15. Jahrhundert mit einer Fassade des 19. Jahrhunderts und einem dreischiffigen Innern; neben der Marienkirche eine kleine, aber beachtliche *Pinacoteca Parrocchiale*, Gemäldesammlung der Pfarrkirche; schließlich, ebenfalls noch am Platz, das *Oratorio di San Lorenzo* mit einem eindrucksvollen zweischiffigen Innern. In der Nähe verdient der *Convento di Montecarlo* mit der Kirche San Francesco (früher dort schöne ›Verkündigung‹ von BEATO ANGELICO; jetzt im Rathaus) einen Besuch.

PISTOIA

Zu Unrecht wird Pistoia bei der Besichtigungsfahrt durch die Toskana zuweilen links liegen gelassen. Die Stadt, die heute fast 100 000 Einwohner zählt und Hauptort der gleichnamigen Provinz mit rund 270 000 Einwohnern ist, steht zwar künstlerisch und politisch im Schatten von Pisa, Lucca und Florenz, in der heutigen Zeit wie auch in der Geschichte, doch sie bietet eine Reihe von Kunstwerken, die den Vergleich mit anderen schönen der Toskana nicht zu scheuen brauchen. Als Verkehrsknotenpunkt und Landwirtschaftszentrum hat Pistoia darüber hinaus Bedeutung.

In der Zeit der Römer war ›Pistoia‹ als Oppidum, als kleiner befestigter Ort an der Via Cassia, bekannt. Nach dem Tod der Markgräfin Mathilde von Tuszien proklamierten die Bürger im Jahr 1115 die Freiheit und Unabhängigkeit ihrer Stadt auf der Seite der kaisertreuen Ghibellinen, was die bestehende Rivalität zu Lucca, Florenz und Prato noch bekräftigte. Die Kämpfe mit den anderen Städten konnten jedoch den durch Landwirtschaft, Handwerk, Handel und Bankgeschäfte erworbenen Wohlstand Pistoias bis zur Mitte des 13. Jahrhunderts kaum schwächen. Die Künste blühten. Architekten, Bildhauer und Maler fanden in Kirchen und Palästen, Reliefs und Figuren, Fresken und Tafelgemälden, beeinflußt von den Entwicklungen in Pisa und Florenz, ein begünstigtes Tätigkeitsfeld. Dann jedoch mußte sich die Stadt Florenz und Lucca beugen; eine unruhige, von Familienfehden und Parteienkämpfen geschüttelte Zeit begann. Zeichen der politischen Abhängigkeit ist, daß nur der Dom einen Turm besitzt, nicht jedoch die Palazzi des Gemeinwesens. Noch im 14. Jahrhundert erbauten die Pistoiesen eine Mauer, deren Reste an den im Viereck um die Altstadt führenden Straßen noch gut zu sehen sind.

Die Piazza del Duomo

Genauer Mittelpunkt und Hauptplatz von Pistoia und Ausgangspunkt für unseren Rundgang ist natürlich die Piazza del Duomo, an der sich der Palazzo del Comune (im Nordosten) und der Palazzo Pretorio gegenüberstehen und dessen Südseite von der Flanke des Domes mit dem mächtig aufragenden Campanile bestimmt wird; dazu bildet wiederum das Baptisterium das Gegengewicht. Es ist eine Piazza, auf der man über die geglückte Bildung der toskanischen Plätze nachdenken, die der anderen Städte Revue passieren lassen kann. Diese Piazze sind in den letzten Jahren wieder ganz in ihr Recht gesetzt worden, indem man den Autoverkehr und häufig auch die parkenden Wagen von ihnen verbannt hat. So präsentieren sie sich uns als das, was sie waren und sein sollen, Frei-Räume für den Menschen, in denen er mit anderen zusammen reden, entscheiden und handeln kann, mit der Stadt gewachsen und vom Willen überlegender Architekten geformt durch jene Bauwerke, in denen die Bürger der Stadt ihr eigenständiges Leben und ihren republikanischen Kosmos in der Spannung von Politik und Glauben ausdrückten. Genug der Betrachtung, die jedoch höchst konkret wird, wenn wir uns die Schwierigkeiten moderner Stadtplanung vergegenwärtigen. Daß in der Toskana oft, nicht immer, die weltlichen Paläste der Stadtregierung *an* einem Platz stehen, der selbst als Entscheidungs-Raum der Bürger freigelassen ist, während die Kirchen *auf* dem Platz sich erheben, die Piazza also zum Innen-Raum der Kirche transformiert wird, sei nur am Rande bemerkt. Hier in Pistoia rücken beide Prinzipien zusammen, der Dom nimmt einen Teil des Platzes zwischen den beiden Palazzi del Comune und Pretorio ein und damit weg. Wenden wir uns zunächst diesen beiden weltlichen Gebäuden zu.

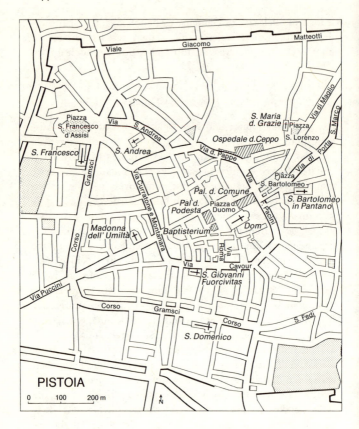

Palazzo del Comune

Die weite Piazza del Duomo wird von dem gewaltigen Campanile des Domes und dem Palazzo del Comune, dem Rathaus der Stadt, beherrscht, das in seiner vollkommenen Symmetrie harmonisch und zugleich durch die Mauermasse trutzig und abweisend wirkt. Unter der Regierung des Florentiner Podestà Giano della Bella, eines für Pistoia weitsichtigen Herrschers, wurde der Bau 1294 begonnen, dann zeitweise eingestellt, 1334 wieder aufgenommen und zwischen 1348 und 1385 mit Erweiterungen abgeschlossen. 1637 kam der Verbindungstrakt zum Dom hinzu. Die fünf Loggien im Untergeschoß und die drei Obergeschosse mit den zwei-, darüber ein- und schließlich dreibögigen Fenstern verleihen der Fassade eine eindrucksvolle Geschlossenheit. In der Mitte sehen wir Medici-Wappen mit den päpstlichen Schlüsseln für die aus dieser Florentiner Familie stammenden Päpste Leo X. (1513) und Clemens VII. (1529). Links vom Mittelfenster ein schwarzer Marmorkopf, für den es viele Deutungen gibt – unter anderem, es sei der im 12. Jahrhundert von Pisa besiegte Maurenkönig von Mallorca. – Im Inneren stattliche Säle mit Fresken aus dem 15. und 16. Jahrhundert; im obersten Geschoß das *Museo Civico*. In diesem Museum finden wir einige sehr schöne Gemälde, vor allem Madonnenbilder vom 12. bis zum 14. Jahrhundert, sowie Keramiken, Medaillen und Münzen.

Gegenüber dem Palazzo del Comune erhebt sich der etwas bescheidenere *Palazzo del Podestà* oder Palazzo Pretorio, der 1367 für den Podestà, den (Florentiner) Stadtherrn errichtete Amtssitz. Später verwendete man den Palazzo als Justizgebäude. Eine denkwürdige Inschrift im Hof lautet daher:

Hic locus	odit nequitiam	amat leges	punit crimina	conservat iura	honorat probos

»Dieser Ort haßt die Bosheit, liebt die Gesetze, bestraft die Verbrechen, bewahrt das Recht, ehrt die Rechtschaffenen«.

Dom

Die Domfront, sowohl die Eingangs- als auch die Längsseite, beherrscht der 67 Meter hohe Campanile, dessen unterer Teil angeblich schon den Lombarden als befestigter Turm gedient hat. Mit seinen Obergeschossen (aus dem 13. Jahrhundert; Turmspitze aus dem 16. Jahrhundert) in originellen Formen ist der Campanile das Wahrzeichen der Stadt. Eine alte, den Heiligen Zenon und Jakobus geweihte Kirche aus dem 5. Jahrhundert wurde um die Wende vom 12. zum 13. Jahrhundert durch den heutigen Bau in romanisch-pisanischem Stil ersetzt.

1311 schloß man die *Kirchenfront* mit Vorhalle und Fassade ab. So beeindruckt die Vorderseite des Domes durch ihre präzise Architektur, durch die genau aufeinander abgestimmten Formen, die halbkreis- und hufeisenförmigen Bögen und die Marmorgliederung der Vorhalle mit schlanken Säulen, ebenso durch die Galerie des oberen Teils mit zwei abgeschrägten Geschossen. Das Gewölbe des mittleren Bogens der Vorhalle ist mit Majolika-Kassetten von ANDREA DELLA ROBBIA ausgeschmückt, der auch das Madonna-Relief im Tympanon schuf (1505). Auf der Fassade zwei Marmorfiguren, Sankt Jakobus (Jacopo di Mazzeo) und Sankt Zenon (Andrea Vaccà).

In dem dreischiffigen, weiten *Inneren,* in dem der Schmuck an den Säulenkapitellen und Pfeilern auffällt, sind beachtenswert: das *Grabmal* des Cino da Pistoia, von einem sienesischen Bildhauer, 1337. In der Cappella di San Jacopo der **Silberaltar** des heiligen Jakobus, eines der Hauptwerke der italienischen Feinschmiedekunst, künstlerisch gelungen ebenso im Gesamten wie in den Einzelheiten: 628 Figuren sind dargestellt; man arbeitete von 1287 bis 1456 mit Veränderungen und Umstellungen daran, also vom Beginn der Gotik bis zum Beginn der Renaissance. An der Vorderseite finden wir fünfzehn Szenen aus dem Neuen Testament von Andrea di Jacopo d'Ognabene (1316), an der rechten Seite neun Darstellungen des Alten Testaments; an der linken neun Szenen aus dem Leben des heiligen Jakobus von Leonardo di Giovanni (1367-71); BRUNELLESCHI schuf unter anderem zwei Propheten-Figuren (links am Altaraufsatz).

Im *Museo Capitolare* (Kapitel-Museum, zugänglich von der Sakristei vorne rechts) befindet sich die Schatzkammer, die von Dante in der Göttlichen Komödie wegen ihres Reichtums gerühmt wird. Vor dem Altar steht ein *Bronzeleuchter* von MASO DI BARTOLOMEO (1440); in der Kapelle links neben dem Chor eine ›Thronende Madonna‹ von VERROCCHIO und LORENZO DI CREDI (1485); links am Eingang Denkmal für Kardinal Niccolò Forteguerri (1419-1473) unter Mitarbeit von Verrocchio und Lorenzo di Credi; am Eingang *Taufbecken* nach Entwürfen von BENEDETTO DA MAIANO.

Taufkirche gegenüber dem Dom: 1338 wurde der Baumeister Cellino di Nese beauftragt, nach den Plänen von Andrea Pisano ein Baptisterium zu errichten. 1359 war der achteckige, in weißem und grünem Marmor mit hübschen Dekorationen in den drei Portalen ausgeführte Bau beendet. Die Bildhauerarbeiten des *Hauptportals* (am Türsturz Szenen aus dem Leben Johannes des Täufers, Tympanon: Mutter Gottes, an den Seiten Statuen Johannes des Täufers und des heiligen Petrus) und die des *Taufbeckens* im Innern verdienen besondere Beachtung.

Vorschlag für einen Stadtrundgang

Da die Piazza del Duomo fast genau die Mitte des unregelmäßigen Stadtvierecks einnimmt, liegen die anderen sehenswerten Kirchen sternförmig zum Hauptplatz von Pistoia. So kann man jeweils von der Mitte aus gehen oder die hier angegebene Reihenfolge zu einem Rundgang nutzen: Ospedale del Ceppo, Santa Maria delle Grazie, San Bartolomeo in Pantano, San Domenico, San Giovanni Fuorcivitas, Madonna dell' Umiltà, San Francesco und schließlich als Höhe- und Schlußpunkt dieser Reihe Sant'Andrea.

Ospedale del Ceppo (in der Via F. Pacini): Das italienische Wort Ceppo bedeutet unter anderem Opferstock. Darin sammelte man Almosen für die Armen und Kranken. Das Spital wurde im 13. oder 14. Jahrhundert gegründet und Anfang des 16. Jahrhunderts dem Florentiner Ospedale di Santa Maria Nuova unterstellt. Nach den Vorbildern von Florenz wurde damals der Portikus davorgesetzt und der großartige *Majolika-Fries* von Künstlern aus der Werkstatt der DELLA ROBBIA geschaffen. Auf dem vielfarbigen Fries sind die Sieben Werke der Barmherzigkeit zusammen mit den Tugenden dargestellt: *(von links)* die Nackten kleiden – eine Sphinx – die Fremden beherbergen – die Allegorie der Klugheit – die Kranken besuchen – Glaube – die Gefangenen trösten – Liebe – die Toten bestatten – Hoffnung – die Hungernden speisen – Gerechtigkeit – die Dürstenden tränken – eine Sphinx. Auf den Medaillons finden sich Marienthemen. Die herausragenden Künstler dieses berühmten Frieses waren SANTI BUGLIONI und GIOVANNI DELLA ROBBIA.

Die Kirche *Santa Maria delle Grazie* neben dem Ospedale del Ceppo an der Piazza San Lorenzo ist nach den Plänen des Architekten MICHELOZZO (1452-69) erbaut. In der einfachen Fassade ein schönes Portal.

San Bartolomeo in Pantano (an der Piazza San Bartolomeo, östlich des Palazzo Comunale): Der Beiname der Kirche San Bartolomeo ›in Pantano‹ (Sumpf) leitet sich davon ab, daß der Bau 1159 in einem trockengelegten Sumpfgebiet errichtet wurde. Die schöne Fassade im pisanischen Stil blieb seit altersher unvollendet. Auf dem Türsturz des *Hauptportals* ein bemerkenswertes Relief, ›Christus und die Apostel‹, wohl von GRUAMONTE (1167), in einem Stil, der in Verbindung zu römischen Sarkophagen steht. In dem würdigen schmalen Inneren ist die *Kanzel* von GUIDO DA COMO, um 1250, hervorzuheben; sie kennzeichnet mit ihren sorgfältig gearbeiteten, verhalten wirkenden Figuren aus biblischen Szenen des Neuen Testaments den Übergang vom einfachen romanischen Stil zu der reichen, dramatischen Figurensprache des GIOVANNI PISANO (Kanzel in Sant'Andrea in Pistoia).

San Domenico (am Corso Umberto I, südlich des Domes durch die Via Roma und die Via Panciatichi): Die Dominikaner-Kirche, gegen Ende des 13. Jahrhunderts erbaut, um 1380 erweitert, im Zweiten Weltkrieg zusammen mit dem Konvent (Kreuzgänge) beschädigt und danach restauriert, birgt in dem weiten Inneren (im Stil der Bettelordenarchitektur) wertvolle Kunstwerke, darunter hinter dem ersten Seitenaltar rechts das *Grabmal* des Filippo Lazzari von Bernardo und Antonio ROSSELLINO (1462-1468).

San Giovanni Fuorcivitas (an der Via Cavour, südlich des Domes): Ein Schmuckstück der Außenarchitektur die Seitenwand der Kirche, in weiß-grüner Marmorstreifung ausgeführt, mit einer Vielzahl von Schmuckformen in pisanischem Stil und mit Reihen von Blendbögen, die mit verschiedenen phantasievollen Rhombenmustern gefüllt sind. Wie der Name besagt, lag die Kirche außerhalb der römischen und mittelalterlichen Stadtmauern. Der Bau des 8. Jahrhunderts wurde in der Mitte des 12. Jahrhunderts durch den heutigen ersetzt, den man aber erst im 13. und 14. Jahrhundert abschloß.

Über dem Eingang ein Flachrelief ›Abendmahl‹, von GRUAMONTE, im Bogen die Statue Johannes des Täufers (pisanische Schule). Im einschiffigen *Inneren* sind beachtenswert vor allem die **Kanzel** des FRA GUGLIELMO von Pisa (1270), die biblische Szenen des Neuen Testaments, Verkündigung und Heimsuchung, Geburt Jesu und Anbetung der Könige, Fußwaschung, Kreuzigung, Kreuzabnahme, Abstieg zu den Toten, Himmelfahrt, Ankunft des Heiligen Geistes, Tod Mariens zeigt, und ein *Weihwasserbecken* in der Mitte, für das GIOVANNI PISANO die vier ›weltlichen Tugenden‹ schuf (ein Jugendwerk); weiter ein Polyptychon von TADDEO GADDI (1353-55, links vom Hauptaltar) und eine Terrakotta-Gruppe ›Heimsuchung‹, die Andrea della Robbia oder Paolino del Signoraccio zugeschrieben wird.

Dort, wo das alte Kirchlein Santa Maria Forisportae stand – also ebenfalls außerhalb des alten Stadttores, südwestlich vom Domplatz – baute der Architekt Ventura Vitoni nach 1495 im Stil Brunelleschis die Basilika **Madonna dell' Umiltà,** deren Grundriß von exakten, einfachen geometrischen Formen bestimmt ist. Das Innere, ein Vestibül (1495) und der achteckige Zentralbau (1509), beeindrucken durch die Weite des Raumes. Die Kassettierung der Hauptkuppel und der kleinen Kuppel des Vestibüls sowie der Gewölbe und die Aufteilung der Wandflächen sind mit architektonischem Raffinement vorgenommen. So entstand eine der originellsten Schöpfungen des 16. Jahrhunderts in der Toskana.

San Francesco (an der Piazza San Francesco, westlich vom Zentrum): im Lauf ihrer Geschichte auch als Vorratshaus und als Kaserne benutzt. So erlitt die Kirche, 1294 begonnen, um 1400 beendet, beträchtliche Beschädigungen. Die barocke Ausstattung mit Altären zog auch die Fresken in Mitleidenschaft, die bei einer Restaurierung 1930 nur teilweise freigelegt werden konnten. Die Fassade in weiß-grüner Marmorstreifung kam erst 1717 hinzu. Die Fresken der Chorkapelle in dem weiten einschiffigen Inneren erzählen Szenen aus dem Leben des heiligen Franz von Assisi, ein Gemeinschaftswerk des Giotto-Schülers Puccio Capanna, Lippo Memmis und Pietro Lorenzettis. In den Seitenkapellen beachtenswerte

Fresken des 14. Jahrhunderts. Im Kloster ein schöner Kapitelsaal.

Sant'Andrea (in der Via Sant'Andrea, nordwestlich vom Domplatz): Die Kirche, deren Bau im 9. Jahrhundert begonnen und im 12. Jahrhundert weitergeführt wurde, doch unvollendet blieb (Fassade), ist vor allem durch hervorragende Bildhauerwerke berühmt. Auf dem Türsturz des Hauptportals finden wir eine feierliche, fast archaisch wirkende Darstellung der Heiligen Drei Könige (ihres Zuges zum König Herodes und der Anbetung vor dem Kind), ein Marmorrelief des GRUAMONTE und seines Bruders ADEODATO (1166). Die Kapitelle der Torpfosten zeigen links ›Engel und Zacharias‹, ›Heimsuchung‹, rechts ›Verkündigung und heilige Anna‹ von dem Meister ENRICO. Im Bogen ein ›Heiliger Andreas‹, nach dem Vorbild Giovanni Pisanos. Den Höhepunkt bildet jedoch im steilen, dreischiffigen Innern mit offenem Dachstuhl die **Kanzel** des GIOVANNI PISANO, eines der viel bewunderten Hauptwerke des Künstlers, vergleichbar seiner Kanzel im Dom zu Pisa; die hiesige wurde von 1298 bis 1301 geschaffen, die dortige von 1302 bis 1311. Aus sieben Porphyrsäulen, von denen zwei auf Löwen, eine auf einer gebeugten menschlichen Gestalt und die Mittelsäule auf zwei Adlern und einem Löwen ruhen, wachsen Kapitelle heraus, die Figuren von Sibyllen und Propheten tragen. In den Feldern der Kanzel sind dargestellt: Verkündigung und Geburt Jesu – Anbetung der Könige – Traum des Joseph – Kindermord zu Bethlehem – Kreuzigung und das Jüngste Gericht. Die bis ins feinste Detail gehende Ausführung der Figuren zeigt das große handwerkliche Können des Künstlers. Das bewegte Geschehen steigert sich im ›Kindermord‹ zu faszinierender Dramatik. Menschliche Leidenschaften, Schmerz, Trauer, Entsetzen, Bosheit und Nachdenklichkeit drücken sich auf den Gesichtern aus. Zwischen den Feldern Figuren des Alten und des Neuen Testaments von ebenso intensiver Ausdruckskraft. – Giovanni Pisano schuf auch das Holzkruzifix am Tabernakel der dritten Kapelle links.

Provinz Pistoia

Pistoia ist mit 965 Quadratkilometern die kleinste der toskanischen Provinzen, doch sehr dicht besiedelt. Einige der Orte finden unser besonderes Interesse oder wecken gar unsere Neugier wie Collodi, die Heimat des Pinocchio, der berühmten langnasigen Holzfigur, die nicht nur Kinder entzückt.

Einer der bekanntesten und gepflegtesten Kurorte Italiens ist das Thermalbad von **Montecatini Terme,** das in der ganzen Welt berühmt ist und auf halber Strecke zwischen Pistoia und Lucca liegt. Die Gärten und Parks, das milde Klima, die gut geführten Hotels und Pensionen aller Kategorien, die ordentliche touristische Organisation und die hervorragende Führung der Thermalbäder lassen einen Kuraufenthalt in Montecatini angenehm werden. Die Wasser von Montecatini, die wohl schon im Altertum bekannt waren, werden besonders für Leberleiden gelobt, so der Arzt Ugolino in seinem Buch über italienische Bäder bereits im 14. Jahrhundert. Doch scheint, folgt man den Empfehlungen der Werbung, kaum eine Krankheit vor der heilenden Wirkung des Montecatini-Wassers bestehen zu können. Seit dem Ende des 18. Jahrhunderts sind die Wasser einer breiten Öffentlichkeit zugänglich, die reichen Gebrauch von der Ergiebigkeit der Quellen (1800 Liter in der Minute, 2592 Kubikmeter pro Tag) für Trinkkuren, Bäder und Schlammpackungen macht. Von den acht hauptsächlich benutzten Quellen (Tamerici, Torretta, Regina, Tettuccio, Rinfresco, Leopoldina, Giulia und Grocco) sind die Gebäude der Leopoldina und des Tettuccio besonders aufwendig.

Von Montecatini Terme aus lassen sich viele lohnende Ausflugsziele erreichen: *Montecatini Val di Nièvole* mit der Kirche San Pietro; *Montecatini Alto* (290 Meter hoch); *Marliana* (450 Meter hoch) mit schönem Panorama und Ruinen der alten Burg; *Panicágliora* (821 Meter hoch), eine beliebte Sommerfrische; und *Femminamorta* (860 Meter hoch) auf einer Hochebene.

Westlich von Montecatini Terme (Richtung Pescia), oberhalb des Borgo a Buggiano an der Straße, liegt das wehrhafte **Buggiano Castello** mit alten Häusern. Besonders eindrucksvoll ist der *Palazzo Pretorio* aus dem 12. Jahrhundert, der mit schönen Wappen aus dem 15. und 16. Jahrhundert geschmückt ist. An dem kleinen Platz steht die romanische *Pieve*, 1038 als Benediktiner-Abtei gegründet und später teilweise rekonstruiert; das dreischiffige Innere ist rechts von Säulen mit alten Kapitellen, links von Pfeilern geteilt. In der Kirche sind unter anderem die Marmorarbeiten und die Wandbilder beachtenswert.

Um **Pescia,** westlich von Pistoia und Montecatini, stritten sich lange Zeit Lucca und Florenz. 1699 erhielt der Ort, auf halbem Weg zwischen Lucca und Pistoia in dem fruchtbaren Tal des Pescia-Flusses gelegen, die Stadtrechte, 1726 wurde er Bischofssitz. Heute ist das Städtchen mit fast 20000 Einwohnern als Landwirtschaftszentrum bekannt, mit seinen Spargelkulturen, dem vorzüglichen Olivenöl und seinem weithin berühmten, leuchtenden und duftenden Blumenmarkt. Sehenswert sind der *Dom* (romanische Reste, moderne Fassade) mit einem mächtigen Campanile (1306; ein- bis vierbögige Fensteröffnungen); die Kirche *San Francesco* mit dem kostbaren Tafelbild ›Franziskus und sechs Szenen aus seinem Leben‹ von Bonaventura Berlinghieri (1235, also nur neun Jahre nach dem Tod des Heiligen); das Kirchlein *Sant' Antonio* (1361) mit ›Darstellungen aus dem Leben des Abtes Antonius‹; und im Zentrum der *Palazzo dei Vicari,* das heutige Rathaus, mit Turm und Wappen an der Fassade.

Von Pescia aus empfehlen sich Ausflüge zu mehreren höchst sehenswerten Zielen: zur **Pieve di San Gennaro** (248 Meter hoch), wahrscheinlich vom Ende des 12. Jahrhunderts mit einer bedeutenden *Kanzel,* die nach der Inschrift von Meister Filippus 1162 geschaffen wurde; nach *Collodi* (125 Meter hoch) zur **Villa Garzoni** mit einem entzückenden Sommerpavillon und dem *Parco di Pinocchio,* einem bei Kindern beliebten Park mit Darstellungen der langnasigen Spielzeugfigur des Pinocchio (Park geöffnet: 8-20 Uhr); und (in der Provinz Lucca) nach *Segromigno Monte* zur **Villa Mansi,** einem schönen toskanischen Landschlößchen, und zur **Villa Torrigiani** aus dem 16. und 17. Jahrhundert.

MASSA-CARRARA

Als Einfallstor zur Toskana oder als letzte Station unserer Region können wir die Provinz Massa-Carrara mit den beiden Zentren von Massa und Carrara kennenlernen. Vom *Cisa-Paß* führt die Autobahn Parma–La Spezia in sanften Schwüngen an *Pontrémoli* vorbei. Schon in diesem ersten toskanischen Städtchen zu verweilen, ist lohnend. Dieser Hauptort der Lunigiana – nach dem altrömischen Luni (Carrara) – am Zusammenfluß von Verde und Magra hat seit seiner ersten Erwähnung im Jahre 990 eine reiche, bewegte Geschichte. Aufgrund einer Tradition der ambulanten Buchhändler wird in Pontrémoli jährlich der Literaturpreis ›Bancarella‹ verliehen. Mittelalterliche Türme und Paläste, die Kathedrale, die Kirche San Francesco und das Museum im Kastell (mit antiken Skulpturen, ›Stelen-Menhiren‹, sind sehenswert. Die Autostrada verläuft weiter zum Meer hinunter, vereint sich hier mit der Autobahn A 12 von Genua und tritt wieder neu in die Toskana bei Carrara ein.

Carrara

Carrara ist seit altersher wegen seines Marmors bekannt. Die Stadt, von etwa 70 000 Einwohnern in 80 Meter Höhe über dem 10 Kilometer entfernten Tyrrhenischen Meer, bildet zusammen mit Massa eines der größten Zentren der Gewinnung und Verarbeitung von Marmor in Italien und der ganzen Welt. Beide Städte liegen am Westabhang der bis zu 1945 Meter (Monte Pisanino) ansteigenden Apuanischen Alpen. In diesem Gebirgsstock hat die Natur in Jahrmillionen Kalkstein zu einem Kalziumkarbonat gepreßt, das jedem Wetter, jedem Klima und vor allem dem Zahn der Zeit standhält. Über Carrara und Massa türmen sich die steilen Gebirgsmassen, die den Marmor bergen, den glänzend weißen (Statuario) oder jenen mit roten, grünen, orangenen Flächen und Adern (Paonazzo, Bardiglio, Venato), je nach den verschiedenen Metallen, die in Urzeiten ihre Spuren hinterlassen haben. Schon die reichen Bauherrn des antiken Rom bestellten im damaligen Luni das kostbare Gestein; doch erst in der Renaissance erlangte Carrara Weltruhm. Von allen Künstlern, die in den *Apuanischen Dolomiten* nach dem Grundstein ihrer Werke suchten, ist Michelangelo Buonarroti (1475-1564) der bekannteste.

Unüberwindlich scheinende Schwierigkeiten mußten früher beim Abbau und vor allem beim Transport der tonnenschweren Marmorblöcke hinunter ans Meer gemeistert werden. Todesopfer blieben nicht aus. Wer heute in das Gebiet von Colonnata, Fantiscritti und Ravaccione hinauf- und auf schwindelerregenden Straßen herumfährt, begegnet überall der Technik, mit der man den Marmorbergen jetzt zu Leibe rückt, Baggern, Steinsägen, Preßlufthämmern, mit denen die Blöcke zersägt und bearbeitet werden, Transmissionsradbohrern, Diamantgattern und Blockschneidemaschinen. 1876 wurde eine Gütereisenbahn gebaut, die auf 20 Kilometern Schienenlänge und fast 11 Kilometern Anschlußgleisen über 16 Brücken und durch 15 Tunnel vom Meeresspiegel bis zu einer Höhe von 450 Metern führte, ein technisches Wunderwerk, das ganz Europa bestaunte. Vor einigen Jahren legte man die Eisenbahn jedoch still, da der Transport mit Lastwagen vorteilhafter erschien. Unten am Meer werden in den Hafenanlagen von Marina di Carrara oder Marina di Massa die weißen Schätze der Berge auf Schiffe in alle Welt verladen.

Ein Besuch der Marmorbrüche gehört zu den aufregendsten Erlebnissen in der Toskana. In der Stadt Carrara befindet sich in der Via Roma eine *Marmorkunstgalerie* in der Accademia di Belle Arti, die 1769 von Maria Teresa Cybo Malaspina gegründet wurde. (Mit Erlaubnis der Direktion Besichtigung möglich.) 150 Meter weiter erhebt sich an dem kleinen Flüßchen Carrione der **Dom,** ein mit Marmor verkleideter Bau, der im 12. Jahrhundert begonnen und im 15. beendet wurde. Die im pisanischen Stil gegliederte Fassade zeigt ein schönes Portal mit Pfeilern und Kapitellen und einer reich verzierten Rosette. Das Innere ist schlicht und ganz in sich geschlossen (Marmorgruppe ›Verkündigung‹ aus dem 14. Jahrhundert).

Ebenso wie Carrara wird die Stadt Massa, mit etwa 70 000 Einwohnern Hauptort der Provinz Massa-Carrara mit rund 200 000 Einwohnern, vom Marmor bestimmt, der ebenfalls in den darüberliegenden Apuanischen Alpen abgebaut wird. In Urkunden ist Massa schon im Jahr 882 erwähnt. Im Mittelalter wechselte der Ort häufig den Besitzer, kam unter die Herrschaft von Lucca, Pisa, Mailand und Florenz. Im 15. Jahrhundert unterstand er den Malaspina, dann den Cybo Malaspina (1553-1790), die sich eine Villa zu einer großen prachtvollen Residenz, dem *Palazzo Cybo Malaspina* an der Piazza degli Aranci (heute Sitz der Prefettura) umbauen ließen (1665 von Gian Francesco Bergamini; Fassade 1701 von Alessandro Bergamini). Außerdem legten sie den Grundstein für eine neue Stadt nach systematischen Plänen. Wenige Schritte von dem Palast Cybo Malaspina entfernt liegt am Ende einer Treppe der *Dom,* der im Auftrag von Giacomo Malaspina im 15. Jahrhundert errichtet und später umgestaltet wurde. Die moderne Fassade ist mit Marmor aus Carrara verkleidet. Über der Stadt ragt die Burg (Rocca) empor, die im Mittelalter die alte Stadt beherrschte und gegen Angriffe von der Küste schützte. Von oben bietet sich eine weite Aussicht über die neue Stadt bis zum Meer. Dort lädt der Badeort *Marina di Massa* mit zahlreichen Hotels, Pensionen und guten touristischen Einrichtungen, mit einem weiten Pinienwald, Jachthafen und Sportflugplatz zur Erholung ein.

Das Geheimnis des Marmors

In Colonnata, einem kleinen Bergnest hoch über Carrara, der Welt bekanntestem Marmorzentrum, zeigt die Frau mit dem seltenen Namen Vidimara nach unten: »Dort, wo heute der

Wasserspeicher steht, ist mein Vater im Steinbruch ums Leben gekommen. Er stand unter einem riesigen Stein. Ein Holzpflock zersplitterte. Der Marmorblock hat meinen Vater zerdrückt. Ich war damals, am 11. Februar 1973, noch nicht einmal zwölf Jahre alt, als die Buccine, die Hörner, ertönten und den Tod ankündigten. Wir bekreuzigten uns. Es half nichts. Es hatte unsere Familie getroffen. Für meine Mutter war es ein harter Schlag. Es war schon der zweite Mann, den ihr die Marmorberge raubten. Sie hatte nicht wieder heiraten wollen. Aber sie hatte drei Kinder, das älteste noch nicht sechs Jahre alt. Wir leben hier vom Marmor. Manche Männer müssen das mit dem Leben bezahlen. Heute ist es besser. Maschinen, Lastwagen, Straßen. Aber immer wieder muß einer büßen.«

Vidimara steht am Brunnen, reibt ihre Wäsche und hält ein Schwätzchen mit zwei Frauen aus dem Berg, Brigida und Amalfina – diesen Namen brachte der Vater vor achtzig Jahren aus Amalfi mit. Hier in Colonnata haben die Häuser kein Wasser. Man holt es am Brunnen – wenn die Berge genug hergeben. »Das Leben ist hart«, sagt die greise Amalfina mit lachendem Mund, wie eine, die es gemeistert hat. »Die Jungen bleiben nicht hier. Sie gehen hinunter in die Fabriken.«

Die Männer von Colonnata sind schweigsam. Nur zögernd geben sie Auskunft über ihre Arbeit, über den Marmor, den sie wie einen furchtbaren Feind hassen, den sie aber auch wie einen Freund lieben, den sie sanft berühren und voller Wut behauen. Marmor ist etwas Lebendiges, sagen sie, kein totes Gestein, ein Geschenk der Natur.

Was die Natur in Jahrtausenden geleistet hat, ist ihr nur unter Schweiß und Tränen zu entreißen – Sklavenarbeit. Sklaven waren es auch, die im Zeitalter des Augustus begannen, Blöcke aus dem Berg herauszuschlagen. Der Kaiser wollte das graue Rom in eine Stadt aus weißem Marmor verwandeln. Die Metropole des Weltreichs sollte den Städten Griechenlands in nichts nachstehen. Dort hatte der Marmor von der Insel Paros oder dem Pentelikon-Gebirge in Attika das Verlangen nach schönen Formen, fern von der Not des Alltags, erfüllt. Denn Marmor, besonders der parische, der pentelische und der von Carrara, ist ein Zeichen von Luxus, ist Baustein und

Schmuckmaterial für Macht, Ruhm und Reichtum. Mit dem Niedergang des Römischen Reiches stockte daher der Abbau der Marmorvorkommen bei Luni, dem damaligen Hauptplatz an der Küste. Während der Völkerwanderung, in den Wirren des angehenden Mittelalters brach man den Prachtstein von alten Gebäuden ab, dort, wo ihn frühere Generationen mühsam angebracht hatten; ihn aus dem Berg zu holen, war zu schwierig. In der Renaissance wurde Carrara zum Synonym für den edlen Marmor.

Von allen Künstlern, die hier nach ihrem Marmor suchten, ist Michelangelo, wie gesagt, der berühmteste. Er ging selbst hinauf in die Berge von Carrara. Die Wahl des Steins war ihm zu wichtig, als daß er sie anderen überlassen wollte. Den Steinbrechern müsse man auf die Finger sehen, meinte er. Denn nur der vollkommen reine Block vom besten Marmor, der Statuario, stellte ihn zufrieden. Aber wie leicht waren die Steinbrecher versucht, einen minderwertigen Block an einer leicht zugänglichen Stelle zu wählen oder das Tonnengewicht den Berg hinunterzurollen, statt es langsam auf der Lizza, der Gleitschiene aus Holz, zu Tal zu bringen. Michelangelo kannte die Fron dieser Arbeit. Zweimal entging er nur knapp dem Tod, als herabdonnernde Brocken ihn beinahe erschlagen hätten. Wie ein Besessener suchte er das Beste und schuf daraus seine Werke: den David, die Dämmerung und Morgenröte, Tag und Nacht, Apoll und Moses, die Pietà, Sklaven und Apostel.

Damals verfluchten die Arbeiter Michelangelo, weil er sie in schwindelnde Höhen, tief in das Herz des Berges trieb. Heute rühmen sie ihn und hoffen auf einen neuen. In dem Gedicht eines einfachen cavatore, eines Steinarbeiters, heißt es: »Michelangelo ist der Gott von Carrara mit den Händen eines Steinbrechers, mit dem Blick eines Wahnsinnigen und der Gier nach unendlichen Dingen.« Die Steinbrecher von Carrara kennen Michelangelos Besessenheit, sie verstehen sein Vermächtnis, die Begierde gegen den Willen des Berges.

Aber vom Warten auf ein Genie kann man nicht leben. Der einzelne Künstler bringt wenig, wenn er auch den Ruhm von Carrara verbreitet. Brot und Arbeit sind nur der Masse der

Marmorbestellungen zu verdanken. Der Wunsch nach schönen Fußböden und weiß-glänzenden Fassaden treibt die »Produktion« an Marmor ständig in die Höhe. So rückt man heute dem Berg mit moderner Technik zu Leibe. Wo einst der Mensch allein dem Felsen gegenüberstand, dröhnen nun Lastwagen, kreischen Steinsägen, rattern Preßlufthämmer. Das Gebiet zwischen Colonnata, Fantiscritti und Ravaccione ist ›erschlossen‹. An allen Ecken und Enden sind Drahtseile gespannt, als wolle man die gefährlichen Bergflanken einschnüren. Asphaltstraßen führen verwegen die steilsten Hänge hinauf.

Nello arbeitet seit 51 Jahren in den Bergen. Sein Alter? 64 Jahre. Er erinnert sich gut an die Zeit, bevor die Technik dem Menschen gegen die Unzulänglichkeit der Berge, gegen die Härte und das Gewicht des Marmors zu Hilfe kam. Damals hatte der Arbeiter nicht viel mehr als seine Muskelkraft, ein paar Eisenkeile, Hämmer, Holzpflöcke und Hanfseile, um den Stein aus dem Felsen zu lösen. Denn das Sprengpulver zerstörte zu viel. Gefahrvoll war es, den Block zu Tal oder zur Bahn zu befördern, mühsam, die Holzschienen immer wieder vorn vorzulegen und hinten wegzunehmen, dabei das Riesengewicht, bis zu 25 Tonnen, mit Pflöcken und Seilen zu halten. Oft geschah es, daß jede Vorsicht, jedes Hand-Werk im Steilhang durch die übermenschliche Schwere zunichte gemacht wurde. Zu oft. »Praktisch täglich«, sagt Nello. Nicht ohne Grund heißt eine Straße »Via dei Martiri del Lavoro«, Märtyrer der Arbeit.

Unten in den Werkstätten mußte der Block dann behauen, zerteilt oder in Platten zersägt werden. Emanuele aus Colonnata, 1916 geboren, hat noch erlebt, wie Arbeiter wochenlang einen Block mit der Säge durchrieben. Der Transport der Brocken hinunter zur Küste war nicht weniger schwierig, auf brüchigen Holzkarren, ein, zwei Dutzend Ochsen vorgespannt; ein quälendes Geschäft.

Erst um 1895 fand man die Technik, die heute noch angewendet wird: die Drahtseilsäge. Ein über Flaschenzüge laufendes Drahtseil wird an dem Felsen entlang- oder durchgeleitet und schneidet mit Hilfe von Wasser und Sand in das Gestein

ein. Transmissionsradbohrer, Diamantkronen, härterer Stahldraht verbesserten diese Technik. Die größten Erleichterungen brachten jedoch die Transportmittel.

Wenn heute in einem der riesigen Brüche der Bagger mit hundertfachen Pferdestärken vorn einen Block aufnimmt, daß er hinten wie ein scheuendes Pferd in die Höhe geht, ahnt man, welch ungeheure Kräfte nötig sind, um das Gestein zu bezwingen. Auch für das Sägen und Bearbeiten des Marmors stehen heute Maschinen bereit. Was ehemals in Wochen knechtischer Arbeit kaum erreicht wurde, besorgt heute die Motorsäge mit laufender Wasserzufuhr und Silikatsand in Stunden. Ein Diamantgatter oder, noch moderner, die Blockschneidemaschine zerteilt den härtesten Marmor wie weichen Käse und poliert ihn dazu. Die Verbesserung der Technik läßt sich nicht nur an den zernarbten Bergflanken ablesen, sondern auch an den Förderziffern: Im Jahre 1900 wurden 200 000 Tonnen Marmor abgebaut (zwei Drittel der italienischen Produktion), 1977 wurden 600 000 Tonnen überschritten. Auf die Provinzen Carrara und Massa entfällt heute zwar nur noch ein Viertel des italienischen Abbaus, jedoch mehr als die Hälfte des edlen weißen Marmors. Die Absatzmärkte verschoben sich in den letzten Jahren. Nahmen noch 1974 die Vereinigten Staaten, der Libanon, Frankreich, Spanien und Großbritannien die ersten Plätze ein, so rücken jetzt Saudi-Arabien, Kuwait und die Arabischen Emirate nach vorn.

Doch trotz moderner Technik und gut kalkulierter Produktion erfährt man vor Ort noch immer etwas von dem Geheimnis, dem Zauber und auch dem Fluch des Marmors. Dino ist Lastwagenfahrer. Nicht einer von den Kapitänen der Landstraße, die ihre Ungetüme Hunderte von Kilometern dahinjagen. Dino ist zufrieden, wenn er am Tag ein paar 100 Meter schafft und am Abend gesund mit seinem unbeschädigten Vieltonner heimkehrt. Denn Dinos Arbeitsstätte sind die Marmorbrüche selbst. Hoch oben in den Cave di Ravaccione treffe ich ihn, wie er noch einmal Lage und Sicherung eines riesigen Steinblocks auf der Ladefläche des Lasters prüft. Beim Anblick des Weges, den er vor sich hat, schwindelt mir: steile Serpentinen, schmale Asphaltbänder, die dem schweren

Fahrzeug in den Kurven nicht einmal die kleinste Drehung gestatten. Dino muß einmal vorwärts, hinter der Kehre dann rückwärts fahren. Nur im Kriechgang geht es bergab. Bremsen und Nerven müssen in Ordnung sein. Der Mann, Mitte Dreißig und mit einem Kreuz wie ein Schrank, lacht, aber bevor er in das Führerhaus steigt, bekreuzigt er sich.

Sein Freund Federico berichtet stockend, vor kurzem sei ein Kollege bei der Fahrt hinunter umgekommen, »dort drüben, an diesem steilen Abhang. Wenige Meter vor einer Kehre löste sich der Marmorblock aus seiner Halterung. Beppe, der Beifahrer, sprang ab und konnte sich retten. Gianni blieb, um den Lastwagen an einer Mauer zum Stehen zu bringen, denn unten am Hang, Sie sehen es, ist eine Baracke, wo sich immer jemand aufhält. Und dann rutschte der Block langsam auf Gianni zu, Beppe hat es noch gesehen, wie eine Fliege hat er ihn zerquetscht. Aus den Splittern des Marmorblocks haben sie ihm den Grabstein gehauen.«

Längst lebt Carrara nicht mehr vom Marmor allein. Aber noch immer ist das Städtchen davon geprägt. Auf den Lagerplätzen glänzen die weißen Blöcke in der Sonne. Fährt man hinaus, so begegnet man dem Marmor überall auf drohend daherkommenden Lastwagen, in den Brüchen neben der Straße, über sich und unter sich. Aufregend ist es, dort herumzufahren und zu schauen, wie den Bergen ihre Schätze entrissen werden. Am schönsten jedoch ist es hoch oben auf dem Campo Cècina, gegenüber dem 1748 Meter hohen Monte Sagro. Gleißender Staub liegt über den Marmorflanken. Tief unten das Meer. Schwere Lastwagen kriechen die Serpentinen hinauf, unhörbar. Stille. Frieden, wenn nicht die Furcht lauerte, daß wieder die Buccine, die Totenhörner, erschallen – auch heute noch.

LIVORNO

Von der Stadt Livorno und ihrer Provinz scheint es für uns wenig Berichtenswertes zu geben. Weder der Hauptort Livorno selbst noch eines der Provinzstädtchen ragt unter den kunstreichen Gemeinwesen der Toskana besonders hervor. So genügen wir zunächst einmal der Pflicht, wenn wir einige Daten über Livorno und die Gemeinden Castagneto, Carducci, Piombino und Populonia vorlegen. Dann kommt aber auch die Neigung zu ihrem Recht. Denn zu Livorno gehören vom *Arcipélago Toscano,* vom Toskanischen Archipel, die Inseln Capraia, Gorgona, Montecristo und Pianosa, vor allem jedoch die Insel Elba. Die zwei anderen, Giannutri und Giglio, werden administrativ zu Grosseto gerechnet. Der Inselwelt wollen wir besondere Aufmerksamkeit schenken.

Der Hafen der Toskana

Livorno ist immerhin die größte und wichtigste Hafenstadt der Toskana mit rund 180000 Einwohnern, also die zweitgrößte Stadt der Toskana, und Hauptort der gleichnamigen Provinz mit etwa 350000 Einwohnern. Livornos Stadtbild ist von Industrie- und Hafenanlagen geprägt, von neueren Wohnhäusern und den dem Autoverkehr überlassenen Straßenzügen. Hinter dem Erscheinungsbild verbirgt sich jedoch eine traditionsreiche Stadt, die zum ersten Mal im Jahr 904 erwähnt wurde. Lange Zeit war sie der Hafen von Pisa, doch nach den Niederlagen der Pisaner wurde sie von den Genuesen (1405) übernommen, die Livorno wiederum im Jahr 1421 für

100000 Gold-Florentiner an Florenz verkauften. Die Medici aus Florenz sorgten für Befestigungsanlagen und gründeten 1571 einen neuen Hafen, für den zugleich eine neue Stadt entworfen wurde. Danach nahm Livorno einen raschen wirtschaftlichen Aufschwung und stieg schon Ende des 18. Jahrhunderts zur zweitgrößten Stadt der Toskana auf. Im Zweiten Weltkrieg erlitt die Stadt infolge der Kriegshandlungen schwere Schäden auch an den künstlerisch wertvollen Kirchen. Inzwischen sind diese jedoch, so gut es ging, behoben.

Von den Sehenswürdigkeiten der Stadt sind hervorzuheben: An der Piazza Grande der *Dom San Francesco*, 1594-1606 nach Plänen von Bernardo Buontalenti und Alessandro Pieroni errichtet; am Hafen bei der Fortezza Vecchia die Kirche *San Ferdinando* (oder Chiesa della Crocetta), von 1707-1714 unter Leitung des Architekten Giovanni Battista Foggini erbaut; im Zentrum die *Chiesa della Concezione* (oder della Madonna), ebenfalls von Alessandro Pieroni (1599) errichtet; bei der Piazza Guerrazzi der *Cisternino,* ein Bau in eleganten klassizistischen Formen, früher für die Sammlung der Abwässer bestimmt, heute Sitz der Casa della Cultura, einer Kulturvereinigung; und an der Viale Giosue Carducci der *Cisternone,* ein Wasserreservoir für die städtischen Aquädukte mit acht Säulen und einer großen Nische (1829-1832); die beiden Festungswerke der *Fortezza Vecchia* (letzte Hand von Antonio da SANGALLO, 1521-1530), direkt am Hafen mit einem gewaltigen, ›Mastio di Matilde‹ genannten Turm, und der *Fortezza Nuova* (1590 nach Plänen Giovanni de' Medicis errichtet) gegenüber der Piazza della Repubblica; der Kanal des *Fosso Reale,* der dem Verlauf des Grabens vor den alten Stadtmauern entspricht; die *Hafenanlagen* insgesamt mit dem Porto Mediceo, so genannt nach den Gründern des Hafens von Livorno, den Medici, im 16. Jahrhundert.

Besondere Beachtung verdienen im Hafen das Denkmal für Ferdinand I. (1607), im Volksmund die Vier Mohren (Quattro Mori) genannt, wegen der vier Figuren zu Füßen des Großherzogs, und das Städtische Museum, *Museo Civico ›Giovanni Fattori‹* mit wertvollen Kunstwerken (Gemälden, Skulpturen, Münzen).

Für den Opernfreund wird Livorno auch als Geburtsstadt des Komponisten Pietro Mascagni von Bedeutung sein (7. Dezember 1863, gestorben am 2. August 1945 in Rom), der 1890 mit seiner Oper ›Cavalleria rusticana‹ einen Welterfolg errang.

Castagneto Carducci

Dem Ort Castagneto, 57 Kilometer südlich von Livorno und etwa 7 Kilometer von der Küste und dem schönen Sandstrand bei *Marina di Castagneto* (Badeort) entfernt und 194 Meter hoch gelegen, wurde der Zusatzname Carducci zu Ehren des berühmten italienischen Dichters Giosue Carducci (1835 in Valdicastello bei Lucca geboren, 1907 in Bologna gestorben; 1906 Nobelpreis für Literatur) gegeben, der hier zwei Jahre seiner Jugend (1848/49) verlebte. Eine Steintafel erinnert an einem Haus in der Nähe des Municipio, des Rathauses, daran. Vom *Piazzale Belvedere* ein herrlicher Blick über die umliegenden Hügel und bei klarem Wetter bis zu den Inseln Elba, Capraia, Gorgona und sogar Korsika.

Populonia

Durch sein reizvolles Panorama zeichnet sich das 181 Meter hoch, direkt über dem Meer, an den Hängen des Vorgebirges Monte Massoncello bei Piombino gelegene Städtchen Populonia aus. Die wegen der begehrten Lage wechselvolle Geschichte beginnt schon in vorgeschichtlicher Zeit, wird von den Etruskern (Pupluna) und Römern, die sich vor allem für die metallhaltigen Bodenschätze der Umgebung interessierten, weitergeführt und endet bereits im 11. Jahrhundert, als der Bischof seinen Sitz nach Massa Marittima verlegt. Aus dem Mittelalter hat sich die machtvolle Burg (Rocca) erhalten; von den Etruskern zeugen viele Gegenstände im *Museo Etrusco*, das in der Villa della Società Populonia Italica untergebracht ist, und Grabanlagen in der nahen Umgebung (Tombe Etrusche).

Piombino

Piombino – der Name leitet sich von dem italienischen Wort für Blei, piombo, ab; dieses Metall wurde hier in der Umgebung gefunden – ist Hafen- und Industriestadt. Das drückt sich unübersehbar im Äußeren der Straßen, Plätze und Häuser aus und läßt leicht vergessen, daß die Stadt eine lange bewegte Geschichte besitzt. Diese begann mit der Gründung der Stadt als Porto Falesia durch die Römer, erreichte im Mittelalter mit der Zugehörigkeit zu Pisa einen Höhepunkt und ging mit wechselnden Besitzern in die Neuzeit über. Die Lage des Ortes gegenüber der Insel Elba und das Hinterland der *Colline Metallifere,* der metallhaltigen Hügel, bestimmten das Geschick Piombinos bis heute. Der Hafen (mit Fährverbindungen hinüber nach Elba) und Industrieanlagen im Umkreis mit Hochöfen, Stahlschmelzen und metallverarbeitenden Fabriken charakterisieren die Stadt.

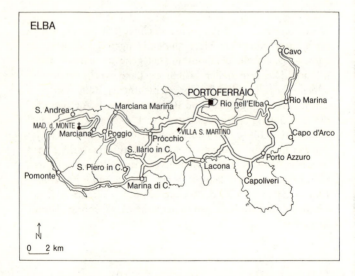

Die Inselwelt der Toskana

Elba – die Insel Napoleons?
oder Segelfreuden und Politik im Mittelmeer

Meine erste Bekanntschaft mit Elba begann mit einer Verspätung. Einer haarscharfen, wie man sie in dieser Präzision gewöhnlich nur im Film sieht. Und dazu führte mir diese Verspätung sogleich deutlich vor Augen, daß ich mich einer Insel zu nähern suchte, die vom Festland durch fast zehn Kilometer Wasser getrennt ist. Wir waren an einem Sonntagmittag Anfang Mai in Rom losgefahren. Für die 264 Kilometer von der Hauptstadt nach Piombino, dem Haupt-Abfahrtshafen der Fähren nach Elba – Autobahn, die in diesem Abschnitt gut ausgebaute Via Aurelia und ein Stück Landstraße –, hatte ich drei Stunden gerechnet, plus eine Stunde Reserve für mögliche Hindernisse und zur Beruhigung meiner Frau und zweier in einem zweiten Auto fahrenden Damen. Um 18.10 Uhr sollte das Fährschiff aus Piombino abgehen.

Es lief auch alles gut, wir kamen rasch voran. Zu rasch offenbar, denn vor Grosseto verführte mich die günstige Zeit zu der Idee, am Meer entlangzufahren, über Marina di Grosseto und Castiglione della Pescaia. Ein harmloser Einfall, wie mir schien, da doch am Nachmittag der Sonntagsverkehr nach Grosseto, in die Stadt, zurückströmen müsse. Da hatte ich freilich die Rechnung ohne die Unternehmungslust der Grossetani angestellt. Sie fuhren Richtung Meer, zielbewußt wie die Lemminge. Bis wir diesen Massenauszug so recht glauben wollten, war es zu spät, wieder auf die Aurelia zurückzukehren. Kurz und gut, in Marina fand ein Parteifest statt, in Castiglione eine Kirmes. Aber wir gaben die Fähre noch nicht verloren und »drehten auf«; – die Damen hielten wacker mit. Kurz vor 18 Uhr waren wir drei Kilometer vom Hafen entfernt. Ich schöpfte Atem. Da stoppte eine Schranke unsere Eile. Doch noch blieben ein paar Minuten und die Hoffnung, in Italien könne das Fährschiff mit Verspätung ablegen. Also schnell durch das Städtchen, zum Hafen hinaus. Es war genau

18.10 Uhr. Nein, die Fähre war pünktlich, sie schob sich von der Mole weg, filmreif hielten zwei Autos mit quietschenden Bremsen genau vor dem Wasser, filmreif verlängerten sich die Meter zwischen dem Land- und dem Wasserfahrzeug.

Zum Glück lachten wir alle über diese Inszenierung, erkundigten uns nach der nächsten Fähre, tranken in der abendlichen Kühle einen heißen Tee und schauten den kreischenden Möwen nach. Eineinhalb Stunden später hoppelten wir über den Eisensteg auf das Schiff, das uns nicht zum Hauptort der Insel, nach Portoferraio, brachte, sondern nach Rio Marina an der Ostseite. So lag dann die Insel nicht mehr im Tageslicht vor uns, sondern sie verhüllte sich in der Dämmerung. Bald blitzten Lichter in der einbrechenden Dunkelheit auf, wie um dem Fremden stets neu die wirkliche Existenz der Insel zu versichern. Karge Beleuchtung am Hafen, die kurvenreichen Straßen finster. Wir wagten nicht, den engen, doch kürzeren Weg von Rio nell'Elba zu unserem Ziel, den »Grotten des Paradieses« zu nehmen, damit wir nicht plötzlich des Nachts über Steilabhänge im übertragenen Sinn ins Paradies fielen. Wir fuhren lieber den Umweg über Porto Azzurro, bis wir verspätet ankamen, doch, wie es uns schien, um so freudiger zu Speis und Trank am Abend willkommen geheißen wurden.

Wir waren nach Elba aufgebrochen, um Segeln zu lernen. Sonst nichts. Die Insel interessierte uns am Anfang weniger, dafür um so mehr die sie umgebenden Wasser und die ihr Frische zufächelnden Winde. Schon gar nicht machte mir Eindruck, daß sie der Exilsort Napoleons gewesen sei. Franzosen geraten in helle Aufregung, wenn sie mit Einzelheiten des Lebens ihres Kaisers auf Elba konfrontiert werden. Manche Engländer auch, offenbar aus dem von Fairneß getragenen Respekt vor dem starken Gegner. Mich hingegen ließ der Gedanke zuerst völlig kalt – ich schreibe es in aller Achtung vor meinen französischen und englischen Freunden –, Napoleon könne an dieser oder jener Stelle einen Hosenknopf verloren haben und ich ihn finden. Gerade wegen meines Interesses an der bedeutenden Geschichte erschienen mir die wirklichen oder erdichteten Spuren des großen Franzosen auf Elba zweitrangig. Als Napoleon 1814 nach Elba kam und es knapp zehn

Monate später wieder verließ, war seine Zeit abgelaufen, das Zeitalter, das seinen Namen trägt, beendet, die Möglichkeit, geschichtsmächtig zu agieren, verschlossen. Die Tage auf Elba dienten nur dem Atemholen vor einem letzten verzweifelten Ausbruch zur Rückkehr auf die Weltbühne, der von vornherein zum Scheitern verurteilt war. Deshalb überlasse ich den einheimischen Fremdenführern, die häufig erfundenen Geschichten und Geschichtchen von dem gewaltigen Herrscher zu erzählen. Ich muß bei Napoleon zunächst immer an die sterbenden Preußen und Bayern bei dem tödlichen Rückmarsch aus dem winterlichen Rußland denken – ein auf Elba bedrückender Gedanke. Dadurch will ich nicht die Großtaten dieses politischen Genies herabsetzen. Doch für mich ist die Insel interessant und schön – auch ohne Napoleon. Reiseführer über Elba, die mehr von Napoleon erzählen als von der Insel, sind mir verdächtig.

Wichtiger als der französische Kaiser war beim ersten Rendezvous das Segeln. Immer mehr Freunde des Segelsports werden von den Inseln und Küsten der Toskana angezogen; Elba kann dafür eine ideale Basis sein. Die mitteleuropäischen Flaggen erscheinen deshalb häufig in den toskanischen Häfen. In der Tat vermag das Tyrrhenische Meer in dem Dreieck zwischen der Provinz Massa-Carrara im Norden – die ligurischen Häfen La Spezia, Portofino, Rapallo sind nicht fern –, der Ostküste Korsikas und der Nordküste Sardiniens mit den dazwischenliegenden Inseln im Westen und dem Monte Argentario im Süden dem Segler viel zu bieten:

Eine lange Saison – selbst in den Wintermonaten kann ein Törn angenehmes, nicht nur peinvolles Vergnügen bereiten; pflegliche Winde, die häufig gute Fahrt gewähren, was freilich weder gefährliche Stürme noch langweilige Flauten ausschließt – und Jachthäfen, in denen selbst in der Hochsaison fast immer noch ein Plätzchen zu finden ist –, auch dabei bewähren sich italienisches Improvisationsgeschick und südliche Freundlichkeit. Die Einrichtungen sind teils von vorzüglicher Qualität (wie in Punta Ala), teils genügen sie einfachen Ansprüchen, wobei selbst dann der Aufenthalt in einem toskanischen Hafen lustiger und lebhafter ausfällt als in einem der nördlichen Meere. Vor allem bilden die Inseln reizvolle Ziele. Elba und die Halbinsel des Monte Argentario, Giglio, Capraia und Gorgona locken mit landschaftlicher Schönheit und seglerischen Freuden.

›Kurzporträt‹ von Elba *Karte S. 466*

Und zwischen den Segelfreuden lernten wir auch die Insel Elba kennen. Sie ist die größte des Toskanischen Archipels mit einer Fläche von 223 Quadratkilometern. Die größte Ausdehnung von Ost nach West beträgt 27 Kilometer, die von Nord nach Süd 18 Kilometer. Die Berge der Insel steigen bis zu einer Höhe von 1019 Meter an (Monte Capanne). Da die kürzeste Entfernung zwischen Insel und Festland nur zehn Kilometer beträgt und die Überfahrt von Piombino zu den Orten der Insel nicht einmal eine Stunde dauert, erfreut sich Elba als Ausflugs- und Urlaubsziel immer größerer Beliebtheit. Mit ihrer strengen Schönheit im Innern und mit den 147 Kilometer langen, zum Teil wild zerklüfteten, zum Teil von Sandstränden gesäumten Küsten lockt Elba Jahr für Jahr mehr Besucher an. Die Insel ist reich an Bodenschätzen. Sie besitzt ein mildes Klima; Flora und Fauna bieten vielfältige Abwechslung; auch ein guter Wein wächst hier (Aleatico, Moscato, Procanico, Sangioveto).

Die Geschichte der Insel ist lang. Nachdem Elba zuerst von Ligurern besiedelt, dann von den Etruskern wegen der Erzvorkommen geschätzt und von den Griechen aus dem sizilianischen Syrakus begehrt war, gründeten die Römer auf der Insel, die sie Ilva nannten, mehrere Kolonien. Der römisch-lateinische Dichter Vergil rühmte ihren Metallreichtum. Im Mittelalter wechselte die Insel mehrfach den Herrscher. In der Neuzeit stritten sich Türken, Spanier, Franzosen und Engländer um ihren Besitz, bis die Insel schließlich Teil des Großherzogtums Toskana wurde. Vom 3. Mai 1814 bis zum 26. Februar 1815 war Elba unabhängiger Besitz und Residenz Napoleons, der hier ein freundliches Exil verlebte, nicht ohne der Wirtschaft der Insel einige Impulse zu geben.

An Napoleons Aufenthalt auf Elba erinnert in Portoferraio

– der Name besagt nach der ursprünglichen Bestimmung ›Eisenhafen‹ –, dem Hauptort der Insel und Endpunkt der meisten Fährverbindungen von Piombino oder Livorno, im oberen Stadtteil die ›Casa di Napoleone‹ oder ›Palazzina Napoleonica dei Mulini‹, die einfache Villa in der Festung, die Napoleon und seiner Umgebung als Wohnung diente. Im Innern sind Erinnerungsstücke an den französischen Kaiser ausgestellt. Von der Festung bietet sich zudem ein weiter Blick über den Hafen und die ausgedehnte Bucht von Portoferraio. – 6 Kilometer außerhalb der Stadt im Südwesten liegt die Villa San Martino, die wenig benutzte Sommerresidenz des Kaisers während seines Inselaufenthalts, die von dem russischen Prinzen Anatol Demidow, dem Ehemann der Nichte Napoleons, Mathilde Bonaparte, umgebaut und später in ein Erinnerungsmuseum für Napoleon und in die Pinacoteca Foresiana (Sammlung von Gemälden und Skulpturen) umgewandelt wurde.

Ein Aufenthalt auf der Insel wird auch dazu dienen, ihre landschaftlichen Schönheiten, Berge und Küsten, und die verschiedenen Orte kennenzulernen, wenn auch zuweilen auf schwierigen, nicht gekennzeichneten Wegen: wie etwa die Ruinenburg Volterraio (394 Meter hoch); oder nicht weit von Portoferraio die Orte Porto Azzurro, Capoliveri, das von den Römern gegründete Caput Liberum, Rio Marina, Procchio (mit dem schönsten Strand Elbas), Marciana Marina, Poggio Terme, Marciana (in der Nähe Seilbahn auf den Monte Capanne; möglich ist auch ein Spaziergang zu dem Heiligtum der Madonna del Monte – auch hier wird ein Aufenthalt Napoleons verzeichnet), Marina di Campo, Piero in Campo, San Ilario in Campo – alles hübsche, reizvolle Orte. Möglich ist, wenn auf das Segeln noch kein Verlaß ist, auch eine Schiffahrt um die Insel; die Westküste und das Capo Calamita sind besonders eindrucksvoll.

Nach einem ersten zweiwöchigen Aufenthalt zog es uns immer wieder nach Elba. Am liebsten steuerten wir es mit der Segeljacht an, vorbei an den umliegenden kleineren Inseln, wie Palmaiola und Cerboli, lenkten den Bug in immer noch ruhige Buchten, warfen den Anker in kristallklares Wasser, tauchten auf geheimnisvollen Grund. Dann umrundeten wir die Insel, einmal im Uhrzeigersinn und einmal dagegen, und staunten, wie verschieden Berge und Abhänge, Städtchen und Häuser sich darboten.

Wahlkampf auf Elba oder Politik im Mittelmeer

Einmal setzten wir von Piombino über, als wir auf dem Festland genug vom politischen Kampf vor den Parlamentswahlen hatten, in der Meinung, auf der Insel davon unbehelligt zu bleiben. Aber dann kam es anders.

Plötzlich übertönt die Glocke der nahegelegenen Kirche St. Jakob das kommunistische Kampflied ›Internationale‹. Es ist vormittags elf Uhr. Gegen das Läuten kommen die Lautsprecher, in denen Marschrhythmen dröhnen, nicht mehr an. Die wenigen Leute, die sich auf dem Hauptplatz des kleinen Städtchens Porto Azzurro an der Ostküste der Insel Elba zu einer Wahlversammlung der Kommunistischen Partei Italiens (PCI) mit einem Abgeordneten aus Rom eingefunden haben, rücken etwas näher an die Lärmboxen heran. Es sind 26 Männer, eine Frau, zwei Kinder und ein Schäferhund, die nun darauf verzichten müssen, daß der Sektionschef des PCI (etwa 150 Mitglieder) pünktlich die Veranstaltung eröffnet. Die Piazza Matteotti am Rande des Meeres böte einer hundertfachen Menge Platz, die sich anhören könnte, warum bei diesen Parlamentswahlen die Stunde der italienischen Kommunisten schlagen müsse.

Fünf Minuten später erhebt sich Don Renato, der Pfarrer von San Giacomo, aus seinem Beichtstuhl, lächelt den Mädchen, die gerade gebeichtet haben, aufmunternd zu und gibt einem Priester das Zeichen zum Beginn der Messe. Ein frommes Lied kommt schleppend in Gang. Dem Mann hinten in einer Bank, der unschuldig danach gefragt wird, ob man in der Kirche auch den Bürgermeister finden könnte, steigt trotz der heiligen Handlung der Ärger ins Gesicht. Der Bürgermeister? Der habe, als Christlicher Demokrat gewählt, sich und seine Partei »verkauft« und gemeinsame Sache mit den Kommunisten gemacht.

Die beiden Carabinieri, die auf dem Marktplatz langsam die kleine Gruppe der aufrechten Kommunisten umkreisen, drücken sich vorsichtiger über den Bürgermeister aus. Ja, er sei vor vier Jahren auf der Liste der Democrazia Cristiana (DC) gewählt worden; welcher Partei er jetzt angehöre, wisse man nicht genau.

27 Männer, einer mehr, sind es jetzt, die noch immer ihrem Sektionschef zuhören müssen, obwohl sie doch wegen des Abgeordneten aus der Hauptstadt gekommen sind. Endlich übergibt der Kommunist mit den Jeans dem Kommunisten mit Krawatte das Mikrofon, einem unauffälligen Funktionär der Partei, von Beruf Arbeiter, aus Piombino stammend, der industriereichen Hafenstadt gegenüber Elba. Nichts wird auf der Insel so übel vermerkt, wie wenn die hohen Herren vom Festland der Insel nicht einmal einen Höflichkeitsbesuch abstatten. Was der kommunistische Abgeordnete dann sagt, hat man schon gehört: daß die Christlichen Demokraten Bösewichte seien und daher die Kommunisten mehr Stimmen erhalten müßten. Klüger wird niemand daraus. Doch das Werben lassen sich die Insulaner in der Sonne gefallen, auch wenn dadurch keine neuen Sympathisanten gewonnen werden.

So muß auch ein Christlicher Demokrat auf Elba seine Aufwartung machen: Mario Segni, Universitätsprofessor aus Sassari auf Sardinien und Sohn des ehemaligen italienischen Staatspräsidenten, unterzieht sich der Mühe, die Fähre zu nehmen und auf die Insel zu fahren. Am Abend um sechs Uhr hat er sich im Astra-Kino in Portoferraio, dem Hauptort der Insel, angekündigt. Um halb sieben weisen lediglich einige Carabinieri, ein Fotoreporter und ein paar Neugierige vor dem Kino und etwa 20 Personen im Saal darauf hin, daß sich hier noch etwas tut. Der Onorevole bringt niemanden durch pünktliches Erscheinen in Verlegenheit. Denn tatsächlich, als Mario Segni gegen sieben Uhr zu reden beginnt, rücken sich rund 180 Zuhörer zurecht.

Den Atem der Weltgeschichte bringt Segni nach Portoferraio zurück. Denn die Stadt ist stolz darauf, daß der verbannte Napoleon seine Wohnstätte hier aufschlug. Die »schweren

Probleme des Augenblicks« ließen ihm, eröffnet Segni mit ruhiger Stimme den DC-Wählern, keine Zeit, sich bei den bekannten Schönheiten der Insel aufzuhalten. Darauf wolle er in ruhigeren Zeiten zurückkommen. Jung und alt nicken eingeschüchtert wegen des Ernstes der Lage. Mythen seien zusammengebrochen. Die Ideologie des Marxismus habe ihre Schwäche bewiesen; die Sowjetunion wolle die Vereinigten Staaten wirtschaftlich überholen, Vietnam und Kuba sollten sozialistische Paradiese werden. Was sei daraus geworden? »Das westliche System zeigt jeden Tag seine Überlegenheit«, erklärt Segni unter lebhaftem Nicken seiner Zuhörer. Deshalb: »Italien, also auch Elba, gehört zum Westen, zu Europa.« Dabei bleibt es.

Mit der Zeit erfaßte uns die einzigartige Faszination der Insel, begriffen wir, warum Elba Jahr für Jahr immer mehr Mitteleuropäer anzieht. Es ist die nördlichste Insel des Mittelmeeres, die voll und ganz den unverwechselbaren Charakter des Südens ausstrahlt. Sie ist für die Besucher aus dem Norden relativ leicht, dazu noch mit dem Auto zu erreichen, klein genug, um überschaubar zu sein – man weiß immer, daß man sich auf einer Insel befindet –, groß genug, daß sie eine Welt für sich mit verschiedenen Bereichen bildet. Auf Elba kann man alles finden, was eine Mittelmeerinsel ausmacht. Das Mediterrane ist hier in gefälliger Form zusammengefaßt. Die Bewohner nehmen den Fremden willig auf, gewähren ihm, eine Weile bei ihnen zu wohnen und entlassen ihn dann, ohne sein Wesen zu behelligen. Elba ist für jene nördlich der Alpen die erfüllte Verheißung des Mittelmeers.

Toskanischer Archipel

Als Reiseziele werden auch die anderen Inseln des Archipels immer beliebter, wegen ihrer ursprünglichen Schönheit, der Originalität ihrer Berg- und Küstenformationen und nicht zuletzt deshalb, weil man relativ leicht zu ihnen gelangen kann. Man sollte sich – wenn dazu Lust und Möglichkeit bestehen – einen Abstecher mit einer Segeljacht oder einem Motorboot, vielleicht sogar einen längeren Aufenthalt auf einer der folgenden Inseln nicht entgehen lassen.

Isola del Giglio: 21,21 Quadratkilometer; 8,7 Kilometer lang, 5 Kilometer breit; 498 Meter hoch; 13 Kilometer vom Monte Argentario (Fährverbindungen);

Isola di Capraia: 19,50 Quadratkilometer; 8 Kilometer lang, 4 Kilometer breit; 447 Meter hoch; 65 Kilometer von Livorno;

Isola di Montecristo: 10,39 Quadratkilometer; 16 Kilometer Küste; 645 Meter hoch; 40 Kilometer von Elba entfernt;

Isola Pianosa: 10,25 Quadratkilometer; 5,8 Kilometer lang, 4,6 Kilometer breit; 27 Meter hoch; 14 Kilometer von der Insel Elba;

Isola di Giannutri: 2,62 Quadratkilometer; 2,6 Kilometer lang; 88 Meter hoch; 14 Kilometer von Argentario entfernt; und

Isola di Gorgona: 2,23 Quadratkilometer; 1,5 Kilometer lang und 255 Meter hoch; 37 Kilometer von Livorno entfernt.

Die Insel Capraia, von den alten Römern Capraria genannt, 65 Kilometer von Livorno und 55 Kilometer von Piombino entfernt (Schiffsverbindung), verdient ein paar Worte mehr. Sie ist ein erloschener Vulkan, besteht also aus vulkanischem Gestein. Der höchste Berg, der Monte Castello, ragt 447 Meter empor. Schon in der Antike bewohnt, war Capraia im Mittelalter von Sarazenen, Pisanern und Genuesen heftig umkämpft. Die Genueser Festung San Giorgio (15. Jahrhundert) ist das stattlichste Bauwerk der Insel. In jedem Jahr suchen immer mehr Touristen – vor allem Unterwassersportler – Capraia wegen des milden Klimas und der wilden Schönheit auf. Eine Fahrt um die Insel ist empfehlenswert (ca. 30 km; halber Tag).

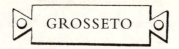
GROSSETO

Die Provinz Grosseto mit der gleichnamigen Hauptstadt ist ganz zum Meer hin orientiert. Sie liegt deshalb für viele Reisende etwas abseits der herkömmlichen Routen, die meist im Innern der Apennin-Halbinsel verlaufen. Es sei denn, man wählt ganz entschieden die *Via Aurelia,* welche die Küste des Tyrrhenischen Meeres begleitet, von Nord nach Süd (oder bei der Rückkehr). Dafür spricht angesichts von fünf toskanischen Meeresprovinzen, Massa-Carrara, Lucca, Pisa, Livorno und Grosseto, einiges. Auch als Siedlungsland der Etrusker verdient die heutige Provinz Grosseto unser ganzes Interesse. Deshalb gilt nach dem Besuch der Provinzhauptstadt Grosseto unser Hauptaugenmerk zuerst den etruskischen Ruinenstädten Roselle und Vetulonia, dann der kunstreichen Stadt Massa Marittima, und weiter den Orten und Landschaften am Meer. Danach können wir ins Innere vorstoßen und bei einer Eisenbahnfahrt oder einer geruhsamen Auto-Rundreise durch die südliche Toskana mehr von dieser Provinz kennenlernen.

Die Stadt Grosseto

In heute fruchtbarer Landschaft liegt die Stadt Grosseto mit rund 70000 Einwohnern, Hauptort der gleichnamigen Provinz mit etwa 250000 Einwohnern und Zentrum der vom Ombrone-Fluß benetzten und zugleich entwässerten Ebene der Maremmen. Grosseto entstand im Mittelalter aus einem kleinen Kastell, das die Via Aurelia, die durch die Maremmen führende Straße zwischen Pisa und Rom, bewachte. Als die

Entwässerungsanlagen der Maremmen verfielen und das etruskische Roselle – etwa 9 Kilometer nordöstlich von Grosseto (heute nur noch Ruinenreste) – von den Sarazenen zerstört wurde, verlegte man den dortigen Bischofssitz 935 nach Grosseto. Im Mittelalter wechselte der befestigte Ort, wie andere toskanische Städte, häufig den Besitzer. Erst im Großherzogtum Toskana erlebte Grosseto einen langsamen wirtschaftlichen Aufschwung, der jedoch stets an den Zustand der Ent- und Bewässerungsanlagen gebunden und immer durch die Gefahren der Malaria beeinträchtigt war. Erst nach 1930, als die Maremmen gänzlich entsumpft wurden, stieg die Stadt zu einem wohlhabenden Landwirtschaftszentrum mit einigen Industrieanlagen auf. Im Zweiten Weltkrieg wurde Grosseto von heftigen Bombenangriffen heimgesucht.

Wenn Grosseto auch an Kunstwerken hinter anderen Städten der Toskana zurückstehen muß, so ist ein *Rundgang* in der von einer stattlichen Mauer umschlossenen Altstadt doch lohnenswert. Das Befestigungswerk mit sechs Bastionen wurde von Großherzog Francesco I. 1574 begonnen und von Ferdinando I. 1593 beendet. Es erinnert an die Wälle von Lucca; deshalb nennt man Grosseto auch das ›kleine Lucca‹. – Mittelpunkt des Centro storico, des historischen Stadtzentrums, ist die Piazza Dante mit dem *Dom San Lorenzo,* der zwischen 1294 und 1302 auf den Mauern einer älteren Kirche errichtet, doch später mehrfach umgebaut wurde. (Fassade, 1840/45; Campanile, von 1402, 1611 erneuert). Von der Ausstattung ist im Presbyterium das Tafelgemälde ›Himmelfahrt Mariens‹ von MATTEO DI GIOVANNI hervorzuheben. – Die Kirche *San Francesco* an der Piazza dell'Indipendenza wurde im 13. Jahrhundert von Benediktinern errichtet, bevor sie der Franziskaner-Orden übernahm. – Sowohl das Museum für religiöse Kunst (Museo Diocesano di Arte Sacra), das im Zweiten Weltkrieg zerstört wurde und sich im Wiederaufbau befindet, als auch das Archäologische Museum, *Museo Archeologico,* weisen interessante Kunstwerke und Gegenstände auf, so im letzteren Vasen, Bronzen, Skulpturen und Sarkophage der Etrusker und Römer.

Roselle

»Es wird ein Ereignis sein, wenn das vom tiefen Schutt befreite etruskische Roselle wieder im Licht liegt«, schrieb der Etrusker-Kenner Hess. Denn nach dem Urteil von Etruskologen sei Roselle der einzige Ort, der darüber Auskunft geben könne, wie eine etruskische Stadt ausgesehen habe, wie die Etrusker wirklich gelebt hätten. Das ist aber noch nicht der Fall, und so steht die Auskunft noch aus. Deshalb müssen wir uns nach der Fahrt über die Staatsstraße Nr. 223 (etwa 9 Kilometer) und nach der Abzweigung bei Rovine di Roselle auf einem bald enger und steiler werdenden Privatweg mit dem begnügen, was die bisherigen Ausgrabungen in dem 117 Meter hoch am Abhang des 317 Meter hohen *Poggio di Moscona* liegenden Roselle zutage gefördert haben: Trakte der etruskischen Stadtmauern, einer gewaltigen, zyklopischen Rampenmauer, Tore sowie Grundrisse von Häusern, Straßen, Kanälen und eines Amphitheaters. Einige hier gefundene Fragmente von Terrakotten, bemalten Vasen, Kleinbronzen und fast lebensgroßen römischen Marmorstatuen sind im Archäologischen Museum von Grosseto zu bewundern.

Vetulonia

Ein Geheimnis umgibt Vetulonia, einen zweiten etruskischen Ort in der Nähe von Grosseto – etwa 30 Kilometer nördlich der Provinzhauptstadt, auf der Via Aurelia, der italienischen Staatsstraße Nr. 1, und dann auf einer kleinen, steil auf 344 Meter über dem Meer ansteigenden kurvenreichen Straße zu erreichen. Die Spuren der einst berühmten, in der Zeit der Etrusker reichen und machtvollen Stadt waren so unauffindbar verwischt, daß die Archäologen die von Schriftstellern der Antike bekundete Stadt Vetulonia zuerst viel weiter nördlich, bei Massa Marittima, suchten. Die Bodenschätze der Umgebung, Gold, Silber und Erze, hatten Vetulonia schon früh, im 7. und 6. Jahrhundert v. Chr., Reichtum verschafft, der durch den ›Zwölferbund‹ mit anderen etruskischen Städten gesichert wurde. Warum Vetulonia dann ins Dunkel der Geschichte eintaucht, ist nicht geklärt. Vielleicht durch Versumpfung und Versandung eines nahen Sees, der die Verbindung zum Meer herstellte, vielleicht wegen der Unterdrückung durch die Römer. Wir sind auf Vermutungen angewiesen. Doch wir können uns an den großartigen Überresten der kulturreichen Stadt ein Bild vom Leben der Etrusker machen.

Beachtenswert sind die *Mura dell'Arce,* die Mauern der Festung, die Nekropolen mit Kammergräbern und Steinkreisgräbern (so genannt wegen ihrer Bauform), darunter vor allem der imposante *Tumulo della Pietrera* (Grab des Steinbruchs, ein Grab, das an die Kuppel-Gräber von Mykene in Griechenland erinnert und seinen Beinamen erhalten hat, weil man die Grabanlage in den vergangenen Jahrhunderten als Steinbruch benutzte) und der ›Tumulo del Diavolino‹, ein Grab, das nach einer hier gefundenen, an ein Teufelchen erinnernden kleinen Figur so benannt ist. Die Funde aus den Gräbern, Schmuckstücke und Beigaben, befinden sich zum größten Teil im Archäologischen Museum in Florenz, zu einem kleineren in Grosseto.

Massa Marittima

Von Vetulonia ist es nicht weit nach Massa Marittima, dem ›Massa in den Maremmen‹, wie Marittima (= Küstengebiet) übersetzt werden muß. Das Städtchen liegt etwas abseits der vielbefahrenen Routen, verdient jedoch einen Besuch. Im Mittelalter bildete die Stadt das Zentrum der Maremmen, verlor aber wegen der dort verbreiteten Malaria an Bedeutung und Einwohnern. Dies ist der Grund, weshalb die Bauten des 12., 13. und 14. Jahrhunderts nicht verändert wurden und in ihrem ursprünglichen Zustand erhalten blieben. Mit dem Rückgang des Sumpffiebers im 19. und 20. Jahrhundert führte man umfangreiche Restaurierungen durch.

Bereits im Altertum war das Gebiet um Massa in der Nähe der *Colline Metallífere,* des metallhaltigen Hügellands, wegen des Abbaus von Kupfer, Eisen, Silber und Alaun für Etrusker und später für die Römer wichtig. Als 835 oder 842 der Bischof von Populonia auf der Flucht vor den Sarazenen und der Malaria seinen Sitz nach Massa verlegte, begann der Aufschwung der Stadt. Die *Città Vecchia,* die Altstadt um den Dom herum, ist von Bauten des 11. bis 13. Jahrhunderts geprägt, die *Città Nuova,* die Neustadt um die Burg, den Castello (Fortezza) di Monte Regio, an der Stelle des heutigen Krankenhauses, von denen des 13. und 14. Jahrhunderts. Wegen der strategisch-militärischen Bedeutung kämpften Pisaner und Sienesen um Massa Marittima, bis die Stadt dem Großherzogtum Toskana eingegliedert wurde. Massa Marittima ist der Geburtsort des heiligen Bernardino (Albizzeschi) von Siena (1380-1444).

Hauptplatz der Stadt ist die unregelmäßig gestaltete *Piazza Garibaldi,* an der sich der Dom, der Palazzo Vescovile (der Bischöfliche Palast), der Palazzo Pretorio, der Haus-Turm der Grafen Biserno und der Palazzo Comunale erheben.

Der **Dom,** der Maria Assunta und San Cerbone geweiht, (im Süden der Piazza) ist in seiner heutigen Gestalt ein Werk des 13. Jahrhunderts (1228-1304). Die Kirche ist daher sowohl von romanischen als auch gotischen Formen bestimmt. Die dem ansteigenden Terrain eingefügte Freitreppe, die den Bau wie auf einem Podest präsentiert erscheinen läßt, die vielfältig gegliederte *Fassade* (unter Mitarbeit von Giovanni Pisano), der mächtige Campanile mit den sich nach oben erweiternden Fensteröffnungen, die Außenseiten und die Vierungskuppel machen den Dom zu einer eindrucksvollen mittelalterlichen Kirche. Im Türsturz des Hauptportals entdecken wir sorgfältig gearbeitete, künstlerisch bedeutsame Reliefs, die Szenen aus dem Leben des heiligen Cerbone, des Patrons der Kirche, zeigen. Auch im dreischiffigen *Inneren* finden wir hervorragende Werke der Bildhauerkunst, so etwa im rechten Seitenschiff ein **Taufbecken,** mit Darstellungen aus dem Leben Johannes des Täufers, ein Meisterwerk GIROLDOS DA COMO, aus einem einzigen Travertinquader gearbeitet (1267); oder in der Krypta die **Arca di San Cerbone,** den Schrein des heiligen Cerbone, der auf seinen Außenseiten in Reliefs das Leben des Heiligen erzählt, das bedeutendste Werk des sienesischen Bildhauers GORO DI GREGORIO, 1324. Beachtenswert ist in der Seitenkapelle des Querschiffs das Altarbild der ›Madonna delle Grazie‹ (nach dem Vorbild des Maestà des Duccio in Siena) von Segna di Bonaventura oder Simone Martini, um 1316.

Gegenüber dem Dom im Westen der Piazza erhebt sich der ganz aus Travertin gebaute *Palazzo Pretorio* oder Palazzo del Podestà, die alte Residenz des Podestà, später der Kommissare, Justizkapitäne und Vikare. Er ist heute Amtssitz der Pretura (Amtsgericht). Das strenge Gebäude im romanischen Stil trägt auf der Fassade die Wappen der Podestà von Massa und Siena (von 1426-1633).

Neben dem Haus und dem Turm der Conti di Biserno in romanischem Stil steht (im Norden der Piazza) an der Piazza Garibaldi der mächtige, fast majestätisch wirkende *Palazzo Comunale,* ein in Travertin ausgeführter romanischer Bau des 14. Jahrhunderts mit der Torre del Bargello (vom Anfang des 13. Jahrhunderts). Im Innern befindet sich ein bedeutendes Werk der sienesischen Malerei, ›Madonna mit Kind zwischen Engeln und Heiligen‹ von Ambrogio Lorenzetti, um 1335.

Im Nordosten der Piazza, weit oberhalb der damaligen Häuser, legten die Sienesen nach 1335, nachdem Massa ihnen untertan geworden war, um die Burg Monte Regio eine Festung, die *Fortezza dei Senesi,* an. In dieser Città Nuova sind sehenswert: die Torre del Candeliere, auch Uhrenturm (Torre dell'Orologio) genannt (1228 errichtet); der Arco dei Senesi, ein Verbindungsbau zur Festung (1337); das *Museo Archeologico* mit schönen Tafelbildern und archäologischen Funden aus der Umgebung; die romanisch-gotische Kirche *Sant'Agostino,* von 1299 bis 1313 erbaut, mit einem einschiffigen Innern und einem stattlichen Campanile (1627); und die Kirche *San Francesco* im Borgo, die sechsmal so groß geplant war, wie sie dann im 13. Jahrhundert tatsächlich ausgeführt wurde.

In Massa Marittima sind wir in der Provinz Grosseto so weit nördlich, daß wir, wenn wir wollen, die ganze grossetanische Küste nach Süden zurückfahren können. Dieser Weg führt uns durch die Maremmen.

Die Maremmen

Das Küstenland von der Mündung des Cècina-Flusses im Norden bis zu der des Chiarone-Flusses im Süden, nicht weit vom Monte Argentario und Civitavecchia, diese ausgedehnte, von Entwässerungskanälen durchzogene, von Hügeln, Bergen, Vorgebirgen (ehemaligen Inseln) unterbrochene Ebene heißt Maremmen, nach einer Nebenform von Marittima, dem Meer zugehörig. In vorgeschichtlicher Zeit erstreckte sich in diesem Gebiet noch das Meer, später dehnten sich Lagunen-Seen. Die Etrusker waren die ersten, die auf Grund ihrer hoch entwickelten Technik mit ausgeklügelten Anlagen die Sümpfe der Maremmen entwässerten. Sie legten hier mehrere Städte an, unter anderen Roselle und Vetulonia, und bauten in den höher gelegenen Colline Metallífere, dem metallhaltigen Hügelland südlich des Cècina-Flusses, Erze und Mineralien ab. Die Römer übergaben das fruchtbare Land Veteranen als Belohnung für den Einsatz in den Legionen. Doch als das Römische Reich zusammenbrach, waren die Bewohner nicht mehr imstande, die Entwässerungsanlagen in Ordnung zu halten. Das Land versumpfte, die Malaria breitete sich aus, die Bewohner flohen vor dem Sumpffieber in die Berge. Dorthin wurden auch die Zentren der bischöflichen und weltlichen Verwaltung verlegt. Mönche versuchten im Mittelalter wieder, die Entwässerungsanlagen in Gang zu bringen. Der Erfolg war nur von kurzer Dauer, da das Land oft von Sarazenen überfallen, gebrandschatzt und zerstört wurde; deshalb findet man in den Maremmen noch häufig Ruinen von Wachtürmen und Befestigungsanlagen. Das Land verarmte. Große Kunstwerke entstanden daher hier nicht. Erst die Medici-Großherzöge der Toskana ließen aufs neue Arbeiten zur Entwässerung in Angriff nehmen. Endgültig wurden die Maremmen erst von 1930 bis 1960 entwässert. Damit war auch die Malaria ausgerottet; freilich waren dadurch auch Büffel und Wildpferde, die früher – wie in der französischen Camargue – anzutreffen waren, weitgehend vertrieben. Jener Teil der Maremmen, der noch am besten diese Charakteristika einer sumpfigen, von Gewässern durchzogenen Landschaft aufweist, ist die *Maremma Grossetana,* das Land um Grosseto, im engeren Sinn der Küstenstrich zwischen dem Bruna-Fluß im Norden und den Tolfa-Bergen bei Civitavecchia im Süden.

Am Tyrrhenischen Meer

Von den vielen schönen Orten am Tyrrhenischen Meer können nur wenige hervorgehoben werden. So **Castiglione della Pescaia.** Es ist ein vielbesuchter Badeort, wenig mehr als 20 Kilometer von Grosseto entfernt, mit einem malerischen kleinen Hafenkanal, in dem zahlreiche Fischer- und Segelboote liegen, und einer im Sommer den ersehnten Schatten spendenden Pineta, einem Pinienwald in der Nähe. Der mittelalterliche Teil, etwas höher gelegen, auch Castiglione Castello genannt, wird von einer mächtigen Ringmauer umschlossen, die von gewaltigen Türmen unterbrochen ist. Eine trutzige Burg wacht über Stadt und Hafen.

Monte Argentario – dieser Name bedeutet für die Stadtrömer im Sommer das heißbegehrte Ferienparadies: Das Haus über dem Meer, eine interessante Küste, Berge, Sonne, teure Jachten, vergnügtes Segeln. Das bringt im Juli und August viele Urlauber, vielleicht zu viele, in die Orte dieses in das Meer vorrückenden Gebirges. Der Monte Argentario war in vorgeschichtlicher Zeit eine Insel vor dem italienischen Festland. Durch natürliche, nicht, wie es scheint, von menschlicher Hand vorgenommene Sandaufhängung, sondern durch Anschwemmungen entstand zuerst eine 4 Kilometer lange, 500 bis 600 Meter breite Landzunge, auf der heute das Städtchen Orbetello liegt. Später bildeten sich außerdem zwei Sandgürtel, der Tombolo della Feniglia im Süden bis Ansedonia-Cosa und der Tombolo della Giannella im Norden in Richtung Talamone, so daß sich die Lagune von Orbetello bildete. Das Vorgebirge des Monte Argentario mißt an seiner höchsten Stelle (Monte Telegrafo) 635 Meter, in der längsten Ausdehnung 11,5 Kilometer und 7 Kilometer in der Breite, mit einem Umfang von 39 Kilometern. Damit sind hervorragende natürliche Voraussetzungen für ein Feriengebiet von landschaftlicher Schönheit mit steilen und flachen Abschnitten an den reizvollen Küsten gegeben. In den Orten *Cala Galera* (moderner Jachthafen), *Port'Ércole* (altes Fischerdorf) und *Porto Santo Stefano,* einem ehemaligen Fischerdorf mit Fährverbindungen zur Insel del Giglio, hat sich deshalb für die Sommermonate ein lebhafter Feriebetrieb mit zahlreichen Hotels und Pensionen entwickelt.

An der Spitze einer vom Festland in Richtung des Monte Argentario ins Meer ragenden Landzunge siedelte man wohl schon im 8. Jahrhundert v. Chr. Die sich daraus im Lauf der Zeit entwickelnde Stadt **Orbetello** wechselte im Mittelalter häufig den Besitzer, da sie wegen ihrer günstigen Lage in der Mitte der 26 Quadratkilometer großen Lagune begehrliche Wünsche weckte. Spanier und Franzosen hinterließen in Orbetello ihre Spuren. Erst 1842 wurde die Landzunge durch einen künstlichen Deich zum Monte Argentario hin verlängert und so die Lagune geteilt.

Sehenswert sind in dem Meeresstädtchen die Befestigungsanlagen der Spanier (1557 unter Philipp II. begonnen, 1620 unter Philipp III. abgeschlossen) mit der Porta del Soccorso; der *Dom ›Assunta‹* mit goldgelb wirkender Travertinfassade, 1376 errichtet und im 17. Jahrhundert durch Hinzufügung zweier Seitenschiffe erneuert, und das Antiquarium Civico, ein Museum, das archäologische Funde der Umgebung aus etruskischer und römischer Zeit enthält.

Im Osten der Halbinsel des Monte Argentario, des viel besuchten, modischen Ferienzentrums, liegen bei dem Villenort **Ansedonia** die Ruinen von *Cosa.* Lange Zeit galten die Überreste als etruskisch. Ausgrabungen von amerikanischen Archäologen (nach 1948) haben jedoch ergeben, daß Cosa eine römische Kolonie war, 273 v. Chr. gegründet, doch über einem älteren Ort, der wohl der Stadt Vulci als Hafen diente. Die Römer bauten Cosa als Verteidigungsplatz gegen die Etrusker aus. Im 5. Jahrhundert wechselte Cosa den Namen in Ansedonia und in der Folgezeit mehrmals den Besitzer. (Arianer, Franken, Benediktiner, Sarazenen, Farnese, Siena.)

Mächtig ragen die 1,5 Kilometer langen Ringmauern empor, verstärkt von 18 Türmen, die zum Teil noch zu erkennen sind, vor allem die *Porta Romana*. Bei einem geruhsamen Spaziergang vorbei an dem Forum mit Basilika, zwei Tempeln, der Kurie und dem Markt, über die Akropolis mit dem Capitolium läßt sich die einzigartige Verbindung von alten Ruinen und der Schönheit der Natur am besten aufnehmen. An dem mächtigen Sarazenen-Turm San Biagio vorbei führt der Weg zu der *Tagliata Etrusca,* einer von römischen Ingenieuren gebauten – Name und Zuweisung an die Etrusker beruhen also auf einem Irrtum –, in die Erde geschnittenen (daher Tagliata) Kanalanlage, die den Zu- und Abfluß des Wassers regulierte. Dadurch wurde die Entwässerung des flachen Hinterlandes gewährleistet, eine Versumpfung des kleinen, nahegelegenen Burano-Sees verhindert und einer Versandung an der Mündung vorgebeugt. Dieser Kanal erfüllt noch heute seinen Zweck. Am Strand befindet sich eine große Felsenöffnung, der *Spacco* (Spalt) oder *Bagno della Regina,* dem vom Volk religiöse Bedeutung als Felsenheiligtum, von anderen technische Funktionen als Wasserkanal zugeschrieben wurden.

Irgendwann im Frühsommer streiften wir durch die ›Zona archeologica‹ von Cosa, mühten uns durch kniehohes Gras, sahen smaragdgrüne riesige Eidechsen über weißgebleichte Steine davonhuschen, betrachteten bunte Blumen in Mauerritzen, hörten das Zirpen der Zikaden, das Sirren der Grillen und suchten uns vorzustellen, wer hier gelebt hat und wie das Alltagsleben der Etrusker und Römer gewesen sei. Da war zum Glück – nein, durch die Vorsorge meiner Frau – ein Picknick-Korb zur Stelle, der, zuvor etwas unwillig getragen, nun seine wohlschmeckenden Schätze hergab. Zikaden und Grillen – vielleicht auch mehr der Wein, ein trockener Weißer aus dem nahen Pitigliano – schläferten ein ... Erst ein Hämmern unterbrach die Ruhe, das eines fleißigen Archäologen, löste den mittäglichen Traum und forderte zu weiteren Taten auf.

Von Rom in die südliche Toskana

Das Land scheint von gutmütiger Ruhe. Weitgestreckte Hügelwellen, wohlbestellte Felder, frisch-grüne Weiden mit leuchtenden Wiesenblumen, gemächlich dahintrottende Esel, reinlich geschorene Schafe verbreiten eine bukolische Idylle, wenn man von Rom kommend bei Vetralla, einem Städtchen etwa siebzig Kilometer nördlich der Hauptstadt, die lärmige Via Cassia, Nummer Zwei unter den altrömischen Konsularstraßen, in Richtung Tuscania verlassen hat. Man würde sich in sicherem Frieden wähnen, wenn nicht immer wieder schroffe Tuffabbrüche die gleitende Harmonie der Landschaft unterbrächen. Der Boden des nördlichen Lazio und der südlichen Toskana hat sich, so sagen die Geologen, noch keineswegs beruhigt. Der nahe gelegene Kratersee Lago di Vico, mit dem Bergkegel des Monte Venere, weist wie viele andere Seen in erloschenen Vulkanen darauf hin, daß Lazio, das Land ›im Schatten‹ Roms, und die Toskana auf ungebärdigen Erdschichten ruhen, die sich ›ab und zu‹, wie auch in anderen Regionen Italiens, Luft verschaffen wollen.

Etruskerland

Am 6. Februar 1971, es war ein Samstag, packte ein Erdbeben das geschichts- und kunstreiche Städtchen Tuscania, ganz aus und auf Tuffgestein erbaut, zerstörte von 1271 Gebäuden 38 Prozent und beschädigte 42 Prozent; 21 Menschen kamen damals in der Naturkatastrophe ums Leben, 5000 aus dem 7000 Einwohner zählenden Städtchen wurden obdachlos. Doch die Tuskanier suchten nach dem ersten Schrecken rasch und energisch aus den Trümmern eine neue Zukunft zu erbauen. Bald erstrahlten die berühmtesten Kirchen der Stadt, San Pietro und Santa Maria Maggiore, mit Hilfe staatlicher Gelder in altem Glanz. Vielleicht liegt die Tatkraft der Tuskanier und aller Nachkommen der Etrusker in Latium und der Toskana darin begründet, daß ihnen aus ihrer Geschichte Wechselfälle des Lebens vertraut sind. Die Bewohner Tuscanias meinen, Glück und Unglück würden ihnen zufallen wie die Nummern auf einem Würfel, den ihrer Ansicht nach ihre etruskischen Vorfahren als Sechser-Spielstein erfunden hatten. In der Tat stammen die berühmten Würfel des Pariser ›Cabinet des Médailles‹ mit den sechs etruskischen Zahlen aus Tuscania. Zuzutrauen ist die Erfindung den Etruskern schon. Denn Kultur und Zivilisation dieses Volkes waren bedeutend. Der Neid der kriegerischeren Römer wurde dadurch so sehr erregt, daß auch das Andenken der Unterworfenen von den Siegern aus der Sieben-Hügel-Stadt verdunkelt wurde. Erst in der neuesten Zeit geizen die Römer nicht mehr mit gelben Hinweisschildern an den Straßen auf etruskische Stätten, zumeist Grabanlagen, wo Fresken und Skulpturen von diesem noch immer geheimnisvollen Volk zeugen. (Tuscania hatte im vierten vorchristlichen Jahrhundert sogar einen eigenen Hafen am 30 Kilometer entfernten Tyrrhenischen Meer, dort, wo jetzt ein Atomkraftwerk entsteht, bei Montalto di Castro.)

Tuscania

Um Tuscania im nördlichen Lazio, 24 Kilometer von der Provinzhauptstadt Viterbo entfernt, stritten sich viele, Langobarden und Byzantiner, Goten und Päpste, Adelsfamilien auch aus der Toskana und der französische König Karl VIII.; oft auch rebellierten die Tuskanier, so gegen Papst Bonifaz VIII., der ihnen zur Strafe in ›Toscanella‹ den ehrwürdigen Namen änderte, den die Stadt erst 1911 wieder erhielt. Eine bewegte Geschichte auf bewegtem Boden. Dem Händler vor der Kirche San Pietro, einem Schmuckstück des romanisch-lombardischen Stils, kaufen wir etruskische Masken zum Schutz gegen mancherlei Schicksalsschläge ab.

Die Fahrt von Tuscania nach Norden führt weiter von Rom weg, fort von der Großstadt mit tausenderlei Gefahren zurück in die Vergangenheit, in der die Frauen noch strenge schwarze Kleider trugen, die Fremden nur eines verstohlenen Blickes würdigen durften und am besten mit dem Rücken zur Straße saßen, so wie sie tatsächlich noch heute in Piansano zu finden sind. Dort öffnet sich langsam der Blick auf den Bolsener See, das nördlichste Gewässer von Lazio, dicht bei Umbrien mit der Stadt Orvieto, nahe auch der Toskana. Wieder ist es eine alte Etruskerstadt, damals auf den Namen Velzna hörend, von den Römern Volsinii Veteres, nach der Zerstörung Volsinii Novi genannt. Bolsena, die Stadt, nach der man den See benennt, ist in die Kirchen- und Kunstgeschichte eingegangen, weil hier, so sagt die Überlieferung, einem am Glauben zweifelnden Priester aus Böhmen im Jahr 1246 während der Messe die Hostie sich in wirkliches blutendes Fleisch verwandelte. Das bildete für Papst Urban IV., zuvor Erzdiakon in Lüttich, einen Grund mehr, der gesamten Christenheit Fronleichnam als Fest vorzuschreiben; für den tschechischen Reformator Jan Hus 150 Jahre später war es vielleicht ein Hinweis, an der Lehre von der Transsubstantiation, der Wandlung von Brot und Wein in Fleisch und Blut Jesu Christi, festzuhalten, und für den Maler Raffael Anfang des 16. Jahrhunderts Anlaß, die Begebenheit von Bolsena in den nach ihm benannten Stanzen im Vatikan in einem Fresko eindrucksvoll zu malen.

Daß die Verehrung des Allerheiligsten Sakraments in der katholischen Kirche (und natürlich in dem Städtchen Bolsena) eine besondere Rolle in der Frömmigkeit der Gläubigen bis auf den heutigen Tag spielt, sei nur am Rand vermerkt. Denn der Weg führt uns bei Látera nicht nach Osten, um den See herum nach Bolsena, sondern nach Westen, in die Toskana. Hier beginnt der südlichste Teil dieser italienischen Region, die im Norden bis auf die Kämme des Apennin steigt. Man sollte erwarten, daß sich in diesen Landstrich, so weit entfernt von Rom und Florenz, kaum Touristen verirren. Weit gefehlt.

Pitigliano

In Pitigliano und mehr noch auf den kurvenreichen Straßen gegenüber dem Städtchen fahren mehrere Busse spazieren, deren Passagiere unschwer als von nördlicher Herkunft zu erkennen sind. Sie wollen mit eigenen Augen sehen, ob Pitigliano tatsächlich so waghalsig auf einem Bergkamm erbaut ist, daß man früher dafür den Ausdruck ›malerisch‹ bemühen mußte, heute wohl passender das Wort ›fotografisch‹; aber wir sagen ›fotogen‹, was weniger eindrucksvoll klingt. Aus den tiefen Schluchten der Meleta-, Leuta- und Prochio-Sturzbäche wächst der gelb-rote Berghügel, in den man Hunderte von Löchern und Höhlen als Grabkammern und Keller, in denen der vorzügliche Wein der Umgebung gelagert wird, geschlagen hat und auf dem die Häuser, Kirchen und Paläste wie eine uneinnehmbare Festung emporragen. So bietet Pitigliano einen der merkwürdigsten Effekte in der Toskana. Der Ort war wohl schon von Etruskern, als Caletra, und später von den Römern besiedelt. Die leichte Verteidigung des Platzes lud zum Wohnen und zum Herrschen ein, so auch im Mittelalter, als die Aldobrandeschi und die Orsini hier ihre Macht gründeten. Später kam das Städtchen zu der Florentiner Strozzi-Familie und dann 1604 zum Großherzogtum Toskana. Ein kühner Aquädukt schlägt zum Entzücken der Lichtbildner seine Bogen; an der Piazza San Gregorio lädt ein kleines Museo Comunale ein, an Hand hübscher Objekte der hiesigen Geschichte nachzugehen. Der zinnenbewehrte Palazzo Orsini (aus dem 14. Jahrhundert, im 15. und 16. Jahrhundert erweitert und verändert) und der Dom mit einer barocken Fassade und einem mächtigen Campanile an der Piazza San Gregorio VII., auf demselben Platz außerdem ein Travertinpfeiler mit dem Bären, dem Wappentier der Orsini, sowie Tore und Bastionen der Befestigungsanlage sind die Hauptattraktionen der Stadt.

Eine beachtliche jüdische Gemeinde lebt seit Jahrhunderten in Pitigliano; ihre Existenz hat erleichtert und gefördert, daß die Stadt Handelszentrum der Umgebung wurde, obwohl sie im Grenzland-Schatten zwischen dem Kirchenstaat und dem toskanischen Großherzogtum lag. An der Piazza möchte ein Kinoplakat zu einem jener Filme verführen, die in italienischen Kleinstädten typisch und erfolgreich sind, einen verheißungsvollen Titel tragen – diesmal: ›Il diavolo e l'acqua santa‹ (der Teufel und das Weihwasser) – und die des größeren Reizes wegen für Jugendliche unter 18 oder 14 Jahren verboten sind. Sie beflügeln gewöhnlich vorher die Phantasie der männlichen

Einwohnerschaft des Ortes, rufen von Zeit zu Zeit das Stirnrunzeln des Pfarrers, sehr selten auch das eines Staatsanwalts oder Richters hervor und bilden im Grund nur eine harmlose Unterbrechung des Provinz-Alltags. Die arbeitslosen Männer auf der Piazza, die sich angeregt darüber unterhalten, an welchen Tagen arbeitsfrei ist, begutachten die herumschlendernden Touristinnen und lassen es alle Welt mit Kennermiene wissen, wenn ihnen eine nördliche Schönheit besonders gut gefällt, was diese nicht immer mit strafendem Blick quittiert. Die Männer in der Bar verteilen ihre Sympathien nicht etwa auf die nächstliegenden Fußballvereine, Fiorentina aus Florenz und AS Roma aus der Hauptstadt, sondern die Mehrheit präsentiert sich stolz als Anhänger von Juventus Turin.

Sovana

Nördlich von Pitigliano erstreckt sich eine weichmodellierte, von Wiesen überzogene Landschaft, nicht die klassisch herbe Toskana. An der Straße nach Sorano und Sovana machen Schilder auf etruskische Nekropolen aufmerksam, so viele, daß fast auf jedes am Wegrand stehende Auto ein Grab kommt. Hatten in Pitigliano die Einheimischen noch die Oberhand, so dominieren in dem Städtchen Sovana eindeutig die Touristen. Bekannt ist Sovana wegen seiner ganz mittelalterlich wirkenden Häuser und Gassen, Palazzi und Kirchen. Der Dom Peter und Paul und das romanische Kirchlein Santa Maria aus dem 12. Jahrhundert erinnern an eine einst glänzende Geschichte, als Bischöfe hier ihren Sitz hatten und mächtige Adelsfamilien um die Stadt kämpften. In die Weltgeschichte ist Sovana als Geburtsort Papst Gregors VII. (1073-1085) eingegangen, jenes Mönchs Hildebrand, der einen deutschen König und Kaiser, Heinrich IV., bei Canossa im wahren Sinn des Wortes auf die Knie zwang.

Saturnia

In vorgeschichtliche Zeiten, in die Welt der mythischen Gläubigkeit führt uns Saturnia. Die Wiege der ältesten italienischen Kultur habe hier gestanden, sagen manche Historiker, und die

Einheimischen bekräftigen es uns stolz. Wer sich dem Zauber der alten Ruinen aussetzt, wer sich dem Einbildungsvermögen überläßt und diesen Stein der voretruskischen Zeit, jenen der römischen zuweist, wer das Gelände mit Etruskern oder den Soldaten des Mittelalters belebt, findet immer weniger Grund, an solcher Geschichtsdeutung zu zweifeln, so suggestiv ist der Bezirk. Er ist zudem geheiligt durch ein nur wenige hundert Meter entferntes Naturereignis, das die Menschen zu allen Zeiten fasziniert hat und sie an göttliche Kräfte glauben ließ. Eine Quelle entspringt hier und läßt 37,5 Grad heiße, heilende Wasser freigiebig fließen. Für Bäder, Kuren und Schlammpakkungen, zum Schwitzen, Inhalieren und Trinken ist das Wasser gut und wirksam gegen Rheuma und Arthritis, gegen Stoffwechsel- und Magenkrankheiten, gegen Beschwerden der Atemwege und nach Malariaerkrankungen. Und noch bei anderem Kummer, so schwören manche Italiener, könne das Wasser helfen. Ehepaare, die sich Kinder wünschen und denen kein Arzt zu helfen vermochte, seien nach einem Bad in Saturnia mit bald sich einstellendem Nachwuchs glücklich geworden. Autos und Wohnwagen aus ganz Italien stehen am Straßenrand; an den Bassins warten Neugierige und manche mit dem brennenden Wunsch, Heilung für ihr Weh zu finden.

Abseits der Heerstraßen –
unbekannte Landkirchen

Es kommt in der Toskana so häufig vor: Da hat man am späten Vormittag oder Nachmittag gerade in irgendeinem Städtchen ein kleines Museum oder einen alten Palazzo besichtigt; zum Essen ist es noch zu früh, zum Weiterfahren in einen Ort mit »besternten« Sehenswürdigkeiten, denen der ersten Klasse, wegen der Öffnungszeiten schon zu spät. Man würde gern noch etwas unternehmen, doch in der Nähe müßte es liegen. Da fällt der Blick auf ein gelbes Schild – das dem Kunstliebhaber in Italien vertraut und unentbehrlich geworden ist – mit dem Hinweis auf eine Abbazia, eine Chiesa aus dem 12. Jahrhundert. Der Reiseführer – vielleicht auch dieses Buch – gibt nur kurze Auskunft. Lohnt es sich überhaupt, die sechs, sieben Kilometer dorthin zu fahren? Ja, muß die Antwort in einem solchen Fall lauten. Immer wird belohnt, wer Entdeckungen wagt, wer die etwas versteckte Landkirche ausfindig macht, eindringt in den verlassenen Bereich, plötzlich auf ein Fresko stößt, von dem offenbar niemand bisher Notiz genommen hat, obwohl seine Farben leuchten, obwohl der Ausdruck des Gesichtes so lebendig wirkt. Ein Campanile erhebt sich hoch über die tiefgedeckte Kirchenhalle; inmitten eines Olivenhains liegen ein kunstvoll behauenes Marmor-Kapitell, Teile eines Sarkophags für längst vergessene Tote ... Solches Aufspüren kann beglückender sein als die pflichtgemäße Besichtigung einer in allen Kunstführern – hoffentlich auch in diesem – ausführlich beschriebenen Sehenswürdigkeit. Die folgende Entdeckung der Pieve di San Pietro von Grópina am Abhang des Pratomagno und das Erlebnis mit dem Pfarrer Don Armando sollen Mut machen für das nicht ganz so Bekannte in der Toskana, für Überraschungen ein bißchen abseits von den Heerstraßen des Tourismus.

Grópina

Der große, kräftige Mann in der schwarzen Soutane des katholischen Priesters blickt auf die Uhr und redet noch etwas schneller auf die sechs, sieben Personen ein, die andächtig um ihn herumstehen. »Dieses Werk«, und sein Arm zieht einen weiten Bogen um die Marmorkanzel, so rasch, daß eine Signora nur mit Mühe ihren Hut in Sicherheit bringen kann, »dieses Werk aus dem Mittelalter verdient besondere Aufmerksamkeit, auch wenn es nicht vollendet ist, aus welchen Gründen auch immer. So ist das eben im Leben. Da geht das Geld aus, der Graf stirbt, der Pfarrer will nicht weiter die Arbeiten beaufsichtigen, so fehlen hier die Stufen, um hinaufzusteigen. Macht nichts. Was ich predigen will, sage ich auch von den Altarstufen aus. Da, schauen Sie auf das Kapitell der Doppelsäule: Wie eindrucksvoll die Figuren mit dem offenen Gesicht und den weit ausgespannten Armen in der Beterhaltung gearbeitet sind. Immer abwechselnd ein Mann und eine Frau. Eins, zwei, drei, vier, fünf«, der rechte Zeigefinger des Geistlichen schlägt auf die marmornen Merkmale der Männlichkeit ein, so heftig, daß man für die kunstvollen Werklein

GRÓPINA

fürchten muß, zugleich so unschuldig, daß selbst die Signora mit dem Hut keine Miene verzieht. »Die Natur bringt es an den Tag«, sagt der Priester, schaut wieder auf die Uhr, und verschwindet mit hastigen Schritten in der nahen Sakristei.

Es ist zwölf Uhr. Don Armando, Pfarrer von Grópina, einem kleinen Weiler über dem oberen Arno-Tal in der Toskana, läutet die Glocke, nicht nur, um seiner Gemeinde und dem lieben Gott die Zeit kundzutun, sondern auch, um von sich ein Lebenszeichen zu geben. Denn Don Armando ist mehr als siebzig Jahre alt, und er arbeitet allein, ohne jeden Helfer. Freilich, seine Pfarrei hat kaum hundert Seelen. Das läßt sich schaffen, bei dem heutzutage auch im katholischen Italien geminderten Interesse für die Kirche. An der breiten Gestalt des wenig ›geistlich‹ wirkenden Herrn lassen sich nur geringe Spuren von Altersmüdigkeit entdecken. Doch »man kann mit mehr als siebzig Jahren nie wissen«, sagt Don Armando und rüttelt an dem Seil, daß es die Glocke aus ihrem Lager herausreißen müßte. Eine zweite ist tatsächlich betriebsunfähig; ob der Energie des Pfarrers zum Opfer gefallen, läßt sich freilich nicht herausbringen; ihr hanfener Strang ist an einen Balken der Sakristei geknotet.

An diesem Sonntag verkünden zwölf rasche Schläge den Leuten in den wenigen umliegenden Gehöften, daß ihr Hirte es eilig hat. Neben den paar Dutzend Gläubigen ist Don Armando vor allem die Kirche anvertraut, von der es im italienischen Reiseführer mit kurzen Worten heißt: »Grópina, 381 Meter hoch, beherbergt die höchst interessante romanische Pieve di San Pietro, wohl im dreizehnten Jahrhundert errichtet, mit einer Fassade (bemerkenswert das Köpfchen aus Marmor, wahrscheinlich römisch) mit ein- und zweibogigen Fenstern, einer Apsis mit Zwerggalerie und einem massiven Glockenturm von 1233. Das basilikale Innere zutiefst eindrucksvoll, dreischiffig, auf monolithischen Säulen mit abwechslungsreichen und bizarr geschmückten Kapitellen (interessanter die der rechten Seite), die halbrunde Apsis mit einer Doppelordnung von Säulen und offenem Dachstuhl. An der vierten Säule rechts steht eine Kanzel von merkwürdiger Form, reich versehen mit Flachreliefs.« Was in der Beschreibung des Führers und beim ersten Blick als kirchlicher Bau erscheinen mag, wie es in der Toskana manch andere, vielleicht gar schönere gibt, wird schon bei der Begrüßung durch Don Armando zum Zauberreich und der Pfarrer zum Hüter eines Schatzes.

Geheimnisvoll winkt der Geistliche zu folgen, steigt im Innern der Kirche, auf der rechten Seite, plötzlich Stufen hinunter. Mit bedeutungsvollem Gesicht flüstert er: »Viele Kunstexperten wenden ihre Aufmerksamkeit nur der Kirche des Mittelalters zu; hier unten ist jedoch mehr. Da sehen Sie, etruskische Gräber. Natürlich waren hier Etrusker. Überall hier. Wahrscheinlich kommt der Name Grópina vom etruskischen Wort für Bauten, Grupheia. Eine achtundvierzig Meter lange Wasserleitung könnte ich Ihnen zeigen.« Er taxiert den Gast, ob der dessen wert sei. »Etrusker, die Römer, ein heidnischer Tempel, eine Siedlung, im vierten Jahrhundert Christen und ein erster Kultraum. Barbaren, wilde und bekehrte, Langobarden«, Don Armando durcheilt die Geschichte, die Geschichte seiner Pfarrei, an welcher der römische Konsul Claudius durch den Bau einer nahe vorbeiführenden Straße, der heutigen Via Cassia, ebenso beteiligt ist wie auf etwas verschlungenen Wegen König Theoderich und Kaiser Friedrich II. »Natürlich waren diese Räume, deren Mauern Sie hier unten sehen, nicht leer. Vasen, Schmuckstücke, Bronzegefäße. Manches habe ich behalten. Im Pfarrhaus. Vielleicht«, wie ein Verschwörer nähert sich Don Armando dem beeindruckten Besucher, »lasse ich Sie einen Blick drauf werfen. Vielleicht auch nicht«, und sein Finger deutet auf einen fein gemeißelten Steinkopf. »Aus römischer Zeit«, lautet der kurze Bescheid, fast barsch geäußert, so als habe er von seinen Schätzen schon zu viel preisgegeben. »Genug für heute!«

Am Morgen steht der wilde, ungebärdige Priester am Altar, angetan mit den liturgischen Gewändern, scheinbar gezähmt. Nun schreibt ihm die Kirche die Worte vor, und das »Dominus vobiscum« kommt so gesittet, das »Agnus Dei« so fromm aus seinem Mund, als wolle sich der erdverwachsene, den handfesten Freuden zugetane Mann in Himmelshöhen aufschwingen. Der toskanische Don Camillo geht fast auf in der Frömmigkeit, die das Innere des Gotteshauses ausstrahlt.

Nach der Messe zündet sich Don Armando in der Sakristei zunächst eine Zigarette an. »Das hilft gegen die Nüchternheit; man glaubt, daß man etwas ißt«, erklärt er. Jemand kommt, Postkarten zu kaufen. Der Pfarrer gibt ihm den Restbetrag genau zurück; kein Versuch, den Opferstock zu bereichern. Er hält die Scheine in der Hand – »alles Stroh«, sagt er, »tausend Lire vor dem Krieg sind heute mehr als eine Million wert, für siebenhundert Lire konnte man damals ein paar Kühe kaufen.« Einer aus der Pfarrei tritt herein, um »Grüß Gott« zu sagen, »ja, vor dem Krieg war alles anders«, sind sich die Männer einig. »Hitler und Mussolini, als die sich umarmt haben«, fügt der Pfarrer hinzu, »schwante mir nichts Gutes. Meinen älteren Bruder Azeglio hat es bis nach Rußland, nach Charkow verschlagen. Er fühlte sich wie Daniel in der Löwengrube. Ach die Zeiten. Nehmen Sie nur die Strohhüte. Es gibt keine ordentlichen Strohhüte mehr. Warum? Weil es kein gutes Stroh mehr gibt. Ich habe noch eine Tante, neunzig Jahre alt, die sich aufs Flechten versteht. Aber sie findet keine langen Halme mehr, die Mähdrescher zerschneiden alles. Unsere Vorfahren waren nicht dumm«, bemerkt der Pfarrer listig, »denn mit Strohhüten kann man die Hitze am besten auf den Feldern ertragen. Glauben Sie mir, hier in der Toskana kann es heiß werden«, er wischt sich in der kühlen Kirche den Schweiß von der Stirn. »Die Zeiten heute! Nicht, daß ich Angst hätte. Nein, die Sowjetunion braucht Amerika, um Weizen zu kaufen.« Der Pfarrer der Bauern weiß Bescheid.

Seit mehr als zwanzig Jahren ist Don Armando Seelenhirt und Kunsthüter in Grópina, wechselt zwischen drei Meßgewändern – grün, violett, weißgolden –, wählt an Festtagen unter zwei Weihrauchfässern, erklärt Besuchern »seine« Kirche, verkauft nach der Messe Ansichtskarten, manchmal auch Keramik mit frommen Motiven, und meint, daß es im Leben wenig Aufregendes gebe. Seine Lebensdaten hat er rasch und genau beieinander: »16.11.1911 geboren, als zweites Kind eines Bahnbeamten, der später nur noch Gelegenheitsarbeiter war, wenn die Fabriken ihn brauchten. '09 war Azeglio zur Welt gekommen, '14 kam Annetta, dann der Krieg, und schließlich Aurelio, '25; die Eltern hatten eine Vorliebe für den Anfangsbuchstaben A, A wie Armando. Am 4.10.'25 wurde ich ins Seminar nach Arezzo geschickt, es war das erste Mal, daß ich fuhr, ja fuhr, sonst gingen wir immer zu Fuß. Am 7.8.'38 hielt ich meine erste Messe, wurde Kaplan in Bibbiena, Pfarrer in Cennina und am 14.10.'62 hier in Grópina. Seitdem bin ich allein, wie ein Mönch in der Wüste. Aber ich brumme nicht. Ich mache alles mit meinen eigenen Händen, auch die Wäsche. Ohne Waschmaschine. Und abends schaue ich mir im Fernsehen die Nachrichten an; die Filme lasse ich den andern. Wenn ich müde bin, gehe ich eben ins Bett. Manchmal freut mich die Jagd. Was gibt es da zu erzählen? Aber heute mittag bin ich eingeladen.« Er schaut wieder auf die Uhr. »Jetzt muß ich mich rasieren.« Er hat recht. Die Bartstoppeln haben vielleicht den lieben Gott bei der Messe nicht erschrecken können, doch für eine festliche Mittagsgesellschaft sind sie zu lang, dem Respekt vor dem Geistlichen abträglich.

Aber da stehen vor der Sakristei ein paar Damen und Herren, diesmal nicht aus Deutschland – »Von hundert Besuchern sind neunzig Deutsche«, sagt Don Armando –, sondern aus Florenz. Einer schiebt die Brille höher und meint, die Figuren auf den Kapitellen sähen so heidnisch aus. »Was ist daran heidnisch«, fährt ihn der bärtige Pfarrer an, greift ihn am Arm und schleppt ihn fast von Säule zu Säule: »Hier vier Adler, die ein Tier in ihren Fängen halten, der Triumph des Geistes über die Materie, dort Weinreben mit hängenden Trauben, Symbol des geopferten Blutes, oder hier ein Mutterschwein mit seinen Ferkeln, Sinnbild der von Gott geschenkten Fülle, und hier der segnende Christus, Sankt Petrus mit dem Schlüssel in der Hand, Samson mit dem brüllenden Löwen aus dem Alten Testament, wieder dort Drachen, die einen, die sich in den Schwanz beißen, die anderen, die an weiblichen Brüsten saugen, allegorische Darstellungen des Guten und Bösen, des sündigen und erlösten Menschen. Da sagen Sie ›heidnisch‹! Dann erst hier die wunderbare Rundkanzel, die weit und breit nichts ihresgleichen hat, mit den zwölf Aposteln und den Evangelisten. Soll das vielleicht heidnisch sein!« Der Professor ist ganz klein geworden, wagt der Redeflut und Kenntnis des

Kirchenherrn nicht zu widersprechen und ist froh, als der die Aufmerksamkeit der Gruppe auf die zierenden Geschlechtszeichen lenkt.

Wir begleiten Don Armando hinüber zum Pfarrhaus, Junggesellenheim mit fester Unordnung und Schatzstätte zugleich. Während der Pfarrer den Bartstoppeln zu Leibe rückt, bleibt Zeit, einen Blick ins toskanische Land zu werfen, den Zauber von Olivenbäumen, Weinbergen und Zypressen aufzunehmen, mit den Bauern von nebenan zu plaudern und jenen, die hier ihr Ferienhaus haben und heute am Sonntag nach dem Rechten sehen.

Die Sonne weckt aus dem blaugrauen Sandstein der mittelalterlichen Kirche warme, gelbgoldene, rötliche Farben. An der Apsis schläft eine schwarze Katze im Freien, behaglich streckt sie den geschmeidigen Körper, blinzelt aus grünen Augen. Im Obst- und Gemüsegarten des Pfarrherrn blühen Rosen, aus kleinen Ställen gurren Tauben, nicken Hühner vertrauensvoll dem Fremden zu. Frisch rasiert tritt Don Armando aus der Tür, in der Hand eine Schachtel mit Pralinen, in schönem Geschenkpapier, wohlverpackt. »Siebzig Personen kommen zu dem Fest, alle, die bei der Weinlese geholfen haben. Da muß auch der Pfarrer dabei sein.« Er steigt in seinen kleinen olivgrünen Fiat und tuckert über holprige Wege davon. Ein Landpfarrer in der Toskana.

Klöster in der Toskana

Den Klöstern in der Toskana ist ein besonderer Reiz eigen. Nein, es ist mehr. Sie üben eine Anziehung aus, die sich zur Faszination steigert, wenn man sich ruhig dem Bann der Abteien und Einsiedeleien, den Ordenshäusern und einzelnen Klausen überläßt. Benediktiner, die Ahnherren nicht nur des abendländischen Mönchswesens, sondern auch der Zivilisation in Europa, Franziskaner, die heiteren Söhne des heiligen Franz von Assisi (in Umbrien), und Dominikaner, die gewaltigen Prediger des machtvollen Wortes Gottes und der Kirche, die »Domini Canes«, die Hunde des Herrn, wie sie wegen ihres Amtes, über die reine katholische Lehre zu wachen, genannt werden, diese großen Mönchsorden der katholischen Kirche, aber auch die kleineren Zweige wie Kartäuser, Kapuziner und Kamaldulenser, die Ordensgemeinschaften von den Augustinern bis zu den Zisterziensern, haben in der Toskana ihre unübersehbaren Spuren hinterlassen. Es sind Zeugnisse einer alten Kultur, einer Kunstleidenschaft und geistigen Bildung, die ihresgleichen in Italien und Europa sucht, und ebenso Beispiele eines geistlichen Zeugnisses, das durch seinen mannhaften Glauben, durch seine fromme Liturgie, das meditative Stundengebet und die Gott geweihte Arbeit auch den modernen Menschen, den vielleicht zu eiligen Reisenden beeindruckt.

Abbazia di Monte Oliveto Maggiore

Es war schon spät an einem Sommerabend, und es zog uns noch nach Siena. Aber da wir die Abbazia di Monte Oliveto Maggiore, die Benediktinerabtei zum Großen Ölberg damals noch nicht kannten, wollten wir wenigstens einmal kurz vorbeischauen, weil wir nun schon ganz in der Nähe auf der Via Cassia waren. So bogen wir in Buonconvento ab, fuhren die paar Kilometer auf der Nebenstraße zur Abbazia und fanden uns nach der Hast des Tages auf einmal im tiefsten Frieden. Durch ein Festungsbauwerk, 1393 zum Schutz des Klosters begonnen und mit einem beachtenswerten Terrakotta-Relief (Schule Luca della Robbia) geschmückt, gelangten wir in den Park des Klosterkomplexes. Die Gebäude aus Backstein, die wir bald vor uns hatten, ragten hoch und mächtig auf (entstanden in mehreren Bauphasen von 1387 bis 1514, zum Teil restauriert). Benediktinermönche in ihren Ordensgewändern standen vor der Kirche und hielten ein fröhliches Schwätzchen, begrüßten uns freundlich, die wir etwas verlegen aus dem Auto stiegen, und nahmen es als ganz selbstverständlich an, daß wir über Nacht im Gasthaus des Klosters bleiben würden. Man hätte uns kein schöneres Angebot unterbreiten können, nun, da es Abend wurde und die Dunkelheit hereinbrach. Siena konnte warten! Ein Pater zeigte uns ohne Umstände das einfache, gänzlich ausreichende Zimmer, dessen Fenster zur Kirche hinauswies, gab uns einen Hinweis auf die Trattoria beim Eingang der Festung und lud uns zur Komplet, zum Abendgesang der Mönche, in die Kirche ein. Wir waren's zufrieden.

Der Mönch hatte uns auch ein Büchlein gegeben. Darin lasen wir eine Kurzfassung der Klostergeschichte: Der berühmte Jurist und Universitätsprofessor Bernardo Tolomei (1272-1348) zog sich im Jahr 1313, als die Päpste in Avignon, das zwar deutsches Lehen war, aber tief in französischen Landen lag, residierten und die geistliche Not in der Kirche Italiens groß war, mit zwei Freunden hierher in die Abgeschiedenheit dieses Platzes zurück, um in strenger Auslegung der Regel des heiligen Benedikt ein asketisches Leben zu führen. »Ora et labora, bete und arbeite«, die Grundregel der Benediktiner sollte ganz ernst genommen werden. Alles andere, Zerstreuung, Luxus, Müßiggang, wurde ausgeschlossen. Schon 1319 erhielten die drei Mönche die bischöfliche Zustimmung zu ihrer Ordensgründung, 1344 die des Papstes Clemens VI. Bald blühte das Kloster auf, mußte mehrfach vergrößert werden und wuchs zu einem Zentrum des geistlichen Lebens und der kulturellen Ausstrahlung. Das ist es in der Toskana bis heute geblieben.

Von bedeutendem künstlerischen und religiösen Wert sind die Fresken an den vier Seiten des großen **Kreuzgangs,** 1497/98 von Luca SIGNORELLI begonnen, von SODOMA – eigentlich Giovanni Antonio Bazzi (1477-1549) – ab 1505 weitergeführt und meisterhaft vollendet. Sie stellen 35 Szenen aus dem Leben des heiligen *Ordensgründers Benedikt* dar, so wie es die Legenden erzählen. Wir hatten das Glück, daß einer der Patres uns beim Rundgang begleitete. So erschloß sich uns ihr religiöser Gehalt über die Aufzählung der Themen hinaus; dazu begriffen wir die harmonische Verbindung dieser Malerei der italienischen Renaissance mit dem Glauben. Es ist uns noch in lebhafter Erinnerung, daß der Pater aus dem Bilderzyklus, dessen Themen in italienischer Sprache stets auf dem Fresko angegeben sind, einige Szenen besonders hervorhob; seiner Auswahl will ich folgen.

Ostseite, Fresken von Sodoma: 1. Szene: »Come Benedetto ...«, wie Benedikt das Haus seines Vaters verläßt und sich zum Studium nach Rom begibt (dargestellt die Stadt Norcia mit einem Gehängten auf der Piazza). 3. Szene: Benedikt fügt einen zerbrochenen Trog wieder zusammen (in der Personengruppe hat Sodoma sich selbst als Kavalier dargestellt, zu seinen Füßen der berühmte sprechende Rabe aus der Legende).

Südseite, Fresken von Sodoma: 12. Szene: Der Heilige empfängt die beiden römischen Jünglinge Maurus und Placidus. 19. Szene: Florentius schickt – offenbar in böser Absicht – Freudenmädchen zum Kloster, diese tanzen davor.

Westseite, Fresken von Signorelli: 23. Szene: Benedikt verjagt den Teufel von einem Baustein – andere Mönche finden ein Götzenbild – andere löschen einen Brand. 25. Szene: Er sagt einigen Mönchen, wie und wann sie außerhalb des Klosters, gegen die Ordensregel verstoßend, gegessen haben. 27. Szene: Benedikt durchschaut die Täuschung des Gotenkönigs Totila, der seinen Schildträger Riggo in königlicher Kleidung zu dem Heiligen geschickt hatte, vor einer Gruppe von Mönchen und Kriegern, die verwundert und erregt sind – Riggo erzählt Totila den Vorfall. 28. Szene: Benedikt erkennt und empfängt Totila. 29. Szene: Der Heilige sagt die Zerstörung des Klosters von Monte Cassino voraus, im Zweiten

Weltkrieg durch die Bombenangriffe der Alliierten wahr geworden.

Nordseite, Fresken von Sodoma: 31. Szene: Benedikt erhält Mehl im Überfluß und gibt davon den Mönchen zu essen. 33. Szene: Der Heilige exkommuniziert zwei Nonnen und absolviert sie nach ihrem Tode.

Die Betrachtung der Fresken ist im Kloster von Monte Oliveto Maggiore sicher das größte Kunsterlebnis. Eindrucksvoll ist es jedoch auch, am Leben der Mönche, etwa ihrem Stundengebet im Gregorianischen Choral, teilzunehmen, dabei auch im Kleinen Kreuzgang, im Refektorium oder in der Bibliothek zu verweilen. Der freundliche klare Geist der Toskana läßt sich in dieser Abbazia auch heute gut aufnehmen.

Abbazia von Vallombrosa

Ein anderes berühmtes Kloster der Toskana ist die Abtei von Vallombrosa, südöstlich von Florenz, auf 961 Meter Höhe in den waldigen Bergen des Pratomagno gelegen. Daß man nur auf engen, kurvenreichen Straßen von Pontassieve oder Incisa dorthin gelangen kann, ist Absicht. Denn dieses Kloster entstand am Anfang des 11. Jahrhunderts, als sich der Adlige Giovanni Gualberto aus der vornehmen Florentiner Familie der Visdomini in die Einsamkeit der Wälder – Buchen, Kastanien, Fichten – mit Freunden zurückzog, um mit zwei dort bereits lebenden Einsiedlern ein von der Welt abgewandtes Leben zu führen. Die kleine Gemeinschaft gab der Regel des heiligen Benedikt eine strengere, reformierte Fassung, in der die Handarbeit einen wichtigen Platz einnahm. Papst Viktor II. erkannte sie 1055 als Orden der Vallombrosaner an, der heute noch als Benediktiner-Kongregation Vallombrosa besteht. Der Ordensgründer Giovanni Gualberto muß nicht nur eine eindrucksvolle Persönlichkeit gewesen sein – noch zu seinen Lebzeiten dehnte sich der Einsiedler-Orden in ganz Italien aus, – sondern er kam auch einem weitverbreiteten Zeitbedürfnis nach einer Reform der Kirche und der kirchlichen Orden entgegen. Gualberto starb 1073 mit 88 Jahren und wurde 1193 von Papst Coelestin III. heiliggesprochen. Die Äbte von

Vallombrosa trugen im Mittelalter den Titel eines Conte und später den eines Marchese, so mächtig war das Kloster, so sehr ragten die Mönche durch ihren Glauben und ihre wissenschaftliche Arbeit, durch Kunst und Schreibkunde hervor. Als freilich Vallombrosa Ende des 18. Jahrhunderts seine höchste Blüte erreichte, war auch der Abstieg nahe. – Der heutige Komplex von Kirche und Kloster, der von einem Glockenturm des 13. Jahrhunderts und einem Wehrturm des 15. Jahrhunderts beherrscht wird, wurde im 15. Jahrhundert begonnen, im 16. vergrößert und erhielt im 17. seine heutige Gestalt. Das Kloster besitzt im Innern ein schönes Refektorium und eine Küche mit einem besonders mächtigen Kamin, einem der stattlichsten der damaligen Zeit. In der Umgebung von Vallombrosa suchen die Florentiner im Sommer in der angenehmen Kühle Zuflucht; im Winter kann man sogar zeitweise an den Berghängen Ski fahren.

Bei den Benediktiner-Mönchen in Santa Maria di Gricigliano

In Sieci, einem kleinen Ort an der Bahnlinie und der Staatsstraße N 67 zwischen dem kunstreichen Florenz und dem von Industrie geprägten Pontassieve, sagen die Leute beim Kaffee in der Bar, die Mönche sängen so schön. Der alte Mann berichtet, daß zwei Kilometer die toskanischen Hügel hinauf nach Norden Benediktiner klösterliches Leben übten. Die Frau, die zu Fuß die wenigen hundert Meter von Molino del Piano daherkommt, erzählt eifrig, es seien Franzosen, Männer im besten Alter, freundlich, kraftvoll; sie arbeiteten seit einigen Jahren hier; »und beten«, fügt sie hinzu, mit raschem Schritt der sonntäglichen Messe und den Priestern zustrebend, die ihr offenbar gut gefallen.

Die Klostergebäude von Santa Maria di Gricigliano – blaßrote Dächer, blaßgelbe Fassaden – tauchen allmählich hinter Bäumen auf, die vom schweren Herbstregen dampfen. Feuchte Schwaden wischen über die Mauern und jagen den Berg hinauf. Die Natur lädt in der Toskana stets zum Schauen ein. Ein kurzes Zögern. Darf man eindringen in diesen geweihten Bezirk, in dem Menschen Gottesdienst verrichten?

Stört man nicht die Mönche in ihrer frommen Besinnung? Am Telefon hatte der Prior, der Vorsteher des Konvents, solche Bedenken zerstreut. Man möge nur kommen, der Feier der heiligen Messe beiwohnen, danach werde man sehen, ob sich ein Gespräch ergebe zwischen denen hinter Klostermauern und dem Wißbegierigen von draußen.

Nun, innen ist es eine ganz fremde Welt. Weihrauchduftend, erfüllt von den Tönen des Gregorianischen Chorals, den zehn Männer in schwarzen Kutten kunstvoll vortragen. Nicht vortragen, denn sie wenden sich nicht an ein Publikum, nicht an die dreißig, vierzig Gläubigen oder Besucher, die sich in dem weißgekalkten Oratorium versammelt haben, vielmehr an jenen, der jetzt im Gesang beschworen wird: »Weise mir, Herr, den Weg Deiner Gesetze, daß ich sie bewahre bis ans Ende«, und weiter: »Herr, laß mir Deine Gnade widerfahren.«

Der Psalm 118 ist es, jener poetische Gesang der Bibel, der die Herrlichkeit des Wortes Gottes preisen will und nicht minder jene lobt, »die ohne Tadel leben, die im Gesetz des Herrn wandeln«. Zwischendurch versucht jemand aus dem ›Volk‹, sich in das Singen der Benediktiner einzudrängen. Er scheitert kläglich. Der Umgang mit den Gregorianischen Noten, mit Virgia und Quilisma, mit Torculus und Climacus will geübt sein. Wer nicht den Schwung eines Porrectus, den Rhythmus eines Ictus, den langen Atem einer Cantilena den Stimmbändern in langen Jahren anerzogen hat, der ist den ehrwürdigen Melodien nicht gewachsen, die bis auf den Mailänder Bischof des fünften Jahrhunderts, Ambrosius, und den römischen Papst des sechsten Jahrhunderts, Gregor den Großen, zurückgehen, doch erst im neunzehnten und zwanzigsten Jahrhundert in der katholischen Kirche dank dem Benediktiner-Orden eine Renaissance erlebten.

Es ist eine fremde Welt, obwohl sie in einer der ältesten Traditionen des Abendlandes wurzelt. Sie ruht auf der Ordensregel des Benedikt, der in Umbrien geboren wurde, um 545 starb und seitdem als Heiliger, als Patron Europas verehrt wird. Dem eiligen Besucher bleibt sie verschlossen. Was kann er anfangen mit dem Gebet der Mönche am Beginn des Tages frühmorgens um viertel nach fünf: »Öffne, Herr, meinen

Mund, Deinen heiligen Namen zu preisen: Reinige auch mein Herz von allen leeren, verkehrten und fremden Gedanken; den Geist erleuchte, das Gefühl entflamme, damit ich würdig, aufmerksam und demütig diesen Gebetsdienst verrichten kann.«

Der Prior François-Xavier Jeanjean trifft nach der Messe einen nachdenklichen Gast an, reißt ihn beherzt aus dem Tiefsinn: »Kühe und Schweine halten wir, Gemüse wird angebaut. Weinreben und Olivenbäume liefern uns Erträge«, erklärt der hochgewachsene Pater nüchtern, »so verdienen wir unseren Lebensunterhalt und erfüllen zugleich die Regel unseres Vaters Benedikt«, der vor fünfzehn Jahrhunderten schrieb: »Müßiggang ist ein Feind der Seele«. Deshalb müssen sich die Brüder zu bestimmten Zeiten der Handarbeit und zu bestimmten Zeiten wiederum der Lesung göttlicher Dinge widmen. (Daß Benedikts Sätze die Einstellung zur Arbeit in Europa änderten und durch das Beispiel der Mönche in Landwirtschaft und Handwerk zur wirtschaftlichen Entwicklung des Abendlandes beitrugen, sei nur am Rande vermerkt.) »Finanziell freilich«, sagt der Prior ganz offen, »bedürfen wir der Unterstützung durch unser Mutterkloster Fontgombault im französischen Berry, zwischen Bourges, Poitiers und Tours, weil die alten Gebäude aufwendige Restaurierungen erfordern.«

Ein Gang durch die toskanische Landvilla bestätigt die Notwendigkeit der Arbeiten, gerechtfertigt durch Alter und Schönheit der Gebäude zugleich. »Schon im fünfzehnten Jahrhundert errichtete sich«, erzählt Père François stolz, »die Florentiner Adelsfamilie der Martelli hier einen Sommersitz, der im achtzehnten Jahrhundert durch den Senator Bali Niccolò Martelli einem gründlichen Umbau unterzogen wurde. Als vor vierzig Jahren die Äbtissin Maria Ildegarde Cabitza die Gründung eines Männer-Konvents anregte, fand sie in den Gräfinnen Francesca und Caterina Martelli bereitwillige und wohlhabende Förderinnen. Diese schenkten den Familienbesitz der Kirche. Der Erzbischof von Florenz, Kardinal Florit, bat schließlich den Abt von Fontgombault, Jean Roy, ihm Mönche zu schicken.« So kamen die französischen Benediktiner – neben einem Holländer und einem Italiener – in das Anwesen der Martelli nach Gricigliano.

»1975 wurde ich«, fährt der Prior fort, »hierher geschickt. Seitdem beschäftige ich mich auch mit dem Anbau von ...« Die Glocke läutet zum Mittagessen, unterbricht den Prior in der Aufzählung von Auberginen, Möhren, Kartoffeln, Endiviensalat ... »Sie werden sie probieren können«, lacht er. »Der Abt gieße den Gästen Wasser über die Hände«, ordnet Benedikt an. So geschieht es auch, vor der Tür des Refektoriums. Die andere Vorschrift des Ordensgründers: »Die Fußwaschung nehme der Abt zusammen mit der ganzen Gemeinschaft an den Gästen vor«, bleibt zur Erleichterung des Besuchers unbeachtet. Gäste sind in einem Benediktiner-Kloster stets willkommen; der Tisch ist für sie immer gedeckt, im wörtlichen Sinn. Man nimmt gern Platz an den blanken Holztischen. Die bedienenden Mönche gehen mit raschen Schritten umher, bieten die schmackhaften Speisen des sonntäglichen Essens – Auberginen-Auflauf, Fleisch-Ragout, Erbsen, Kartoffeln, Salat, Süßspeise, Kaffee – mit schnellen Bewegungen gern ein zweites Mal an.

Nach den Gebeten, nach dem Rezitieren einiger Sätze aus der Bibel, wird aus einem Buch vorgesungen: Die Geschichte von Florenz. Dieses Thema paßt zu dem alten Raum mit der kleinen Empore und den Wandgemälden. Der gleichmäßige Gesangton verleiht den Kämpfen zwischen Guelfen und Ghibellinen im mittelalterlichen Florenz, dem Steuersystem um 1290, den Auseinandersetzungen zwischen den Peruzzi, Alberti, Strozzi, Medici, Frescobaldi, Pitti, zwischen den Armen und den Magnaten, zwischen dem »fetten Volk« und dem reichen Bürgertum, dem Ruin von Siena und dem Fall Pisas zum Nutzen Genuas, dem Neubau der Kathedrale aus städtischer Eitelkeit etwas einmalig Wichtiges, das sich jedoch zugleich in der Geschichte ähnlich immer wiederholt. (Man müßte Bücher eigentlich laut vorsingen lassen, um ihren Wert zu prüfen.)

Ein Blick zu den anderen Tischen zeigt, daß der Gast dem Rotwein, einem Eigenprodukt der Mönche von Gricigliano, nicht allein zuspricht, daß nur die Gästestühle Lehnen haben, die Mönche hingegen auf Schemeln sitzen, daß nur drei der dreizehn Ordensleute, von denen einige vor der Theologie schon andere, ganz ›weltliche‹ Studien absolviert hatten, eine Brille tragen, daß die Gesichter der Priester freundlich gestrafft sind und von ihnen eine männliche Kraft ausgeht, die nur eine mit sich selbst einige Person hervorbringt.

»Was das Kloster braucht, muß es selbst produzieren«, erklärt Prior Jeanjean nach dem Sonntagsmahl. »Wir arbeiten, weil wir leben müssen, aber auch, weil man nicht immer singen und beten kann. Sonst verliert man den Sinn für die Realität. Fernsehen brauchen wir dazu nicht. Für die Nachrichten aus der Welt genügen uns ein Radio, der ›Osservatore Romano‹, die Zeitung des Vatikans, und einige kirchliche Zeitschriften. Was gibt es schon Aufregendes?«

Der Tagesablauf der Mönche ist genau vorgeschrieben. Die Einschnitte setzt das Stundengebet, beginnend um halb sechs Uhr morgens mit Matutin und Laudes und einer ersten Messe; um 8.15 Uhr mit der Prim, um zehn Uhr mit der Terz und einer feierlichen Messe fortfahrend, um 12.45 Uhr dann die Sext, um 14.30 Uhr die Non, schließlich Vesper (18.00 Uhr) und Komplet (20.30 Uhr), danach darf niemand mehr sprechen.

Zwischen diesen lateinischen Gebeten Frühstück, Mittag- und Abendessen, die Stunden der Arbeit, persönliche Gebete und Lesungen in der Heiligen Schrift. »Ein Mönch weiß in jedem Moment, was er tun muß«, erläutert der Klostervorsteher, darin ganz streng die Regel des Benedikt befolgend, die genaue Angaben darüber enthält, »wie viele Psalmen beim Nachtgottesdienst zu beten sind«, »wie das Chorgebet während des Tages zu halten ist«, »zu welchen Stunden man speisen soll«, »wie die Mönche schlafen«, »wann täglich gearbeitet wird«. Sie tadelt ausdrücklich jene, »die zu spät zum Chorgebet oder zu Tisch kommen«, regelt »den Wochendienst in der Küche«, »die Rangordnung in der Klostergemeinschaft« sowie »Bekleidung und Schuhwerk der Brüder«. Die Regel bestimmt, »ob ein Mönch Briefe oder etwas anderes empfangen dürfe«, setzt fest, »daß niemand sich herausnehme, einen anderen ohne weiteres zu schlagen«, ordnet an, wie jene zu behandeln sind, »die im Chor Fehler machen«, oder jene, »die sich sonstwie verfehlen«, oder andere, »die trotz Zurechtweisung sich nicht bessern wollen«, entscheidet, »ob die Mönche Eigentum haben dürfen«, und schließlich, »wie Knaben in jüngerem Alter bestraft werden sollen«.

All diese Regeln sind gewiß nicht immer einfach zu befolgen, aber scheinen doch in dieser oder jener Form oft einsichtig und notwendig, wenn Männer – Priester und Laienbrüder – ›in Ordnung‹ zusammenleben wollen. Ihnen allen fehlte jedoch das Fundament, wenn nicht beherzigt würde, was der Ordensgründer damals mit brutaler Härte formulierte: »Dem Eigenwillen aber zu folgen, ist uns nicht erlaubt.« Nur der kann in einen Orden eintreten, das wird aus den Worten des Benediktiner-Priors, aus dem Leben der Mönche immer deutlicher, der es nicht für wichtig hält, »sich selbst zu verwirklichen«.

Der Mönch muß sich zuerst selbst aufgeben, wenn er die von Benedikt aufgezählten zwölf Stufen der Demut eine nach der anderen emporsteigen will, »wenn er den eigenen Willen nicht liebt, sondern sich in vollkommenem Gehorsam dem Oberen unterwirft«, »wenn er schweigend die Geduld bewahrt, selbst bei harten und widerwärtigen Vorkommnissen«, wenn er »zufrieden ist mit allem Niedrigen und Geringen«, »wenn er die Demut nicht bloß im Herzen, sondern durch seine Körperhaltung nach außen hin kundtut«. Das alles scheint dem Außenstehenden unbegreiflich, unmöglich.

Ich betrachte die ruhigen, gesammelten Gesichter der Mönche, während der Messe, bei Tisch, an der Arbeit, vergleiche sie mit denen der Politiker und Wirtschaftler, der Schauspieler und Schriftsteller, der Beamten und Arbeiter, der Familienväter und Junggesellen, die mir sonst begegnen. Diese hier sind anders, durch ein ›alternatives‹ Leben geprägt, vielleicht schon eine Spur dessen zeigend, was die Menschen als ›Utopia‹ ersehnen. Ich verabschiede mich. In der Eingangshalle plaudert Pater Luigi, der Kanonikus in Imola war, bevor er in diese Gemeinschaft eintrat. Er führt den kleinen Laden des Konvents, der nur zu bestehen scheint, damit die Besucher nicht enttäuscht werden. Weinflaschen, Feigenmarmelade, Ansichtskarten, Gläser mit Honig – Produkte des Klosters – stehen in den Regalen. Dem Pater Luigi, der freundliche Erinnerungen an Predigten in Deutschland bewahrt, ist es nicht wichtig, ob er etwas verkauft. Sein Gesicht zeigt heitere Weisheit. Draußen im Regen gehen vier Patres auf und ab. Sie lächeln dem Scheidenden zu. Er verläßt einen Ort des Friedens.

Certosa di Galluzzo

Das Kartäuserkloster in dem Florentiner Vorort Galluzzo, die Certosa di Galluzzo, beeindruckt durch eine außergewöhnliche Architektur und beherbergt dazu viele Kunstwerke. Niccolò Acciaiuoli, ein bedeutender Florentiner Staatsmann und Condottiere, Freund von Petrarca und Boccaccio, ließ ab 1341 für die Kartäuser, einen von dem heiligen Bruno von Köln gegründeten Einsiedlerorden, die Klosteranlage bauen. Sie umfaßt einzelne Zellenhäuschen für die in strenger Klausur lebenden Mönche und gemeinsame Stätten für Gebet und Gottesdienst.

Das Kloster war einst reich an Kunstschätzen. Napoleon raubte dem Orden von diesem Schatz etwa fünfhundert Stücke, von denen nur wenige wieder zurückgegeben wurden. Die *Pinakothek* zeigt in zwei Sälen wertvolle Objekte aus dem ehemals riesigen Kunstschatz, darunter fünf Lünetten-Fresken mit Darstellungen der Passion Christi von PONTORMO (1522-1525) nach Zeichnungen von Dürer, und eine Madonna mit Kind von Lucas Cranach. Über einen weiten Platz gelangt man zur Kirche des Klosters San Lorenzo; dort befinden sich in der Cappella di Sant'Andrea das berühmte Grabmal des Kardinals Agnolo II. Acciaiuoli, das früher Donatello, jetzt eher FRANCESCO DA SANGALLO zugeschrieben wird, und das Grab für den Klostergründer und ›berühmten Florentiner‹ Niccolò Acciaiuoli. Auch andere Kapellen tragen beachtenswerten Schmuck und bergen wertvolle Ausstattungen.

Die Klostergebäude dienten den Einsiedlern – im Gegensatz zu anderen Ordensgemeinschaften der katholischen Kirche – nicht als Wohnstätte, sondern waren nur Ort des gemeinsamen

Gebets und des Gottesdienstes; die Mönche selbst lebten in Zellenhäuschen. Dieses eigentliche Kloster schließt einen Sprechsaal (Glasfenster!), einen Mittleren Kreuzgang, den Kapitelsaal, den Großen Kreuzgang, das Refektorium, den Kleinen Kreuzgang und schließlich die Apotheke ein, wo heute Andenken und Klosterliköre verkauft werden.

Vielleicht ging die Pracht in den Gebäuden des Klosters über das strenge religiöse Ideal des heiligen Bruno hinweg. Denn Bruno, 1032 in Köln als Sohn einer vornehmen Familie geboren und 1101 in dem von ihm gegründeten Kloster La Torre in Kalabrien in Süditalien gestorben, hatte seine Gemeinschaft auf Abkehr von der Welt und Geringschätzung des Reichtums, auch auf die Ablehnung aller kirchlichen Würden und Ämter verpflichtet und es selbst so vorgelebt. Diese Strenge kam in dem absoluten Schweigegebot für die Mönche, in der Verpflichtung zur Einsamkeit, auch in der Gemeinschaft, und dem bewußten Vertrautsein mit dem Tod zum Ausdruck.

Die Einsiedler von Camáldoli

Unten im Tal des Arno-Flusses bei Arezzo in der Toskana schien die Sonne warm auf sanfte Hügel. Oben dagegen, bei Camáldoli, wo die Berge auf fast 1500 Meter Höhe ansteigen, fegte der Wind durch die Eibenwälder, daß man den Mantel enger knöpfte und sich duckte. Die Mönche in der Einsiedelei von Camáldoli sind das Wetter gewöhnt. Sie mögen es, wenn der Sturm die Besucher zu ihnen heraufbringt, aber sie sind auch nicht böse, wenn er sie wieder fortträgt. Denn die zwei Dutzend Patres und Brüder, die hier oben leben, sind Einsiedler. Nicht viel mehr als hundert gibt es auf der ganzen Welt von ihnen, den Kamaldulensern, Mönchen, die nach den Regeln des heiligen Benedikt und des heiligen Romuald abgeschieden von der Welt in Gebet und Arbeit ihre Tage verbringen, ähnlich den Trappisten und Karthäusern.

Padre Francesco packt den Fremden am Arm: »Nach der Messe kommen Sie zu uns zum Mittagessen, ein bescheidenes Mahl, doch es wird Ihnen schmecken.« Jeden Tag um 11.30 Uhr feiern die Männer in dem weißen Ordensgewand die

Messe. Es ist nicht die erste Zusammenkunft des Tages in der kleinen Kirche. Bereits um sechs Uhr sammeln sie sich zum Morgengebet, der Matutin, um 7.30 Uhr zu den Laudes. Zur Messe sind immer Besucher da, bis auf die Wintertage, wenn der Schnee die Bergstraße zugeschneit hat. Heute nehmen zwei Gruppen von Studenten an der Messe teil. Aufmerksam, fast gebannt hören sie die Predigt, eine gut vorbereitete, theologisch feinsinnige Betrachtung über das Opfer. Eine kräftige, beherrschte Baritonstimme intoniert ein Lied. Alle singen mit. Bei näherem Hinschauen sind überall in der Kirche Zeichen des Todes zu entdecken. Knochen, Totenschädel, ein eingetrockneter Körper. Es verbreitet keinen Schrecken. Der Gesang der Mönche schützt davor, gibt Frieden. Siebzig Minuten dauert die Messe. Aber niemand zeigt Ungeduld. Zögernd gehen die jungen Leute am Ende hinaus.

Padre Francesco ist 38 Jahre alt. Seit vielen Jahren ist er hier, betet und arbeitet er, wie die Regel seines Ordens es befiehlt. Um die letzte Jahrtausendwende hatte Romuald, ein Benediktinermönch aus langobardischem Adelsgeschlecht, dessen Rat die deutschen Kaiser Otto III. und Heinrich II. schätzten, die Idee, im Zug der großen abendländischen Kirchenreform das benediktinische Klosterleben zu erneuern. An entlegenen Plätzen wurden Zellen gebaut. So sollte der einzelne zur Besinnung kommen. Diese Lebensregel fand Zuspruch. Im 12. Jahrhundert blühte die Kamaldulenser-Kongregation auf. In den nächsten Jahrhunderten jedoch bedrohten Streitigkeiten und Abspaltungen den Orden. Groß und beherrschend wurde er nie, doch seine Kraft aus der Stille hat er immer bewahrt.

Noch heute sucht man in Camáldoli das Ideal vom gemeinsamen Einsiedlertum zu verwirklichen. Hinter der Kirche stehen in zwei Reihen die Häuschen, kleinen Bungalows ähnlich, in denen die Mönche leben, beten, studieren und schlafen, und die mit kunstvollen Gemälden und Fresken geschmückt sind. Früher aß man allein in der Zelle; einer brachte die Speisen reihum. Doch im Gefolge des Zweiten Vatikanischen Konzils wandten sich die Kamaldulenser auch dem gemeinsamen Leben zu. Manches hat sich damals verändert. Einer, Bruder Lorenz aus Schwaben, reicht dem Gast bei Tisch zu dessen

Verwunderung nach der Pasta eine Schüssel mit Fleisch. Vegetarisch war früher die Ernährung. Gegenüber an der Tafel aus grobem Holz sitzen zwei junge Kapuzinermönche. Sie studieren noch, bereiten sich hier mit geistlichen Übungen unter der Anleitung eines Einsiedlers auf die Priesterweihe vor.

Padre Francesco erklärt geduldig, wovon die Kamaldulenser leben, »von ihrer Hände Werk«. Dazu gehört auch – wie sollte das bei Benediktinern fehlen – die Herstellung von der Gesundheit förderlichen Liköre, des achtundvierzigprozentigen ›Laurus‹, der ›Lacrima d'abeto‹ (Eibenträne, dreiunddreißig Prozent) oder des ›Elixiers des Eremiten‹, eines Magenbitters. Aber das sind Nebensächlichkeiten, welche die Mönche zu ihrem Nutzen und zur Freude der Pilger beibehalten. Die Welt der Produktion und der Effizienz ist ihnen fremd. Der Vorsteher des Klosters lacht, als er nach dem Nachwuchs gefragt wird: »Wir sind nur wenige. Warum sollen wir gerade jetzt aussterben, da wir jahrhundertelang mit vielen Schwierigkeiten fertig wurden. Manchmal kommen vielbeschäftigte Menschen von draußen, klagen, daß sie einsam seien und suchen Rat bei denen, die das Alleinsein nicht fürchten.«

Camáldoli

Das Kloster der Kamaldulenser, der Eremo von Camáldoli, liegt heute auf einer Höhe von 1104 Metern inmitten weiter Wälder. Bei der Gründung des Ordens hatte man das Erzkloster im Casentinischen Apennin in 800 Meter Höhe gebaut. Das schien damals abgelegen genug. Die Klostergebäude, das Hospiz und die Apotheke im heutigen Städtchen Camáldoli zeigen, daß die Einsiedler nicht verschlossen waren, sondern den Menschen der Umgebung nach Möglichkeit halfen. Wenig später jedoch zogen einige noch höher hinauf, um in 1100 Meter Höhe auf dem Campo Amábile im jetzigen Eremo ganz für sich zu sein. Die Kirche dieses Klosters beherbergt im Innern eine kostbare hölzerne Ikonostase und ein wertvolles Chorgestühl für die Mönche; an den Wänden befinden sich Fresken mit Darstellungen aus dem Leben des heiligen Romuald.

Abbazia di San Galgano

Es war ein Zufall, daß wir sie in Galgano trafen, die drei Zisterzienser-Patres aus Casamari, einem Kloster südlich von Rom. Sie und wir hatten dasselbe Ziel und dieselbe Absicht, die Abtei von San Galgano zu besuchen, jenes berühmte Kloster des Zisterzienser-Ordens, das im Hügelland zwischen Siena und Grosseto am Fuß des Monte Siepi, ein wenig abseits der Straße Massa Marittima–Siena liegt, das 1783 von Großherzog Pietro Leopoldo, einem Lothringer, aufgehoben wurde und seitdem verlassen ist, doch selbst in diesem beklagenswerten Zustand einen Besuch lohnt.

So steht es in allen Kunstführern, die Abtei von San Galgano sei eines der schönsten und edelsten Beispiele der Zisterzienser-Gotik, vergleichbar den Klöstern von Fossanova und Casamari. Welch Zufall! Um das vor Ort bestätigt zu finden, bedurfte es keiner Überredung durch die drei Ordensmänner, die freilich noch mehr die ›einfache Einheit‹ ihrer Heimatabtei rühmten. Das Auge ruhte aus auf dem Stein, der zu elementaren Formen gefügt ist. Kein Schnörkel, kein überflüssiger Schmuck und Putz hält die nach oben strebenden Säulen auf. So ist es ganz im Sinn der beiden Ordensgründer, des Robert von Molesme, der 1098 in Citeaux – daher der Name Zisterzienser – bei Dijon in Burgund ein benediktinisches Reformkloster ins Leben rief, und des Bernhard, der im französischen Clairvaux wiederum eine erneuerte Mönchsgemeinschaft zusammenführte. Beide zeichnete geistige und geistliche Strenge aus.

Einer der Patres erzählte von diesem Bernhard des 12. Jahrhunderts, als habe er ihn noch persönlich gekannt. Und das schon vor dessen Geburt. Denn Bernhards Mutter Aleth hatte vor der Niederkunft im Traum ein weißes Hündchen gesehen und es laut bellen gehört. Und zwar deshalb, so die Erklärung des Ordensmannes, weil ihr Sohn Gottes Haus bewachen und als gewaltiger Prediger dereinst seine Stimme gegen die Feinde der Kirche erheben werde. Vielleicht hat das Sankt Bernhard von Clairvaux bei seiner Kampagne für die Kreuzzüge gegen die Muslims etwas übertrieben; auch werden, was seine Einstellung zu den Juden angeht, nicht nur freundliche Worte überliefert. Aber damit wollten wir die Söhne des Bernhard nicht behelligen, sondern lieber ihren Erzählungen lauschen. Wegen dieses Traumes, so Pater Gherardo weiter, erscheint auf manchen Abbildungen des hl. Bernhard auch ein Hündchen. Das gefiel unserem eigenen Pudel offenbar sehr, so intensiv lauschte er der Geschichte des Gottesmannes: »Benedictus amat montes«, der Ordensgründer der Benediktiner liebte die Berge; so stehen dessen Klöster immer hoch oben. »Bernardus amat valles«, Bernhard hingegen bevorzugte die Täler. Am meisten jene mit sumpfigen Wäldern, die also zunächst entwässert und von Bäumen befreit werden mußten. »Nicht wahr«, geht es weiter, »jetzt wird Ihnen klar, daß die Ordensgründer in der Kirche immer auch einem großen Zeitbedürfnis entsprachen. Denn im Europa des 12. Jahrhunderts wartete der Boden geradezu darauf, kolonialisiert zu werden. Auch, daß sich damals Mönche zu harter körperlicher Arbeit bereitfanden, die dazu noch tausendfachen Ertrag brachte, hatte seine Bedeutung.« – »Richtig, im Osten Deutschlands zeugen noch immer Kirchen und Klöster der Zisterzienser von dieser landwirtschaftlich-kulturellen Arbeit.« – »Leider gibt es nicht genügend Zisterzienser«, warf der Pater ein, »die man in der Dritten Welt zum Gewinn neuer fruchtbarer Böden und zum Erproben moderner Anbaumethoden einsetzen könnte. Man hätte weniger Probleme.«

Von diesem arbeitsamen Geschick ist den Söhnen des heiligen Bernhard in Italien einiges geblieben, trotz einer bewegten Geschichte, die sie Anfang des 14. Jahrhunderts mit mehr als 700 Klöstern in Frankreich, England und Deutschland reich und mächtig, nach der Reformation, nach der Französischen Revolution und der Säkularisation von 1802/3 jedoch enteignet und verarmt sah. Eine so bewegte Geschichte hatte auch San Galgano. Hören wir weiter den Pater: »Im Jahr 1181 kam Gherardo I., der vierte Abt von Casamari, auf dem Rückweg vom Generalkapitel hier vorbei, als der im Ruf der Heiligkeit stehende und später heiliggesprochene Einsiedler Galgano Guidotti starb. Man beschloß, zu seinem Andenken eine religiöse Stiftung zu gründen. Der Bischof von Volterra gab Geld, und einige Adelsfamilien der Umgebung ebenso. Bald kamen auch Mönche, und aus dem kleinen Priorat wurde eine Abtei. Bald erhob sich jedoch auch ein Disput, wem die Zisterzienser unterstellt seien, dem Bischof von Volterra, dem Kloster von Clairvaux in Frankreich oder dem von Casamari in Italien. Das hemmte aber nicht die Entwicklung von San Galgano. Die Mönche nannten bald großen Landbesitz ihr Eigen und wurden von den Städtern aus Siena und Volterra als Richter in Streitigkeiten gerufen. Im 16. Jahrhundert begann der Niedergang des Klosters, im 17. Jahrhundert der Verfall; 1783 dann das Ende mit der staatlichen Unterdrückung durch den Großherzog der Toskana. Drei Jahre später stürzten die Gewölbe und der Glockenturm ein.«

Doch auch ohne Dach zeigt die Kirche heute noch ihr klassisches Aussehen der Zisterzienser-Gotik. In Travertin und Backstein im 13. Jahrhundert (1224 begonnen) erbaut, besteht sie aus drei Schiffen mit Rippengewölben, einem Querschiff und einer flachen Chorkapelle. Selbst in dem verfallenen Zustand übt das Innere mit 69 Metern Länge, den sechzehn kräftigen Kreuzpfeilern mit vier Säulen und dem Wechsel von Travertin und Ziegeln eine große Wirkung aus. Von dem sich an die Kirche anschließenden Kloster sind Kapitelsaal, das große Refektorium mit zwei Schiffen und Teile des Kreuzgangs erhalten. Wir scheiden von den Mönchen, nicht ohne ihnen zu versichern, sie in Casamari zu besuchen, um dort nicht nur die steinernen Zeugnisse des Ordens, sondern die Zisterzienser in lebendigem Gebet und bei tätiger Arbeit zu finden.

La Verna

Als wir durch La Verna gingen und uns mit dem Leben und den Legenden des heiligen Franz von Assisi konfrontiert sahen, dachten wir an einen befreundeten Erzbischof im Vatikan zu Rom. Er hatte gewarnt: »Wer Franziskus, der berühmteste Heilige des Christentums, gewesen ist, läßt sich mehr als acht Jahrhunderte nach seinem Geburtsjahr (1181-1182) kaum mehr herausfinden. Mit ihm verhält es sich ähnlich wie mit Jesus von Nazareth; wir wissen zu genau, wer er sein soll, was seine Taten und Worte bedeuten können. Franz von Assisi ist für den modernen Menschen wie eine Blume – seine Lebensbeschreibung trägt nicht zufällig den Titel ›Fiorelli‹, Blümlein –, die er rasch pflückt und die in seinen Händen unversehens welkt.«

Bei diesem Heiligen können sich Mißverständnisse zu leicht einstellen. Die einen sagen, er sei ein ›Aussteiger‹ aus der Gesellschaft gewesen, ein passionierter Ökologe, ein Eiferer für den Tierschutz, ein für den Frieden Begeisterter, der den Verzicht auf jegliche Gewalt predigte. Die anderen meinen, nur der begreife etwas von Franziskus und seinem Geist, der verstehe, warum der junge ›Stutzer‹ aus der Jeunesse dorée von Assisi eines Tages einen Lepra-Kranken geküßt habe. Die einen argumentieren: Giovanni Bernardone, der Sohn eines italienischen Vaters und einer französischen Mutter – mit französischem Einschlag in der Familie also, daher Francesco, der aus Frankreich –, lief seinem Vater, einem reichen, angesehenen Handelsherrn in dieser umbrischen Stadt, davon und war damit ohne behagliche bürgerliche Existenz. Wie liebte er die Umwelt! In seinem ›Sonnengesang‹ pries er die Natur, die Schöpfung Gottes, und stellte mit ›Frau Sonne, der Schwester, mit Mond und Sternen, den Brüdern, der Schwester Quelle und dem Bruder Feuer, der Schwester Mutter Erde‹ gleichsam ein Credo auf. Schließlich predigte er sogar den Vögeln und besänftigte wilde Wölfe. – Vielleicht übertrieb er zuweilen, sagen manche wohlwollend, aber seine Narreteien seien harmlos und liebenswert, nicht so blutig und ernst wie bei anderen Heiligen.

Bei solchen Überlegungen beginnen Franziskaner zu rebellieren. Einer sagte uns einmal: »Wollen Sie wirklich wissen, wer dieser Franziskus war, dann lassen Sie sich diesen Satz eingehen« – und er zog aus seiner braunen Kutte ein Büchlein mit der Ordensregel heraus: »›Willst Du vollkommen sein, gehe hin und verkaufe alles, was Du hast, und gib es den Armen, so wirst Du einen Schatz im Himmel haben – und komm, folge mir.‹ – Kommt er Ihnen bekannt vor? Dann will ich Ihnen noch einen vorlesen: ›Wenn jemand mir nachkommen will, verleugne er sich selbst und nehme sein Kreuz und folge mir.‹ Reicht es Ihnen nun?« Fast angriffslustig kam die Frage, und ohne die Antwort dessen abzuwarten, der Kunst betrachten wollte und sich plötzlich mit anderem konfrontiert sah, schleuderte er ihm die letzten Sätze entgegen: »›Will einer zu mir kommen und er hasset nicht Vater und Mutter, Gattin und Söhne und Brüder und Schwestern, ja auch noch seine Seele, so kann er mein Jünger nicht sein.‹ – Und jetzt lasse ich Sie mit den schönen Bildern und den harten Worten – übrigens aus der Bibel – allein.« Sprach's und verschwand durch das Kirchenportal hinaus ins Freie, wo auf der Wiese zwei Hunde tollten.

Aber nach wenigen Minuten – die Betroffenheit war noch längst nicht gewichen – kam Padre Pasquale wieder. »Entschuldigen Sie! Doch es ist ärgerlich für uns. Da sind heftige Kämpfe um Franz von Assisi und sein Erbe geführt, leidenschaftliche Diskussionen ausgetragen, reihenweise Bücher über ihn geschrieben worden und dennoch denken manche, Francesco sei ein harmloser Narr Gottes, ein von allen Spannungen freier Heiliger gewesen. Aber das war er ganz und gar nicht. Viele übersehen«, erklärte der Pater, »das Wesentliche, daß Franz als junger Mann nach Müßiggang, Kriegshändeln und zwei schweren Krankheiten den Entschluß faßte, das christliche Evangelium – jene Sätze von vorhin – wörtlich zu nehmen und ohne theologisches Deuten in die Tat umzusetzen. Gegen die Gesetze der Welt lebte er die Möglichkeit des

Unmöglichen vor. Sein Christentum ist eingespannt zwischen zwei Endpunkte: die Forderungen Christi und die ›Gesetze‹ der Welt von Reichtum und Macht. Für normale Menschen ist es unmöglich, die Ideale der Bibel von Armut, Keuschheit und Gehorsam zu erfüllen. Man bräuchte sich nur vorzustellen, so handelten alle. Das Christentum ginge an seiner Radikalität, die Welt an der Nichtbeachtung ihrer Gesetze zugrunde. Dennoch ist es uns aufgetragen. Vielleicht muß das töricht und absurd erscheinen«, verabschiedete sich der Pater nun endgültig.

Franz von Assisi erscheint in dieser Spannung nicht gebrochen. Der reiche Jüngling wandelte sich zum heiteren Heiligen. Von ihm ging eine starke Faszination aus, und schon Zeitgenossen schrieben ihm Wunder zu, und zwar Wunder, die zählen, Heilung von schwerer Krankheit etwa. So wurde er bereits zwei Jahre nach seinem Tod, am 3. Oktober 1226, von der Kirche feierlich heiliggesprochen. So bildeten sich um sein Leben so liebenswerte Legenden (die ›Fiorelli‹) wie um keinen Menschen sonst; so sind die Orte, in denen er lebte, seit dem 13. Jahrhundert Ziel unzähliger Pilger geworden. Der kleine Mann mit dem ›tiefen‹ Blick aus mandelförmigen Augen, den der Maler Berlinghieri in der Kirche San Francesco im toskanischen Pescia malte, das Bild, das dem wirklichen Aussehen des Franz wohl nahekommt, ist eines der ersten von zahllosen Kunstwerken, die den ›Poverello‹, den Armen mit der sanften Entschiedenheit des gläubig Überzeugten, der dennoch nicht fanatisch wirkt(e), in Malerei und Skulptur darstellen.

Unübertroffen hat der strenge Dante in seiner Göttlichen Komödie den Gegensatz zwischen der Welt und diesem Heiligen markiert. Am Anfang des 11. Gesanges im Paradies spricht er wortreich von der »unseligen Verstrickung in irdische Sorgen, in Rechtsgeschäfte und Regierungssachen, von der Verfangenheit in Gewalt und Klügelei« und dann ganz einfach über Francesco von Assisi: »Von jenem Berg, dort wo er sanfter wird, trat eine Sonne in die Welt, so warm.«

Daß dieser Francesco und nach ihm unzählige ›Söhne‹ und ›Töchter‹ die »unsinnige Verstrickung in irdische Sorgen« abstreiften und fröhlichen Herzens gegen die Spielregeln der Welt lebten, macht noch nach achthundert Jahren das Besondere dieses Heiligen und der auf ihn zurückgehenden Orden aus. Freilich, ganz kann bei einem solchen Anspruch nur der Einzelne ›Erfolg‹ haben; der Versuch mehrerer ist zum Scheitern verurteilt. Die Geschichte des Franziskanerordens ist daher bestimmt vom Ringen um eine radikale Befolgung des evangelischen Ideals der Armut, wie es Franziskus vorlebte, bewegt von der Einsicht, daß dies für einen Orden von hundert, tausend, zehntausend Männern und Frauen nicht möglich sei, getragen von dem Bemühen, in einer Welt des Geldes dennoch arm zu leben. Franziskaner mußten ihre Ideale stets vor Mißverständnissen verteidigen, vor jenen, die sich allzu eilig und pharisäerhaft auf Franziskus beriefen, die das franziskanische Christentum gegen eine reiche, mächtige, der gesetzlichen Ordnung unterworfene Kirche ausspielen wollten. Es ist ein Glücksfall für das Abendland, daß der Ordo Fratrum Minorum, der Orden der Minderbrüder, der Minoriten, in der Kirche Platz fand. Nicht nur die List von Päpsten und Kardinälen hielt die Volksbewegung aus schlichtem, religiösem Geist im 13. Jahrhundert in der Kirche. Auch Franz ließ seine Ordensregel unerbittlich beginnen: »Bruder Franziskus verspricht Gehorsam und Ehrfurcht dem Herrn Papst und dessen Folgern, die gesetzlich eintreten, und der römischen Kirche. Und die anderen Brüder seien verpflichtet, dem Bruder Franz und dessen Folgern zu gehorchen.«

Eine Kirche, deren Oberhaupt, der Papst, sich als Herr von Kaiser und Königen fühlte, die im ausgehenden Mittelalter drauf und dran war, ihre geistige Macht durch die weltliche zu korrumpieren und bei der Ausübung ihrer doppelten Herrschaft die Massen zu vergessen und zu verlieren, besann sich auf ihre Grundlagen – im Religiös-Geistlichen und vor allem im Glauben des einfachen Volkes. Die christlichen Ideale blieben nicht häretischen Bewegungen überlassen, sprengten auch nicht den Rahmen der Großkirche, sondern fanden bei den Franziskanern und bei dem gleichzeitig entstehenden Dominikanerorden Förderung und Verbreitung. Dadurch konnten sie als ›Sauerteig‹ die Gesellschaft durchwirken, bedrohten jedoch nicht als Explosivstoff eine sich sozial umschichtende Welt. Die Offenheit, die Liebe für die Armen, hat Franz von Assisi der Kirche wieder beigebracht.

In die gespannten Beziehungen zwischen Bauern und Bürgern, Adligen und Klerikern, zwischen den Staaten Europas und der neu sich weitenden Erde drang nicht nur das entwaffnend bescheidene Lächeln des Franziskus, sondern bald auch franziskanische Tatkraft, die Bereitschaft der Mönche zu sozialen Diensten, zu wissenschaftlicher Forschung, zum Apostolat in den Städten, zur Missionierung fremder Landstriche.

So kommt es, daß noch heute eine halbe Million Menschen ihr Leben nach dem Beispiel des Franz von Assisi ausrichten, eines Mannes, der sich nicht zum Priester weihen ließ, dem am Studium der Wissenschaften wenig lag, der den Sultan von Ägypten und die Muslims im Heiligen Land nicht durch Kreuzzüge, sondern mit friedlicher Überzeugung bekehren wollte. Seine religiöse Begeisterung schlägt sich heute wie zu jeder Zeit in seinen Anhängern nieder, seine Regel dient häufiger als jede andere in der katholischen Kirche als Lebensrichtschnur für Ordensleute, die sich in Orden und Kongregationen auf Franziskus berufen.

Eisenbahnfahrt

Die italienischen Eisenbahnen genießen nicht den besten Ruf. Zwei von drei Zügen, so hat eine Statistik einmal ergeben, erreichen ihr Ziel mit Verspätung oder fahren schon unpünktlich ab. Manchmal ist es wie verhext, man erwischt immer die zwei saumseligen gegenüber dem einen fahrplanmäßigen Zug. Wenn man es aber einmal nicht eilig hat, sollte man durchaus erwägen, von Rom oder Florenz aus einen Ausflug mit der Eisenbahn in die Toskana zu unternehmen und irgendwann auf der Direttissima zurückzukehren, der normalen Bahnverbindung über Orte wie Chiusi und Arezzo, die jetzt auf der Strecke Rom–Città della Pieve sogar schon für Höchstgeschwindigkeiten ausgebaut ist.

So hatten wir es uns eines Tages in den Kopf gesetzt, von Rom über Grosseto, Siena und Empoli nach Florenz zu fahren und dafür zunächst den Rapido R 900 Rom–Turin zu nehmen. Man benötigt für die Rapidi, die italienischen Intercity-Züge, eine Reservierung; man kann diese jedoch auch kurz vor der Abfahrt von den Schaffnern der Ferrovie dello Stato (FS) erwerben. Nach dem pünktlichen Start um 7.20 Uhr erreicht der Rapido rasch die Via Aurelia, die altrömische Konsularstraße immer entlang dem Tyrrhenischen Meer, die er erst nach 501 Kilometern in Genua wieder verlassen wird, und das Meer nähert sich gleißend in der Morgensonne. Strände wecken angenehme Erinnerungen. Auf der anderen Seite fliegt Etruskerland vorüber. Die Städte Cerveteri und Tarquinia – die Hafenstadt Civitavecchia zwischendurch wird nur eines kurzen Halts gewürdigt – sind glänzende Zeugen für die hohe Kultur dieses alten Volkes, das seine Geheimnisse den Archäologen noch immer nicht ganz preisgibt. Zwei Männer im Abteil nach Turin, klein und kompakt gebaut, zwei, die sich nichts gefallen lassen, warum auch, sind, ›typisch italienisch‹, in verschiedene Töne von Blau gekleidet; Hemd, Pullover, Hose, Strümpfe, alles variiert ›azzurro‹, die Lieblingsfarbe der Italiener auf der vom blauen Meer umspülten Halbinsel. Sie lesen die ›Unità‹, das Organ der Kommunistischen Partei Italiens; zu zweit, was die ewigen finanziellen Schwierigkeiten des Parteiblattes nicht erleichtert. Mit der Gleichheit nehmen sie es aber wiederum nicht zu genau, denn sie fahren erster Klasse; es gäbe auch die zweite. Sollen wir mit ihnen plaudern? Obwohl in der heutigen ›Unità‹, die zu unserer Pflichtlektüre gehört, wieder ein schneidiger Artikel über die Resistenza zu lesen ist, den italienischen Widerstand von 1943 bis 1945 gegen die deutschen ›verratenen Verbündeten‹; – erschienen aus Anlaß der vierzigjährigen Wiederkehr eines Attentats von italienischen Partisanen und Vergeltungsmaßnahmen von deutschen Truppen in Marzabotto bei Bologna.

Wir dürfen jedoch auf keinen Fall die Grenze zwischen Latium und der Toskana, dem früheren Kirchenstaat des Papstes und dem Großherzogtum verpassen, um zum x-ten Mal die Frage zu stellen, worin sich beide Regionen unterscheiden. Das flache Küstenschwemmland und die Hügel, auch weiße, schwarze und gefleckte Rinder gibt es hier wie dort. Aber ja, das verwaschene Rot der Bauernhäuser Latiums geht unmerklich in das blasse Braun der toskanischen Landhäuser über, und auch die ›Komposition‹ der Zypressen und Pinien erscheint anders, in Latium zufälliger, in der Toskana geordneter, ohne daß diese Kennzeichen immer unfehlbar zuträfen. Der Rapido, der Schnelle, verschmäht, in Orbetello zu halten. Reiche Römer hätten das gern; denn dann wäre es für sie bequemer, zu den teuren Badeorten des Monte Argentario, des Silbergebirges, zu gelangen, das sich eindrucksvoll bis zu 635 Meter Höhe aus dem Meer erhebt und jetzt um 8.45 Uhr noch eine Schlafmütze aus Wolken auf seinem Haupt, dem Telégrafo-Berg, trägt! Für begüterte Römer gehört es zum guten Ton, in Porto Santo Stéfano, Port'Ércole oder Ansedonia mit dem alten Cosa eine Villa zu besitzen. In diesem Sommer erbitterte es sie furchtbar, daß plötzlich Finanzbeamte an ihren luxuriösen Jachten auftauchten, diese vermaßen und nach der Länge der Boote die Steuererklärung ihrer Besitzer überprüften. Aber kein Zweifel besteht daran, daß der Monte Argentario mit den Inseln Giglio, Giannutri und nicht weit entfernt auch Elba, Pianosa und Montecristo – guten Morgen, Herr Graf – ein herrliches Segelrevier abgibt. Als hätte der Zug Angst, man könnte ihm als Verkehrsmittel untreu werden, fährt er nun von der felsigen Küste weg ins Landesinnere bei den Monti dell'Uccellina, den ›Bergen des Vögelchens‹, vorbei, auf denen runde und viereckige Wachtürme der Genueser und Pisaner an die kriegerische Konkurrenz der italienischen Seestädte Genua und Pisa erinnern. Schon sind wir eine Minute vor der Zeit, um 9.09 Uhr, in Grosseto. Aussteigen.

Nach dem Trubel von Rom wirkt diese Provinzhauptstadt wie eine Oase der Ruhe. Der Bahnhofsvorplatz erscheint aufgeräumt wie die ganze Stadt. Wir könnten nun Grossetos Sehenswürdigkeiten besichtigen, die Stadtmauern mit den Festungsanlagen der Medici etwa, den Dom San Lorenzo und die Kirche San Francesco. Oder wir bleiben im Bahnhof, der wie so viele in Italien zur Zeit Mussolinis gebaut wurde, als man das Land dem Verkehr erschloß und die Industrie in die Provinz brachte, schlendern an dem Zeitungs-Kiosk vorbei, dessen Angebot an Büchern und Illustrierten ›gehobener‹ als das eines römischen ist, und stellen bei der Betrachtung der Wartenden auf dem Bahnsteig fest, daß bei den Frauen Schwarz vorherrscht und bei den Mädchen rote Pullover gerade in Mode sind. Die Leute warten, weil der ›Diretto‹, der Eilzug aus Rom, vierzig Minuten Verspätung hat.

Etwas mißtrauisch bemerken wir, daß der Lokalzug nach Siena aus einem einzigen Wagen besteht. Wie um die Skepsis zu zerstreuen, läßt der Zugführer weit vor der Zeit den Dieselmotor an und knüpft mit einem Hinweis auf die Zuverlässigkeit der Maschine den individuellen Kontakt zu seinen vorerst nur zwei Fahrgästen. Aber dann sind es doch ein paar mehr, und schräg gegenüber nimmt eine Gruppe von drei Männern Platz, ein Priester, ein Mann mit Schreibhänden und einer mit Bauernfäusten. Sie stammten, wie der Geistliche, Don Domenico, nach kurzen Beschreibungen des Wetters – »was für ein wunderbarer Morgen« – erklärt, aus Sardinien, seien vorhin mit der Fähre von der Insel in Civitavecchia angekommen und hätten dort die Messe gefeiert. Über das Wohin schweigt sich der Priester – schmal von Gestalt, feinsinnig und zartgliedrig – merkwürdig geheimnisvoll aus. Seitdem Ärzte, Rechtsanwälte, Carabinieri-Offiziere und Bürgermeister in Italien nicht mehr mit Lokalzügen fahren, sind Geistliche, Pfarrer oder Mönche, in der Eisenbahn die interessantesten Gesprächspartner. Doch Don Domenico gehört zu jenen, die nicht mit der Tür ins Haus fallen, sondern gut zuhören können, was einem, der lieber Antworten erhält, nicht immer willkommen ist. Also lüften wir ein wenig die eigene Identität, sprechen über den Papst und die Wirkung des obersten Kirchenherrn auf die Menschen in aller Welt, schlagen dann aber schnell wieder die Brücke zurück: Seien denn die Sarden in der Toskana gern gesehen? Werfe man ihnen nicht vor, sie hätten als Hirten nicht nur ihre Herden auf das Festland mitgebracht, sondern auch böse Traditionen wie den Menschenraub? Ihr schlechter Ruf sei selbst nach Deutschland gedrungen, als drei deutsche Kinder in der Toskana entführt wurden. – Da können die drei aus La Maddalena, dem Hauptort der kleinen, der Nordostküste Sardiniens vorgelagerten Insel

Maddalena, nicht schweigen. Sie wüßten davon und sie bedauerten, daß es solche Fälle gebe. Aber man dürfe nicht verallgemeinern. Sie hätten zum Beispiel den Verdacht, daß die Italiener nicht von den Deutschen geschätzt würden. »Oh, das darf man nicht verallgemeinern!« – Und so beginnt ein längeres Gespräch über Deutsche und Italiener und ihr Verhältnis zueinander.

Don Domenico, 43 Jahre alt, muß noch heute abend wieder zurückfahren, da er morgen in seiner Pfarrei eine Trauung vorzunehmen hat. »Gewiß eine Familienfeier in der Toskana?« bohren wir. »In gewissem Sinn«, lächelt der Priester sibyllinisch. »Eine silberne Hochzeit? Die Einweihung einer Autowerkstatt? Der Verkauf des zehntausendsten Schafes?« Es dauert noch eine Weile und bedarf entspannender Gesprächsumwege über die Rolle der politischen Parteien und die Stellung der katholischen Kirche in Italien, bis Don Domenico uns anvertraut, er begleite seinen etwa gleichaltrigen Freund, der bisher Angestellter in der Gemeinde von La Maddalena war, ins Spätberufenen-Seminar nach Siena; dieser wolle sich auf das Priestertum vorbereiten.

Während der Fahrt bleibt die Landschaft nicht unberedet. Wir erleben die langsame Geburt der Toskana. Aus gleichgültigem Grün von niedrigen Bäumen und unterschiedslosen Büschen entwickeln sich Hügel, die wie Dauerwellen das Land überziehen, zuweilen klar konturiert, dann wieder vom nebligen Dunst des Vormittags verhangen. Wohlbestellte Felder treten heraus, wie von Künstlerhand auf die Hügel gelegt. Sonnenblumen, Weinreben und Olivenbäume scheinen mehr um der Schönheit der Landschaft willen als wegen des Nutzertrags für die Menschen hier zu stehen. Dazwischen setzen Zypressen markante Akzente, gegen die Erde und gegen den Himmel, das eine auf das andere verweisend. Jede Jahreszeit hat in der Toskana ihren Reiz, aber vielleicht ist es jetzt im Herbst besonders schön, wenn das Laub der Bäume und der Weinreben in tausend Farben flammt.

In der kleinen Station von Monte Antico gabelt sich die Strecke, und beide Linien schließen einen Kreis um das Anbaugebiet von Montalcino mit dem berühmten Brunello-Rotwein. Dabei stößt die westliche Eisenbahntrasse bei Buonconvento auf die altrömische Konsularstraße der Via Cassia und verläuft parallel zu ihr bis Siena, während die östliche wohl die interessantere Streckenführung bietet, mit der Möglichkeit, Abstecher zum Monte Amiata, dem höchsten Berg der Toskana, zu den Abteien Sant'Antimo und Monte Oliveto Maggiore oder den Städtchen San Quirico d'Orcia, Pienza, Montepulciano und Chiusi (dort Anschluß an die Strecke Rom–Florenz) zu unternehmen. Höchst eindrucksvoll ist auf der östlichen Route das letzte Stück zwischen Asciano und Siena mit der Landschaft der Crete, einer so kargen und düsteren Zone, daß sich der ›Mann vom Mond‹ hier heimisch fühlen könnte.

Um so strahlender ist Siena. Die List der Geschichte oder die Lage Sienas abseits der neu aufkommenden Handelswege und Heerstraßen – erst seit einigen Jahren verbindet eine Schnellstraße Siena mit Florenz – hat diesen mittelalterlichen Stadtorganismus mit seinen Kirchen und Palästen, den Türmen und zinnengekrönten Mauern, den Bürgerhäusern und Werkstätten, Straßen und Plätzen, Brunnen und Treppen in fast ungestörter Reinheit bis auf den heutigen Tag bewahrt. Das erklärt die Faszination Sienas und macht das Verweilen während einer Bahnfahrt durch die Toskana fast zur Pflicht.

Wielange wir auch immer in Siena unterbrechen, irgendwann rollt der Wagen wieder nach Norden. Es reut uns nicht, nach wenigen Kilometern in Poggibonsi auszusteigen. In den paar Minuten hatte ein englisches Ehepaar das höchste Entzükken bei mir als Journalisten ausgelöst, weil es derart beflissen eine Londoner Zeitung las, daß ich meinte, sie würden daraufhin unverzüglich in den Gang der Weltpolitik eingreifen wollen; so wünscht man sich seine Leser.

Warum in Poggibonsi den Zug verlassen? Manche tun es, weil östlich davon der Chianti-Wein wächst, geerntet, in der Kelter gepreßt wird und reift; wir steigen aus dem Zug aus, weil in Poggibonsi der Bus nach San Gimignano und Volterra wartet. Ein Besuch der beiden Städtchen, deren erstes als das ›Manhattan des Mittelalters‹ durch seine hohen Wehrtürme beeindruckt, das zweite durch seine gut erhaltenen Zeugnisse aus der etruskischen und römischen Zeit sowie aus dem Mittelalter, braucht nicht eigens empfohlen zu werden. Schwierig wird es, wenn man nur Zeit für einen Ort hat. Dann fällt die Wahl meist auf San Gimignano, weil es näher liegt. Darüber beklagen sich die in Volterra, der Heimat des Künstlers Daniele (1509-1566), der in der Kunstgeschichte vor allem dadurch berühmt wurde, daß er in der Sixtinischen Kapelle im Vatikan zu Rom auf dem Altargemälde des Michelangelo, dem Jüngsten Gericht, den nackten Figuren Lendentücher und Gewandzipfel aufmalte, was er jedoch – zu seiner und Volterras Ehre sei es gesagt – sehr dezent tat. Das Gepäck kann man dadurch beschweren – wir nähern uns langsam dem Ende der Reise –, daß man in San Gimignano im Schatten der Türme kunstvoll bemalte Keramikteller und in Volterra, nicht weit vom Römischen Theater mit einem außerordentlich weiten Ausblick in die Wellenwelt der Hochhügel der Toskana, sorgfältig bearbeitete Stücke aus Alabaster ersteht.

Gegen Abend fährt der Zug zurück von Poggibonsi oder Certaldo, der Heimatstadt des Giovanni Boccaccio, jenes Dichters des freizügigen Decamerone und anderer lockerer Geschichten, der 1313 in Paris als unehelicher Sohn eines Kaufmanns aus Certaldo und einer adligen Französin geboren wurde und 1375 hier in der Vaterstadt starb. Ein Gang durch die Gassen in der mittelalterlichen Oberstadt von Certaldo, dem ›Castello‹, vorbei an dem Haus Boccaccios zum Palazzo Pretorio mit den Terracotta-Wappen der aus Florenz gesandten Podestà und Vikare führt um Jahrhunderte zurück in die Vergangenheit.

Soll man da zürnen, daß der Zug von Certaldo nach Empoli fast eine Stunde Verspätung hat, daß der Anschlußzug von Empoli, einer reichen Industriestadt, nach Florenz ebenso lang auf sich warten läßt, daß man nun in Florenz am späten Abend recht müde ankommt und bestenfalls noch schnell auf den Platz vor der Kirche Santa Maria Novella geht, direkt neben dem Hauptbahnhof, der daher auch seinen Namen ›Firenze SMN‹ trägt? Nein, wir beschließen, nicht verärgert zu sein, anzuerkennen, daß auch einmal gestreikt werden darf und daß die Lage auf Bahnhöfen in der Nachkriegszeit viel turbulenter und trübseliger war, und denken an Don Domenico. Wie sagte er doch? Man darf nicht verallgemeinern. Vielleicht klappt es auch besser, wenn man umgekehrt von Florenz nach Rom fährt.

Essen und Trinken

Man ißt und trinkt vorzüglich in der Toskana; diese Bemerkung erscheint fast überflüssig. Denn die landwirtschaftliche Produktion steht seit Jahrhunderten hier auf hohem Niveau. Das sieht man heute überall den wohlbestellten Feldern, Gärten, Olivenhainen und Weinbergen an. Was die italienische Küche insgesamt auszeichnet, bestimmt auch die toskanische. Der ursprüngliche, reine Geschmack wird bevorzugt, nicht die raffinierte Verfremdung der Naturprodukte. Obst und Gemüse, Fleisch und Fisch, Käse und Olivenöl sollen so schmecken, wie die Natur sie hervorbringt und der Mensch sie in Achtung des gesunden Wachstums erntet oder verarbeitet. Für die toskanische Küche ist der Bauer wichtiger als der Koch. Die vornehmste Aufgabe der Küche ist es, die natürliche Qualität der Produkte rein zu erhalten und bestenfalls appetitlich zu steigern. Nicht von ungefähr ist das berühmteste Gericht der Toskana die ›Bistecca alla fiorentina, Kotelett auf florentinische Art‹, ein kräftiges, besonders großes Ochsenkotelett, das man sich beliebig umfangreich bestellen kann, das freilich auch nach Gewicht bezahlt wird. Es wird auf Holzkohlenfeuer gegrillt und nur mit Olivenöl, Salz, Pfeffer und etwas Zitrone gewürzt, und soll vor allem nach Fleisch schmecken.

Für diese schmackhafte Küche liefert die Toskana hervorragende Grundnahrungsmittel. So bereitet es viel Spaß, damit selbst zu kochen, zum Beispiel bei einem Ferienaufenthalt in einem Appartamento oder toskanischen Landhaus. Das hieße also, am Vormittag auf den Markt des Städtchens oder Ortes zu gehen und sich dort für Mittag- und Abendessen Obst und Gemüse, Fisch und Fleisch, Oliven und Käse, Wein und Öl frisch auszusuchen, was uns stets ein großes Vergnügen ist. Wenn man ein-, zweimal bei demselben Händler oder derselben Marktfrau eingekauft hat, entwickelt sich bald ein freundliches Schwätzchen, das oft mit dem Hinweis belohnt wird, »Nein, nehmen Sie diesen Salat lieber nicht, ich habe einen besseren, frischeren«, oder mit dem Vorschlag, »Wollen wir es heute nicht mal mit diesem Käse oder mit jenen Würstchen versuchen, die gegrillt einfach wunderbar schmecken?« Der Hausherr darf noch schnell den Wein wählen, es muß gar keine große Marke sein, der vom Ort, aus der Zone, wird dem »Dottore« – dazu rückt man gleich auf, wenn man sich nicht mit dem ersten besten, mit dem ersten schlechten zufriedengibt – ganz bestimmt munden. Für den, der in der Familie den Salat zubereiten muß, hat die Gemüsefrau sogar einen geputzten bereit. So fällt die Küche in den Ferien nicht so schwer.

Aber wenn man nicht selbst am Herd stehen will oder kann, was dann? Ganz einfach. Dann suchen wir uns einen toskanischen Landgasthof, eine Fattoria, die in einem alten Gut untergebracht ist. Die gibt es überall in der Toskana, und in der Erinnerung läuft uns gleich das Wasser im Mund zusammen. In so eine Fattoria zieht es uns des Essens und nur des Essens wegen. Kein Kerzenschein, keine herrliche Aussicht auf Kuppeln oder Fassaden soll uns ablenken, wenn wir nicht nur Appetit, sondern Hunger verspüren. Diese Genüsse teilen wir möglichst mit vielen Freunden. Denn richtig lustig ist es vor allem in Gesellschaft, also wenigstens zu zweit. Kaum sitzen wir, können wir schon anfangen. Zum Glück. Denn es ist peinigend, umgeben von kauenden Mündern und klirrenden Gläsern, enttäuscht von Kellnern, die leckere Köstlichkeiten zum Nebentisch tragen, ohne Speise und Trank zu sein. Das ist ein Verstoß gegen das heilige Gesetz der Natur vom Horror vacui. Solche Leere des Magens wird hier dem Gast nicht zugemutet. Eine Salami liegt bereit, zusammen mit einem Teller voll schwarzer und grüner Oliven und einem scharfen Messer, und wenn man dem Kellner rasch zuruft, »Vino rosso« oder »Vino bianco, il vostro«, ist, bevor der Magen sich kummervoll drehen kann, der Wein vom Haus schon da. Den Antipasto, die kalten Vorspeisen, können wir nicht überspringen, wenigstens einen Toast oder ein Landbrot mit Leberpaste wollen wir kosten. Mit der Speisekarte halten wir uns nicht lange auf. Lassen wir den Wirt die Namen der Paste, der Nudelspeisen, herunterrasseln. Wir nehmen oft jene mit dem Namen der Trattoria, die Specialità della Casa, da ist dem Koch etwas Besonderes eingefallen. Oder schauen wir uns ungeniert um, die Pasta auf dem Nachbartisch ist zuweilen die verlockendste. Es ist schon vorgekommen, daß sich eines Freundes Gabel auf meinen Teller verirrte oder ich unwiderstehlich von den ›Penne ai frutti di Mare‹ (Feder-Nudeln mit Meeresfrüchten) eines anderen angezogen wurde. Ein kluger Wirt kennt solche Probleme. Er bringt eine große Platte mit verschiedenen Pasta-Arten; wir können nach Herzenslust wählen. Mit der Pasta ist es den Italienern wie sonst mit wenigen Dingen ernst: eine halbe Minute zu lang gekocht, scotta, verkocht – und schon geht sie zurück in die Küche.

Danach muß sich der Grill bewähren. Das Fleisch vom Herd ist gut, Kaninchen (!), Lamm, ›Teufelshähnchen‹ (Pollo alla diavola), Schwein und alle Wiederkäuer. Dasselbe vom Grill scheint jedoch besser. Der Nachfahre des Vulcano, des Schmiedegottes der antiken Mythologie unter dem Ätna, waltet am Kamin seines heißen Amtes neben der blinkenden Kupferhaube. Da steht er neben dem Feuerschlund und wacht mit raschen Bewegungen darüber, daß Flammen und Fleisch genau die vom Gast gewünschte Verbindung eingehen. Sage niemand, das sei keine göttliche Kunst, das könne jeder, der es im Sommer bei einer Gartenparty brutzeln läßt. Wer da ein Filetto di Manzo, ein Rindsfilet, gegessen, wer alle die Geschmacksabstufungen seines von außen nach innen kräftig bis zart gegrillten Fleisches genossen – sehen Sie die Farbe? Ja, rosa muß es innen sein, ein paar Sekunden länger, und es wäre ein fades Grau, mehr für die Zähne als die Zunge, pardon, für die Unterbrechung, aber lassen Sie mich den Bissen ... und gleich noch einen Schluck Rotwein, natürlich einen Chianti – wer also dieses Fleisch gegessen hat, weiß, daß der Grillmeister ein Künstler ist. Er hat seine Geheimnisse freilich keinem der berühmten Köche in den Tempeln der Gastronomie abgeschaut. Er lernte den Umgang mit dem Fleisch an Hirtenfeuern.

Kein Wunder, daß bei der Platte mit dem Grigliato misto, verschiedenem Fleisch vom Rost, auch jene noch zugreifen, die nach der üppigen Pasta eigentlich schon aufgeben wollten. Meine Frau bekommt meist einen besonderen Teller, Scottadito d'Abbacchio, zarte Lammkoteletten, »ben fatto, alles Rohe weggegrillt, so, wie die Signora es wünsche«, läßt der Kaminchef ausrichten; außerdem würden zwei herrliche Knochen für den schwarzen Pudel bereitliegen, Reste der schon erwähnten berühmten Bistecca alla Fiorentina. Frage ich, warum das Fleisch so gut sei, lächelt der Wirt nur und stellt noch eine gewaltige Schüssel Salat vor uns. »Salat putzt den Mund«, meint er dazu. Bei diesen frischen Produkten zeigt sich die italienische Küche immer von ihrer besten Seite: Der Salat schmeckt nach Gartenbeet und Wiese.

Ein Kellner schiebt den Servierwagen mit dem Dolce, den süßen Gebilden aus Blätterteig und Marzipan, Likören und Sahnecreme, Biskuit und Früchten, verführerisch an unseren Tisch. Wer kann da widerstehen? Die Freundin nicht, die gerade mit einer Diät kämpft, und nicht der Kollege, der gerade etwas sportlicher werden will. Der vierjährige Erstling unseres Freundes ist inzwischen eisverschmiert nach immer längeren Ausflügen in und vor der Osteria auf einem Stuhl eingeschlafen. Uns bewahrt ein Espresso vor Schläfrigkeit. Der Digestivo zum Schluß, der Likör oder der Schnaps, ist Sache des Wirtes, die Rechnung die des Gastes. Jetzt darf man entscheiden, wonach einem am ehesten zumute ist, einem Spaziergang, einem Schläfchen oder der Besichtigung einer Landkirche. Und warum machen wir es nicht so? Ein paar Schritte zu einer Wiese, dort ein kurzer Schlummer unter toskanischem Himmel, und schon sind wir wieder frisch zu neuen Taten?

Natürlich kann jetzt niemand mehr an Essen denken. Aber für das nächste Mal – der Hunger kommt ganz bestimmt wieder – sollte man sich doch merken, daß zu den toskanischen Spezialitäten etwa die Bohnensuppe (Zuppa di fagioli, für die Feinschmecker mit Kaviar) oder Tortino di Melanzane, ein Auberginen-Auflauf, gehören, oder Pappardelle al lepre, Bandnudeln mit Hasen-Ragout, oder Wildschweinwürstchen, oder Spanferkel mit Thymian und Rosmarin, oder Leber am Spieß, oder die Cee in Pisa, kleine fritierte Fischchen aus dem Arno, oder oder oder. Alle Spezialitäten der toskanischen Küche aufzuzählen, erforderte wieder ein eigenes Buch und führt vielleicht auf Abwege. Denn man sollte sich in der Toskana nie in den Kopf setzen, ein ganz bestimmtes Gericht essen zu wollen und absolut kein anderes. Das bringt den Wirt nur in Verlegenheit und widerspricht dem Küchen-Grundsatz Nummer eins, alles frisch auf den Tisch zu bringen. In einer einfachen Osteria verlangt man kein Kalbfleisch, wenn der Wirt auf sein Schweinefleisch hinweist. Denn er gibt diesen Rat meist nicht, um das alte Zeug an den Mann zu bringen, sondern um mit ordentlicher Ware Ihr Wohlgefallen zu finden. Jedenfalls im Normalfall, wenn nicht gerade Touristen mit wahllosem Geschmack ihn verdorben haben.

Und ein paar Empfehlungen auf ›todsicher‹ gute Ristoranti? Ich gebe sie ungern. Denn dafür stehen gute Autoritäten in Gestalt der jährlich neu erscheinenden Führer des Michelin und des Espresso bereit. Der Michelin ist zwar geizig mit seinem Lob für italienische Ristoranti, aber auch bei strenger Begutachtung läßt sich eine Reihenfolge ausmachen. Der Espresso (La Guida d'Italia per Ristoranti) erleichtert mit seinem Punktsystem bis zwanzig – in Wahrheit nur bis achtzehn – die Auswahl und gibt ausführliche Schilderungen von dem, was einen erwartet. Die sicherste Methode, zu vollkommener Zufriedenheit zu speisen, besteht darin, sich zuvor die Trattoria genau anzusehen, ob sie leer oder gut besucht, sauber und aufgeräumt ist, und auch anzuriechen – gerade in der Toskana, wo mit dem Olivenöl ein Kult getrieben wird, darf die Nase nicht beleidigt werden. Das muß man nicht hungrig tun, denn der Hunger ist nicht nur der beste Koch, sondern auch der Verbündete schlechter Ristoranti, weil er den kritischen Geschmack trübt. Nur am Anfang macht man den Fehler, über den meine Frau und ich noch lange lachen mußten: Auf der Suche nach einem Ristorante in Florenz frug ich einen spindeldürren Mann um Rat und landete prompt in einem anspruchslosen Gasthaus. Natürlich kehrte ich um und erkundigte mich bei einem beleibten Herrn nach dem rechten Herd.

Und die toskanischen Weine? Sie genießen Weltruhm, der Chianti Classico, der Rotwein aus dem klassischen Chianti-Gebiet, der Brunello di Montalcino, ein (teurer) Geheimtip für wenige Kenner, der Vino Nobile di Montepulciano, oder die verschiedenen Chianti-Sorten der Hügel von Siena, Arezzo, Florenz, Lucca und Pisa (Colli Senesi, Colli Aretini, Colli Fiorentini, Colline Lucchesi, Colline Pisane) oder der Chianti Rufina; dazu die Weißweine, der Vernaccia di San Gimignano, der Bianco di Pitigliano oder der Bianco Vergine della Valdichiana.

Statt vieler Worte zwei Ratschläge, die man jedoch vor Ort angesichts eines wohlschmeckenden Rotweines in den Wind schlagen kann. Begnügen Sie sich nicht immer mit dem offenen Wein, der in den Ristoranti angeboten wird und dessen Qualität in den letzten Jahren leider immer mehr sinkt, sondern wählen Sie aus der Lista dei Vini einen besonderen, keineswegs teuren Flaschenwein. (Lassen Sie einen schlechten offenen Wein ruhig zurückgehen, der Wirt wird Sie als Kenner gleich höher schätzen.) Die Flasche sollte man in jedem Fall für die Mitnahme in die Heimat vorziehen. An offenen Weinen hat man zu Haus wenig Freude. Vielleicht kann man mit einem Chianti Classico einer bekannten Firma, etwa von Antinori oder Frescobaldi, beginnen, um kein Risiko einzugehen, und sich dann langsam durch die vielen, vielen guten, ja exzellenten Weine der Toskana ›vorarbeiten‹.

Eine Qualitätskontrolle bietet immer der Zusatz D.O.C. auf dem Etikett, »Denominazione di Origine Controllata« (kontrollierte Ursprungsangabe). In Italien legt man Wert darauf, Weine aus einem bestimmten, vom Gesetz genau angegebenen Herkunftsgebiet zu trinken.

Antiquitäten

Man müßte einmal eine Doktorarbeit darüber schreiben, warum es im ehemaligen Etruskerland, in der heutigen Toskana mit dem anschließenden Nord-Latium und dem westlichen Umbrien, so viele Antiquitäten-Geschäfte gibt. Dabei kämen höchst interessante Ergebnisse zutage, künstlerischer, kunstgeschichtlicher, kultureller, soziologischer und politischer Art. Aber bevor wir der Sache auf den Grund gehen, besuchen wir lieber eine der vielen Antiquitäten-Messen in der Toskana, betreten einen dieser Antichità-Läden, in den Städten oder auf dem Land. In der Provinz, irgendwo an der Straße, sind diese Geschäfte manchmal besonders ergiebig. Gerade wenn sie mehr einem Altwarenhandel gleichen, mit allerlei Gerümpel, kann man oft überraschende Schätze entdecken. Es geht da manchmal nicht besonders fein zu und man darf keine Angst haben, sich schmutzig zu machen und ein bißchen in der Ware zu wühlen. Mit robustem Zugriff und gar nicht so viel Geld haben wir da schon manches ›Schnäppchen‹ gemacht, manch schönen Kupfertopf in unseren Besitz gebracht. Manchen – zugegeben etwas verbogenen – Leuchter kann man dort vor dem Verrosten retten, einem vergessenen Marmorstein zu neuer Bewunderung verhelfen. Es ist ganz merkwürdig, je häufiger man diesen ›Antichità‹ einen Besuch abstattet, desto mehr entdeckt man Brauchbares, das mitzunehmen einen nur die begrenzte Ladekapazität des Autos hindert. Die Liebhaber schöner »Mobili antichi« werden in der Toskana häufig bedauern, daß sie keinen Möbelwagen dabei haben, um Truhe oder Tisch, Schreibsekretär oder Schrank abzutransportieren.

Man steht freilich etwas hilflos der Entwicklung gegenüber, daß Bilder und Schmuck, Möbel und Ziergegenstände, einfach alles, immer stärker ausgesucht ist, daß die Auswahl geringer wird und zugleich die Preise in immer stolzere Höhen klettern. Nicht immer hilft der Trost, daß es im nächsten Jahr noch teurer sein werde. Natürlich muß man um den Preis handeln. Das ist Ehrensache. Man sollte das Gespräch für einen eventuellen Kauf jedoch nicht mit dem ständigen Verdacht führen, daß der Händler ein ausgemachter Spitzbube und

Halsabschneider sei; das erschwert das Lächeln. Meist ist er einfach nur ein Geschäftsmann! Und freundlich sollte man immer sein. Erstens ersetzt ein Lächeln noch am besten fehlende Sprachkenntnisse, und zweitens ist es eine gute Grundlage, sich irgendwo zwischen dem unverschämtesten Preisvorschlag und dem eigenen niedrigen Gegenangebot zu treffen. Immer gilt die goldene Regel, daß man Antiquitäten nie kaufen muß, aber der Händler sie sehr wohl verkaufen will. Viel Glück!

REGISTER

A

Acciaiuoli, Niccolò 510
Accursio, Francesco 45
Adeodato 452
Agnelli, Fra Guglielmo 391
Agostino di Giovanni 299
Alberti, Grafen 283, 286, 287
Alberti, Leon Battista 45, 91, 167, 189, 198
Albertinelli, Mariotto 259
Albizzi, Florent. Familie 90, 171
Alexander II., Anselmo da Baggio, Papst 409
Alexander VI., Rodrigo Borgia, Papst 92, 177, 178, 359
Alexander VII., Fabio Chigi, Papst 304
Alfieri, Vittorio 189
Allori, Alessandro 212, 271
Allori, Cristofano 263
Altdorfer, Albrecht 259
Amberger, Christoph 260
Amiata, Monte 369
Ammannati, Bartolomeo 179, 210, 212, 239, 240, 243, 261, 262, 271, 408, 432
Andrea da Firenze 205
Andrea di Jacopo d'Ognabene 448
Andrea dei Mozzi, Bischof von Florenz 248
Andrea Pisano (Andrea Pontadera) 380
Andrea da Pontadera 380
Andrea del Sarto, Andrea d'Agnolo, gen. 212, 213, 216, 258, 259, 263, 264, 271, 381, 417
Angelico (Fra Giovanni di Fiesole) 21, **63**, 91, 207-209, 221, 257, 278, 392, 438, 443; Tf. 25, Farbt. II

Annunzio, Gabriele d' 82
Ansedonia 484
Antonino, Heiliger 45, 208
Antonio d'Orso, Bischof von Florenz 248
Antonio Veneziano, Antonio di Francesco, gen. 386, 392
Aretino, Pietro 46
AREZZO 32, **423-435**
  Amphitheater 424, 425
  Casa Vasari 431
  Fortezza 427
  Kirchen
    di Badia 432
    Dom 430
    SS. Annunziata 432
    S. Domenico 431
    S. Francesco 433, 434; Farbt. VI
    S. Maria 428, 429
    S. Maria in Gradi 432
    S. Maria della Grazie 435
  Museen
    Archeologico Mecenate 425
    d'Arte Medievale 432
    Pinacoteca Comunale 432
  Paläste
    Bruni-Ciocchi 431
    delle Fraternita dei Laici 427
    delle Logge 427
    Pretorio 427; Tf. 29
    dei Priori 431
  Piazza Grande 425-428; Tf. Nr. 66
Arezzo, Provinz 24, 436-443
Arliano 418
Armati, Salvino degli 85
Arnolfo di Cambio 89, 96, 102, 114, 174, 182, 187, 305
Artimio 271
Asciano 355, 356

B

Bagni di Lucca 419
Baldino di Cino 427
Baldovinetti, Alesso 213, 248
Balze 402
Banco, Nanni di 103, 104, 114, 161
Bandinelli, Baccio 105, 179, 215, 227, 229
Bandini, Angiolo Maria 276
Bandini, Giovanni, gen. dell'-Opera 114
Barberino Val d'Elsa 286
Barga 420
Barili, Antonio 357
Barnaba da Modena 391
Barna da Siena 373
Baroccio 260
Bartolo di Fredi 373
Bartolomeo, Fra 207, 209, 212, 259, 284, 410, 417
Bartolomeo della Gatta 432
Bartolomeo di Giovanni 410
Beato Angelico *siehe* Angelico
Beccafumi, Domenico di Pace, gen. 353, 417
Bellano, Bartolomeo 230
Bellini, Giovanni 259, 263
Bellini, Jacopo 257
Benci di Cione 180
Benedetto da Maiano 164, 169, 184, 191, 212, 226, 309, 373, 375, 448
Benedetto da Rovezzano 105, 162, 163, 174
Benedikt, Heiliger 501, 511
Benediktinerorden 174, 500-510
Benvenuti, Pietro 264
Benvenuto di Giovanni 402
Berenson, Bernard 274
Bergamini, Alessandro 457
Bergamini, Gian Francesco 457
Berlinghieri, Berlinghiero 413, 417

Berlinghieri, Bonaventura 454, 519; Tf. 24
Bernhard von Clairvaux, Heiliger 514
Bernhardin, Heiliger 296, 310, 435, 480
Bernini, Gian Lorenzo 304
Berrettini, Filippo 438
Berti, A. 189
Bertolani, Bastiano 416
Bertoldo di Giovanni 230
Bessarion, Johannes, Kardinal 201, 203
Bibbiena 442
Bicci di Lorenzo 105, 212, 245
Biduinus, Meister 415
Bigarelli, Guido 409
Bleicken, J. 43, 44
Boccaccio, Giovanni 21, 45, **59, 60,** 84, 90, 223, 273, 286, 287, 527
Bolsena 489
Bonannus Pisanus 379, 381
Bonifaz VIII., Benedikt Gaetani, Papst 82
Borgo a Mozzano 419
Borgo San Lorenzo 272
Botticelli, Sandro 21, **64,** 91, 166, 222, 224, 251, 256, 257, 264, 301; Tf. 51
Botticini, Francesco 284
Bracciolini, Poggio 106
Braunfels, Wolfgang 308
Bronzino, Agniolo Allori, gen. 185, 204, 215, 258
Brueghel, Pieter d. Ä. 258
Brunelleschi, Filippo 21, **60, 61,** 91, 97, 99, 102, 104, 110, 162, 171, 192, 204, 205, 210, 211, 220, 229, 230, 242, 244, 254, 261, 448; Tf. Nr. 53, 54, 55
Bruni, Leonardo 189
Bruno von Köln, Heiliger 510, 511

Buffalmacco, Bonamico 386
Buggiano *siehe* Cavalcanti, Andrea
Buglioni, Benedetto 166
Buglioni, Santi 449
Buonconvento 356, 357
Buontalenti, Bernardo 101, 119, 162, 163, 171, 182, 232, 255, 265, 270, 271, 464
Burckhardt, Jacob 69-71, 100, 104, 107, 167, 169, 175, 176, 179, 226, 307, 382, 428
Buscheto, griech. Baumeister 381
Byzantiner 87

C

Caccini, Giovanni Battista 171
Caffagiolo, Villa Medicea di 272, Tf. 36
Cala Galera 484
Calcagni, Tiberio 116
Calci 393
Camaldoli 441, 442, **511-513**
Camigliano, Villa Torrigiani 454, Tf. 73
Campaldino, Schlacht von 424
Canaletto, Giovanni Antonio Canal, gen. 260
Canova, Antonio 189, 264
Capanna, Puccio 451
Caporali, Giovanni Battista 439
Capponi, Pier 45
Capraia, Isola di 475
Caprese 441
Caravaggio, Michelangelo Merisi, gen. 260, 264
Carducci, Giosue 465
Careggi, Villa Medicea di 270
Carrara 455-457, 462
Casentino 440-442
Castagneto Carducci 465
Castagno, Andrea del 91, 105, 106, 206, 215, 247, 256, 433

Castelfiorentino 287, 288
Castelfranco di Sotto 288
Castello, Villa Medicea di 84, **271**
Castello di Belcaro 354
Castello di Brolio 354
Castello Buggiano 453, 454
Castello di Montecchio Vesponi 437
Castello delle Quattro Torri 354
Castello Vincigliata 274
Castelnuovo di Garfagnana 420
Castiglione della Pescaia 483
Castiglion Fiorentino 436, 437
Castracani, Castruccio 405, 411
Cavalcanti, Andrea 61, 105, 205
Celle, Convento delle 439
Cellini, Benvenuto 45, 70, **72,** 77, 180, 239, 254
Cellino di Nese 449
Céllole, Pieve di 376
Cerreto Guidi 288
Certaldo 286, 287
Cesalpino, Andrea 45
Cesarini, Giuliano, Kardinal 201, 203
Cherubini, Luigi 189
Chiana- oder Chiani-Fluß 27
Chianciano Terme 365
Chianti 285, 286, Tf. 58
Chiusi 32, **365, 366**
Cimabue, Giovanni **48,** 89, 108, 193, 257, 381, 431; Tf. 22
Cioli, Raffaele 400
Ciuffagni, Bernardo 106, 114
Ciurini, Bernardino 113
Civitali, Matteo 410, 414, 415
Civitali, Nicolao 415
Clemens VII., Giulio de'Medici, Papst 92, 232, 235, 292
Cleve, Joos van 258
Clouet, François 260
Colle di Val d'Elsa 292, 370
Colline Metallifere 466, 479, 482
Collodi 454

Colonnata 457, 458
Coppo di Marcovaldo 311, 374
Correggio 259
Corsini, Lorenzo 267
Cortona 32, 37, **437-439**
Cosa 484, 485
Cozzarelli, Giacomo 301, 353
Cranach, Lucas 258, 510
Crete 355
Cronaca, Simone, eigentl. Simone del Polaiolo 169, 183, 243, 246, 267

D

Daddi, Bernardo 161, 284; Tf. Nr. 19
D'Agnolo, Baccio 105, 164, 210, 242
Daniele da Volterra 252, 402
Dante Alighieri 21, 27, 45, **47, 48,** 84, 89, 90, 107, 170, 176, 188, 356, 374, 388, 394, 448, 519
Darmstaedter, R. 48
Davanzati, Bernardo 165
David, Gerard 259
Della Robbia, Andrea 91, 191, 193, 211, 254, 280, 283, 353, 363, 402, 414, 432, 435, 448, 451
   Giovanni 163, 166, 205, 254, 288, 449
   Luca 91, 100, 105, 115, 162, 164, 193, 212, 248, 254, 273; Tf. 50
   Werkstatt 449
Del Tasso, Giovanni Battista 182
Desiderio da Settignano 164, 189, 193, 230
Diokletian, röm. Kaiser 33, 34, 87
Diotisalvi 383
Doceno, Cristoforo Gherardi, gen. 185
Domenico Veneziano 193, 257

Dominikaner 194, 195, 217
Dominikus, Heiliger 194, 198
Donatello, eigtl. Donato di Niccolò di Betto Bardi 21, 45, **62, 63,** 91, 100, 103, 106, 109, 111, 114, 115, 120, 161, 162, 178, 191, 192, 193, 221, 229, 230, 254, 280, 281, 305, 306, 388; Tf. Nr. 40, 46
Dorio, Giovanni Antonio 113
Dossi, Dosso 259, 263
Duccio di Buoninsegna **48,** 57, 251, 257, 292, 305, 307, 311, 312, 353; Tf. 21, Farbt. I
Dupré, Giovanni 264
Dürer, Albrecht 258, 259, 510
Dyck, Anton van 260, 263

E

Elba 468-474
   Monte Capanne 470, 471
   Porto Azzurro 472, 473
   Portoferraio 475
Elisa Bonaparte-Baciocchi 38
Empoli 288
Empoli, Jacopo Chimenti, gen. 228
Enrico, Meister 452
Este, Fürstenfamilie 420
Etrusker 20, 32, 33, **39-44,** 87, 275, 311, 361, 365, 366, 371, 377, 398, 399, 401, 402, 403, 404, 423, 465, 470, 478, 479, 482, 488, 490
Eugen IV., Gabriele Condulmare, Papst 91, 99, 187, 200, 201, 207

F

Fallani, Bernardo 287
Fancelli, Luca 261
Fedeli, Francesco 311
Federighi, Antonio 300, 304
Fedi, Pio 181
Femminamorta 453

Ferri, Antonio 267
Ferrucci, Francesco 45
Ferrucci, Francesco
 di Giovanni 163
Fetti, Giovanni 431
Ficino, Marsilio 104, 221
Fiesole 32, 37, 87, 88, **274-278**, Tf.
 35, 41
Filippus, Meister 454

Florenz 33, 35, 37, 38, **75-268**,
 292, 365, 378, 398, 404, 424,
 444
 Abendmahl di S. Apollonia
  206
  di Foligno 206
  del Ghirlandaio 166
  di S. Spirito 244
 Accademia *siehe* Gemälde-
  galerien
 Accademia della Crusca 84
  dei Georgofili 85
  Platonica 196, 221, 224, 270,
   278
  toscana di scienze e lettere
   ›La Colombaria‹ 84
  degli Umidi (Fiorentina)
   84
 Baptisterium *siehe* Kirchen
 Bargello *siehe* Paläste *und*
  Museen
 Biblioteca Laurenziana 70, 85,
  221, 229, **230, 231**; Tf. 70
  Marucelliana 85
  Riccardiana 85
 Boboli-Garten 73, 252, **265**
 Botanischer Garten 85
 Cappella Medicea 69
 Cappella Rucellai 167
 Casa Buonarroti 71
  di Dante 170
 Cascine 240
 Collezione Contini-Bonacossi
  265

Florenz, Forts.
 Colonna della Croce al Treb-
  bio 197
 Confraternità dei Servi di
  Maria 210
 Corridoio Vasariano 239, 244,
  255
 Findelhaus *siehe* Ospedale
 Fortezza da Basso 196
 Fortezza di Belvedere 245
 Gemäldegalerien
  Accademia 69-71, **251, 252**;
   Tf. 39
  d'Arte Moderna 265
  Corsini 267
  dell'Ospedale degli Inno-
   centi 211, 212
  Palazzo Pitti 261, **262-264**
  Uffizien 48, 57, 64, 65, 69,
   72, **249, 255-260**; Tf. 22, 23
 Istituto Tedesco di Storia
  dell'Arte 86
 Kirchen
  Baptisterium 58, 61,
   107-113; Tf. 45
  Dom S. Maria del Fiore 61,
   89, **95-107**; Tf. 4
   Bau und Äußeres 58, 62,
    101-103
   Campanile 57, 58, 62, 97,
    100, 101; Tf. 5, 40
   Innenraum 103-106
   Kuppel 61, 91, **97-99, 104,
    105**
  Ognisanti 165, 166
  Orsanmichele 62, 119, **120,
   161**; Tf. 19, 47
  SS. Annunziata 210,
   213-215
  SS. Apostoli 162, 163
  S. Carlo 161
  S. Croce 48, 57, 63,
   186-193; Tf. 46
   Pazzikapelle 61; Tf. 54-55

Florenz, Kirchen, Forts.
- S. Felice 244
- S. Felìcita 244
- S. Filippo Neri 173
- S. Frediano in Cestello 240
- S. Jacopo sopr'Arno 239
- S. Lorenzo 61, 63, 220, **229-234**; Tf. 44
  - Cappella dei Principi 229, **231, 232**, 268
  - Alte Sakristei 229, **230**
  - Neue Sakristei 71, 225, 229, **232**; Tf. 67, 69
- S. Maria del Carmine 241, 242; Farbt. III
- S. Maria Maggiore 169, 170
- S. Maria Novella 65, **198-200, 203-205**
- S. Miniato al Monte 246-248; Tf. 1-3
- S. Salvatore al Monte 246
- S. Spirito 61, **242-244**; Tf. 43
- S. Stefano al Ponte 162
- S. Trìnita 65, **163, 164**
- Klöster – Konvente
  - Certosa di Galluzzo 510, 511; Tf. 74
  - S. Apollonia 206
  - S. Firenze 172
  - S. Marco 63, 73, **207-209**, 221; Tf. 42, Farbt. II
  - S. Onofrio 206
- Loggien
  - del Bigallo 96
  - dei Lanzi 72, 73, **180, 181**
  - di S. S. Paolo 197
  - dei Rucellai 166
- Medici-Villen 270ff., 275, Tf. 36
- Mercato Nuovo 161
- Misericordia, Arciconfraternità della 113
- **Museen** – *siehe auch* Gemäldegalerien

Florenz, Museen, Forts.
- Antica Casa Fiorentina 165
- Archeologico Centrale dell'Etruria 77, **252, 253**, 479
- degli Argenti 265
- Badia Fiorentina 174
- Bardini 266
- Bargello 62, 69, 70-73, **253, 254**
- delle Carrozze 265
- Dom-M. 63, 70, 71, 100, **113-116**; Tf. 50
- di Firenze com'era 268
- Horne 267
- Medici 227, 228
- Nazionale di Antropologia ed Etnologia 171
- delle Pietre Dure 268
- delle Porcellane 265
- Raccolta di Affreschi staccati 211, 212
- S. Croce 193
- di S. Marco 208, 209; Tf. 25
- Stibbert 268
- di Storia della Scienza 266, 267
- Zoologico 266
- Orti Oricellari 196
- Ospedale degli Innocenti 210, 211; Tf. 53
- S. Maria Nuova 216, 449
- **Paläste**
  - Albizzi 172
  - Altoviti 171
  - Arcivescovile 113
  - dell'Arte della Lana 119
  - Bargello 172; *siehe auch* Museen
  - Bartolini Salimbeni 164
  - dei Capitani di Parte Guelfa 162
  - Corsini 267
  - Davanzati 165

Florenz, Paläste, Forts.
 Ferroni 164
 Gondi 173, 174
 Griffoni 210
 Medici 225-227; Farbt. V
 Nonfinito 171
 Pazzi 171; Tf. 52
 Pitti 72, 93, 261, 262; Tf. 49;
  siehe auch Gemälde-
  galerien
 Ricardi-Manelli 212
 Rucellai 166, 167; Tf. 48
 Salviati 170
 della Signoria *siehe* Vecchio
 Strozzi 167-169
 Strozzino 169
 degli Uffizi 255, 256;
  Tf. 71; *siehe auch*
  Gemäldegalerien
 Vecchio 67, 69, 71, 82, 89,
  95, 97, 119, 175, **181-185**;
  Tf. 7, 33, 68
Piazza dellla Repubblica 77,
 117, 118
 SS. Annunziata 210
 S. Maria degli Innocenti 211
 S. Maria Novella 196, 197
 S. Maria Nuova 216
 S. Stefano 162
 S. Trìnita 163
 della Signoria 66, 73, 77, 79,
  175-179; Tf. 32
Piazzale Michelangelo 75, 246
 alle Grazie 238
Ponte della Carraia 240
 a S. Trìnita 239
 Vecchio 93, 118, **238-240**;
  Tf. 34
 Vespucci 240
 della Vittoria 240
Porta Romana 245
 S. Frediano
 S. Giorgio 245
 a S. Niccoló 245

Florenz, Forts.
 Samml. der anatomischen
  Präparate 266
 Tribunale 173
 Università dell'Arte 85
  Europea 85
  Libera per Attori 85
  di Parigi 85
Florenz, Provinz 24, 81, **285-288**
Foggini, Giovanni Battista 464
Forte dei Marmi 422
Foscolo, Ugo 189
Francesco, Niccolò di 427
Francesco di Antonio 353
Francesco di Giorgio *siehe* Martini, Francesco di Giorgio
Francesco di Rinaldo 297
Francione, Francesco di Giovanni di Matteo, gen. 183
Franciabigio, Francesco di Cristofano, gen. 213, 271
Franken 34, 87
Franz von Assisi, Heiliger
 516-521
Franz von Lothringen, Großherzog von Toskana 38, 93
Franziskanerorden 186, 217, 520
Friedrich I. Barbarossa,
 röm.-deutscher Kaiser 378
Friedrich II., röm.-deutscher
 Kaiser 281
Fucecchio 288

G

Gaddi, Agnolo 180, 191, 192,
 247, 257, 281
Gaddi, Gaddo 104, 108
Gaddi, Taddeo 119, 166, 191,
 193, 247, 251, 273, 386, 391,
 451
Galilei, Galileo 38, 45, 46, **73**, 189,
 190, 267, 377, 380, 381, 390
Galluzzo, Certosa di 510, 511;
 Tf. 74

Gambassi 288
Gamberaia, Villa 274, Tf. 72
Garfagnana 419-421
Gautier VI. de Brienne, Herzog von Athen 89, 177
Gentile da Fabriano 257, 392
Gerino da Pistoia 440
Gherardi, Cristoforo *siehe* Doceno
Gherardo, Giovanni di 99
Ghibellinen 34, 36, 88, 89, 162, 291, 378, 405, 424, 444
Ghiberti, Lorenzo 21, **61, 62,** 91, 99, 104, 105, 106, 110-112, 120, 203, 244, 254, 306; Tf. 45
Ghini, Giovanni 97
Ghirlandaio, Davide 103, 166
Ghirlandaio, Domenico 21, **64, 65,** 68, 91, 103, 164, 166, 184, 204, 209, 212, 224, 243, 258, 373, 402, 410
Ghirlandaio, Michele 243
Giacomo di Giovanni 311
Giambologna, Jean Boulogne, gen. 72, **73,** 120, 162, 179, 181, 184, 197, 204, 210, 215, 254, 265, 271, 402
Giannutri, Isola di 475
Giglio, Isola del 475
Giordano, Luca 228, 241
Giorgione 259, 263
Giotto di Bondone 21, 45, **57,** 89, 97, 100, 192, 205, 257, 408
Giovanni di Agostino 429
Giovanni d'Ambrogio, Lorenzo di 102
Giovanni d'Ascanio 373
Giovanni del Biondo 192, 212
Giovanni da Campi, Fra 198
Giovanni da Milano 191, 251, 284, 392
Giovanni di Paolo 353
Giovanni di Simone 380, 386, 390, 391

Giovanni di Stefano 305
Giroldo da Como 480
Giuliano da Maiano 169, 171, 184, 300, 372, 373; Tf. 52
Goes, Hugo van der 258
Goethe, Johann Wolfgang von 12f., 72
Gorgona, Isola di 475
Goro di Gregorio 480
Goten 365
Gozzoli, Benozzo 91, 227, 288, 373-376, 386, 400; Farbt. V
Granacci, Francesco 243
Gregor VII., Hildebrand, Papst 35, 491
Gregor XI., Pierre Roger de Beaufort, Papst 218
Gregorovius, Ferdinand 64, 70, 179, 187, 188, 236, 237
Griechen 470
Grópina 442, 443, **494-499**
Grosseto **476, 477,** 478, 479
Grosseto, Provinz 24, **476, 478-485**
Grosso, Niccolò 169
Grote, Andreas 31, 104, 105
Gröteke, Wilhelm 41
Gruamonte 450-452
Gualberto, Giovanni 503
Gualtiero di Brienne, Herzog von Athen 89, 177
Guelfen 34, 36, 37, 88, 89, 162, 291, 292, 405
Guercino 263, 264
Guglielmo, Fra 451
Guicciardini, Francesco 45
Guidetto da Como 280, 409
Guido d'Arezzo 45
Guido da Como 411, 450
Guido Monaco d'Arezzo 424
Guido da Siena 353
Guidotti, Dario 230
Guidotti, Galgano, Heiliger 515
Guinigi, Paolo 405, 408, 417

H

Heine, Heinrich 419, 420
Heinrich IV., röm.-deutscher
    Kaiser 35
Heinrich VII., röm.-deutscher
    Kaiser 356, 381
Heurgon, Jacques 40, 41
Hildebrand, Bischof von Florenz
    246
Holbein, Hans d. J. 259
Horne, Herbert Percy 267

I

Il Palagio, Villa Medicea 278
Impruneta 272, 273
Isidor, Erzbischof von Kiew 201
I Tatti, Villa 273

J

Jacopo di Cione 251, 257
Jacopo di Mazzeo 448
Jacopo della Quercia 110, 293,
    298, 306, 373, 410, 413
Johannes VIII., Palaiologos,
    byzant. Kaiser
Joseph II., Patriarch von
    Konstantinopel 200, 201
Julius III., Giovanni Maria
    del Monte, Papst 361, 362

K

Kamaldulenser-Kongregation
    512
Karl der Große, Kaiser 34, 87,
    162, 368, 443
Karl IV., röm.-deutscher Kaiser
    405
Karl V., röm.-deutscher Kaiser
    92, 101, 292
Katharina von Siena, Heilige 21,
    60, 292, 309
Keller, Werner 39

L

La Ferdinanda, Villa Medicea 271
Lamberti, Niccolò 120
Lamberti, Piero di Niccolò 163
Landino, Cristoforo 278
Langobarden 87, 365, 404
La Verna 441, 442, 516; Tf. 64
Lawrence, D. H. 40
Lecceto 354
Leo X., Giovanni de'Medici,
    Papst 92, 234, 235, 447
Leo XI., Alessandro Ottaviano
    de'Medici, Papst 113, 236
Leonardo d'Avanzo 109
Leonardo di Giovanni 448
Leonardo da Vinci 21, 45, 46, **65,
    66,** 91, 258, 288
Leopold I., Großherzog
    von Toskana 38, 422
Leopold II., Großherzog
    von Toskana 38, 93, 417
Lippi, Filippino 174, 204, 242,
    243, 258, 264, 280, 284, 374
Lippi, Filippo 91, 199, 221, 228,
    230, 257, 264, 280, 281, 284,
    414; Tf. 44, Farbt. IV
Livorno 38, **463-465,** Tf. 61
Livorno, Provinz 24, **465, 466**
Lodovico I., von Parma 38
Lorenzetti, Ambrogio 257, 292,
    298, 310, 312, 353, 481
Lorenzetti, Pietro 257, 292, 307,
    310, 311, 312, 353, 361, 429,
    438, 451
Lorenzo di Credi 105, 448
Lothar I., röm.-deutscher Kaiser
    84, 87
Lotto, Lorenzo 260, 263, 353
LUCCA 19, 35, 88, 217, 218, 378,
    403-418, 444
    Casa di G. Puccini 414
    Case dei Guinigi 411, 412
    Kirchen
        Dom 409, 410; Tf. 15

REGISTER

Lucca, Kirchen, Forts.
   S. Alessandro 415
   S. Cristoforo 416
   S. Francesco 411
   S. Frediano 412, 413
   S. Giovanni 408
   S. Giusto 416
   S. Maria Forisportam 416
   S. Maria della Rosa 416
   S. Michele in Foro 404, **413**
   S. Paolino 416
   S. Pietro Somaldi 411
   S. Romano 416
  Loggia dei Guinigi 412
  Mauern 418
  Museen
   Nationalmuseum 417
   Pinacoteca Nazionale 417
  Paläste
   Bernardini 415
   Controni-Pfanner 415
   Ducale 408
   Mansi 417
   Mazzarosa 415
   Pretorio 415
  Piazza Giacomo Puccini 408
   del Mercato 412
   Napoleone 408
  Tore 418
  Wälle 411
Lucca, Provinz 24, 419-422
Luna, Francesco della 162, 211

M

Macchietti, Girolamo 200
Machiavelli, Niccolò 21, 45, 46, **66-68**, 91, 175, 178, 189, 219, 222, 224, 225
Madonna di San Biagio 363, 364; Tf. 60
Maecenas, C. 424
Malaparte, Curzio 31
Manetti, Antonio 97, 213, 229
Mannaioni, Giulio 241
Mantegna, Andrea 258
Marcellus II., Marcello Cervini, Papst 361, 363
Marcillat, Guillaume de 430, 433
Marcovaldo, Coppo di 170
Maremma Grossetana 483
Maremmen 27, 476, 477, 479, **482**
Margaritone d'Arezzo 432
Maria Luisa von Bourbon 418
Marina di Massa 456, 457
Marliana 453
Marsuppini, Carlo 189
Martin I., Oddo Colonna, Papst 91, 200
Martini, Francesco di Giorgio 417, 439
Martini, Simone 21, 257, 292, 297, 310, 374, 392, 481
Masaccio, Tommaso 21, 91, 192, 205, 241, 242, 257, 392; Farbt. III
Mascagni, Paolo 45
Mascagni, Pietro 465
Maso di Banco 193
Maso di Bartolomeo 280, 281, 448
Masolino da Panicale, Tommaso di Cristoforo Fini, gen. 111, 241, 257
Massa 455, 457
Massa-Carrara, Provinz 24, **455-462**
Massa Marittima 479-481
Massarosa 418
Mathilde, Markgräfin von Tuszien 34, 35, 88, 394, 395
Matteo di Giovanni 310, 477
MEDICI, Familie de' 21, 37, 63, 64, 66, 67, 79, 83-86, 90-93, 177, 179, 217-225, 256, 269
  Alessandro, Herzog von Florenz 92, 233, 235, 401
  Alessandro Ottaviano *siehe* Leo XI., Papst

Medici, Forts.
Anna Maria Lodovica 38, 92
Cosimo der Ältere 37, 45, 63, 79, 82, 84, 85, 90, 207, **220-222**, 226, 230, 270, 272, 278
Cosimo I., Großherzog 38, 45, 79, 85, 92, 168, 175, 180, 182, 226, 232, 233, 235, 236, 271, 367, 374, 387, 427
Cosimo II., Großherzog 92, 232
Cosimo III., Großherzog 92, 232
Ferdinando, Kardinal 271
Ferdinando I., Großherzog 92, 232, 271, 477
Ferdinando II., Großherzog 85, 92, 232
Francesco I., Großherzog 92, 232, 236, 477
Gian Gastone, Großherzog 38, 92
Giovanni *siehe* Leo X., Papst
Giovanni, Sohn Cosimos I. 387, 464
Giovanni Angelo *siehe* Pius IV., Papst
Giovanni Averardo, gen. Bicci 37, 90, **219, 220**
Giovanni delle Bande Nere 38, 45, 229, 236
Giovanni di Bicci *siehe* Giovanni Averardo
Giuliano, Bruder Lorenzo des Prächtigen 105, 223, 233
Giuliano, Sohn Lorenzo des Prächtigen 233, 234
Giulio *siehe* Clemens VII., Papst
Ippolito 234
Leopoldo 85
Lorenzo der Ältere 225
Lorenzo der Prächtige 37, 45, 66, 68, 79, 85, 91, 105, 168,

Medici, Lorenzo, Forts.
223-225, 230, 270, 271, 278, 392, 401
Lorenzo, Enkel Lorenzo des Prächtigen 233
Piero Il Gottoso 91, **222**
Piero II. 92, 234
Salvestro 90
Vieri di Cambio 37, 90, 218
Memling, Hans 258
Memmi, Lippo 311, 312, 386, 451
Memmo di Filippuccio 376
Michelangelo Buonarroti 21, 45, 46, 64, **68-71**, 91, 102, 113, 116, 178, 183, 188, 192, 224, 225, 229, 231-234, 239, 246, 248, 251, 252, 254, 259, 441, 456, 459; Tf. 39, 67, 68, 69, 70
Micheli, Antonio 45
Michelino, Domenico di 106
Michelozzo di Bartolomeo 21, 62, 91, 99, 105, 111, 120, 169, 182, 185, 191, 207, 209, 213, 221, 225-227, 244, 247, 270, 272, 273, 278, 280, 362, 363, 400, 450
Migliore, Pietro 161
Minella, Pietro del 301
Miniatus, Heiliger 87
Mino da Fiesole 174, 191, 275, 280, 400; Tf. 41
Minuccio di Rinaldo 297
Monaco, Lorenzo 163, 212, 257
Montaigne, Michel de 197
Montaione 288
Montalcino 366, 367
Montaperti 291
Monte Argentario 483, 484
Montecarlo, Convento di 443
Montecatini Alto 453
Montecatini Terme 453
Montecatini Val di Nièvole 453
Montecristo, Isola di 475

Montelupo, Baccio 120, 416
Monte Oliveto Maggiore, Abtei von 356, 366, **500-503**; Farbt. VII
Montepulciano 361-363
Monterápoli 288
Monterchi 440
Monticchiello 361
Moro, Antonio 260
Moroni, Giovanni Battista 264
Mugello 272
Murillo, Bartolomé Esteban 263
Myers, A. R. 217, 218, 220

N

Naldini, Giovanni Battista 184
Napoleon I., Kaiser der Franzosen 38, 93, 405, 468, 469, 510
Nardo di Cione 204, 251
Neri di Bicci 164
Neri di Fioravante 163
Neroccio di Bartolomeo Landi 301, 304, 305
Nietzsche, Friedrich 67
Nigetti, Matteo 166
Nikolaus von Kues, Kardinal 201
Nottolini, Lorenzo 412
Novelli, Antonio 196

O

Orbetello 483, **484**
Orcagna, Andrea di Cione, gen. 21, 45, 89, 161, 180, 205, 244, 251, 257; Tf. 19
Orlandi, Deodato 393
Osservanza, Kirche dell' 353
Ostgoten 87
Otto I., röm.-deutscher Kaiser 394

P

Pacino di Buonaguida 251
Pandolfo di Ugolino 410
Panicágliora 453
Papi, Clemente 264
Parigi, Alfonso 243, 255
Parigi, Giulio 243
Parmigianino 259
Parri di Spinello Aretino 298, 431, 432, 435
Partini, Giuseppe 300
Passerini, Villa 439
Pazzi, Florentiner Familie 91, 92, 171, 223, 224
Perino da Vinci 183
Perugino, eigentl. Pietro Vannucci 72, 206, 212, 243, 258, 264, 310, 440
Perruzzi, Baldassarre 264, 305, 311, 362
Pescia 454, Tf. 24
Petraia, Villa Medicea della 270
Petrarca, Francesco 21, 45, **58-60**, 84, 90, 424, 429
Petrucci, Pandolfo 292, 301
Pettirossi, Bartolomeo 165
Pianosa, Isola 475
Piccolomini, Familie der 21
  Enea Silvio **63, 64,** 292, 300, 305, 306, 358, 360
Pico della Mirandola 21, 278
Pienza 358-360; Tf. 65
Pier Francesco da Viterbo 196
Piero, Niccolò di 104
Piero della Francesca 257, 430, 433, 434, 440; Farbt. VI
Piero di Giovanni Tedeco 120
Pieroni, Alessandro 464
Pietrasanta 421, 422
Pietrasanta, Guiscardo 422
Pietro Arentino 424
Pietro da Cortona 263, 264
Pietro Leopoldo von Lothringen, Großherzog von Toskana 84, 266
Pinturicchio, Bernardino di Betto, gen. 64, 302, 305, 353, 374

Piombino 466
PISA 35, 37, 58, 84, 88, 90, **377-392**, 404, 466
  Baptisterium 383, 384; Tf. 8, 11, 13
  Campo dei Miracoli 379-383
  Camposanto 386
  Certosa 393
  Kirchen
    S. Caterina 390
    Dom 58, **380-382**; Tf. 8, 9, 10, 14
    S. Francesco 390, 391
    S. Frediano 388
    S. Maria della Spina 389; Tf. 17
    S. Michele in Borgo 391
    S. Nicola 390
    S. Paolo a Ripa d'Arno 389
    S. Pietro in Vinculis 391
    S. Stefano dei Cavalieri 387
    S. Zeno 390
  Lungarni 388
  Nationalmuseum 391, 392
  Piazza dei Cavalieri 387, 388
  Paläste
    dei Cavalieri 388
    Gambacorti 392
    Logge di Banchi 392
    Medici 392
    dell'Orologio 388
  Schiefe Turm, der 379, 380; Tf. 8
Pisa, Provinz 24, 394-402
Pisano, Andrea 58, 89, 97, 100, 109, 245, 381, 392, 449
Pisano, Giovanni 21, 58, 292, 303, 305, 307, 357, 381, 382, 383, 392, 450, 451, 452, 480; Tf. 14, 18
Pisano, Giunta 392
Pisano, Nicola (auch Niccolò) 21, 45, **58**, 89, 163, 292, 305, 383, 409, 431; Tf. 13
Pisano, Nino **58**, 203, 389, 390
Pisano, Tommaso 391
PISTOIA 37, **444-452**
  Baptisterium 448, 449; Tf. 12
  Kirchen
    Dom 447, 448
    Madonna dell'Umiltà 451
    S. Andrea 58, **452**
    S. Bartolomeo in Pantano 450
    S. Domenico 450
    S. Francesco 451
    S. Giovanni Fuorcivitas 450, 451
    S. Maria delle Grazie 450
  Museen
    Capitolare 448
    Civico 447
  Ospedale del Ceppo 449
  Palazzo del Comune 447
    del Podestà 447
  Piazza del Duomo 445, 447
Pistoia, Provinz 24, **453, 454**
Pitigliano 489-491; Tf. 62
Pius II., Enea Silvio Piccolomini, Papst *siehe* Piccolomini
Pius III., Francesco Todeschini-Piccolomini, Papst 305
Pius IV., Giovanni Angelo de'Medici, Papst 92, 236
Poccetti, Bernardino Barbatelli, gen. 212
Poggio a Caiano, Villa Medicea 271
Poggio Gherardo, Villa di 273
Poggio di Moscona 478
Poliziano, Angelo, Humanist 278
Pollaiolo, Simone del *siehe* Cronaca
Pollaiuolo, Antonio 248, 402
Pollaiuolo, Piero del 248, 257, 263, 375
Pontignano, Certosa di 354

Pontormo, Jacopo Carrucci, gen. 205, 213, 221, 244, 258, 259, 271, 417, 510
Pontrémoli 455
Poppi 441, 442; Tf. 30
Poppi, Francesco Morandini, gen. 184, 260
Populonia 32, **465**
Porrina, Pietro Paolo 299
Porsenna, König von Chiusi 365
Port'Ercole 484
Porto Santo Stefano 484
Pozzo, Andrea 433
Prato 37, 58, **279-284**; Tf. 16, 27, Farbt. IV
Puccini, Giacomo 421

R

Raffaele de'Carli *siehe* Raffaelino del Garbo
Raffaelino del Garbo 243
Raffael Santi **72**, 91, 259, 263, 264
Rainaldo 381
Redi, Francesco 45
Rembrandt 260
Reni, Guido 263, 392
Resta, Alessandro 418
Ribera, Giuseppe 264
Riccardi, Florentiner Familie 226
Ricci, Andrea di 108
Ricci, Stefano 188
Ristoro, Fra 198
Robert von Molesme, Heiliger 514
Robertus, Meister 413
Romanelli, Raffaello 230
Romuald 511, 512
Rosa, Salvatore 263, 264
Roselle 32, 477, **478**, 482
Römer 20, 33, 87, 275, 365, 377, 398, 399, 404, 423, 444, 465, 466, 470, 479, 482, 484, 490
Rosselli, Matteo 212
Rossellino, Alberto 167

Rossellino, Antonio 191, 247, 280, 450
Rossellino, Bernardo 189, 200, 243, 298, 299, 302, 358, 359, 360, 427, 450
Rossi, Vincento de' 105, 183
Rossini, Gioacchino 189
Rosso Fiorentino, Giovanni Battista di Jacopo, gen. 213, 230, 263, 402, 432
Rubens, Peter Paul 260, 263, 264
Rucellai, Bernardo 196
   Giovanni di Paolo 166, 167, 198
Ruggieri, Ferdinando 173, 241

S

Salviati, Francesco, Erzbischof von Florenz 92, 224
San Galgano, Abtei 514-516
Sangallo, Antonio da, d. Ä. 169, 210, 362-364, 427, 432, 464
Sangallo, Antonio da, d. J. 196
Sangallo, Francesco da 510
Sangallo, Giuliano da 173, 193, 243, 271, 283, 427
San Gennaro, Pieve di 454
San Gimignano 37, **370-376,** 398; Tf. 26
   Collegiata S. Maria Assunta 372, 373
   Museo d'Arte Sacra 373
   Palazzo del Popolo 374
   Piazza della Cisterna 372
   Rocca 374, 375
   San Jacopo 376
   Sant'Agostino 375
San Giovanni Maggiore 272
San Giovanni Valdarno 443
San Leonardo al Lago 354
San Miniato 394, 395
Sano di Matteo 301
San Piero a Grado 392, 393
San Quirico d'Orcia 357

San Romano in Garfagnana 421
San Salvatore, Abbadia 369, 370
Sansepolcro 440
Sansovino, Andrea 243, 400
Sansovino, Jacopo 105, 254, 260
Santa Croce sull'Arno 288
Santa Maria di Gricigliano
  504-510
Santa Maria a Monte 288
Sant'Anna in Camprena, Kloster
  361
Sant'Antimo 368; Tf. 58, 59
Santi di Tito 184
Santi Vito e Modesto, Pieve 360
San Vivaldo 288
Sarazenen 37, 378, 477, 482
Sassetta, Stefano di Giovanni,
  gen. 438
Saturnia 491, 492
Savonarola, Girolamo 21, 46, **66**,
  92, 177, 178, 207, 208
Scalza, Ippolito 362
Scialenga, Grafen 355
Sebastiano del Piombo 260
Segaloni, Matteo 174
Segna di Bonaventura 481
Segromigno Monte, Villa Mansi
  418, 454
Serchio-Tal 419, 420
Settignano 273, 274; Tf. 72
Settimani 101
SIENA 35, 37, 88, 217, **289-353**,
  365
  Accademia Chigiana 301
  Archivio di Stato 300
  Baptisterium 306; Tf. 20
  Brunnen
    Fonte Branda 298
      di Follonica 298
      Gaia 293
      Nuova 298
      d'Ovile 299
      di Pantaneto 299
      dei Pispini 299

Siena, Forts.
  Kirchen
    Dom 8, **303-305**; Tf. 6, 18
    di Fontegiusta 311
    S. Agostino 310
    S. Domenico 309
    S. Francesco 310
    S. Maria dei Servi 310, 311
  Logge del Papa 300
  Loggia della Mercanzia 301
  Museen
    Archeologico Nazionale
      311
    dell'Opera Metropolitana
      48, **307, 308**; Tf. Nr. 21
  Oratorium di S. Bernardino
    310
  Piazza del Campo **293, 295**,
    299; Tf. 31, Farbt. I
  Salimbeni 300
  Paläste
    Arcivescovile 302
    Buonsignori 311
    del Capitano del Popolo 302
    Chigi-Saracini 301
    del Magnifico 301
    Piccolomini 299, 300
    Piccolomini-Clementini
      302
    Piccolomini oder delle
      Papesse 302
    Pubblico 293, **295-298**
    Salimbeni 300
    Sansedoni 299
    Spannochi 300
    Tolomei 300
  Pinacoteca Nazionale 311,
    312, 353
  Santuario Cateriniano 309
  Spedale di S. Maria della Scala
    302
  Torre del Mangia 297
Siena, Provinz 24, **354 ff.**
Signoraccio, Paolino del 451

Signorelli, Luca 258, 264, 402, 432, 433, 437-439, 502; Farbt. VII
Silvani, Gherardo 173
Silvani, Pier Francesco 241, 267, 387
Simone di Niccoló de'Bardi 281
Sisto, Fra 198
Sixtus IV., Francesco della Rovere, Papst 92, 224
Sodoma, Giovanni Antonio Bazzi, gen. 296, 298, 302, 309, 310, 353, 367, 502, 503
Sogliani, Paolo 381
Sorano 491
Sovana 491
Sovicille 354
Spinazzi, Innocenzo 189
Spinello Arentino 247, 298, 301, 386, 431, 432, 433
Stibbert, Frederik 268
Stoß, Veit 215
Strozzi, Alessandro 171
Filippo 168
Sustermans, Justus 263, 264

T

Tacca, Ferdinando 162, 280, 284
Tacca, Pietro 161, 210
Tadda *siehe* Ferrucci, Francesco di Giovanni 163
Taddeo di Bartolo 362, 402
Talenti, Francesco 97, 100
Talenti, Jacopo, Fra 198, 205
Talenti, Simone 180
Tanella di Pitagora 439
Tasso, Battista del 161
Tino di Camaino 104, 266, 381
Tintoretto, Jacopo Robusti, gen. 260, 263, 264, 417
Tizian 259, 263, 264
Tolentino, Niccolò da 106
Torito, Jacopo da 108
Torre del Lago Puccini 421
Traini, Francesco 386

Tribolo, Niccolò Pericoli, gen. 265, 271
Tuscania 487, 488
Tuszien 87

U

Ubaldo dei Lanfranchi, Erzbischof von Pisa 386
Uberti, Farinata degli 45
Uccello, Paolo 21, 91, 104, 105, 106, 111, 205, 247, 257
Ugolino della Gherardesca, Graf 388
Ugolino da Siena 312
Urbano da Cortona 311

V

Vaccà, Andrea 448
Vacca, Flaminio 181
Valdarno 442-443
Valdichiana 27, 365, 436
Val d'Elsa 286, 287
Valgraciosa 393
Vallombrosa, Abtei von 163, 503, 504; Tf. 63
Valori, Baccio 171
Vannella, Oratorio della 274
Varna 288
Vasari, Giorgio 61, 98, 105, 106, 115, 163, 182, 183, 184, 185, 188, 203, 255, 258, 264, 373, 387, 388, 424, 427, 430, 431, 432
Vecchietta, Lorenzo di Pietro, gen. 301, 305, 306, 359
Velasquez, Diego Rodriguez de Silva y 264
Veronese, Paolo Caliari, gen. 260, 263, 264, 417
Verrocchio, Andrea del 65, 99, 120, 182, 184, 224, 230, 254, 258, 392, 448; Tf. 47
Versilia 421, 422
Vespucci, Amerigo 45

Vetulonia 32, **478, 479,** 482
Via Aurelia 33, 404, 476
 Cassia 33, 86, 239, 245, 286, 404, 423, 444
 Clodia 33
 Flaminia 33
Viareggio 421
Vigne, Pier delle 394
Vignola, Jacopo Barozzi, gen. 363
Villani, Giovanni 96, 109
Villen
 Gamberaia 274; Tf. 72
 Garzoni 454
 Mansi 418, 454
 Medicea di Cafaggiolo 272
  di Careggi 270
  di Castello 271
  La Ferdinanda 271
  della Petraia 270
  di Poggio a Caiano 271
 Medici (Belcanto oder Palagio) 278
 di Poggio Gherardo 273
 I Tatti 273
 Torrigiani 454; Tf. 73
Vinci 288; Faltt. nach S. 280
Visconti, Gian Galeazzo 292
Vitelli, Alessandro 196
Vitoni, Ventura 451

Volci 32
Volpi, Elia 165
Volsinii 32
VOLTERRA 32, 37, **395-402**
 Arco Etrusco 398; Tf. 37
 Baptisterium 400
 Etruskisches Museum 401, 402; Tf. 38
 Fortezza 401
 Galleria Pittorica 402
 Kirchen
  Dom 400
  S. Chiara 400
  S. Francesco 400
  S. Girolamo 400
  S. Giusto 400
  S. Lino 400
 Paläste
  Pretorio 399
  dei Priori 399; Tf. 28
 Parco Archeologico 401
Volterrano, Baldassarre Franceschini, gen. 215, 264

W

Weyden, Rogier van der 258

Z

Zuccari, Federico 105
Zucchi, Jacopo 260

Abbildungsnachweis

Alinari, Florenz: 13, 19, 22, 25, 40, 41, 44, 45, 51; Tet Arnold von Borsig: 30, 61, 62; Wolfgang Haut, Frankfurt am Main: 56; Hirmer Fotoarchiv, München: 37; Werner Neumeister, München: 1-12, 14-18, 20, 23, 24, 26, 28, 29, 31-35, 39, 42, 43, 46, 47, 49, 52-55, 57-60; Scala, Florenz: IV, Schutzumschlag; TCI, Mailand: 27, 36, 38, 63-66, 72, 74. Weitere Vorlagen stammen aus dem Archiv des Verlags. Die Stadtpläne und die Ausfaltkarte der Toskana zeichnete Astrid Fischer, München. Die nach Andreas Grote zitierten Übersetzungen sind dem Band ›Florenz, Gestalt und Geschichte eines Gemeinwesens‹ in der Reihe der Landschaftsbücher des Prestel-Verlags, 6. Auflage 1985, entnommen.